U0840180

教育部人文社會科學研究青年基金項目成果
西安文理學院學術專著出版基金資助項目

清代陝西金石學研究

李向菲◎著

人民出版社

序

向非有書稿《清代陝西金石學研究》即將出版，問序於我，我當然答允。向非是西安人，在復旦讀完博士學位後，回西安文理學院任教。開課之餘，從事學術研究，轉以陝西金石學史爲研究重點，與陝西學術、出版圈融合得不錯，迭有新書刊佈。作爲曾經的導師，能不爲她感到高興嗎？

關中自古帝王州。中國歷史上最鼎盛輝煌的周、漢、唐三大王朝，都曾定都於此。地上的城闕、山陵、碑刻、寺觀，西風殘照，瀟沐風雨，訴説往日的輝煌。而深埋地下的金石碑版、封泥印痕，更留給後人無盡的遐想。古長安人是中國最早具有保存歷史文化意識的群體，幾度戰火，幾度重建，北宋在唐國子監遺址上建立起的碑林，至今已經超過九百三十多年，在世界文明史上也不多見。兩宋之間，陝西的碑刻調查就有很傑出的成就，這在《寶刻叢編》關中部分留下很詳盡的記録。這種風氣，傳續到以樸學爲學術主流的清代，更有許多一流學者投身其中，取得突出的成就。

向非這本書，似乎是系統總結清代陝西金石學成就的第一部專著。在緒論中，她對金石學的定義與發展脈絡，有明晰的梳理，對何爲“清代陝西金石學”更認識明確，即明末至清末期間形成於陝西境内長久不衰的金石搜訪熱潮，隨帶形成金石研究的風氣，既有統攝全國而以陝西爲重點的金石專著，也有大批專以秦地金石爲研究對象的力作，從經史研究之附庸，逐漸成爲一科獨立的學術門類，是乾嘉樸學的重要組成部分。以此認識爲基礎，她確定爲清代金石學研究中涉及陝西的部分，具體則包含三種類型，即陝西本土的金石學者及其著作，客居陝西的學者及其所撰寫的關於陝西金石的著作，以及其他地域學者著作中涉及陝西金石的研究内容。就地方學術史的研究來説，這一定位是很恰當的,要求完成,又談何容易。陝西金石是清代金石學的重心所在,幾乎每一塊大碑,都有眾多搨本流傳,有無數名家題跋或研究,其所見雖以保存相對集中的金石學專著爲主,在各家文集和各種流通文物上,也有大量涉及。

就我所知,向菲涉及此一選題之初,就有長期從基礎工作做起的準備,做過大量專著的整理和研究。

其一是毛鳳枝三種陝西金石著作的整理。毛氏本人是揚州人,隨父客居陝西,後來長期在陝西境内爲塾師,爲幕僚,著作豐富,尤以陝西金石研究爲大宗。向菲所整理毛氏的遺著三種,是《關中金石文字存逸考》、《金石萃編補遺》和《古誌石華補編》。她的整理,不僅追求規範,而且講究存世文本與今本存逸。比方《關中金石文字存逸考》成書於光緒中期,在清代金石學中是較晚的著作,但所收包括瓦當、碑碣、墓誌、塔銘、經幢、造像等,以唐爲下限,所收達一千三百多品,堪稱有清陝西金石研究的總結性著作。以往流行的是臺灣地區"中研院"所藏標爲"作者手定底稿本"者,初曾影印收入臺灣地區的明清學者稿本叢書,又曾收入《續修四庫全書》。我也曾翻檢過此本,記得 1999 年參加廣州中山大學舉辦的陳寅恪先生逝世三十周年學術研討會,提交論文《陳寅恪先生唐史研究中的石刻文獻利用》(刊《中山大學學報》2000 年 2 期),就曾引用毛書所存晚唐劉蜕爲其母所撰墓誌,認爲陳寅恪所論劉復愚不祀祖傳説的文化意義,實在還有重新檢討的必要。向菲則經調查後確認,臺灣地區存本實際上是寫樣待刻本,此後還有許多改動,内容也不完整。另一版本爲光緒二十七年(1901 年)顧家相江西刻本,是在毛氏去世後六年方刻成。此書應以顧本爲定本,寫樣待刻本之内容並没有爲刻本完全吸收。向菲的整理本,是《關中金石文字存逸考》至今爲止最好的會校本。毛氏的另二種著作也頗存珍貴文獻。

此外,向菲還與賈三强先生合作,點校出版了《清代陝西金石學著作十種》(陝西人民出版社 2022 年 12 月出版)。這十種書是林侗《唐昭陵石蹟考略》、林佶《漢甘泉宫瓦記》、朱楓《雍州金石記》、朱楓《秦漢瓦圖記》、畢沅《關中金石記》、畢沅《秦漢瓦當圖》、張塤《吉金貞石録》、程敦《秦漢瓦當文字》、錢坫《十六長樂堂古器款識考》、錢坫《浣花拜石軒鏡銘集録》,附黄本驥《隋唐石刻拾遺》。總字數近九十萬字,每一書皆有詳盡的作者生平、成書始末、學術評價與整理説明。這十一種書或顯或晦,各具價值,其中内容則包含兩周金文、秦漢瓦當、漢唐鏡銘,重點還在漢唐石刻。原書没有説明二位合作者的具體分工,賈三强先生是長者,屈列次席,可見美德,大約也與向非做過較多工作有關。

上述諸書,僅是向非整理清代陝西金石學著作的一部分,也構成這部《清代陝西金石學研究》的部分章節。本書正文四章,第一章“清代前期的陝西金石學”,林侗的部分爲第四節;第二章“清代中期的陝西金石學(上)”,以朱楓爲第三節,畢沅及其幕府學者爲第四節,以張塤爲第五節第二段;第三章“清代中期的陝西金石學(下)”,以錢坫爲第一節,以程敦爲第三節第三段,以黄本驥爲第四節第四段;第四章“清代後期的陝西金石學”,以毛鳳枝爲第五節。其他所涉及者,尚有二三十家,無不窮盡原委,給以恰當定位,分析各家工作成就,也不掩飾當時研究的局限。

向非非常清楚,做代表性著作的整理,重點是理清存世版本源流,選取底本與參校本,並仔細標點校勘,改正傳誤,保存原圖,以廣其傳。本書雖稱《清代陝西金石學研究》,其實具備一省一朝金石學史的意義。整理工作奠定了研究的基石,但研究者更應在學術發展過程中,確認各家成就的歷史定位。這裡試以畢沅爲例子。前述書整理了畢氏的兩種著作,即名震中外的《關中金石記》和僅知日、美各存一本的《秦漢瓦當圖》。前者整理説明介紹畢氏在陝西任官達十五年,從按察使做到陝甘總督,留心金石,幕下集中了大批對金石學有造詣的學者。向非認爲,他的金石研究“不再是個人的、零散的、隨機的訪問,而是有組織的、系統的、竭澤而漁式的搜訪”,他對陝西石刻的全面記録,是一份難能可貴的文獻。向非引用前人對此書的讚譽,也指出該書考辨的一些誤失,包括讀錯人姓、誤識官府、錯解碑文、抄録有誤等,所涉方面很廣。在書稿中,向非以“畢沅及其陝西幕府學者的金石研究”標爲一節,羅列前後入幕的學者名録,分爲三類人,即同齡而無意仕進者、丁憂等原因恰好賦閑在陝者以及爲科舉前途入幕尋找機會者;也指出王昶入陝爲官,有對畢幕的參與及延續。在清代文網太密的文化環境中,畢、王的學術愛好既爲時代所允許,也可充分利用官方資源,展開全方位的調查與記録。關於畢幕諸人的訪碑活動,與《關中金石記》的整理説明有部分重合。而對該書編纂得以在全省展開,向非則從《四庫全書》開館後對地方志編修的重視,畢沅主省政後,各府縣志普遍增修《金石志》,所列多達十三種,且因基層地方的重視,省垣得知金石存目因此而遠超前代。向非肯定金石考據觀念貫穿當時各志書編纂的過程,不僅確保文獻的可靠性,校訂文字也達到很高水平,對後世具有典範意義。在這樣考察的基礎上,再來評價《關中金石記》的學術地位,與單獨就本書整理而言,就更豐富而客觀得多了。至於《秦漢瓦當圖》,向非説明底本爲《石刻史料新編》影印和刻本,原書爲嘉慶間清朝商人帶到日本,日本學者傳贈後刊刻傳世。此書光緒間曾有人攜歸國内,該本可能今存美國國會圖書館。向非盡可能地理清了線索,也藉此提醒我們,即便最傳統的學術課題研究,其實也常牽涉漢籍在世界範圍内的傳播與保存。《秦漢瓦當圖》是一本規模很小的書,在論述畢沅金石學成就時,幾乎可以忽略不計。但就一代學術史研究來説,這樣的工作仍不能忽略。

這部《清代陝西金石學研究》涉及方面很廣,向非努力希望全面掌握文獻,全面評價清代陝西金石學的成就得失,用功之深,分析之細,持説之平,多可肯定,恕我不能一一評説。

一定有讀者會提出疑問,金石學起於宋,盛於清,至近代而轉爲現代考古學,最近百年以西安、洛陽爲主的地區出土魏晉南北朝及隋唐墓誌數逾萬品,現代學者對金石文獻的研究解讀,達到的成就遠遠超越前清,作者以如此大的投入和梳理,論述有清一代陝西金石學史,究竟有什麼學術意義呢? 對此我並没有深入而獨到的見解,僅就一般感受而言,似乎可以提出以下幾點意義。首先,就保存金石文獻的情況來説,時代越早,所見應該更爲豐富。陝西的情況比較特殊,地表的文物,清人所見肯定比今人數量更多,保存情況也會更好一些。他們當年留下來的記録,有的原石還在,但存字較清時爲少,比如昭陵諸碑。有些荒僻處的石刻,搨本流通既少,見者也不多,清人當時隨見隨録,所述就今天看來,就顯得特别珍貴。我早年曾作《全唐詩補編》《全唐文補編》,通行的石刻大書幾乎都用遍了,但在一些晚出方志、後録碑文中,經常會發現佚篇,發現習見大碑之殘損缺文,是清人工作,何可忽略乎! 其次,學術研究有其特殊規律,即任何發明,大從金石遺文之批量發現,小到一字、一名、一事、一人之認定,其實都難以做到一蹴而就,需要一代一代學人的接續解讀,方能逐漸接近真相。清人對唐前碑的部分解讀,從現在來看,可能水平不高,偶然還多有誤解,但就學術史來説,又是繞不過去的初始階段。最後,我雖然也贊同現代學術論文的專題研究,無論對學術史的回顧,還是對金石内容的闡發和揭示,許多都達到很高水準。學術研究今勝昔,是基本的趨勢。清人的金石研究,多採取著録題跋的方式,不免有拈出一義、率爾發揮、稍作比讀、吟詠感嘆的通習。但就清一代學人的總體成就言,仍多可值得肯定,至少在記録出土、記録款式,以及凡見古物都作基本鑒定録文方面來説,仍值得今人多多借鑒。近幾十年出土墓誌何啻萬千,已發表而至今未作釋讀分析者,仍占多數,那就不能不認爲題跋仍不失爲一種值得肯定的研究方式。

向非從我讀博士學位,所作題目是甘露事變前後文學的變化,對前後史事的分析,對事變前因後果的探討,特别是此一重大事件對文人命運之影響,各體文學作品對此一事件或隱或顯的記録與反映,都有很認真的論述。只是畢業多年,始終没有整理出版,總有些感到遺憾。這兩年我應刊物的要求,連續作文,曾寫過《述甘露四相》,也在他文中談到裴度、令狐楚、白居易、劉禹錫等人對此的不同反映,其間没有再看向非的論文,怕有所因襲,以前是讀過,潛移默化的偷意,恐怕總不能免。在一次線上公開講座後,我知道向非也上線了,就問她是否還有一些新意,她也給以了肯定。我知道這是她的客氣,不過我引到李訓爲他母親所寫墓誌,是她當年寫學位論文時,還無從看到的新材料。當然,我更希望她整理舊作,早日付梓,這是她確實下過功夫的課題。

向非在讀書期間,是一位文静而内美的女生,有很高的心氣,也有切實的行動,對唐代文史課題的感知能力特别敏鋭。她生長於西安,畢業後仍回到西安工作,確實是對家鄉抱有深深的熱愛。我這樣説,是她那時每次回家返校後,都喜歡給我帶一些散發著濃鬱關中氣息的小的手工製品,比方剪紙,比方十二生肖土繡,乃至充滿泥土芬芳的小包。這些方面,我能感受到她對鄉土文化的深厚情感。畢業至今,已經有十多年了吧,她一直沉浸在陝西金石學史的研究中,愉快而愜意,閑適而從容。她整理的書,曾贈送給我,我看到她的莊重和認真。現在完成的這部《清代陝西金石學研究》,更感到她的成熟和老練。不枝蔓,不鋪衍,在踏實而廣闊的文獻研究基礎上,全面理清有清一代金石學研究大勢,在此大氛圍中對陝人而從事金石學者,旅陝而從事關中金石研究者,乃至所涉各種專書、各地金石,都有全面的了解。本書給我以耳目一新的感覺。就選題言,是有開拓意義的;就向菲的求學道路言,我看到了她的老成精强。

謹此爲序。難以盡述,體會不切,向菲諒之。

陳尚君

2023 年 4 月 30 日夜於復旦大學光華樓

目　　録

緒　論 …… 1

第一章　清代前期的陝西金石學 …… 7
　第一節　概述 …… 7
　第二節　顧炎武與清初金石考據學風的復興 …… 12
　　一、明末清初的“關中金石圈” …… 14
　　二、陝西的金石風氣對顧炎武的影響 …… 20
　　三、顧炎武的金石學成就再評價 …… 24
　第三節　王弘撰的金石趣向及清代之鑒賞派 …… 26
　　一、王弘撰其人 …… 27
　　二、王弘撰的金石收藏 …… 29
　　三、王弘撰的金石研究趣向 …… 32
　　四、清代之鑒賞派 …… 37
　第四節　林侗在陝西的金石活動及其意義 …… 38
　　一、林侗在陝西的訪碑活動 …… 39
　　二、注重實地訪碑的學術價值 …… 43
　　三、金石考據觀念的形成 …… 46
　第五節　朱彝尊的陝西金石考據 …… 49
　　一、考碑石之刻立背景 …… 51
　　二、釋碑之人名、職官等 …… 55
　　三、補史之闕、正史之誤 …… 57

第二章　清代中期的陝西金石學(上) …… 60
第一節　概述 …… 60
第二節　從《金石經眼録》到《金石圖》…… 63
一、兩位作者 …… 64
二、《金石圖》的成書過程 …… 70
三、《金石圖》對《經眼録》的增訂 …… 77
四、餘論 …… 81
第三節　朱楓的金石學研究 …… 82
一、朱楓其人及其在陝金石活動 …… 82
二、《雍州金石記》…… 84
三、《秦漢瓦圖記》及其他 …… 89
第四節　畢沅及其陝西幕府學者的金石研究 …… 93
一、畢沅及其陝西幕府的金石學者 …… 93
二、幕府學者的訪碑活動 …… 96
三、編纂金石志 …… 98
四、編纂《關中金石記》 …… 104
五、小結 …… 112
第五節　《西安府金石志》及其他方志金石志 …… 112
一、嚴長明與《西安府金石志》 …… 113
二、張塤與《吉金貞石録》 …… 122
三、孫星衍等所修金石志 …… 129

第三章　清代中期的陝西金石學(下) …… 135
第一節　錢坫的吉金研究 …… 135
一、錢坫其人 …… 135
二、著作與成就 …… 137
第二節　趙魏的落拓生涯與金石成就 …… 142
一、生涯之落拓 …… 143
二、收藏之宏富 …… 146

三、研究之可貴 …… 149
第三節　乾嘉時期陝西學者的瓦當研究 …… 153
一、研究瓦當的主要學者與著作 …… 154
二、申兆定與《涵真閣秦漢瓦當圖説》 …… 156
三、程敦與《秦漢瓦當文字》 …… 160
第四節　嘉慶年間至道光初年的陝西金石學界 …… 171
一、陸耀遹的陝西金石研究 …… 172
二、董祐誠與《長安縣金石志》 …… 175
三、段嘉謨《金石一隅録》 …… 176
四、黄本驥與《隋唐石刻拾遺》 …… 178
五、王森文《石門碑醳》 …… 182
六、王志沂《關中漢唐存碑跋》 …… 183

第四章　清代後期的陝西金石學 …… 185
第一節　概述 …… 185
第二節　劉喜海的關中訪古 …… 189
一、劉喜海的兩次入陝 …… 189
二、《長安獲古編》的編纂 …… 193
第三節　鮑康的錢幣收藏與研究 …… 198
一、鮑康的家世與生平 …… 198
二、鮑康的金石交遊 …… 206
三、收藏與成就 …… 215
第四節　光緒年間的"關中金石圈" …… 222
一、譚麐、樊增祥與《富平金石志》 …… 223
二、毛氏兄弟的收藏與考據 …… 226
三、李嘉績與《汧陽述古編》 …… 228
四、趙元中的金石收藏 …… 230
五、孫三錫的金石著述 …… 232
六、王懿榮、吴大澂的陝西訪碑 …… 234

第五節　毛鳳枝及其三部陜西金石著作 …… 237
一、毛鳳枝其人 …… 237
二、《關中金石文字存逸考》的成就與局限性 …… 240
三、《關中金石文字存逸考》的版本 …… 244
四、《金石萃編補遺》《古誌石華續編》 …… 247
第六節　葉昌熾的幾部陜西金石著作 …… 249
一、《關隴金石志》 …… 250
二、《邠州石室録》 …… 251
三、《五百經幢館碑誌題跋》 …… 255
附:《關隴金石志》凡例 …… 257

結　論 …… 260
附録:清代陜西金石學著述表 …… 262
一、陜人或客陜學者及其陜西金石著述 …… 262
二、其他陜西金石著述 …… 266
三、其他涉陜金石著述 …… 267

後　記 …… 270

緒　論

一、金石學之定義及發展脈絡

何謂金石？現代金石學家朱劍心（1905—1967年）在《金石學》一書中給出的定義是：

> "金"者何？以鐘鼎彝器爲大宗，旁及兵器、度量衡器、符璽、錢幣、鏡鑒等物，凡古銅器之有銘識或無銘識者皆屬之。"石"者何？以碑碣、墓誌爲大宗，旁及摩崖、造像、經幢、柱礎、石闕等物，凡古石刻之有文字圖像者，皆屬之。①

可知金石乃指表面有人爲銘刻或鑄造文字或圖形的青銅或石質載體。而朱劍心緊接著又提到近世以來古物出土之種類愈多，"殷墟之甲骨，燕齊之陶器，齊魯之封泥，西域之簡牘，河洛之明器，皆有專載；雖不盡屬金石之範圍，而皆得以金石之名賅之也"。且不論甲骨等非金石器物是否可以"金石"賅之②，僅從古代金石研究的實際來看，陶器等數量極少，甲骨則在光緒二十五年（1899年）王懿榮（1845—1900年）發現之後才日益爲世所關注。就本書所研究的清代陝西金石而言，所涉内容仍以青銅、碑石爲大宗，因此仍以朱氏之定義、範圍爲據。

金石上古時即已出現，其包含的歷史文化信息，有其他媒介不可替代的作用，因此歷來受到學者們的高度重視，從而形成專門之學問——金石學。那麼，金石學又指什麽？朱劍心云：

---

① 朱劍心：《金石學》，浙江美術出版社2015年版，第5頁。

② 羅振玉認爲金石不足以涵蓋所有出土之器物，應正其名曰"古器物"。見其《與友人論古器物學書》一文，收入《羅振玉學術論著集》第九集，上海古籍出版社2013年版，第144頁。

> “金石學”者何？研究中國歷代金石之名義、形式、制度、沿革，及其所刻文字圖像之體例、作風；上自經史考訂、文章義例，下至藝術鑒賞之學也。①

北宋以前，學者對於金石雖偶有研究，尚未足爲專門之學。作爲一個系統並有著自身學理的學科——金石學，興起於北宋。北宋嘉祐間，劉敞就其在陝西任職期間搜訪到的十一種先秦鐘鼎彝器，摹其文、圖其像，刻成《先秦古器記》，成爲吉金之學的開山之作。此書後亡佚，部分内容散見於宋人各類金石著作所引。此書序言收入了劉敞文集中，其中指出先秦古器的研究價值在於：“禮家明其制度，小學正其文字，譜牒次其世謚。”②後世研究古器者，不出此三類内容。約略同時成書的歐陽修《集古録》，以著録其所藏所見之金石爲主，載録金石搨本與跋尾。歐陽修認爲金石“可與史傳正其闕謬”③，因此對金石銘文所涉史事略作考證，寫成跋尾四百餘篇。此書原有千卷之多，今存《集古録跋尾》十卷及歐陽棐所編《集古録目》五卷。歐陽修的金石學觀念與做法爲後之趙明誠所繼承，趙氏在其《金石録序》稱“史牒出於後人之手，不能無失，而刻詞當時所立，可信不疑”，因此盛讚《集古録》“是正訛謬，有功於後學甚大”。④ 經過北宋學者的倡導，金石學據金石以保存文獻、考訂史籍的學術傳統遂得以確立，到南宋發展至高峰，研究著作大量出現。

據當代學者葉國良研究，宋代金石著作存世的、重要的有二十九種，亡佚者則達一百一十二種⑤。其研究性質，有兼論石刻與吉金的，如歐陽修《集古録跋尾》、趙明誠《金石録》；有專論吉金的，如王俅《嘯堂集古録》；有專論石刻的，如陳思《寶刻叢編》；有專論一器的，如董逌《錢譜》；有專論一物的，如鄭樵《石鼓文考》；有分地記載的，如田概《京兆金石録》；有斷代記載的，如劉敞《先秦古器記》。其研究方法，或僅存目録，如鄭樵《通志・金石略》；或照録全文，如洪适《隸釋》。其研究内容，則或考其時代、制度，或考釋文字、品評書法，後

① 朱劍心：《金石學》，浙江美術出版社 2015 年版，第 5 頁。

② 劉敞：《公是集》卷三六《先秦古器記》，（文淵閣）《四庫全書》本。

③ 歐陽修：《集古録目序》，載《歐陽文忠公集・居士集》卷四一，《四部叢刊》景元本。

④ 趙明誠：《金石録》卷首，中華書局影印宋龍舒郡齋本。

⑤ 參见葉國良：《宋代金石學研究》，（臺灣）書房出版有限公司 2011 年版。

之金石學研究大致不出這個範圍。

元明兩朝，受空談心性、不務實學的學術風氣影響，同時金石器物出土較少的原因，經歷了一個相對沈寂的時期。其間亦不乏金石學者與著作，如元代之吾丘衍《周秦刻石釋音》、楊鈞《增廣鐘鼎篆韻》、潘昂霄《金石例》，明楊慎《石鼓文音釋》、盛時泰《蒼潤軒碑跋》等。諸書或訂石刻之音訓，或博採石刻古文奇字，或述碑碣之製作義例，間有考訂經史者，如都穆《金薤琳琅》，但考證多疏漏舛謬，不一而足。總體來看，大抵多據傳聞，不復詳考原石，至記載失實，罕有新見。

自清初至乾隆前期這百餘年時間裡，金石學經歷了一個漫長的復興期。順治、康熙前期，顧炎武、黄宗羲等前明遺老支配了學術界，他們以光復明朝爲目的，以返孔孟真淳爲號召，大力提倡"經世致用"之學。金石學作爲"實學"之一種，受到學者關注。之後，又經過朱彝尊、錢大昕、畢沅、王昶、阮元等著名學者身體力行地潛心研究和宣導，金石學到乾隆、嘉慶、道光間成爲顯學。從道光後期開始，中國遭遇"三千年未有之大變局"，社會既動蕩不定，思想界亦發生大的變化，經世致用之學重被提起。傳統金石學，雖然研究者仍大有人在，著述亦復不少，然而已漸趨衰落。同時，研究的對象從青銅器物、碑石轉向新出土之簡牘、甲骨等物，研究方法也受到西方傳入的照相、影印等技術影響，因而有了新的樣貌。

有清一代，搜討、收藏、鑒賞、研究金石的風氣盛行不衰，有關金石的著述層出不窮，研究成果蔚爲可觀，重要著述的數量超過一千部。研究的範圍亦全面擴大，研究體例日臻完善，有存目、録文、摹圖、摹字等環節的材料整理，又有通過題跋方式從内容上進行經史、小學、義例等方面的闡發；既有專門研究，又有通論；既有地域研究之分，又有通纂總括。總之，清代金石學具有前代無法比擬的繁榮景象。

二、"清代陝西金石學"之定義及地位

在金石學研究中，"陝西"是一個關鍵詞。

首先，長安作爲周秦漢唐故都，碑碣金石文字之富，甲於海内，商周吉金，秦漢瓦當，唐代昭陵，宋代碑林，形成了一大批寶貴的金石文獻。又由於地不

愛寶,不時有新的金石文獻出土爲世所知。因此,自金石學在北宋興起成爲專門之學,陝西一直是金石學家青睞的一方寶地,吸引了衆多的金石學者前往搜購。如上所述,吉金之學的開山之作——劉敞的《先秦古器記》,即作者據其在陝西所獲而著。明末以至清末,陝西更是形成了長久不衰的金石搜訪熱潮。

其次,金石研究有一個傳統,直到清代中葉,元明以下金石都不大受到學者關注,先秦至唐代的金石是金石學研究中的大宗,而陝西又是周秦漢唐時期的金石的主要出土地域。因此自宋至清,尤其是清代的金石著作中,陝西金石一直佔有很大比重,如顧炎武《金石文字記》有一半左右的篇幅記録的是秦地金石,朱彝尊《曝書亭金石文字跋尾》、錢大昕《潛研堂金石文跋尾》、王昶《金石萃編》等也分别有三分之一左右的内容爲陝西金石。而且,又有衆多專以秦地金石爲研究對象的著作,如朱楓《雍州金石記》、畢沅《關中金石記》、毛鳳枝《關中金石文字存逸考》等,這類著作現存有八十餘部。因此,清代陝西金石學在清代金石學史中佔有至關重要的地位,有必要將其作爲一個研究對象來進行探討。

最後,清代金石研究以經史考據爲核心,這一學術風氣在清初興起,在乾嘉時期發展爲一個獨立的學科門類,成爲乾嘉考據學的一個重要組成部分,都和陝西的學術風氣密切相關。

清初金石學的復興,顧炎武首開風氣,提倡自宋人開創的金石考訂的學術觀念,並身體力行,足跡所到都會留心金石搜訪,並以一系列著作實踐揭示金石可資考證的意義,爲清代的金石學研究打開了新的局面。在這個過程中,陝西的學術風氣發揮了重要作用。明末清初,陝西地區的一批金石學者,由於受關學講求經世尚用、强調實踐功夫的學風影響,金石研究講求親訪碑石著録,形成一種注重實地考察、注重金石文獻可靠性的研究風氣,與顧炎武所提倡的經世致用的實學思潮恰相呼應。顧炎武和關中學者交往密切,多次前往關中訪碑,晚年欲定居華陰,其一系列金石學著作均在關中校訂刊刻,受到關中金石研究風氣明顯的影響。

至乾隆中期,著名學者畢沅來陝爲官,十餘年間,延攬了大量的人才入幕,對陝西金石資源進行了系統地發掘、保護與研究。他在纂修陝西各地方志時普遍爲金石立志,提升了金石的地位,與《四庫全書》纂修時在史部目録類新設"金石"一門以反映學術變遷現狀這一做法幾乎同時發生,因此對於金石學科的確立有創始之功;同時,畢沅組織幕府學者撰寫《關中金石記》,將顧炎武等人提倡的金石考據方法十分純熟地運用於研究實踐,使得以考據經史爲目標的學術觀念演變成了金石學研究的主流,同時也將這種方法擴展到文字學、音韻學等各個領域,取得了多方面的卓越成就,從而成爲乾嘉考據學的重要内容之一。

因此,對於清代陝西金石學的發展脈絡、研究成就進行深入考察,是研究金石學在清代復興、繁榮的一個必不可少的内容。

三、"清代陝西金石學"之研究對象及概述

清代陝西金石學的研究對象爲清代金石研究中涉及陝西金石的部分,包括:一是陝西本土的金石學者及其著作,二是客居陝西的學者及其所撰寫的關於陝西金石的著作,三是其他地域的學者著作中有關陝西金石的研究内容。如前所述,由於清代金石著作中凡是通論各地金石的都會涉及陝西金石,所以第三部分的學者及著作數量極爲龐雜,目前尚難以逐一梳理。因此本書的研究内容主要以前兩種爲主,必要時會對第三種有所涉及。

目前,專門以陝西金石爲對象的研究,有從學術史的角度來談的,如白林坡《明末清初關中"前碑學"研究》,對明末清初的關中金石學的興起、相關學者及其著作做了初步的歷史的考查①;有從目録學方面研究的,如周曉薇《研究陝西古代碑刻之主要金石書目表覽》分類列舉了陝西金石著作名目,提供作者、版本等基本信息,爲進一步的研究奠定了很好的基礎②;又如李慧主編的《陝西石刻文獻目録集存》,將陝西金石文獻目録彙集了三千餘條,每條之下羅列了歷代金石著作中的著録情況,是一部帶索引的綜合性石刻文獻工具書③。這些研究都爲本書的撰寫提供了一定的參考。

具體到清代某一金石學者及其著作,則研究成果十分豐富。清代著名金石學家,如顧炎武、錢大昕、畢沅、王昶、翁方綱、阮元等,針對其金石學成就所

---

① 此文以"上""下"兩篇分别發表於《榮寶齋》2009 年第 11 期、2010 年第 1 期。

② 《碑林集刊》2006 年第 12 輯。

③ 參見李慧主編:《陝西石刻文獻目録集存》,三秦出版社 1990 年版。

作的專人、專書研究,各有數十篇論文和著作,從各個方面都做了較爲深入的探討,其中多少都有涉及陝西金石的内容。這些成果均爲本書的撰寫提供了借鑒,在下面進行具體論述時會有詳細地引證、分析,此處不作展開。

然而,目前將"陝西金石學"作爲一個專題,運用科學觀點,對它進行比較全面、系統、深入的分析和研究,嘗試者卻不多,特别是從金石學研究方法、金石學理論、金石學成就上去進行分析研究的,目前尚未見到。這也是本書所要探究的領域。

學術史的發展總是有一個從興起到高潮到衰退的過程,清代金石學的發展也經歷了這樣一個過程,陝西金石學發展與其基本同步,呈現出三個不同的發展階段:興起於清代前期——明末清初至乾隆前期,清代中期達到高潮——乾隆中後期至嘉慶、道光間,清代後期逐步走向衰退——道光以迄清末。本書的討論也按照這三個不同的階段依次展開。

其興起之初,重點探討人們爲什麼會選擇從事這一研究,他們研究傾向如何成爲了學術發展方向的關鍵因素;發展至高潮之時,重點研究其不同層面的成就,以求全面展示其發展樣貌;至其陷入低谷之後,則分析其衰退之原因,同時關注那些仍然在傳統金石研究領域孜孜以求並有所成就的學者和著作。

具體的研究對象,由於清代陝西本土的金石學者極少,只有由明入清的郭宗昌、王弘撰、東蔭商,乾隆前期的褚峻、道光間王志沂、同光間趙元中等寥寥幾人。爲清代陝西金石學發展作出了巨大貢獻的大多是客居陝西的外地學者,以江浙才子爲主。本書重點探討這些學者在陝西的金石活動,包括其搜訪、摹搨、交流、著述的各個方面,分析這些金石活動的意義與影響,論述他們金石著作的成書過程、編撰體例、史料價值等問題,總結其所取得的成就。在這些個案分析的基礎上,試圖勾勒出清代陝西金石學的發展脈絡及在金石學發展史上的地位。

通過這些研究,期望能對清代陝西金石學各時期的學術特點、治學理路進行系統、全面的呈現,並力求在研究的深度與廣度、在研究的方法上能有新的收穫,以期爲今天和日後這一領域的研究提供新的視域和思路。

第一章　清代前期的陝西金石學

第一節　概　述

學界對於元明兩朝金石學的評價，以朱劍心《金石學》一書中的一段評論最爲典型：

> 綜明一代之作，雖亦有數種可取，然大抵輾轉稗販，罕有新識，迭床架屋，徒形其贅。甚且紀載失實，真贋莫辨，但逞臆説，毫無考訂，是則明儒治學之通病。……是故金石之學，至宋而極盛，至元明而中衰也。①

總體來看，元明金石研究大多輾轉傳抄他人著録而立論，不復詳考金石原物，至記載失實，罕有新見，一涉考證，多有疏失，因此一向爲人詬病。

清代學術是對晚明學術之"一大反動"（梁啓超語），學風由空返實，呈現出了嶄新的面貌。自清初至乾隆初期百餘年間，金石學經歷了一個漫長的復興期。順治、康熙前期，顧炎武（1613—1682 年）首開風氣，提倡自宋人開創的金石考訂的學術觀念，並身體力行，足跡所到都會留心金石搜訪，並以一系列著作實踐揭示金石可資考證的意義，爲清代的金石學研究打開了局面。朱彝尊（1629—1709 年）追踵其後，廣搜金石，並據之考訂史乘之同異，補正經史之闕謬，其學術方法对當時及後世學者影響很大。

康熙中期以後，遺民學者相繼謝世，社會日趨穩定，以反清復明爲目的的"經世致用"之學失去其原本意義，且經過多次文字獄之後，特別是雍正朝，學

---

① 朱劍心：《金石學》，浙江美術出版社 2015 年版，第 34 頁。

者的思想自由被剥奪得一乾二净，談論時政已犯忌諱，於是對古典文獻的考據成爲學者的不二選擇。金石學在清初尚承明代有鑒賞一派，在明末清初的金石著作中佔有很大比重，然而漸漸地考據學佔據上風，最終於清代中期形成了清代金石考據學一統天下的局面。

從留存至今的著作以及各種的文獻記載來看，清初的金石專書約有八十餘部，金石學者五十餘位①，已超過元明兩朝的總和。

這一時期的著作中，襲明人餘習、疏漏滿紙者，仍所在多有。如有近十部以金石銘文來討論文字源流的著作，其研究範圍和成就並没有多少高出明人之處。有些涉及經史考證的著作也是如此，如劉青藜的《金石續録》。劉青藜字太乙，河南襄城人，康熙四十五年進士，其《金石續録》踵述前代歐、趙、都、楊諸學者之書，考述所藏金石，或述其源流，或指出與史書記載的異同之處，然多無新意，《四庫提要》評其："所見既乏奇秘，所跋亦罕考證。"②

但是從總體上來看，這一時期的著作體現出一種新的傾向，無論是論金石書法，還是考據經史，無論是論錢幣，還是論印章，大都根據自已所藏、所見的金石原物而言，如上述《金石續録》就是劉青藜根據自己三十餘年來的收藏而著成。這些學者們也都有四處購求、搜訪金石的經歷，以致形成了一種金石搜訪的熱潮，歷有清一代未見消歇。這種搜訪，進一步促使了金石出土日益增多，又反過來推動了金石研究走向深入，從而形成了一種學術研究的良性循環。

在清初金石學復興的這個過程中，有一個十分關鍵的影響因素，一直被學界忽視，那就是陝西的金石研究風氣在其中所起到的作用。

明末，陝西地區的學術研究風氣，由於受關學影響，和其他地域有很大不同。明代關中大儒吕柟繼承北宋張載理學傳統，宣導"文必載道，行必顧言"而號稱集大成，最終樹立起"關學"的傳統，使"關中自古稱理學之邦"③，不僅被引爲鄉里之榮，也成爲天下公論。關學以主敬窮理爲主，相對於洛學與閩

① 此處數據根據《中國古籍總目》《石刻史料新編》、各大圖書館藏書目録，以及《金石學録》《金石學録補》《金石學録續補》，林鈞《石廬金石書志》、容媛《金石書録目》等統計。

② 《四庫全書總目》卷八七史部・目録類存目。

③ 馮從吾：《關學編》自序，中華書局 1987 年版，第 1 頁。

學,不太重視義理的抽象思辨,一向講求經世尚用,强調實踐功夫。因此影響所及,關中的金石研究亦重實地考察,其中影響最大、成就最突出的是趙崡《石墨鐫華》與郭宗昌《金石史》。在兩人影響之下,明末清初的關中金石研究,雖然仍未能擺脱空疏之弊,卻形成一種注重金石文獻可靠性的研究風氣。

當時研究金石者,大多和關中學者有密切往來。如上文提到的清初金石學復興過程中有開創性影響的兩位學者:顧炎武一生多次前往關中,和華陰王弘撰等人一起訪碑,他的幾部金石著作都是在關中完成並刊刻;朱彝尊亦常得陝西友人贈送金石搨本。其他的學者,如山西傅山、大興孫承澤、秀水曹溶,也都不時地和關中學者交流金石。孫承澤《庚子銷夏記》記載他與關中金石收藏大家東蔭商的來往云:"(東蔭商)計偕來京。余時杜門謝客,乃叩閽而請,曰千里思晤,幸以魯公爲介紹。予奇其人,乃進而與飲。"①他與醴泉荀好善亦相友好,荀好善曾贈其定武《蘭亭序》搨本②;他與王弘撰也多有來往,王弘撰記:"京師收藏之富,無過於孫少宰退谷者。……予每詣之,退谷必出示數物,留坐竟日。"③

因此可以説,通過這種交流,關中的實學風氣也會輻射影響到各地,在金石學的復興過程中起到了不可低估的推動作用。

這一時期具體的研究成果,除了二十餘部著作,或專門研究某一種金石,如《瘞鶴銘》《天發神讖碑》《國山碑》《焦山鼎》等,或一組金石,如孔林漢碑等,與陝西金石没有關係。陝西金石專書也數量不多,僅有三部:張弨《昭陵六駿圖贊辨》、林侗《唐昭陵石蹟考略》,都是對昭陵碑石的考論;顧炎武《九經誤字》,討論藏於西安碑林的唐《開成石經》,據其訂正諸經監本和各種坊刻本的文字訛誤之處。但是其他綜論型著作大多都涉及陝西金石,且陝西金石佔有很大比重。後兩類著作從研究内容和著作體例兩方面來看,具有以下特點。

首先,就研究内容而言,這一時期的著作主要在經史考證、金石鑒賞、金石義例三個方面。

經史考據是顧炎武、朱彝尊等人提倡的方向,也是乾嘉金石研究的典型特

① 《庚子銷夏記》卷一《徐季海浩書心經墨蹟》。

② 參見《庚子銷夏記》卷四。

③ 《山志》初集卷一。

點。但是在清初這段時期，起而響應顧、朱等人者僅有林侗、葉奕苞、萬斯同等寥寥幾人。

葉奕苞字九來，號二泉，江蘇昆山人，約康熙初年在世，其《金石録補》二十七卷，《續跋》七卷，乃補趙明誠《金石録》而作。是書論及陝西金石的僅二十六條，考訂金石與史書之同異，多有可取之處，如論《姜遐碑》。姜遐是唐高祖時功臣姜謩之孫，其碑刻於唐天授二年，碑明時已斷裂，葉奕苞所見尚存姜遐父祖名諱，遂結合史書考碑與史書記載之異同云："碑云，公諱遐，字柔遠，祖謩，父行本，子晈、晦，春秋五十有二，即以天授二年十月十日葬於昭陵神蹟鄉之舊塋。按史，行本名確，以字顯。而碑正書其子遐，附《行本傳》云子柔遠，未嘗云柔遠名遐也。且《謩傳》止云子確，而碑云'故伯父太子僕嘗指公謂人'云云，似謩尚有子而史遺之。……晞爲簡之子，嗣行本爵，史亦不載。碑雖殘泐，猶足以證史之闕如此。"據此，則可補史之闕有：柔遠之名遐、姜謩除子確外似另有一子嘗爲太子僕者、姜行本姪晞襲其爵爲郕國公。此碑至嘉、道間殘毁更甚，王昶《金石萃編》録此碑僅二百餘字，且云"自祖謩以下文俱不存"，可知葉氏所録文字的價值。

當時，學界金石研究的興趣更多體現在另一個層面，即金石書法的鑒賞。很多學者的著作都以品評書蹟、述石刻源流等爲主。比如華陰的郭宗昌，其《金石史》以品題書蹟爲主，提倡漢隸樸實無華的風格，其理論深刻影響到後來的王弘撰、孫承澤等人。王弘撰和顧炎武的日常交流中常常談及金石證史之例，然而他的《砥齋題跋》，卻主要在倡導郭宗昌提出的書法觀念；孫承澤《庚子銷夏記》討論金石書法也有很多觀點承襲自郭宗昌《金石史》。

又如傅山，他和顧炎武、王弘撰過從甚密，顧炎武晚年曾多次往山西，與傅山遊，傅山亦曾遊王弘撰家①。在傅山和友人的日常討論中，也可以看出他充分認識到了金石考據的價值，如閻若璩記兩人之討論云："傅山先生長於金石遺文之學，每與余語，窮日繼夜，不少衰止。歎問余：此種學，正經史之譌而補

① 《莘野先生年譜》記載，康熙戊午（十七年），康乃心"又遇傅青主、顧亭林二先生於徵君王山史家中"。

其闕，厥功甚大。畢竟始自何代何人？”①“金石文字足爲史傳正譌補闕，余曾與陽曲老友傅青主極論其事。”②然而在傅山的著作中卻看不到這種考訂的具體實踐。“當其模擬時，仿佛遊西京”③，金石對於他的學術實踐意義乃在於通過書法臨摹而與古人精神相通。

此類著作還有王澍《虚舟題跋》、陳奕禧《金石遺文録》《隱緑軒題識》、李光暎《觀妙齋藏金石文考略》等，近二十部。

另外，還有一些學者關注的是石刻源流方面，如楊賓，其人精鑒碑版，著《金石源流》六十卷、《大瓢偶筆》八卷、《鐵函齋書跋》六卷，他認爲：“金石所重者，源流也。辨别妍媸真贋，金石之事也，非其事則略之矣。”而有關“史傳之失者皆不載”，因此所作或述金石源流，或雜論碑帖版本等。

因此，從數量上來看，注重金石鑒賞的著作遠遠多於顧炎武等人的金石考據類著作，成爲清初實學興起的另一重要方面。

義例類著作則僅有黄宗羲的《金石要例》。金石銘文有獨特的審美特徵和表現手法，宋代金石學於義例之學關注甚少，至元朝潘昂霄撰《金石例》一書，遂開金石義例研究之先河，繼之者有明代王行的《墓銘舉例》。黄宗羲的《金石要例》與前兩種合起來被後世稱爲“金石三例”，金石義例之學遂由此奠定。嗣後，到了清朝中後期，這方面的學術著作逐漸增多，如梁玉繩的《誌銘廣例》、郭麐《金石例補》、王芑孫《碑版文廣例》、劉寶楠《漢石例》、李富孫《漢魏六朝墓銘纂例》、馮登府《金石綜例》《石經閣金石跋文》、梁廷枏《金石稱例》等不斷湧現，從而極大地促進了金石義例之學的發展。

其次，從撰寫體例上而言，這一時期的著作主要是題跋類。考訂經史也好，品評書蹟也罷，從宋以來，以題跋的形式，隻言片語，考論金石，成爲傳統。因此，清初題跋仍是金石著作的主要撰寫方式。無論是顧炎武的《金石文字

① 閻若璩：《潛邱劄記》卷二，載《清代詩文集彙編》第141册，上海古籍出版社2010年版，第44頁。

② 閻若璩：《潛邱劄記》卷六，載《清代詩文集彙編》第141册，上海古籍出版社2010年版，第210頁。

③ 傅山：《霜紅龕集》卷四《蓮蘇從登岱嶽謁聖林歸信手寫此教之》，載《續修四庫全書》第1395册，第465頁。

記》、林侗的《來齋金石刻考略》,還是王弘撰的《砥齋題跋》、劉青藜的《金石續録》、李光暎的《觀妙齋金石文考略》都是如此。

其中,部分著作録有金石全文。前代金石著作,具録全文者,始見宋洪适《隸釋》《隸續》。兩書著録碑文,每篇先摹其文,次釋其字,間考論史事。後有佚名《古文苑》,所録爲詩賦雜文,頗多金石文字。元代則有陶宗儀《古刻叢鈔》一卷,收録較多不傳於世的碑石。明有楊慎《金石古文》十四卷,録三代、秦、漢石刻較多,具録全文,間有跋語,疏漏較多。後又有都穆《金薤琳瑯》二十卷,疏漏舛謬亦多。至清初這一時期,則有顧炎武《求古録》、葉萬《續金石録》等五六部。

另外,目録類著作則有曹溶的《古林金石表》。此書爲保存遺蹟而著,收金石八百種,以金石爲經,撰書者姓名、金石所在地爲緯,編録而成。其中所收多有論陝西金石者,大多是其"遠遊曾剔秦人碣"①,到陝西訪碑所得。

第二節　顧炎武與清初金石考據學風的復興

對於顧炎武在清初金石學復興過程中的地位和作用,自清人開始就給予了極高的評價,他們認爲:"我朝自顧炎武、南原、朱竹垞諸老以金石佐經術,於是金石之學日盛。"②"國朝亭林、竹垞兩公出,篤嗜金石,鉤稽弗遺,蔚然於歐趙薛洪之上。"③梁啓超在論述清代學術思潮的各類著作中更是進一步抬高了顧炎武的地位,使其遠超朱彝尊諸人之上,他反復申説,"清代許多學術都由亭林發其端,而後人衍其續……清代金石學大昌,亦亭林爲嚆矢"④,"金石學自乾嘉以來,蔚爲大觀,亦《金石文字記》爲其先河"⑤,"金石學之在清代又彪然成爲一學科也,自顧炎武作《金石文字》始,實爲斯學濫觴"⑥。

---

① 《静惕堂詩集》卷三十六《留别鄭汝器》。

② 張德容:《二銘草堂金石聚》"自序",同治十一年刊本。

③ 李遇孫:《金石學録》卷四,上虞羅氏石印本。

④ 梁啓超:《中國近三百年學術史》"清代經學之建設",中華書局 1936 年版,第 59 頁。

⑤ 梁啓超:《論中國學術思想變遷之大勢》,江蘇廣陵古籍刻印社 1990 年版,第 107 頁。

⑥ 梁啓超:《清代學術概論》,上海古籍出版社 2005 年版,第 49 頁。

受梁啓超的影響,後之研究者基本不出此論,在批評元明金石學"衰歇""沉寂""頹靡""無足觀"的背景之下突出顧炎武一開新風的作用,如"亭林之學爲後來以考據學爲特色的乾嘉學派的出現奠定了基礎,也使宋以後沉寂了幾達四百年的金石之學重放光輝。"[①]"清代思潮突破宋明理學的羈勒,以'復古'爲其主要標誌,其啓蒙人物當數顧炎武和黄宗羲。在他們的宣導下,金石學由元明的頹靡轉入復興。"[②]後者雖然提到了黄宗羲,然而黄宗羲金石學著作僅《金石要例》一卷,論述碑誌文的撰寫體例,和清代金石學考證經史的主流有很大差距,影響和顧炎武自然不能相提並論。

因此,這樣的研究給人留下一個深刻的印象,即顧炎武一反元明金石學的衰勢,直接上承宋代,引領了清代金石學繁榮發展。這一思路凸顯的是個别學者的貢獻,體現的是學術發展的斷裂性和突變性,忽略了學術思想發展過程中本應具有的連續性和繼承性,對於研究學術發展脈絡來講似乎稍嫌簡單了些,從而也就無法解釋一些問題,比如元明數百年金石學研究成就雖淺,但在顧炎武以及清人身上竟没有絲毫影響? 金石學既已經元明的數百年沉寂,如何顧炎武《金石文字記》一問世,便能超越歐、趙之上? 這些問題解決不了,就很難對顧炎武的金石學成就有準確到位的評價。目前的研究在顧炎武以金石證史方面做了比較細緻的分析,主要集中在以金石補正史書記載、以史籍考釋碑文,對碑石文字作音韻、文字、訓詁等的研究[③]。從表面上看來似乎十分充分,但是所舉方面,雖然都較宋人更爲深入,卻仍不出宋人確立下來的規範。對於顧炎武真正超越宋人之處以及清代金石學在復興之初就迥然不同於宋代金石學的地方都没有揭示出來,也就不能很好地解釋清代金石學的繁榮。

要解決以上問題,必須要追尋顧炎武的金石學成就與明末清初金石學研究風氣之間的關係,明其繼承;也要探索他與宋代金石學之間的區别,知其新

---

① 劉毅:《從金石學到考古學——清代學術管窺之一》,《華夏考古》1998 年第 4 期。

② 郭名詢:《清代金石學發展概況與特點》,《學術論壇》2005 年第 7 期。

③ 相關研究參見吴軍蘭:《談談顧炎武對金石文字的考釋》,《麗水師範專科學校學報》2003 年第 6 期;吴軍蘭:《顧炎武的金石與史籍互證》,《青海師範大學學報(哲學社會科學版)》2003 年第 6 期;許丹:《顧炎武〈金石文字記〉研究》,華東師範大學碩士學位論文,2009 年;辛世芬:《論顧炎武的金石學成就與貢獻》,山東大學碩士學位論文,2009 年。

變。這樣才能對顧炎武及清代金石學的發展作出客觀完整的評價。我認爲顧炎武和宋人金石研究的根本區别在於更加重視實地考察,注重金石文獻來源的可靠性,這一點對於清代金石學重考據的特點的形成具有重要意義。恰好正是這一點卻並非僅僅是顧炎武的個人貢獻,而是明末清初,尤其是陝西關中地區金石學研究的時代風氣,和顧炎武的學術追求恰相呼應,顧炎武深受其影響,以可靠的金石文獻來考經證史,從而取得了超越前人的成就,帶動了清代金石學的復興。

一、明末清初的"關中金石圈"

明末清初,陝西金石實學風氣的引領者,包括明末被錢謙益譽爲"關中汲古二士"的趙崡與郭宗昌[①],由明入清的王弘撰,以及圍繞在他們周圍、有著共同金石癖好的學者,形成了一個學術小團體,有的學者稱之爲"關中金石圈"[②]。當然,這只是一個相當鬆散的學術團體,金石交流只是他們的日常活動之一。

趙崡,字子函,號敦物山人,陝西盩厔人。萬曆三十七年(1609年)中舉,時年已四十,後三試進士不第,遂放懷,鄉居著述。善詩、書,好金石[③]。其金石著作《石墨鐫華》,成於萬曆四十六年(1618年)。

郭宗昌年少於趙崡,字胤伯,號涉園、宛委山人,陝西華州人。多次科舉不第,崇禎年間曾被徵召入京,但不久即回鄉歸隱,卒於順治九年(1652年)[④]。郭宗昌亦好詩,嘗與華州文人王承之、東蔭商等成立"南玭社",詩歌酬唱,其金史學著作有《金石史》。

王弘撰,字文修,一字無異,號山史、待庵、砥齋等,陝西華陰人。明末諸生,南京兵部侍郎王之良第五子,明亡後隱居不仕,與郭宗昌爲忘年之交,受其

① 錢謙益《華山廟碑歌題華州郭胤伯所藏〈西嶽華山廟碑〉》詩云:"關中汲古有二士,郭胥趙崡俱嵯峨。"見錢謙益著、錢仲聯標校:《牧齋初學集》卷一三《試拈詩集上》,上海古籍出版社1985年版,第456頁。

② 鄭璐:《明郭宗昌及其〈金石史〉研究——兼論"關中金石圈"的形成及影響》,吉林大學碩士學位論文,2008年。

③ 趙崡生平參見《(康熙)盩厔縣志》。

④ 郭宗昌卒年據鄭璐前引文。

影響很大。王弘撰在清初與“關中三李”（李顒、李柏、李因篤）齊名，時人號爲“四夫子”，又被顧炎武譽爲“關中聲氣之領袖”。王弘撰對於金石的相關論述都集中體現在他的著作《砥齋題跋》中。

這三個人是明末清初“關中金石圈”的核心人物，在他們的身邊圍繞的一批金石學者，主要有：

荀好善（1585—1639 年），字若誠，别號海來，陝西醴泉人。萬曆戊午，趙崡遊九嵕山時，曾訪荀好善於儀門村，並相携訪昭陵諸碑。時荀好善尚年輕，二十八歲已中舉，因此趙崡有“余以白頭老子對之，不覺面慚”的感慨①。荀好善天啓五年（1625 年）中進士，授長治縣令，在縣署掘地時發現王羲之《蘭亭序》刻石，此本後被稱爲“荀氏蘭亭”。崇禎十一年（1638 年）他參與修撰邑乘《醴泉縣志》，該書卷一《地理志》對昭陵諸碑的存毁字數有詳細記載，後之學者前往昭陵訪碑，往往據之按圖索驥。

王家瑞，直隸廣化進士，萬曆二十年（1592 年）任咸陽令②，著有《咸陽金石遺文》一書。趙崡曾與其一同遊終南山圭峰訪碑，《石墨鐫華》所收《唐贈池州刺史馮公碑》就是他與“王咸陽從碑上録之”，所收後魏《豆盧恩碑》《周惠達碑》“皆咸陽令王公所得”。

王弘度，字文含，陝西咸寧人，諸生。嘗從山東金石學者孫承澤遊，孫承澤《庚子銷夏記》中記有多種王弘度自關中所寄贈的碑石搨本。王弘度與王弘撰亦互相傾慕，有所往來。王弘度著有金石著作《片石語》十卷，存佚不知。朱之錫（1622—1666 年）《北遊録・紀聞》抄録了此書目録，並云：

> 咸寧王弘慶文宣好古刻，以歐陽永叔《集古録》、洪容齋之《隸釋》、趙德夫之《金石録》、明都玄敬之《金薤琳瑯》、楊用脩之《金石古文》、趙子函之《石墨鐫華》俱有成書，子函所録距今三十餘年，兵燹之後且多不存，況其他乎？今所收共二百餘本，彙爲十卷，曰《片石語》。③

據朱氏所鈔目録，《片石語》收三代至唐碑石約二百種，不限陝西一地。

華陰東氏家族和渭南南氏家族則以金石收藏著名。東肇商雲駒、蔭商雲

① 趙崡：《石墨鐫華》卷七《遊九嵕》，《知不足齋叢書》本。

② 《（乾隆）咸陽縣志》卷九。

③ 清抄本。朱之錫誤“王弘度”爲“王弘慶”，其字文含，誤爲“文宣”。

雝兄弟，家有墨莊樓，金石收藏甚富。郭宗昌與他們爲中表兄弟，《金石史》記載："先外祖確山公……姓東氏，閥閱甲關中。圖籍之癖，即斷墨殘楮，珍笥不棄，故古碑版最富。余志學之年即酷好之。"①郭宗昌自小即受其影響。趙崡跟東肇商亦多有來往，《石墨鐫華》記載曾向其借觀搨本數種。東蔭商撰有《關中金石略》一書，此書今有一鈔本存於南京圖書館，爲道、咸間仁和勞權所鈔。此書不分卷，分府、縣記録關中各地唐以前之金石，共計一百三十種。每題下説明撰書者及所在，每地僅著録其名碑。此書無序，亦未見他書稱引，不詳是否東氏就其家藏而著。另外，南圖所藏勞權鈔本目録之後似另爲一書，以唐代書者分類，將其所書碑石（不僅限於關中碑石）詳列於下，間對書法作一考論。這部分不知是勞和鈔自《關中金石略》原書，抑或將他書内容與《關中金石略》鈔撮到了一起。

南氏家族的金石收藏也很豐富。家族中官位最顯的是南師仲，萬曆二十三年進士，官至南京禮部尚書，曾編撰《關中文獻志》《渭南縣志》等，在郭宗昌、王弘撰的著作中多次提到其所收藏的珍貴碑刻搨本，如唐搨《集王金剛經》《九成宮醴泉銘》等。南師仲姪南居業、南居益，南師仲之孫南廷鉉等，都是明末清初著名文士，和王弘撰等人來往十分密切，南廷鉉曾爲王弘撰《砥齋集》撰序。

東氏、南氏兩家明末家道漸零落，所收藏金石藏品大多爲郭宗昌所有，在郭宗昌身後又多轉歸王弘撰。

另外還有一些金石愛好者，生平難以確考。與趙崡一同訪碑的有王允濂、張衍祥、王堯年、徐宣伯、王之栩②；與郭宗昌往來的有渭南令崔邦亮。又有華州人王承之，與郭宗昌、東蔭商等結爲"南玭社"，《金石史》卷上載其家藏有名碑《集王聖教序》善搨③；劉澤溥，與郭宗昌爲忘年友，與王弘撰一起刊刻了《金石史》。

在以上學者的著作中，可以看到他們辛勤搜訪金石的身影，他們重視實地訪碑，學術研究建立在可靠的第一手文獻基礎之上。

---

① 郭宗昌：《金石史》卷下《唐九成宮醴泉銘》，《知不足齋叢書》本。

② 均見《石墨鐫華》。

③ 參見《金石史》。

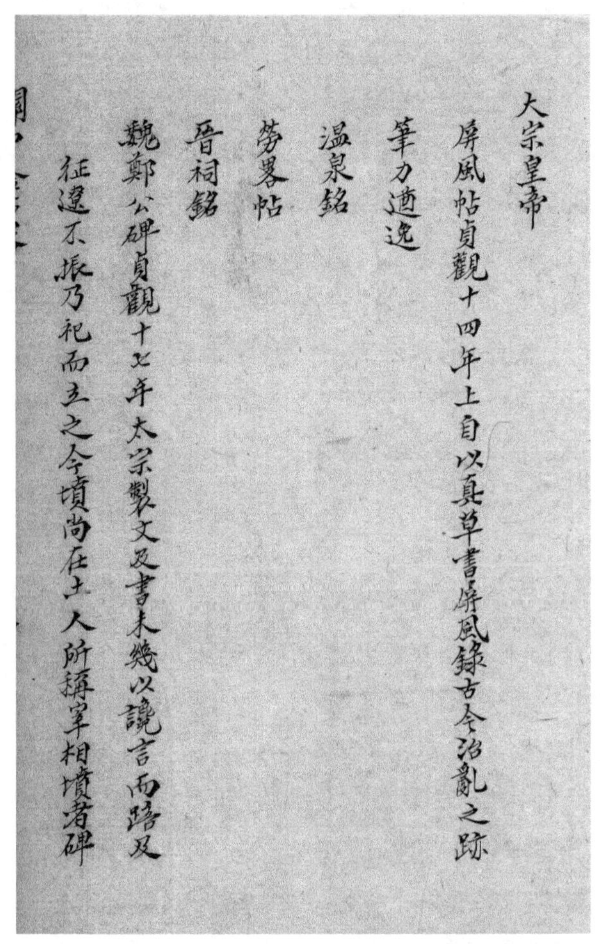
大宗皇帝
屏風帖貞觀十四年上自以真草書屏風錄古今治亂之跡
筆力遒逸
溫泉銘
勞暑帖
晉祠銘
魏鄭公碑貞觀十七年太宗製文及書未幾以讒言而踣及
征還不振乃祀而立之今墳尚在土人所稱穿相墳者碑

南京圖書館藏東蔭商《關中金石略》,仁和勞權鈔本

趙崡的《石墨鐫華》,他自謂乃“窮三十年之力”而成。該書所收金石二百五十三種,除《禮器碑》等十餘種之外,其他爲陝西金石。這些陝西金石中有一小部分,趙崡是根據他收藏的搨本著録,絶大部分則是他據金石原物“摹而録之”①。他認爲:

> 以余所見録古碑者,自歐、趙而外,多憑耳食,致使後之人無所徵信,如鄭夾漈之《金石略》、朱長文之《古碑考》、曹明仲之《格古要論》,紕繆

① 《石墨鐫華》卷二《唐姜遐斷碑》中語。

十五，何以稱焉？求其考據精審者，于宋莫若黄長睿，于有明莫若王元美，余么麿雖不能望二公，然寧遜博之名，不敢不求精之寔。其撰書姓名所在州郡，苟非目見，不敢妄書。①

他指出除歐、趙之外，宋明人著録金石資料多輾轉傳抄，導致錯誤很多的弊病；自己的考據雖比不上宋黄伯思、明王世貞之精審，但至少做到了所録金石資料的可靠性。《（乾隆）西安府志》描述趙崡訪碑的情景云："常跨一驢，挂偏提，搨工挾楮墨以從，每遇石闕文，必坐臥其下，手剔苔蘚，椎拓裝潢。"②而其《石墨鐫華》卷七收有《訪古遊記》三篇，分别寫其遊終南山三日、九嵕山十四日、遊西安城南十餘日，不辭勞苦的訪碑情形。該書録有兩通金、元碑——《金都統經略郎君行記》《元蒙古字碑》，前者爲女真文，後者爲八思巴文，這種少數民族的碑刻一向不受士大夫的重視，搨碑人也很少理會，只有親自訪求才會發現。

郭宗昌《金石史》受《石墨鐫華》影響甚大，收録周至唐金石五十三種，亦多據親自搜訪所得。書中多次叙述其訪碑情形，如《唐述聖頌》條載："碑在華陰西嶽廟一道院，余每過輒徘徊其下。"《唐涼國公主碑》條載："余嘗從叔兄至奉先，遊唐諸陵，犯暑造極，群山北峙，萬峰連亘，一目無際，竟不辨何者爲陵也。歸而得數碑。"該書又有多處"余曾手摩其文"之類的記載。

王弘撰《砥齋題跋》多叙述其收藏金石原物或搨本的由來、流傳存佚，爲後人追源尋根、辨别真僞提供了便利。如唐碑《新集金剛般若波羅蜜經》，大和六年（832 年）立於長安興唐寺。王弘撰曾往興唐寺訪碑，《砥齋題跋》卷一《唐搨金剛經跋》條載："興唐寺即罔極寺，予嘗特往其地，彷皇四求，頽垣衰草，唯石佛一尊，長丈餘，臥於故址而已。一二老僧，不知文義，詢之青門故老，亦絶無有能言之者。蓋石之毁久矣。自宋以來，諸君子皆聞之而未睹，故語率不確。"因石已久佚，諸家所據搨本不同，遂舛訛較多，而王弘撰藏有一唐搨本，彌足珍貴，可以糾正前人很多不確之處。

這種治學態度與方法，反映到他們對於陜西金石的研究上，糾正了前人因

① 《石墨鐫華》卷六末所加按語。
② 《（乾隆）西安府志》卷三六。

未見原物而導致的各種疏忽錯誤,使這一時期的金石研究向前推進了一大步。宋人治學雖然嚴謹,但是著録金石時並不完全依據金石原物或搨本,也有一些是輾轉傳抄他書的記載,輕信二手資料,造成考證時有疏誤。如宋代最著名的歐、趙二《録》,趙崡、郭宗昌就先後指出二書因傳抄致誤的條目多則。試舉幾例:

東漢《析里橋郙閣銘》的立碑者"太守李君",據碑即知其名爲"翕",而《集古録》卻記作"會",趙崡云:"今板本皆作李會,或傳寫之誤。"

《舊唐書》記載房玄齡名喬,以字行。歐陽修《新唐書》則云房玄齡字喬,其《集古録》又辨之曰:"蓋唐世諸賢名字可疑者多,封德彝云名倫,房玄齡云名喬,高士廉云名儉,顔師古云名籀,而皆云以字行。倫、喬、儉、籀在唐無所諱,不知何避而行字? ……喬、籀果爲字乎?"①趙崡《石墨鐫華》卷二《唐申公高士廉塋兆記》則據親見《房玄齡碑》明確記載房玄齡名喬,因此疑歐陽修"似未見房公碑"。

《集古録》收有唐《乙速孤行儼碑》,而無其父神慶碑。趙崡《石墨鐫華》卷二《唐申公高士廉塋兆記》載,他因到兩人墓地所在的九嵕山進行過實地考察,發現兩墓"相去不十餘步,二碑並峙,余皆摩之,而因以知神慶尚有子行儼……歐陽公有《神慶碑》,而未見《行儼碑》,且前碑'五代祖','五'字甚明,而公以爲闕文,或所見偶闕本耳。"

唐《蘇瓌碑》,在武功,其撰、書人,郭宗昌《金石史》考云:"《金石略》云盧藏用書,而《金石録》云藏用撰書。考《文苑英華》,藏用撰序,張説撰銘。今碑後猶有'范陽張説'字,鄭、趙二公未見耶?"鄭樵、趙明誠之説與《文苑英華》的記載均不相同,郭宗昌親見碑石,所載正和《文苑英華》同,鄭、趙二人均因未見原碑而致誤。

漢《泰山都尉孔宙碑》,孔宙爲孔融之父,碑文明確記載其卒年在延熹六年,而歐陽修《集古録》、趙明誠《金石録》、王世貞《弇州山人稿》均録爲延熹四年,所以趙崡説三人"不知何據",郭宗昌亦疑"三公皆史家張杜,謂四年何

① 《集古録跋尾》卷七《唐顔勤禮神道碑》,載《長安學研究文獻匯刊・考古編・金石卷》第一輯影印本,科學出版社 2016 年版。

也”，三人當是未見原碑據傳抄所致誤。

明人都穆、楊慎、王世貞、朱孟震等人的疏誤比宋人更多，《石墨鐫華》糾正其錯誤之處多有“都玄敬《金薤琳瑯》又似未讀竟此碑”，“元美未嘗至關中，未知所在”①，“楊、朱未嘗至蒲城，而朱公尤爲瞽斷”②等議論。

而趙崡訪問不到的碑石，著録時也會出現疏誤，後來訪碑的郭宗昌又對其錯誤進行糾正，如《金石史》卷二《唐涼國公主碑》條云：“公主，睿宗第六女，名𡡉，字華莊。元美謂碑爲華莊，史作花莊而不言名。子函《石墨鐫華》直以字爲名，二公似俱未見其碑也。”郭宗昌也正是親自訪碑才能發現前賢等因未見原碑而將涼國公主名字搞錯的史實。

有的金石已毁，關中諸學者收藏有較好搨本，比前人所見搨本完好或缺字較少，亦能糾前人之錯。如趙崡所收漢韓敕造《孔子廟禮器碑》、漢《魯相史晨孔子廟碑》，郭宗昌收藏的《華山碑》，王弘撰收藏的《新集金剛般若波羅蜜經》《九成宫醴泉銘》等，都是因搨本較好而爲人所重。

另外，這一時期還有一個陝西籍金石學者來濬，其人號梅岑，明末至清康熙間三原人，官至太原都閫經歷③，和上述關中學者似乎均未有來往。來濬著有《金石備考》十四卷，是一部鈔撮薈萃前人著述中的金石名目而成的目録類著作，錯誤滿篇，《四庫提要》總結其訛誤包括人名、字體、時代、地理等各方面④。和關中學者的嚴謹學風相比，是一個例外。

總體上來講，明末清初關中地區的金石研究呈現出了一種重實地考察的學術新風，對整個明末清初的金石學研究産生了不容忽視的影響。

二、陝西的金石風氣對顧炎武的影響

以關學傳統爲依託的關中理學在清初聲勢極大，當時關中的李顒與直隸的孫奇逢、浙江的黄宗羲並稱海内三大名儒，四方向風傾慕。關中學者除李顒外，又有李因篤、李柏、王弘撰，其中王弘撰“又通濂洛關閩之學，好易

---

① 《石墨鐫華》卷二《唐三藏聖教序並記》。

② 《石墨鐫華》卷三《唐雲麾將軍碑》。

③ 李堅懷：《四庫提要小傳斠補》，上海古籍出版社 2020 年版，第 161 頁。

④ 《四庫全書總目》卷八七。

精圖象，學者翕然宗之，關中人士領袖也”。康熙二年（1663 年）正月，顧炎武遊歷山西五臺山遇李因篤，結爲終身摯友，之後取道蒲州，第一次入陝，訪王弘撰、李因篤，與李顒訂交。傅山曾説：“甯人向山云，‘今日文章之事，當推天生爲宗主’。歷叙司此任者至牧齋，牧齋死而江南無人勝此矣。”①顧炎武認爲江南學術自錢謙益（號牧齋）死後已無人可繼，及與李因篤（號天生）訂交，讓他看到了學術的希望。而他的實證思想又和關學的純樸學風相契合，他説：“秦人慕經學，重處士，持清議，實與他省不同。”②在他的詩文作品及《日知録》中，曾多次稱引關中學者的見解。因此，他康熙十六年（1677 年）再次入陝，在華陰訪王弘撰之後，看到華陰重要的地理位置，“綰轂關河之口，雖足不出户，而能見天下之人，聞天下之事，一旦有警入山，守險不過十里之遥，若志在四方，則一出關門，亦有建瓴之便”③。遂有定居於此之意。

關中學者也很看重顧炎武的學術與爲人，王弘撰《山志》記載：“丁巳秋九月初三日，亭林入關，主於予家，將同作買山之計。”丁巳年即康熙十六年（1677 年），所謂的“買山之計”，指王弘撰“以朱子於淳熙乙巳寄禄華州雲臺觀，欲爲建祠堂，兼營書院”，欲延請顧炎武講學關中，而“（富平令）郭九芝明府聞之以書來曰：‘聞顧甯人先生已抵山居，甯人命世宿儒，道駕儼然，非無所期而至止，關學不振已久，斯其爲大興之日邪’”，對於延請顧炎武講學以振興關學抱有很大期望。顧炎武在康熙十八年寫給其從子的一封書信裡也説：“新正已移至華下，祠堂、書院之事雖皆秦人爲之，然吾亦須自買堡中書室一所，水田四五十畝，爲饔飧之計。”④興建祠堂一事至辛酉夏（康熙二十年，即 1681 年）始落成，書院則未竟。至康熙二十年以前，顧炎武基本上在關中盤桓，期間僅有短暫出關，旋即又返回，二十年八月出關至山西，二十一年（1682 年）在山西去世。⑤

① 傅山：《霜紅龕集》卷九《爲李天生作十首》第八首小注，宣統三年丁氏刻本。
② 顧炎武：《亭林詩文集》卷四《與三姪書》，《四部叢刊》景清康熙本。
③ 顧炎武：《與三姪書》。
④ 顧炎武：《與三姪書》。
⑤ 本文所叙顧炎武形跡據清張穆《顧亭林先生年譜》，道光二十四年刻本。

顧炎武和關學及關中學者的這些淵源,影響及於他的金石學研究,首先表現在,他的金石著述以關中金石爲重點著録對象,諸書最終校訂完成也基本都在關中。《金石文字記》中收録碑石三百五十餘種,其中陝西碑石一百五十餘種,占全書近一半;《求古録》更是有超過一半内容爲陝西碑石。《金石文字記》的撰述年代,有學者考訂當在順治十三年(1656 年)前後至康熙十八年(1679 年)這二十三年左右①。其時間下限確定的依據,爲該書《開母廟石闕銘》條所云"歲屠維協洽莫春,予親至廟下",屠維協洽乃己未年,即康熙十八年,是此書訪碑時間可考最晚的。又《善本書室藏書志》卷十四載:"《金石文字記》六卷,翁覃溪校本。……此本經翁覃溪朱墨校勘,並手題云:'亭林至華陰,在康熙十六年丁巳,時年六十五矣,此書當是其晚年所作。'"②可知其校訂完成此書當在晚年居華陰時。由於《金石文字記》重點在於考證,僅有少數幾種金石録文,而《求古録》以録文爲主,間附跋語,凡《金石文字記》已收的,《求古録》僅録文,不再考證,因此《求古録》的成書又在《金石文字記》之後。顧炎武另有《九經誤字》,更是以在西安碑林所見唐開成石經來糾正各傳本的文字錯誤。

其次,顧炎武在關中,足跡所到之處均有碑石搜訪活動,在和關中學者的交流中,研究金石文獻也是重要内容。

《金石文字記》著録金石三百五十餘種,只有二十種出於所得搨本。該書自序稱:

> 比二十年間,周遊天下,所至名山、巨鎮、祠廟、伽藍之迹,無不尋求。登危峰,探窈壑,捫落石,履荒榛,伐頹垣,畚朽壤,其可讀者,必手自鈔録。得一文爲前人所未見者,輒喜而不寐。一二先達之士知予好古,出其所蓄,以至蘭臺之墜文,天禄之逸字,旁搜博討,夜以繼日。③

顧炎武一生搜訪金石之勤苦、遊歷範圍之廣、時間之長,在清代金石學者中無人可及。據學者統計,顧炎武搜訪足跡遍布全國,分布在華北、西北十幾

① 許丹:《顧炎武〈金石文字記〉研究》,華東師範大學碩士學位論文,2009 年。

② 丁丙:《善本書室藏書志》,清光緒刻本。

③ 《金石文字記》,借月山房彙鈔本。本文所引皆出此本。

個省份。其中以陝西最多，所到之處包括西安府、鳳翔府等二十八個府、州、縣。①

和明末清初碑石出土較多，而吉金極少的背景有關，關中學者重石輕金，顧炎武亦不録吉金。他和關中學者，特別是王弘撰，經常交流探討碑石，這在《金石文字記》都有記載可循。有的碑石已佚，顧炎武在王弘撰處看到搨本，如卷一《西嶽華山廟碑》載："碑舊在華陰縣西嶽廟中，嘉靖三十四年地震碑毀，華州郭胤伯有此搨本，文字完好，今藏華陰王無異家。"對此碑的考論即由此搨本而生發出來。又卷二《蘭亭序》："王弘撰曰：今又有東陽本，不讓國子監本。宣德間何士英作兩淮鹽運使，得之淮南，井中、潁上、上黨皆不及也。"卷四《華嶽題名》載："王伯厚言華嶽題名五百十一人，再題三十一人，自開元訖清泰。今存者惟此與《述聖頌》二碑，不過二十餘人而已。又因地震之後，以碎石裝砌嶽廟大門，牆上亦有唐人題名。今王無異所搨得者通共九十二人，有裴士淹、李德裕、李商隱名。"王弘撰又是書法家，因此有些關於書法的議論則直接引用王氏之説。如《泰州都尉孔宙碑》："王弘撰曰：漢碑陰無額，獨此有篆'門生故吏名'五大字，書法視前碑微異，當別是一手。"卷三《大唐三藏聖教序並記》："王弘撰曰：碑後有'大唐褚遂良書在同州倅廳'十一字，當是後人補書，其書法亦微不類。"在金石證史方面，顧炎武有時亦直接引用王氏觀點。如卷四《晉周孝侯碑》，碑文和史書記載有齟齬之處，顧炎武直接引用："王弘撰曰：'按史，士衡兄弟以惠帝大安二年十月見殺於成都王穎，又十四年元帝即晉王位，始稱建武元年。而碑云建武元年冬十一月甲子，追贈平西將軍，封清流亭侯，謚曰孝，禮也。然則已死之士衡，又烏知十四年後之事而預爲云云如此耶？又處之戰死在元康七年正月癸丑，今碑云元康元年捐館，亦誤。'"凡此，皆可見二人日常交流情形。

但是顧炎武和陝西學者的研究興趣和路徑顯然有很大不同，他不大關注金石書法，而是重新强調歐陽修所指出的金石證史宗旨，並和實地考察的新氣象相結合，遂爲清代金石學研究開闢出一條新路。

---

① 參見許丹：《顧炎武〈金石文字記〉研究》，華東師範大學碩士學位論文，2009年。

三、顧炎武的金石學成就再評價

對於顧炎武的金石成就的評價,有人認爲他"是清代考據學的開山之祖,故以金石文字考證經史也由其發端"①,"後世學者提出在歷史學的研究中要以文獻資料與文物資料(包括地下發掘出土資料)相結合的主張,實在是肇端於顧炎武歷史研究的方法論"②。然而以金石證史這種學術方法是宋人已經開創並有所成就的。歐陽修金石學研究宗旨就是"正經補史",他在《集古録目序》中指出金石"可與史傳正其闕謬";趙明誠《金石録序》稱"蓋史牒出於後人之手,不能無失,而刻詞當時所立,可信不疑",以《集古録》"是正訛謬,有功於後學甚大",但"尚有漏略",因此有志"廣而成書"③。至顧炎武則重新强調金石訂史的作用,其《金石文字記序》稱:"余自少時即好訪求古人金石之文,而猶不甚解。及讀歐陽公《集古録》,乃知其事多與史書相證明,可以闡幽表微,補闕正誤,不但詞翰之工而已。……遂乃抉剔史傳,發揮經典,頗有歐陽、趙氏二《録》之所未具者,積爲一帙,序之以貽後人。"他研究金石正是對歐、趙正經訂史宗旨的發揚,"後之君子知予之所取者非以吹二氏之狂瀾,拾前朝之落艷,而情深好古,意在闡幽,自有不能已者。且因以覽世道之汙隆,考文辭之醇褉,亦豈不爲學人之一助哉!"④

顧炎武的金石著作除以上提及的三種之外,尚有《石經考》,主要考述由漢至宋七種石經刻立始末、遷移、存毁等情況,其他還有一些考論金石的内容散見《日知録》《山東考古録》等書。對於這些著作的成就,已有學者從多個方面進行了分析,但還有一些研究内容上的重要性没有揭示出來。

如上所論,顧炎武在金石研究宗旨上,繼承了宋人考訂一路,又受時代風氣影響,在金石資料搜集上重可靠性和準確性,從而在治學態度與方法上對於清代金石學有決定性影響。這不僅僅是宋代金石考訂的重新提出,更重要的是避免了宋人金石研究方法上的短處,使金石考據能夠走向深入。雖然他的著述在考據上仍然有粗疏之處,但是在研究内容和方法上都有開拓之功。

① 暴鴻昌:《清代金石學及其史學價值》,《中國社會科學》1992 年第 5 期。

② 陳國慶:《顧炎武與中國傳統學術的轉型》,《河南社會科學》2006 年第 2 期。

③ 趙明誠:《金石録 · 序》,《四部叢刊》景舊鈔本。

④ 《金石文字記》卷六。

首先，顧炎武只著録碑石，而不及吉金，而清初研究普遍關注石刻，吉金研究的復興要等到乾隆以後了。

其次，在石經的研究方面，顧炎武《石經考》因"詳於漢魏，略於唐宋"，考論仍有疏略之處，因此之後又有萬斯同《石經考》、杭世駿《石經考異》、王朝榘《唐石經考證》諸書紛紛繼起加以考辨，有清一代，專考石經的著作就達三十餘種，但是，顧炎武的《石經考》卻有著創始之功。

再次，其著録體例上，《金石文字記》每種碑石標注建立時間、所在地、出土、流傳、存佚情況，以及碑文書體、撰者等基本信息，這種體例被後來的《金石萃編》《八瓊室金石補正》等所繼承，又有所發揚。同時這種對金石存佚的關注，對於學者調查尋訪有關金石的下落、了解金石流傳過程，有很重要的參考價值。後來朱楓《雍州金石記》、畢沅《關中金石記》等都有意識地留下了這類記載，到毛鳳枝《關中金石文字存逸考》則在這方面提供了更爲豐富的信息。

最後，顧炎武對碑石文字從音韻學、訓詁學角度所作研究，在其金石著述中佔有相當大的比重。比如，《金石文字記》三百五十餘種，有一百四十餘種僅介紹碑石藏地、刊刻時間、書體等基本信息，四十餘種有録文或描述碑石形製、碑文内容而無考證，餘下一百七十餘種有考證内容的，其中就有六十餘種涉及文字考釋，且有四十餘種僅作文字考釋。而且從篇幅上講，唐石經訛誤字、諸碑别體字，占了全書很大篇幅。他對碑文的通假字、俗字、誤字，文字演變，字、詞義演變以及修辭，做了大量精細的考論，涉及後之音韻訓詁研究的各個方面。

誠如梁啓超所説："亭林的著述，若論專精完整，自然比不上後人，若論方面之多，氣象規模之大，則乾嘉諸老，恐無人能出其右。"①

需要説明兩點：一是本節重在考述現象而少及其成因，即顧炎武在金石學發展脈絡中的地位，至於他爲什麼會有這些學術轉向，那是和明末清初學術轉型有關的一個課題，超出了本節能夠探討的範圍。二是以上所舉只是學術發展中較爲重要的面相，並不足以盡賅其餘，即只論及顧炎武的金石學成就形成

① 梁啓超：《中國近三百年學術史》，中華書局1936年版，第31頁。

過程中所受之主要影響，而非全部，也絶不意味著當時其他金石學家如黄宗羲等皆受此影響，不過顧炎武所發展的後來成爲了金石研究的主流。

第三節　王弘撰的金石趣向及清代之鑒賞派

關中金石研究重實學的學風對顧炎武等外地學者有了深遠的影響，但是這個影響不宜評價過高，如有的學者認爲："受梁（啓超）的觀點影響，後人普遍認爲清代金石學興盛的先肇人物是顧炎武。其實不然，清代金石學復興受明末清初關中金石學的影響甚深。……清代金石學的興盛是在'關中金石圈'的帶動下開始萌芽的。……郭宗昌和趙崡所帶動的這種訪碑著録的風氣直接影響了清朝金石學的發展，改變了宋代金石學著録方法的不足和缺憾。"①這種評價明顯有誇大成分。明末清初的關中金石學者雖然和顧炎武都處於學術思潮轉變之中，有同樣的經世致用思想，但走的卻是不同的學術路徑，他們大多又有著書法家的身份，更爲關注金石書法，有著尊碑抑帖的主張。

趙崡云："余自髫年耽古法書，沈石丞箕仲又謂余，集帖數經臨摹，其豐神無復存者，獨漢、唐古碑爲可重耳。余心是其言。"②他在《石墨鐫華》中特别推重漢唐碑刻。如他論《漢五鳳二年殘字》云："西漢石刻傳者極少，此字簡質古樸，存之以示後人。"在題跋中也以品評碑刻書法爲多。郭宗昌、王弘撰受其影響，亦是如此。因此，有學者認爲明末清初是清代書法中的碑學興起的準備期和蓄積期，爲清代的"前碑學期"，在這個過程中，關中學者的尊碑抑帖、提倡漢碑無疑有很大影響③。但是對於金石證經訂史的作用，他們即便日常有所關注，也並無有意識的提倡和踐行，和清代金石學以考據爲核心的研究實踐有很大的差距。以下以王弘撰爲例，討論關中學者的研究趣向。

---

① 鄭璐：《明郭宗昌及其〈金石史〉研究——兼論"關中金石圈"的形成及影響》，吉林大學碩士學位論文，2008年。

② 《石墨鐫華》卷七。

③ 白林坡：《明末清初關中"前碑學"研究》（上）（下），《榮寶齋》2009年第6期、2010年第1期。

一、王弘撰其人

王弘撰生於明天啓二年(1622年),卒於清康熙四十一年(1702年),其父之良,爲天啓五年(1625年)進士,歷任中書舍人、太僕寺少卿、浙江道監察御史、江西南贛巡撫等職①。王弘撰十三歲以前,居於華陰老家,之後入京跟隨其父,直至崇禎十六年(1643年),其父病逝,遂護喪歸家。崇禎十七年(1644年),明亡,王弘撰拒絶仕清。康熙十七年(1678年),被征入京試博學鴻儒,百計辭免,遂得旨回籍②。其後有或短或長的南下、北上的出遊,大體則隱居在華陰。

王弘撰爲人自負豪邁,敦尚義氣③,"里中智愚耆艾咸心歸之,無不願得一當翁者。其忠信仁讓,素孚於人,奬善悔過,恤急解紛,論者方之卓子康、王彦方焉"④。又因性瀟曠,喜與當時諸名士遊⑤,雖然自己拒不仕清,被迫應博學鴻詞試,認爲是"所幸者,庶幾得免無恥二字"⑥,但是無論明遺民、清高官,他均有來往。他居於華山下,來往西嶽廟祭拜的高官、文士,大多會去拜訪他。顧炎武曾評價説"好學不倦,篤於朋友,吾不如王山史"⑦。

他又好遊歷,一生足跡遍及大江南北。少時隨父親在京遊宦四年,又轉南贛六年。順治七年(1650年),華山亂,出遊吴越。順治八年(1651年),遊於維揚、姑蘇間。康熙二年(1663年),再遊江南。七年(1668年)秋,有燕、趙之行。八年(1669年),有昌平之行。九年(1670年)至十一年(1672年),三遊江南。十九年(1680年)歲末至三十五年(1696年),年六七十歲,四遊江南長達十餘年,最遠到達了福建,回到華陰時已七十五歲。⑧

---

① 《(乾隆)華陰縣志》卷一四《王之良列傳》。

② 關於王弘撰是否參加博學鴻詞科試,本書採用張立敏《論博學鴻詞科對明遺民的影響——以王弘撰爲例》(《蘇州大學學報(哲學社會科學版)》2017年第5期)一文的結論。

③ 參見康乃心:《王貞文先生遺事》,載王弘撰著、孫學功點校整理:《王弘撰集》附録四,西北大學出版社2015年版。

④ 《西歸日札·李夔龍序》,收入《王弘撰集》。

⑤ 參見康乃心:《王貞文先生遺事》,載王弘撰著、孫學功點校整理:《王弘撰集》附録四,西北大學出版社2015年版。

⑥ 陳僖:《燕山草堂集》卷二《送王山史歸華陰序》引王弘撰語。

⑦ 《清史稿·王弘撰傳》。

⑧ 王弘撰生平參見趙儷生:《王山史年譜》,載《趙儷生史學論著自選集》,山東大學出版社2009年版。

王弘撰精通易學、理學、史學，在清初的學術界聲望很高。《清史稿》介紹他説："博雅能古文，嗜金石，藏古書畫、金石最富。又通濂、洛、關、閩之學，好《易》，精圖象，學者翕然宗之，關中人士領袖也。與李顒、李柏、李因篤齊名。"①"關中人士領袖"是就其理學成就來講的。王弘撰父親少遊於關中大儒馮從吾之門，"爲學宗考亭，尤重實踐"②，王弘撰受其影響，也繼承了重實踐的學風。他與關中學者李顒、李柏、李因篤有"三李四賢"之稱③。圍繞著他們形成了一個清代學術史上活躍的儒學群體，共同形成了爲顧炎武所稱賞的"秦人慕處士、重經學"的淳樸學風。王弘撰的理學著作主要有《周易筮述》八卷、《正學隅見述》一卷、《周易圖説述》一卷等，其餘著作均爲筆記雜纂類，有《山志》三卷、《山志二集》三卷、《法戒録》若干卷、《砥齋集》十二卷，其中多有涉及理學之處。其所取得的理學方面的成就，今人已做了很細緻的梳理工作，此不贅述。前人多關注他的理學家身份，對於他在金石學發展中的重要地位與影響，還没有充分認識。

王弘撰有金石之好，喜搜訪古蹟，金石碑帖收藏甚富。上節已提到，華陰東氏、南氏以及郭宗昌的金石藏品後大多歸王弘撰所有。他對於金石的相關論述散見其《砥齋題跋》《山志》等書以及顧炎武《金石文字記》等書轉引。

砥齋爲王弘撰書齋名，其生前曾刻詩文集曰《砥齋集》，其子王宜輔《刻砥齋集記》云："家大人讀書之暇，間作詩古文辭。癸卯，田雪崖先生爲刻之白門，曰《砥齋集》，文才數十篇，無詩。"④按癸卯爲康熙二年，白門指金陵，田雪崖乃高陵人。此本卷帙不詳，刻本似流傳未廣。至康熙十四年其子續輯其詩文成十二卷，"殺青既竟，藏諸家塾"。今所見《砥齋集》即此十二卷本。該書卷二專爲書畫金石題跋。後人從《砥齋集》中鈔出卷二單行，有涉聞梓舊本，前有蔣煦跋，云從錢塘徐氏鈔本傳録。《叢書集成初編》本據之排印。此卷論及金石者數則。

《山志》爲王弘撰隨手記録讀書及見聞隨筆，内容駁雜。有清康熙明善堂

---

① 《清史稿・王弘撰傳》。

② 王弘撰：《山志》卷一"庭訓"條。

③ "三李"具體所指有不同説法，此處取清高熙亭《重刻雪木先生〈槲葉集〉序》的説法。

④ 參見王宜輔：《刻砥齋集記》，載《續修四庫全書・砥齋集》卷首，上海古籍出版社 2002 年版。

初刻本、乾隆紹衣堂刻本、光緒敬義堂刻本，今有中華書局 1999 年何本方點校本。此書論及金石者亦數則①。

由於王弘撰所藏金石以陝西金石爲主，所論亦主要針對陝西金石，僅見一條非陝西金石。以下從其著作中涉及金石的相關論斷，看其收藏與研究趣向。

二、王弘撰的金石收藏

王弘撰的金石收藏很豐富，從他在著述中所説的來看，有的是自己搜訪摹搨得來的，有購自明末秦王藩府流落民間的，有的則是東氏、南氏、郭宗昌氏舊藏。其中很多珍貴精品，如《漢華山廟碑》、《蘭亭序》五字未損本、唐刻《金剛經》、《集王聖教序》等。

王弘撰的金石研究旨趣主要在於辨析搨本之源流、書學之淵源及書品之高下，間或有考經訂史之論斷。

唐刻《金剛經》搨本世傳絶少，王弘撰藏有一本。關於此本所出，王弘撰説：

> 此渭上大宗伯南子興先生故物也，云得自壽州朱汝修，大亂之後，南氏所藏書畫蕩然，唯此與顔魯公《送劉太沖序》真蹟得存。宗伯之孫鼎甫，博雅能文，而慷慨好義，素與予善，嘗以示予。後鼎甫司理柳州，二物爲一孝廉借觀，久之未復。及還，河間郡丞中丞王公夙聞其名，固求之，鼎甫遣人取之孝廉家，時孝廉已歿，其子以孝廉生時所得别本與魯公真蹟付之，鼎甫不疑，倉卒致之中丞，故真本乃得留。②

南子興即南師仲，見上節所述。朱宗吉字汝修，爲明嘉靖萬曆間人。所謂大亂當指崇禎十六年，李自成攻陷渭南，南氏一門數人遇害。"宗伯之孫鼎甫"即南廷鉉，與王弘撰亦相友好，康熙八年曾爲《砥齋集》作序。這一搨本歷經三代、多人收藏，仍留存陝西，著實曲折，更顯彌足珍貴。此搨後來如何歸於王弘撰，其書中未提，據嘉慶間李遇孫《金石學録》卷三載，王弘撰曾至京師，"所携漢《華山廟碑》及唐貞觀石刻《金剛經》等，皆胤伯物。一時講金石學者皆宗之"③。

---

① 王弘撰:《砥齋集》，《叢書集成初編》本；王弘撰:《山志》，《續修四庫全書》本。

② 王弘撰:《砥齋題跋·唐搨金剛經跋》。

③ 李遇孫著、桑椹點校:《金石學録》，載李遇孫等著:《金石學録三種》，浙江人民美術出版社 2017 年版，第 52 頁。

此“貞觀石刻《金剛經》”當即王弘撰所云《唐搨金剛經》,所謂“貞觀石刻”當是李遇孫誤記。此本當和《醴泉銘》等一樣,由南氏流散出後,輾轉歸王弘撰。目前此碑有宋搨存世,一在故宫博物院(商邱宋犖舊藏),一在上海博物館(明裝,有董其昌、陳繼儒等跋記)。不知此本是否今故宫博物院所藏本。

李遇孫提及的另一《漢華山廟碑》,立於東漢延熹八年(165 年),在陝西華陰縣華山廟内,是漢代中後期隸書的代表作,原石毁於明代嘉靖三十四年關中大地震,碑搨本流傳甚少,所知傳世搨本著名的有“長垣”“華陰”“四明”本。“長垣”今藏日本。“四明”本明時爲寧波(古稱四明)豐熙所藏,因而得名。“華陰”本現藏故宫博物院,即曾爲王弘撰所藏者。此本後歸朱筠,其《笥河文集》對其來歷有詳細記載:“此本明萬曆中嘗藏陝西東肇商雲駒、蔭商雲雛兄弟家,尋以贈武平郭宗昌胤伯,胤伯命侍史史明靈偃輩重裝之,時天啓元年正月四日也,一時名流書跋者十餘人。入國初,華陰王弘撰無異得之,戒子孫不得輒乞人跋尾。其後自北而南,歸歙之何氏,上海黄文蓮星槎爲徽州學官,乾隆丙戌,此本與山谷手書同時並獲。癸巳,余在江南,將北旋,星槎自全椒來謁,曰山谷書吾家物也,此碑吾與之數年俱足矣,奇物當以歸公。余乃携之北行,書跋其尾。”①

又如《九成宫醴泉銘》,此爲唐代名碑,魏徵撰文,歐陽詢書,貞觀六年立。原碑歷代捶搨過多,明代已殘損嚴重,清代斷裂爲五。因此歷代所傳搨本變得很重要,而此碑搨本自唐末以來,就有許多翻刻、僞刻本流布海内外,魚龍混雜。目前存世搨本十餘種,比較著名的幾種,最早的宋搨本有明代李祺舊藏搨本,宋代晚期搨本有朱翼盦舊藏之明庫裝本、端方舊藏本、翁方綱舊藏本,南宋搨本有四歐堂本、嶽雪樓舊藏本,李鴻裔舊藏本等。而王弘撰所藏有兩個版本,一爲“宗伯本”,關於其由來,其《九成宫醴泉銘跋》云:

> 此大宗伯南玄象先生所藏,云朱汝修物也,後有黎惟敬跋。當時以爲天下第一本,汝修既殁,遺書散亡,宗伯以三十千得之舍人子。語載郭胤伯《金石史》中。東雲雛得之南氏,余近得之雲雛令嗣,名蹟流轉,取玩目前,莫知其後也。

---

① 朱筠:《笥河文集》卷六《漢西嶽華山廟碑跋尾》,清光緒五年刻《畿輔叢書》本。

此本仍由渭南南氏而輾轉歸於王弘撰。黎民表字惟敬，嘉靖十三年(1534年)舉人，官至河南布政參議。南玄象即前述南子興。此本有黎惟敬跋，目前關於此碑搨本的相關研究未見有人提及。此本當時既被譽爲天下第一本，必有可寶之處，只是不知後來命運如何。王弘撰所藏另一本則是郭宗昌本。其《郭徵君藏歐陽率更醴泉銘跋》云："此本其所最珍者，與所云宗伯本，先後皆歸予。"此本没有具體描述，不知是否現存某本。

因家藏金石文字甚富，因此王弘撰的很多論斷如他所述收藏某搨本的由來，或者搨本的流傳存佚情況，便翔實可靠。因此，他在金石圈享有很高聲譽。從王弘撰和當時學者的往來書信中，可以看到他經常給外地友人寄送某本搨本。他的一些論斷也爲其他學者重視。分析某碑不同搨本之差異、優劣，也爲後人追源尋根、辨别真僞提供了便利。

如《集王書金剛經》，此碑全稱《新集金剛般若波羅蜜經》，楊頴删綴，唐玄序集王羲之行書，唐玄度篆額，邵建初鐫刻，大和八年(832年)立於長安興唐寺。石刻久毁，宋歐陽棐《集古録目》、趙明誠《金石録》、陳思《寶刻叢編》等或僅載其目，或簡略介紹書撰者，宋以下學者則如王弘撰所説，"諸君子皆聞之而未睹，故語率不確"，如碑石所在地，"《格古要論》乃以爲懷仁集石在雁塔下，則謬矣"。又一般認爲此碑爲集王書，王弘撰卻説："予細觀筆勢，神采焕發，其娩美《聖教》，遠勝《吴將軍》，爲希世之珍無疑，然似一手所書，非集也。卷末題識小楷復精絶，固當是唐參軍所爲耳。"由於能親至碑下，故能糾前人之謬。

又如《聖教序》碑，王弘撰論及最爲頻繁，《砥齋題跋》五條，《山志》一條，占全部陝西金石題跋近一半。此碑即《大唐三藏聖教序碑》，唐太宗李世民撰文，表彰玄奘法師赴印度取經和傳佈佛教事。唐高宗時立，先後四種：一爲永徽四年(653年)立，褚遂良正書，現存西安慈恩寺大雁塔，世稱《雁塔聖教序》。此碑由於嘉靖三十四年地震，大雁塔塔頂震落，斷裂。二爲顯慶二年(657年)立，王行滿書，現存河南偃師縣玄奘故里。三爲龍朔三年(663年)立，今存於陝西大荔，該地古稱同州，故此碑亦稱《同州聖教序》。四爲咸亨三年(672年)立，僧人懷仁集王羲之行書而成，現存陝西西安碑林。歷代搨本廣爲流傳，被學書者奉爲楷模。

王弘撰先後見過數本,《雁塔聖教序》即有季安(按即王承之,王弘撰好友,華陰人)本、南大司空(亦渭南南氏)本、文裕(即陸深,《明史》有傳)本等,且各本有不同特點,尤其季安本,作者詳細載録了爲此本題跋者:"季安本前有方以智、楊鶴、范文光題語,後有郭宗昌、王振奇、張民表、來復、王鐸、温自知、梁爾升、來恒、朱懷、朱誼㴨、徐如翰、朱懷敷、孫國敉、陸啓浤、張學曽、劉廷標、韓霖、伍堣、南居益、釋惟熙、如應題語,鋒芒畢具。亦曾與一未斷本較,優劣不分,蓋搨手有工拙耳。附識於此,姓名以題語前後序。"

《同州聖教序》是褚遂良所書,還是後人摹刻,争議較大,歷來學者們提出了很多疑問。王弘撰由於親至碑下,注意到碑後有"大唐褚遂良書在同州倅廳"十一字,書法與前不同,當是後人補書。此論後來爲顧炎武、朱楓等金石學者廣泛引用。

三、王弘撰的金石研究趣向

明末清初爲清代碑學興起的準備期和蓄積期,清代中晚期風行的魏碑實導源於清初的篆隸古體,尤以隸書的復興爲先,有書法史家稱之爲清代的"前碑學期",其中郭宗昌、王弘撰起到了很大的推動作用。

宋代金石學著作很少涉及對書風的品評。明末清初,郭宗昌不僅是隸書的實踐者,而且其《金石史》把金石考史與書法品評相結合,提倡漢隸,對漢碑給予了高度評價,評其爲"百代楷模""非後人可及""當得之神工,弗由人造"等。

王弘撰與郭宗昌的交往,應該開始於其隨父在京之時。白林坡據北京故宫博物院藏《漢曹全碑初搨未斷本》封面題簽有"王山史嘯月樓藏,丙子五月,華下郭宗昌題",考丙子爲崇禎九年,時王弘撰十五歲①。按王弘撰是時隨其父在京城,知名公卿間,爲"三公子"之一②。而郭宗昌,據《續華州志》記載:"丙子,征辟入京,與諸名流結社都門。"③因此兩人相識當在京城,而少年之王弘撰即有收藏金石的興趣。但兩人恐怕没有太多來往或太深的交情,崇禎十

① 參見白林坡:《王弘撰金石書畫交游及書學研究》,西安美術學院碩士學位论文,2007年。

② 參见康乃心:《王貞文先生遺事》,載王弘撰著、孫學功點校整理:《王弘撰集》附録四,西北大學出版社2015年版。

③ 《(康熙)續華州志》卷四。

一年,王弘撰即隨父轉南贛,郭宗昌亦稍後即歸華州①。兩人來往密切應該在崇禎十六年以後。王弘撰爲郭宗昌《金石史》所寫序説:

余辱先生爲忘年之交,雖居相距七十里,時時過從,先生喜余至,則招東子雲雛、劉子潤生,共坐城南幽篁中,把酒談心,往往達旦不休。當是時,逆閹之禍烈矣,相約潛跡窮巖。

郭宗昌、東雲雛都是金石碑帖的大收藏家。王弘撰深受其影響,對郭宗昌極爲推崇。關於《西嶽華山廟碑》華陰本,王弘撰《書郭胤伯藏華嶽碑後》云:

漢隸之失也久矣,衡山尚不辨,自餘可知。蓋辨之自胤伯先生始。先生藏古帖甚富,華嶽碑海内寥寥不數本,此本風骨秀偉,鋒芒如新,尤爲罕覯,先生寶之有以也。先生於書法四體各臻妙,其倡明漢隸當與昌黎文起八代之衰同功。或云先生豈能作哉,能述耳。嗚呼!秦漢而後,詎惟作者難,正善述者不易也。

衡山即文徵明。王弘撰認爲從郭宗昌才開始認識到漢隸的美,把他宣導漢隸的功勞和韓愈"文起八代之衰"相提並論,推崇之至。他在《郭徵君藏歐陽率更醴泉銘跋》又説:

率更書出大令,體方筆圓,故徵君亟稱之。此本其所最珍者,與所云宗伯本,先後皆歸予。而予有疑於徵君之言,然非爲宗伯左袒也。至所自書分法,直逼漢人,不知有魏,無論唐宋。王孟津(按即王鐸,河南孟津人)嘗稱爲三百年第一手,今觀之益信也。

大令即王獻之。王弘撰認爲歐陽詢的書法學自王獻之,而郭宗昌的八分書可以超越唐宋魏晉,和漢人相仿佛。

對金石書法的品評,王弘撰幾乎完全繼承了郭宗昌的書法觀念,提倡漢隸,推重漢魏碑刻,以碑刻爲書法取法對象,並認爲書品與人品一致。在對《聖教序碑》的討論中,這種尊碑的傾向更爲明顯。關於王羲之的書法,在前人眼中,《蘭亭序》的地位遠遠高於《聖教序》。郭宗昌則認爲:

(黄)長睿又謂於時翰林侍書輩多學此書,了無高韻,遂有院本體之

① 參见鄭璐:《明郭宗昌及其〈金石史〉研究——兼論"關中金石圈"的形成及影響》,吉林大學碩士學位論文,2008年。

目,一時學士大夫多不賞玩。……《聖教序》,右軍石刻中第一,較《定武蘭亭》諸刻相絶千里。……《集王聖教序》與《古詩十九首》如青冥仙闕,可望不可至。評者謂偏傍湊合,大小展縮,此固集書所不免,以此病之耶?此搨爲季安氏家藏百餘年前物也……真足模楷百代,《蘭亭》《淳化》《大觀》皆遠出其下。而觀者不知譯義,止見碑後有潤色字,遂謂一經懷仁手,再爲于志寧、許敬宗、來濟、薛元超、李義府等潤色,不無失真,良可笑也。余故備載譯義於此,爲此書雪謗。①

把《聖教序》的地位提升到《蘭亭》《淳化》《大觀》等諸帖之上,尊碑而不抑帖。王弘撰所論和郭宗昌如出一轍。其《聖教碑跋》云:

懷仁集王右軍書,摹搨入神,故傳爲百代模楷。論者因碑後有潤色字,疑經于志寧諸人手,不無失真,不知此爲玄奘譯經言耳,王弇州辨之已詳。黄長睿謂碑中字與所見右軍遺蹟纖微克肖,然則偏旁湊合小小展縮之説,亦安足云也。咸林郭徵君稱此碑爲右軍石刻中第一,諸帖皆相絶千里。予觀唐諸家書,其原蓋皆出於此,後乃有院體之目。豈可以里婦之顰,而罪西子乎?或謂今之學書者,南人多宗《蘭亭》,北人多宗此碑。《蘭亭》雖右軍得意之筆,顧真蹟久泯,世所傳刻,其視此碑秀姿略同,骨氣蒼勁洞達則正不逮耳。此本楮墨俱古,神采焕然,的屬宋搨。裝褾乃内府式,舊錦如新,非尋常士大夫家流傳者比,真可寶也。

黄伯思《東觀餘論》批評其爲“院體”,指《聖教序》盛行於宋,幾於人有一册,至明更熾,當時反以院體目之。王弘撰認爲不能以後人之臨摹失真而罪之《聖教序》,評此爲唐諸家書之源頭。和《蘭亭》相比,因《蘭亭》帖屢經傳刻,不如此本之接近右軍原貌。這種尊碑的主張對後來的碑學當有很大影響。

另外,以其長期的書法實踐,王弘撰常能糾正一些前人辨識碑字的錯誤。如《集王聖教序》,懷仁集王羲之書,碑中“色”字,有的是誤將王羲之所書“包”字作爲“色”字寫入。《山志》卷二《聖教序》條云:

《聖教序》中如“金容掩色”,《心經》中“色不異空”“空中無色”,諸“色”字於草法合,至“空不異色,色即是空,空即是色”“無色聲香味觸法”,

---

① 郭宗昌:《金石史》卷上《唐懷仁集王逸少書聖教序》。

諸“色”字乃“包”字，集書者誤以此作“色”字耳。觀“天地苞乎陰陽”“苞”字下體、“文抱風雲之潤”“抱”字右邊自見，無容致疑，而亦從無言及之者。

這一觀點後亦爲顧炎武、朱楓等金石學者廣泛引用。

《集王聖教序》中諸“色”字

《集王聖教序》中誤以“包”爲“色”者

《集王聖教序》中“苞”字與“抱”字

又《同州聖教序》一般認爲是摹刻，王弘撰初亦持此看法，其《褚河南書聖教序記慈恩碑跋》云：“予按《慈恩》，公所自書刻石者，同州乃摹刻。”後經對其書法的研究，在《同州碑跋》中又進一步申說：“摹與臨有分，公卒於顯慶三年，生不及龍朔，今觀所署年月諸字與序記如出一手，何所從摹耶?”認爲是臨而非摹刻，摹刻則書家本已有成品，臨則無需，故和雁塔本有區別。這一看法很值得借鑒。

此外，在王弘撰著述中未見以金石訂史的觀念，針對陝西金石只有一些零散論述，不成系統。但是如前所述，王弘撰在和顧炎武等學者的日常交流中，常有此種金石考據的論斷，顧炎武《金石文字記》中屢有引述。同時，作爲“關中聲氣之領袖”，王弘撰訪碑藏搨，保存金石文獻；又常携帶其金石藏品南下北上，和其他學者交流碑搨、研究心得，實際上吸引了一大批金石學者對陝西金石的關注，促進了陝西金石學的發展。

四、清代之鑒賞派

金石自宋代興盛之時，其研究内容當中就有鑒賞一途，歐、趙、洪、薛的金石著作中多多少少都會對碑石書法、搨本流傳辨其點畫之妍醜、筆法之宗派，並非全爲抉剔史傳，發揮經典，考訂同異。金石諸書多兼及二者，每人興趣不同，著書側重點有所不同，並非截然劃分。

如郭宗昌、王弘撰等"關中金石圈"内學者，由於多有書法家身份，其論金石多鑒賞，當時此類著作尚有孫承澤之《庚子銷夏記》、王澍之《虛舟題跋》《竹雲題跋》、陳奕禧之《隱緑軒題識》、何焯之《義門題跋》、蔣衡之《拙存堂題跋》等著作，諸家大抵以書法鑒賞著稱，然均不廢經史之考訂。

然自顧炎武强調金石考訂之説，風氣一開，踵事者多，後之學者遂將二者劃分兩宗，一曰考據，一曰賞鑒，且以考據爲正宗。如王鳴盛云："（金石學）當專取考史也。乃七家（按指歐陽修、趙明誠、都穆、趙崡、顧炎武、王澍、朱彝尊七人）中最佳者，能考史十之三四，其次一二而已，下者但詳詞章之美惡，點畫波折之工拙，何裨實學乎？"①即便是這些爲金石學奠基之學者，若無關考據，亦加貶抑。且越到清代後期，這種觀點越發極端。對於金石鑒賞，或斥之爲空談，如光緒年間學者姚大榮《惜味道齋文集》卷二評吴榮光所撰《辛丑銷夏記》時，説其書："考證精博，不空談賞鑒。蓋中丞夙與翁（按指翁方綱）、阮（按指阮元）諸公遊，薰陶濡染，具有淵源，與枵腹高談者迥異。"

或貶其爲玩物喪志，如潘祖蔭所云："夫金有裨於經，石有裨於史，固實學也，而自賞鑒家出，乃同於醋瓶畫匣之好，自玩物喪志之言出，乃益屏棄之，以便其空腹高心，欺世盜名之舉，而文其空疏不學之陋。"②更有甚者，幹脆認爲不做考證便不能叫作金石學，如陸增祥評徐渭仁《隨軒金石文字》，認爲是書："絶無考證，尤無與金石之學也。"③即便如乾嘉著名金石學家翁方綱，其以考據而著名，著有金石著作多種，因有如《蘇齋唐碑選》這樣側重於鑒賞、評騭唐代碑石書法之作，後之推崇者評價其書仍云："考據之精詳慎密，千古以來實

① 《潛研堂金石文跋尾》序。

② 光緒二年序趙紹祖《金石文鈔》。

③ 序張德容《二銘草堂金石聚》。

無其匹。"①而貶之者則因此類著作而連他的金石學家身份都一併否定，如潘祖蔭序張德容《二銘草堂金石聚》云："吾友松坪太守，蔭二十年金石交，嘗及見沈文忠、劉燕庭丈，故於金石源流，實有心得，非若翁覃溪輩，雖金石名家，實與董思翁（按董其昌號）、孫北海（按孫承澤號）、王箬林（按王澍號）之流鑒賞家無異。"

雖然鑒賞派遭考據派如此貶低，一直到清末，此類著作仍不絕如縷，如張廷濟《清儀閣題跋》、梁章鉅《退庵金石書畫跋》、莫友芝《金石筆識》、何紹基《東洲草堂金石跋》。雖然並不側重考據，並非毫無意義，如上文所述，王弘撰所作，只是從另一個側面對金石學作出了相應的貢獻。

第四節　林侗在陝西的金石活動及其意義

清初金石學復興時期，學者轉向金石研究的原因有多種，有的基於金石證史理念，如顧炎武、朱彝尊等，從金石研究切入，考經證史，建立其學術基礎；有的以金石爲書法學習之用，如王弘撰、孫承澤等，認爲金石爲探尋古人書法的重要路徑。這些學者研究金石都出於明確的學術目的，他們在很多學術領域取得了多方面的成就，金石學也常常只是他們的研究領域之一。但是有一些學者，他們進入金石研究領域，似乎更多的是出於機緣巧合，帶有很大的偶然性，往往也僅以金石名家。如李光暎，因與朱彝尊同郡，得到朱彝尊家藏金石諸刻，遂據之撰《觀妙齋金石文字考略》，從而在金石學界有一席之地。林侗亦屬於後一類。

林侗（1637—1724年），字同人，號來齋、于野，福建侯官人，生活在順治、康熙年間。在清初的金石學者中，無論從聲望、地位，還是成就、影響上看，林侗都算不上一個一流的學者。他研究金石起步很晚，二十五歲左右才產生興趣，開始搜訪、收藏金石，他的兩部金石著作——《來齋金石刻考略》《唐昭陵石蹟考略》在其六十歲以後才校訂完成，刊刻則更晚，雖然頗爲一些學者稱

① 姚覲元：《蘇齋唐碑選》校刊記。

引，但總體評價也並不高，如《清文獻通考》認爲其“考證以顧炎武《金石文字記》爲主，而以己意爲之折衷”①。他的金石著作至少還有兩部：《漢隸考》《蘭話堂金石考》，然而流傳存佚情況不明，也未見爲人引用。

或許因爲這些原因，以往對林侗的研究較少，雖然在很多金石史相關論述中常常會提到他，但是專門的研究，目力所及，有一單篇論文考證其生卒年，糾正了歷來譜表辭書類著作中林侗生卒年的錯誤記載②；一篇碩士論文，以《來齋金石刻考略》爲研究對象③，對於林侗的生平、交遊等根據史料做了一定的勾勒，重點在其中年以後歸鄉家居的著書生活，早年的經歷只略引史料帶過；同時因爲該文只在考述《來齋金石刻考略》的文獻價值，對認識林侗的金石學成就與貢獻極爲有限。

林侗是如何成長爲一個金石學者的？他的學術傾向是如何形成的？我認爲這跟他在陝六年的訪碑經歷有著至關重要的聯繫。他那看似平淡無奇、默默無聞，似乎也没什麼建樹，爲人所忽視的一段經歷，卻是他人生一個重要轉折階段，培養出了他對金石學的研究興趣，成爲他學術研究的起點，奠定了他一生學術研究的基礎，也對他日後能在金石學界佔據一席之地起到了決定性作用。因此以下通過考察林侗在陝六年的訪碑活動，分析這一段經歷對林侗個人以及在金石學史上的意義，並進而揭示林侗的金石學成就與價值。

一、林侗在陝西的訪碑活動

林侗一生經歷比較簡單，他出身普通的士人家庭，青少年時期生活在家鄉，以“弱冠補諸生，以博雅聞”，“博涉經史”④，能詩，與閩侯諸生共十二人被人稱爲“十二生”⑤；又常“出語驚人，試輒貫其曹偶，非其好也”⑥。從這些記

① 《清文獻通考》卷二二四《經籍考》。

② 參見吴可文：《清初金石學家林侗生卒年正誤》，《湖南科技學院學報》2013 年第 11 期。本書關於林侗生卒年及年歲的表述皆據此文結論。

③ 參見王聖楠：《清人林侗〈來齋金石刻考略〉整理與研究》，陝西師範大學碩士學位論文，2017 年。

④ 郭柏蒼、劉永松：《烏石山志》卷七。

⑤ 《（民國）閩侯縣志・文苑下》。

⑥ 林佶：《樸學齋文稿》，載《清代詩文集彙編》第 205 册，上海古籍出版社 2010 年版，第 629 頁。

載我們可以知道，林侗熟讀經史典籍，有詩才，曾制舉業，且學業優異，但是對於科舉入仕没有興趣，最終放棄。順治十七年（1660年），他的父親林遜任陝西三原縣令，他隨侍至陝。康熙四年（1665年）又隨其父轉知開州、達州。康熙八年（1669年）其父投紱歸鄉，林侗亦隨之歸鄉。之後除去出任很短暫的一段時間的尤溪教諭之外，林侗基本上鄉居讀書著述。

在有限的史料記載中，看不到青少年時代的林侗流露過對金石的興趣。且自宋以來，碑石出土、研究的重心都在北方，林侗的家鄉福建並没有金石研究的學術氛圍。其父林遜到陝西爲官後，開始搜訪金石。據林侗弟林佶撰《金石録序》云：

> 予家君向爲令於秦，秦多石刻，家君旁搜而廣輯之，得若干種，積三十餘年，共聚爲三百帙，而海内之傳遺焉者寡矣。家君歸田來，閉户閒居，指斯帙示子孫曰："吾宦囊盡在是矣。然聚無不散，不爲之記，恐後人亦安知吾集録若斯之勤也！"於是家兄同人既成爲《漢隸考》《昭陵石刻考》《蘭話堂金石考》諸書。而予總録其目，爲二卷。①

據此，林遜對於金石的研究興趣始於陝西，也影響到了林侗。如果林侗没有來到陝西，他的學術經歷是否會有不同，我們無法揣測。但是從他所留下來的幾部金石學著作可以看出，其最早的收藏是從陝西開始，其研究的中心内容也是以在陝西所訪碑石爲基礎，陝西的確是他學術生涯的一個起點。

順治十七年夏，林侗二十五歲，跟隨父親到了關中。《來齋金石刻考略》中記載的他最早的對於碑石的記憶，是入陝時經函谷關，看到關逢龍墓前有碣三尺許，但是當時卻並未在意②。應該從這時候開始，關中那些隨處可見的蘊含豐富歷史信息的金石文物、關中訪碑摹碑的學術風氣，和他早年對經史典籍的濃厚興趣漸相契合，激發了他的訪碑熱情。

到陝後一次意外的訪古收穫也給了他極大的激勵。到陝次年，林侗到陝西淳化縣憑吊漢甘泉宫遺址。甘泉宫乃漢武帝在秦林光宫的基礎上增廣而成，武帝常於此避暑，漢末之後，宫觀淪没。此次考察的經過，其弟林佶《甘泉

---

① 林佶：《樸學齋文稿·金石録序》，載《清代詩文集彙編》第205册，上海古籍出版社2010年版，第606頁。

② 參見《來齋金石刻考略·比干墓銅盤銘》。

宫瓦記》云：

> 甘泉宫址在今陝西淳化縣治山中，康熙辛丑（按當爲順治辛丑之誤），予兄同人與祝文光遠自三原往遊其地，見道旁畊夫鋤田，積瓦礫如丘阜，皆隱隱有文，多刓缺不可識。因憩樹下，見有小物墳起者，剔之，獲此瓦，甚完好，字畫獨全，亟懷以歸。[①]

秦漢宫觀之瓦，多於瓦頭篆字，和碑石相比較，出土者少，一直到清初，見於著録者僅寥寥幾種。宋王闢之《澠水燕談録》載寶雞縣民得“羽陽千歲”瓦，即秦武公羽陽宫瓦，爲瓦當之最早見於記載者。其後元李好文《長安志圖》、明曹昭《格古要論》等著作陸續開始著録，數量極爲有限。林侗所得瓦上篆書“長生未央”四字，尚未見著記載，且此瓦完整未損，實屬難得，因此林侗寶愛至極，“如獲拱璧，裹以錦囊，注以名泉，時復爲之摩挲賓玩，俛仰太息，恍若置身西京以上”[②]，並常給當時尚爲孩童的林佶炫耀，稱“此不易得也”，“何異商周鼎彝”[③]。三十年後，仍視爲幸事，又作詩頌之，並邀四方友朋如朱彝尊等人唱和，頌其事，慨歎漢之興衰。

在這次好運或者説和金石的緣分産生之後，林侗便開始了積極搜訪金石之旅，足跡遍及陝西各縣。林侗曾論碑石傳搨者少的原因時説：“蓋碑搨之難，莫如墓碣。荆蓁荒莽中，裹飯以從，霾風烈日，工無所施，高須架，土須掘，僵僕者須起，無怪其傳者寥寥也。”而林侗正是短衣匹馬，徘徊墟墓之間，人跡罕至之處，辛苦備嘗。他自云常“携善搨工及楮墨以從，遇片石隻字，親爲拂拭摹搨。故所收石蹟，頗無遺憾”[④]，這和明末關中金石學家趙崡“時跨一驢，挂偏提，搨工挾楮墨以從，每遇片石闕文，必坐卧其下，手剔苔蘚，椎拓裝潢，援據考證”[⑤]的形象何其相似，其收穫也當然可以與之相頡頏。

---

① 《漢甘泉宫瓦記》林佶序，見李向菲、賈三强點校：《清代陝西金石學著作十種》，陝西人民出版社 2022 年版。

② 《漢甘泉宫瓦記》徐釚序，見李向菲、賈三强點校：《清代陝西金石學著作十種》，陝西人民出版社 2022 年版。

③ 《來齋金石刻考略》卷上《甘泉宫瓦文》。

④ 春暉堂本《來齋金石刻考略自序》。

⑤ 《四庫存目叢書》子部第 245 册王士禛《隴蜀餘聞》。

康熙二年(1663年)夏,林侗開始搜訪三原諸碑石,得《于志寧碑》等數種,且得以糾舊志之訛誤。三年(1664年)春,林侗又於咸陽原上搜搨古碑,得《順陵碑》《豆盧敬碑》等數種①;在西安府城郊各處則搜訪到包括《聖教序碑》《大秦景教流行中國碑》等在内的四十餘種碑銘;在華州摹搨了《述聖頌》等十餘種,在渭南、同州、郃縣、高陵、鄠縣、盩厔、臨潼、麟遊、郃陽、興平等地,將名碑盡行搜訪摹搨,各得若干種。

很多碑銘長期無人看護,林侗將僕倒者起之,深埋者掘出,使得很多碑銘顯於人間。如《文州總管陸使君碑》,在三原縣北原上,淪没已久,林侗命役掘出,摹搨得百餘字。《顔氏家廟碑》,世之摹搨者僅知搨碑陽正文,不知額陰尚有顔真卿所題八十五字,文爲塵土封翳,世所罕傳,林侗則爲拂拭摹出。又如唐代集王書風行,集字碑或搨本留存下來的卻很少,林侗時"命搨工遍搜殘碑,西安城南隍中有片石,無字,出其土中者,得四十七字:'晉是以典疑廣神後滄桂極佳教者之正合朽骨石異物傳露添異空空無揚讃多尚書文林紛粤緣何以顯知慈感紛紜。'宛然《聖教》初搨,深歎唐石磨泐者多也。此四十七字,自余搨後,不能再傳於世也"②。所得都十分可貴。

在訪碑過程中,林侗對昭陵諸碑石最爲關注。昭陵爲唐太宗陵墓,在醴泉東北九嵕山下,南向周迴六十公里,爲中國歷史上陪葬墓最多的帝王陵園。功臣懿戚陪葬塋墓、陪葬人數眾多,當時均曾樹碑埋銘。從北宋時起,昭陵諸碑向爲金石學家所重。林侗對於唐太宗君臣相遇之事感慨甚深,其弟林佶在爲其《唐昭陵石磧考略》所作序中曾説:

> 凡以昭陵之君臣爲千載之盛,其陪葬爲非常之典,虞、褚諸公石蹟爲稀有之觀也。予嘗戲謂阿兄曰:"假令兄生當貞觀時,何爲而可?"阿兄掀髯笑曰:"予之極願,欲從太宗平東都,繫兩降王於馬前,前後部甲士鼓吹,震動山谷;次願從英、衛二公,逐利出塞,建旆長驅而入關;又次則願從瀛洲學士後,看歐、虞諸公奉勅濡毫,摹《蘭亭》而已。"③

① 參見《來齋金石刻考略》卷上《車騎大將軍豆盧敬公碑》。

② 《來齋金石刻考略·集王四十七字殘碑》。

③ 《唐昭陵石蹟考略》附林佶跋。

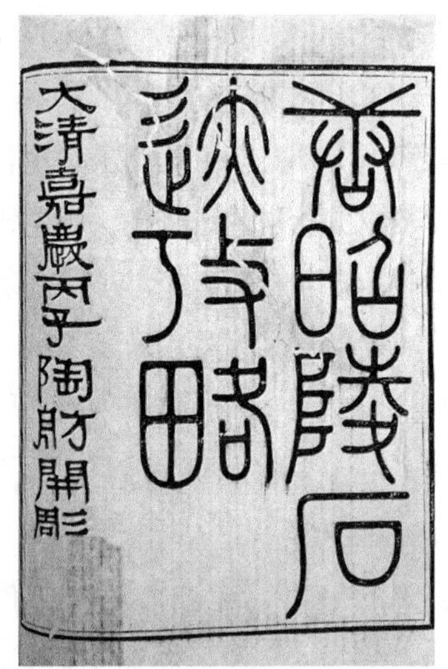

《唐昭陵石蹟考略》，嘉慶二十一年（1816 年）馮縉陶舫刻本

此正韓愈所謂“曠世相感”者，因此他訪問昭陵的次數最多。康熙三年（1664年）秋天，林侗從三原往遊西夏，途經昭陵，遂“摳衣下馬，遍拜諸墳塋”，是年“冬從塞下歸，復盡一日之觀”。這兩次只是遊觀，到了四年（1665 年）春，“命工搜搨諸碑之僅存者，得文昭、文獻、英、衛諸公十六碑，並昭陵駿馬諸圖記”①，對碑石做了摹搨整理。到康熙三十年（1691 年）冬天，林侗從福建復遊涼州，再次訪昭陵，然而“值秦大饑，千里無炊煙，鷄犬聲絶。欲重至九嵕，則蓁莽荒涼。英、衛之塚，以岡阜縈曲，遂爲萑苻之窟。王橋頭一徑至斷人行，文王廟亦爲盜藪。守土者環其門而垣之，聞諸碑愈不可問”②。諸碑已無緣得見。他對昭陵碑石的整理爲他撰作《唐昭陵石蹟考略》一書做好了準備。

康熙五年（1666 年）秋，林遜改知開州，林侗隨同離開了陝西，他的陝西訪碑之旅也暫告一段落。

二、注重實地訪碑的學術價值

清初，以“三李一王”爲代表的關中理學聲勢極大，王弘撰則爲“關中人士

① 《唐昭陵石蹟考略·謁唐昭陵記》。

② 《唐昭陵石蹟考略·謁唐昭陵記》。

領袖”，又是“關中金石圈”的中心人物。然而，林侗在陝西六年，除了與《陝西通志》纂修官李楷有過一次交流之外，和陝西的學術界，特别是金石學界，未見有任何來往。林侗往華嶽廟訪碑，對於居於華山下的王弘撰也未曾拜謁。在他的訪碑活動中僅僅提及二人，均爲三原人，一爲祝光遠，史書無載，林侗稱其爲“祝丈”，或爲三原本地鄉紳；一爲申稓，據《（乾隆）三原縣志》載，其爲康熙二十年（1681 年）進士，則此時仍在鄉習舉業，應和林侗年齡相仿。這也從一個側面説明了這時候的林侗只是一個剛剛對金石學發生濃厚興趣、在學術上還没有任何建樹的年輕人，但是這短短六個年頭，卻是林侗學術研究的起點，奠定了其後學術生涯的基礎。

首先是養成了實地訪碑的學術興趣和態度。林侗離開陝西後，繼續在各地訪碑。康熙六年，嘗至曲阜孔廟，“欲盡搨廟中碑，廟中諸工人持不肯，因請於闕里主人，乃得極印搨之樂。即廟中諸搨手環視皆嘆服，以爲精好莫及，闕里四氏稱爲近來盛事。”①還一直將其在西安所用搨工帶在身邊，這種訪碑習慣一直延續至其晚年。而且他之後又曾兩次入陝，一次是康熙十二年秋至十三年春，再次命工搜搨咸陽原上古碑，得《豆盧恩碑》等；一次是康熙三十年復遊涼州，經過陝西，再次拜謁昭陵。

林侗這種實地考察，收集第一手文獻資料的學術態度，正是上文所論關中金石學術風氣潛移默化的影響，其所取得的成果也自非依據傳聞者所可比，常常能夠糾正學界很多傳聞的不實以及傳世文獻記載的訛誤。

如《聖教序》碑額有佛頭七座，時之搨碑者多不搨佛頭，以致很多金石學家，包括曹溶、陳奕禧等，反而以爲搨佛頭者爲贋品，林侗因親至碑林手搨此碑，遂能解世人一惑②。又如林侗每每根據陝西各縣方志的著録來按圖索驥尋訪碑石，由此發現地志中訛誤很多。如他先於三原舊縣志中讀到《于立政碑》，其碑文雖剥蝕，然以殘存文字與史書相較，疑非于立政碑。遂至墓下實

---

① 《來齋金石刻考略·五鳳二年甎刻》。

② 參見《大瓢偶筆》卷四《論聖教序》：“西安碑洞聖教序額原有七佛頭，因鬻碑者多不搨佛頭，故世翻以拓者爲贋。留心金石如曹侍郎秋岳、陳刺史子文，皆不能不爲所惑。惟福州林同人《金石考略》與余説合。蓋余問之西安碑賈，而同人則親至碑洞手拓《聖教序》故也。”（楊賓著、柯愈春點校，浙江人民美術出版社 2012 年版，第 73 頁。）

地考察，搨其碑額，文曰"大唐故柱國燕國公于公之碑"，則可確定實爲于立政之父于志寧碑，歷代縣志皆誤載。此行他還發現了于立政子辨機、大猷之墓，均不見載於舊志。林侗遂將這一發現告知其時負責重修《陝西通志》的李楷，希望能夠改訂，李楷贊其"有功古人"①。而其他各縣志中這種誤載情況也很普遍，林侗云：

> 衛公靖、萊公如晦，陪冢昭陵，碑石見存，此無可疑者。乃衛冢復載於涇陽之孟店鎮，萊冢復載於長安城南之司馬村。又如段太尉秀實死後，德宗改殯於灞側，立碑以紀之。曰：以志吾過，且旌善人。今載於臨潼縣之西斜口鎮，俗尚稱爲段烈士廟，但碑石亡矣。乃《汧陽縣志》載段府君行琛墓，又有曰段秀實墓，不知行琛乃太尉之父，汧陽人。墓碑張增書，予搨有之。太尉墓實不在此，何未深考歟？李西平晟，墓在高陵，裴晉公撰文，柳誠懸書碑。人謂三絶碑，予亦有之。灼灼耳目，於《高陵縣志》反失載，而載於狄道縣西之二十里，此又何據歟？秦新志頗見稱於通人，然其謬不勝指也。②

李靖、杜如晦已陪葬昭陵，碑石立於昭陵，然而涇陽、長安舊縣志卻分别載其碑；段秀實墓在臨潼縣，因其爲汧陽人，《汧陽縣志》即誤收；李晟墓在高陵，《高陵縣志》失載，卻見於《狄道縣志》。諸如此類的錯誤，顯沿傳世文獻之訛，皆因未作實地勘察所致，也可見林侗實地訪碑的重要意義。

金石守藏不易，林侗有過多次得而復失的經歷。如《昭仁寺碑》，他"四過其地，始得一紙，裝潢甚精，爲人借觀不還。又三十年往西涼，重過其地，復得兩紙，石多漶漫，且僻在西陲，圉人驛卒，豈知愛重，銷沉易易耳"。又如吴道子畫淩煙閣功臣像石刻，"曾得之，復爲人竊去"，諸如此類。因此，林侗曾對其所收藏的搨本進行過裝潢整理，這一工作也是在陝西時已經開始。據李遇孫《金石學録》卷四"鍾振富"條載，鍾氏"遊吴門，購得林同人所藏漢魏碑十册，計十六種，内有方印云'閩中林侗手校補並裝於三原學古堂'，頁版俱同人手書碑目摹刻於上，精妙絶倫"。可知林侗將所藏搨本按照時代順序手訂裝

① 《來齋金石刻考略·燕國公于志寧神道碑》。

② 《唐昭陵石蹟考略》卷三《上護軍曲阜憲公孔公碑》。

潢，後流散於坊間，爲鍾氏所得者爲漢魏部分。又其《來齋金石刻考略》有"裝附《吴文墓誌》之後，爲集王之楷法"①，"予裝此帖，録德宗碑並柳宗元所上《太尉逸事狀》於後，遂成完觀"②等記載，則其所藏隋唐碑搨，亦曾如漢魏部分整理裝訂成册。除此之外，林侗還有一部碑搨集名爲《來齋集古帖》。其友人金石學家楊賓《林同人來齋集古帖跋》云：

> 同人先生……既歷秦魏齊魯之墟，遍搨殷周秦漢晉唐碑碣，以次裝潢。又取生平所得殘帖，彙而裝之，名之曰《來齋集古帖》。每條之下，仍以朱書原帖名目，使人知所從來，所謂鉤摹剞劂之事，則無有焉。嗚呼，賢於前人遠矣！
>
> 海内金石搨本，兵戈水火之餘，往往不知所在；間有一二存者，又多棄而不收；即收矣，又或以爲無所附麗，貯之廢簏，略不省觀，蠹蝕塵埋，亦復終歸於盡。自有先生此集，使天下後世知斷簡殘編，皆可成帖。庶幾傳者日多，而古人面目得存萬分之一，先生之功不大矣哉！③

可知《來齋集古帖》爲林侗將所藏殘帖整理而成，只是這些搨本集下落如何已不可知，如果尚存天壤之間，其學術價值毋庸置疑。

三、金石考據觀念的形成

林侗在陝經歷對其學術生涯的意義還表現在，他的金石研究的主要内容是基於他在陝西所訪得的碑石；他在金石學史上有一席之地，也因其對陝西碑石的研究。

一是對甘泉宫瓦的研究。林侗所藏瓦當僅此一瓦，然如上文所述，自宋以來，瓦當出土以及私人收藏很罕見，而林侗所得此瓦品相又極好，因此極爲寶貴。康熙庚午（1690年），林侗與弟林佶作歌頌之，"頗聞於人間，有屬和者，又四方博雅之士，多欲摹其文以爲傳翫"。林佶遂搨此瓦文，描述其形製，序其由來，共友人所賦詩歌、序跋輯爲一卷，名爲《漢甘泉宫瓦記》。題詩作序者有朱彝尊、王士禛、周在浚、陳壽祺、張潮、徐釚、王譽昌、張烈、陸菜、丘象隨、黎士

---

① 《來齋金石刻考略·集王四十七字殘碑》。

② 《來齋金石刻考略·贈揚州都督段行琛碑》。

③ 楊賓著、柯愈春主編：《楊賓集》，浙江古籍出版社2012年版，第401頁。

宏、李澄中等人，可謂學術界一大盛事。

諸學者或感慨此瓦之難得，如張潮所云："夫漢家宫闕，萬户千門，頗稱壯麗，即簷牙之瓦，當亦不下若干萬，而僅留此一片于零磚斷甓間，豈製此瓦之際，其時日干支獨勝耶?"如朱彝尊詩中慨歎："福州林侗嫥蒼雅，袖中忽出甘泉瓦。長生未央字當中，逸態横生恣塗寫。定州漢廟不足珍，銅雀香姜盡流亞。吾聞甘泉本是祖龍之所遺，武帝因而恢拓之，非無益壽延長字，今已蕩盡捐鎦鳌。金銅仙人别渭水，椽桷自毁化作龍鱗而當知。是瓦定有鬼神護，不然安得團圞如鏡勿使纖毫虧。"或覩之懷古，如徐釚詩云："雲陽宫殿久摧殘，遺瓦猶同渭水寒。莫向銅駝問消息，金仙清淚不曾乾。已無寶鼎薦芝房，碧瓦徒憐委路旁。猶勝臨漳老銅雀，不從臺畔看分香。"王士禛詩所云："終南渭水舊遊歷，漢家陵闕隨飛蓬。豈知一瓦供賞識，遠與石鼓岐陽同。"①如同觀岐陽石鼓而想周之盛業，此瓦也見證了西漢之盛衰。此編可看作第一部集中記録漢代瓦當的著述，雖僅涉及"長生未央"一種，但是正如陳壽祺序所云："如《甘泉宫瓦》，由先生首發其端，爲近日言瓦當文之祖。"②奠定了清代瓦當研究的基礎。

朱彝尊所賦詩末對於林侗的訪碑成就亦做了讚頌，云："侗兮侗兮真好事，殿闕遺墟靡不至。短衣匹馬尋昭陵，陪葬諸臣辨銜位。旁及降王一十四，右先咄毖左什毖。殿以阿那范頭利，舊史缺略新史删。侗也爲之考其次，試入儲藏蘭話堂。"所指即林侗的第二個重要成就，對昭陵碑石的考訂。

昭陵碑石的數量，《唐會要》載爲一百五十五石，宋敏求《長安志》記録爲一百六十六石。然而因散立於野，經千餘年的日曬雨淋，無人修護，殘毁情況較爲嚴重。宋人所見尚多，至明萬曆年間，趙崡訪昭陵時僅得殘碑二十一石；崇禎年間，苟好善修《醴泉縣志》，所見又少一石。顧炎武康熙二年曾訪昭陵，值天大雪，所見僅一碑。林侗可以説是清代第一個全面著録、考訂昭陵碑石的學者。

如上文所述，林侗在對昭陵碑石摹搨整理之後，結合兩《唐書》記載，一一

① 此處所引諸詩文均出自《漢甘泉宫瓦記》，見李向菲、賈三強點校：《清代陝西金石學著作十種》，陝西人民出版社2022年版。

② 《來齋金石刻考略》陳壽祺序，嘉慶本。

進行考據,著作成書,意在“使千載以上之遺文舊蹟,賴以不墜”①,康熙五年(1666年)初夏,於三原學古堂作文記之;其年秋,林侗隨父至開州,完成了初稿,名之曰《昭陵十六碑考略》;丙午(1666年)中秋,又於澶州之披雲樓纂輯史傳,參訂異同,對是書做了修訂,更名爲《唐昭陵碑考略》;癸酉(1693年)初冬,再次作了校訂,作文記之;至甲戌(1694年)秋方始付梓。前後三易其稿,歷三十餘年而成。至甲戌(1694年)秋,其弟吉人作跋,記其書成之經過。今存此書爲五卷,卷一爲“昭陵圖次”“唐太宗文皇帝哀册”及陪葬諸臣碑目,卷二至卷四依次考證所見陪葬十六碑,卷五爲六馬贊。每條分三部分,首述碑之方位、形製、存字等;次曰“史乘參考”,據《舊唐書》等史書考所涉之人事;次曰“論贊”,發己之感慨。此書所著録,距趙崡、荀好善所見已不同,諸碑所存字數較之漫漶已多,如《崔敦禮碑》,林侗所見較之趙崡已殘損過半,較之《醴志》亦少二百餘字。今天我們所見又有更多漫漶,因此林氏所記碑石方位、形製、存字等信息,對研究昭陵碑石很有價值,無論其考證之精當與否,其保存史料的意義都很重大。

雖然林侗的搨本似未保存下來,無法據以校改。但是因其實地考察,如朱彝尊詩中所説“陪葬諸臣辨銜位”,詳列諸碑的方位,實爲研究指南,葉鞠裳即贊其:“詳著第幾列第幾區村落方嚮……可謂有心人也已。若依此著録,後人按籍而稽,何至迷其處所耶?”②又昭陵蕃臣像在清乾隆以後遭到嚴重破壞,面目盡失。前人多關注碑文,各類記載均不及此,如顧亭林《金石文字記》,就沒有記載諸番君王十四人像與石馬,而林侗則“旁及降王一十四,右先咄毖左什毖。殿以阿那范頭利,舊史缺略新史删”。據其描述,這些石像原來“皆深目大鼻,弓刀雜佩”,明顯是胡人的形狀,這些我們今天已無緣見到。此書又能糾傳世文獻之訛,如陪葬諸臣墓碑又於各縣志墳墓中互見,多有錯誤,已見上文所述。

林侗另一重要金石著作《來齋金石刻考略》,不是專門針對陝西金石,但也有超過二分之一的内容爲陝西金石,以題跋的形式,對他所收藏的金石進行

① 《來齋金石刻考略》陳壽祺序,嘉慶本。

② 徐珂:《清稗類鈔·鑒賞類》。

考訂，每題下記碑之所在、撰書者、年月等基本信息，記其訪碑經過，碑之殘毁存佚情況，部分節録碑文，時引趙崡、顧炎武、朱彝尊等前人之説，對碑石所涉及的人物、史事進行考釋，最能體現他的金石證史觀念。此書雖然被《清文獻通考》評爲“沿襲多於發明”，認爲其以顧炎武《金石文字記》爲主，而以己意爲之折衷。事實確實如此，如唐開成二年所刻《九經》，文字繆戾非一。顧炎武《金石文字記》對其進行了校勘之後，詳列誤字。而林侗亦具列誤字，乃全鈔顧氏。但是其考據也有很多可取之處，如上文所述對地志訛誤的糾正。關於這一問題也有學者專文研究，此不贅述。

雖然在學術建樹與影響上林侗和顧炎武、朱彝尊等一流學者有著很大差距，雖然其金石研究的深度、廣度很有限，但是林侗在金石學史上的地位仍不容忽視。他對甘泉宫瓦的收藏和研究，首開清代瓦當研究的風氣；他對昭陵碑石的研究，專注於一組碑石，體例與研究方法上都具有開創意義。

同時，在顧炎武提出金石考經證史的學術理念之時，其影響在康熙年間還並不顯著，金石研究中注重金石書法的學者大有人在，他的影響要延後到乾隆年間才得到了普遍地、積極地響應，而林侗就是最初那寥寥無幾中的一個。實際上，他的學術趣向正和顧炎武相同。他注重實地訪碑，强調金石考據觀念，這兩點在清初金石學復興的過程中都非常重要，對金石考據學在乾嘉時期的確立無疑有推動作用。學術大家的研究傾向固然對整個學術發展方向産生重大的影響，但是通過對林侗的金石學研究歷程的分析，我們可以知道，學術的發展是衆多的學者合力作用的結果。那些二三流學者，他們的學術趣向與努力，也同樣重要，尤其是他們異於其他學者的獨特發現和貢獻，更是學術史上不可掩没的輝光。

第五節　朱彝尊的陝西金石考據

朱彝尊（1629—1709 年），字錫鬯，號竹垞，浙江秀水（今浙江嘉興）人。順治二年（1645 年），清兵入江南，避亂出走，曾結交江南志士共圖復明，未成。後遊歷南北，考察古蹟。康熙十八年（1679 年）舉博學鴻詞科，授翰林院檢討，修《明史》。著有《曝書亭集》,又有《經義考》《明詩綜》《日下舊聞》等著作,在文學、經學、目録學、金石學等各個領域都有很高成就。

其金石學成就主要體現在《曝書亭金石文字跋尾》中,此書原爲其《曝書亭集》卷四六至卷五一,光緒年間由吴縣朱記榮以此六卷單獨刊行於世。其中所收題跋除去論《蘭亭序》等法帖的幾條之外,其他論及鐘鼎彝器、錢幣、瓦當、碑刻、墓誌等金石共 131 條,這些考論對於金石學考經正史的意義有很多闡發,對於金石的具體考證也多有創見。因此學者在論及清代金石學時,常常將朱彝尊和顧炎武相提並論,同爲復興的領袖人物,認爲顧炎武開其先,而朱彝尊躡其後,對於清代金石考據學的形成起到了奠基作用。目前,學界從總體上論述其金石學成就的相關研究已有多種,已有相當深入細緻的探討①。以下僅就其著作中涉及陝西金石的部分作一考論。

朱彝尊在金石學研究方面也很重視搜訪金石原物,其《甘泉漢瓦歌爲侯官林侗賦》一詩中自言:"吾生亦好金石文,南逾五嶺西三雲。手披叢篁斬榛棘,殘碑斷碣搜秋墳。"②魏禧在《曝書亭集·序》中説朱彝尊:"歷幕府,則之豫章,之粤,之東甌,之燕,之齊,之晉,凡山川碑誌,祠廟、墓闕之文,無弗觀覽。"可見其訪碑地域之廣。

他與顧炎武來往較多,文集中有很多同觀某碑,討論某碑的記載。雖然其一生足跡似未至關中,但與關中學者也多有往來,其《曝書亭集》卷三九《王崇安詩序》云:"予求友於關中,先後得五人焉,富平李因篤子德,三原孫枝蔚豹人,涇陽李念兹屺瞻,華陰王弘撰無異,郃陽王又旦幼華。"這五人都是關中名儒,其具體交遊没有再詳細的史料記載相佐,但這些關中學者講求經世尚用、强調實踐功夫的學術追求當是朱彝尊所肯定的。而且在重視金石文獻的可靠性,以作爲考證經史的基礎這一點上,他和顧炎武以及關中學者有著共同的學術追求。

在其《金石文字跋尾》一百三十一條金石題跋中,涉及陝西金石者僅二十

① 專門研究可參見沈桂松:《朱彝尊的金石證史——讀〈曝書亭金石文字跋尾〉後》,《麗水師範專科學校學報》2003 年第 4 期;陳榮軍:《〈曝書亭金石文字跋尾〉探究》,《嘉興學院學報》2012 年第 1 期;崔曉新:《曝書亭序跋研究》,山東大學碩士學位論文,2009 年。

② 《曝書亭集》卷一八,《四部叢刊》景康熙本。

一條，或許也和其未至陝西訪碑、所見搨本有限有關。所據以討論的金石搨本或爲購得，或友人相贈，或從友人處借觀。如唐李巨川撰《濟安侯廟碑》乃“客自華州來者貽予”①；《唐郎官石柱題名》則是先“購得三紙”，繼而“同里曹生（按即其弟子曹曰瑚）復以所搨本贈予”②；《唐騎都尉李君碑》是“同里曹生仲經……手搨同州《李君碑》示予”③；《周少保豆盧恩碑》乃“觀於稼堂潘氏（按即潘耒）書屋”④，《漢曹全碑》則自“慈仁寺市上”買得⑤，“咸寧縣唐冶金五佛像銘贊”則爲“吾鄉曹侍郎潔躬（按即曹溶）遣人椎搨合裝界成一册”而贈⑥。雖然其所據均就碑石搨本，存在或有殘缺、或漏椎搨、或辨識不清等問題，從而導致其考證偶有謬誤，如其跋咸寧縣唐代五種佛像銘贊，録其中一銘爲“姚元景造像銘”，並考“元景，元之之弟也，仕至潭州刺史。見《宰相世系表》”⑦。據今存此碑銘文爲“銀青光禄大夫、行鳳閣侍郎兼檢校相王府長史姚元之造”，則造像者爲姚元之，即唐玄宗朝宰相姚崇，非元景明矣。但是此種錯誤極少，和清以前金石學家多據傳世文獻著録或他書輾轉傳抄之金石資料相比，已是完全不同的學術風貌。

朱彝尊認爲“金石之文久而未泐，往往出風霜兵火之餘，可以補舊史之闕”，“證國史之謬”⑧，因此他對陝西金石的考證主要集中在證史，主要包括考碑石刻立之歷史背景，以史籍所載考釋碑石所涉之人名、職官、史事等，以金石資料補史之闕、正史之誤。以下依次論述。

一、考碑石之刻立背景

《咸寧縣唐冶金五佛像銘贊跋》所涉“五佛像銘贊”即韋均、李承嗣、姚元之三造像銘及高延貴、蕭元眘二造像記。前代之金石書均未見著録，顧炎武

① 《曝書亭集》卷五〇。
② 《曝書亭集》卷四九。
③ 《曝書亭集》卷四九。
④ 《曝書亭集》卷四八。
⑤ 《曝書亭集》卷四七。
⑥ 《曝書亭集》卷四六。
⑦ 《曝書亭集》卷四六。
⑧ 《曝書亭集》卷五〇《唐北嶽廟李克用題名碑跋》。

《金石文字記》著録了除“高延貴”之外的四種，每種注明了書體和年代。然此數碑之刻立始末不詳。朱彝尊則詳考云：

唐自太宗崇奉釋教，凡索戰之地，軫念國殤。破劉武周，於汾州立弘濟寺；破宋老生，於吕州立普濟寺；破宋金剛，於晉州立慈雲寺；破王世充，於印山立昭覺寺；破竇建德，於汜水立等慈寺；破劉黑闥，於洺州立昭福寺；征高麗還，於幽州立憫忠寺。猶曰悼兵士死戰，而爲之薦福，不失發政施仁之一端。迨武后竊位，横征苛索，增建佛寺匪一。當是時，勑春官尚書王攸寧充檢校大像使，於白司馬阪冶金爲像，都下嚮風，煉金銅成佛身者益多矣。今咸寧縣尚存五軀，皆長安中所鑄，軀必有銘、有贊。①

且不論其對唐太宗與武則天之褒貶評價是否可採，就武則天增置佛寺、廣造佛象、靡費巨億之事，《舊唐書》《唐會要》等有多處記載，久視、大足年間屢次有大臣上書諫而不止，至長安四年又詔於白司馬阪造像，監察御史張廷珪上書又諫，遂停造像事。此五佛像刻立於長安三年七月至九月，正是武則天大造佛像之時，朱氏所論甚是。

又唐《御史臺精舍記並碑陰題名》，此碑自宋歐陽修以來各家金石書多有著録，然於御史臺旁建造佛家精舍的緣由，或云：“世言佛之徒能以禍福怖小人，使不爲惡，又爲虚語矣，以斯記之言驗湜所爲，可知也。”②或云：“崔中令湜固盛言因利結西方緣矣，不知附禁臠事發曳銀鐺時，佛亦當庇引之否。爲之一笑。”③或云：“豈唐世重佞佛，湜之立精舍於御史臺，適投時好耶?”④都是圍繞撰記的崔湜因依附武三思陷害朝臣最終亦遭貶斥的命運，嘆其人品卑污、佞佛而不爲佛所佑，發些感慨而已，無關考證。而朱彝尊則據史書考其來歷云：“唐自貞觀中李乾祐爲御史大夫，别置臺獄，囚當訊，就近拘繫之。其漸也，侍御史東西推，監察御史糾視刑獄，各禁其囚。迨武后時，來俊臣、侯思正皆爲御史，制獄之外，臺獄圜扉恒滿。崔隱甫總臺務，言於朝，掘去，於是旁列精舍，以

① 《曝書亭集》卷四六。

② 《集古録》卷六《唐御史臺精舍記》。

③ 《弇州山人四部稿》卷一三五《御史臺精舍銘》，明萬曆刻本。

④ 《石墨鐫華》卷四《唐御史臺精舍碑》。

釋典懺之。”①則因御史臺唐初即有獄，故旁建精舍，有勸人回善之意。然此處考證亦有誤，據此碑文，精舍乃長安初崔湜爲殿中侍御史時所建，而崔隱甫爲御史大夫總臺務在二十餘年以後之開元十四年，則精舍之建非始於崔隱甫。顧炎武亦有相似之考證，但言唐時御史臺旁有精舍，並考史書唐文宗大和年間尚有臺獄的記載，則此獄爲崔隱甫掘去之後不知何時又復舊。由朱、顧二人和前人跋語的不同可見，朱、顧二人考證的價值並非在其是否有疏漏，而在於其以金石文獻和傳世文獻相結合，對具體史實進行考據。後之學者皆循此路而進一步深入考證，吳玉搢《金石存》即辨朱彝尊所論精舍之建始於崔隱甫有誤。

《唐郎官石柱題名》與《唐御史臺題名》，是唐代非常重要的碑石，兩碑所載題名，合而觀之，則有唐一代尚書郎官姓名略備，對於研究唐史大有裨益。而《唐郎官石柱題名》至明人始有著録，如《石墨鐫華》考其制度云：“唐制二十四司以尚書左右丞領之，左右司爲之副。此皆左丞之屬也。”②朱彝尊在其基礎上再考尚書省之制度：

> 唐制，尚書省都堂居中。東有吏部、户部、禮部三行，行四司，左司統之。西有兵部、刑部、工部三行，行四司，右司統之。各掌十二司事，舉正稽違，省署符目，定其程限。吏分設司封、司勳、考功，户分設度支、金部、倉部，禮分設祠部、膳部、主客，兵分設職方、駕部、庫部，刑分設都官、比部、司門，工分設屯田、虞部、水部。諸司均有壁記，詳其改充遷轉之歲月，而石柱第注姓名而已。……同里曹生復以所搨本贈予，因言柱在西安府儒學孔子廟庭之右，上有古柏覆之。竊思六部既分左右，則當時立石必東西各一，今右司暨兵刑工三部所屬郎官題名無一人者，是左存而右已失也。③

後之學者對此題名作更加深入考證，其中優秀者如乾隆時期有趙魏、王昶，晚清有趙鉞、勞格等，將對二碑的研究逐步推向深入。

《宋京兆府學新移石經碑記》，京兆黎持撰文，河南安宜之書，長安石工安

---

① 《曝書亭集》卷四九。
② 《石墨鐫華》卷四。
③ 《曝書亭集》卷四九。

民刻石。此碑還詳細記載了唐石經自唐末至北宋的曲折命運,直至宋元祐中吕大忠遷置唐石經及其他唐宋碑刻,爲其修建了一個相對獨立的院落,今天被稱爲石刻寶庫的西安碑林在此時基本形成。此碑對於研究碑林的歷史十分重要,明盛時泰《蒼潤軒帖跋》曾有寥寥數語的記載,清代則首見朱彝尊此書,略述碑文之後,結合史書叙述了吕大忠及刻工安民後來的命運:

> 方是時,宣公在朝,二三執政,罔非正人,監司長吏,咸以興起學校、裒集經史爲務。至紹聖、元符之際,小人柄政,諸君子咸被重罪以去,宣公竄死虔州。未幾,大忠亦降官。崇寧初,籍黨人,立石端禮門側。蔡京復自書碑,頒郡縣,彼張商英、周秩、楊畏之徒反覆附和,恬不知恥。民以一石工獨能嚴邪正之辨,不肯鐫名姓於碑,惟恐得罪後世,匹夫之志不可奪如是。夫持爲京兆學官,其文辭條達,類南豐曾氏,而宜之之書亦稱入格。迄今博聞之士或不能舉其姓氏,民則後生末學皆能道之,以此見立身行己,不可不爲後世慮,苟是非得其正,雖百工技能之人,反有榮於當時之士大夫者,嗚呼! 可感也已。①

吕大忠任陝西路轉運副使時修建了碑林,宣公爲吕大防,大忠之弟,宋哲宗朝宰相,以元祐黨争被貶官,大忠亦受牽連。崇寧元年,蔡京拜相後,將司馬光以下共 309 人之所謂罪行刻碑爲記,吕大防等名亦在其中。而刻石的長安石工安民,即刻《宋京兆府學新移石經碑記》者,據《宋史・司馬光傳》:"(蔡)京撰姦黨碑,令郡國皆刻石。長安石工安民當鐫字,辭曰:'民愚人,固不知立碑之意。但如司馬相公者,海内稱其正直,今謂之姦邪,民不忍刻也。'府官怒欲加罪,泣曰:'被役不敢辭,乞免鐫安民二字於石末,恐得罪於後世。'聞者愧之。"②確實令人感慨。

朱彝尊有時也記録其他相關碑石的信息,如《漢析里橋郙閣頌跋》又記同時所立"有黽池五瑞碑,五瑞者,黄龍、白鹿、連理木、嘉禾、甘露及承露人,各圖其象,摹厓刻之。今無存矣"③。因此碑已毁,此種信息亦彌足珍貴。

---

① 《曝書亭集》卷五一。

② 《宋史》卷三三六,中華書局 1985 年版,第 8615 頁。

③ 《曝書亭集》卷四七。

二、釋碑之人名、職官等

(1)釋人名。

如唐《騎都尉李君碑》,李君諱文,字緯。人名爲一字者常見,字爲一字者極少,朱彝尊考曰:“載於《唐書》,房玄齡字喬,顔師古字籀,李粲字師,李琇字琇,張巡字巡,郭曜字曜,宇文審字審,李恢字祚,李倏字堅,竇思仁字恕,張義方字儀。此外不多見也。”①可見其學識之精博,對史籍的熟悉程度。

又如《北周華嶽頌》,立碑之万紐于瑾,其姓之由來,朱氏考云:

> 万紐于瑾者,唐瑾也,爲燕公于謹器重,白文帝言瑾學行兼修,願與之同姓,結爲兄弟,文帝乃賜姓万紐于氏。庭羅子孫,行弟姪之敬。時瑾已位開府矣,進爵臨淄縣伯。周制,封郡縣五等爵者,皆加開國,授大將軍。開府儀同者,並加使持節大都督。其曰司宗者,武帝保定四年更禮部稱司宗也。複姓古有之,三字姓始於代北,《魏書·官氏志》載有勿忸于氏,紐作忸,勿疑万字之譌,賜此姓者洛陽則于謹,猗氏則樊深,匪特唐瑾也。②

又《漢西嶽華山廟碑》的書者,因碑末有“京兆尹勑監都水掾霸陵杜遷市石,遣書佐新豐郭香察書”句,其中“郭香察書”究竟何指,論説紛紛,迄無定論。宋歐陽修認爲書者爲郭香察,洪适《隸釋》則認爲書者爲郭香,根據是“東漢循王莽之禁,人無二名”,而“察”是勘定他人之書的意思。這兩種解釋後來都分别有支持者,明代屠隆《考槃餘事》舉出東漢有鄧廣德、梁不疑等人名的證據,否定洪适之説,郭宗昌《金石史》亦持此説。而趙崡《石墨鐫華》則認爲洪适之説“近是”,指出碑文中“市石、察書爲二事”。至清顧炎武《金石文字記》讚同趙崡之説,再次强調:“東漢人二名者絶少,而察書乃對上市石之文,則香者其名,而特勘定此書者爾。”③朱彝尊也讚同趙崡,並在史書中找到了郭香之名:“載考司馬彪《續漢書·律曆志》,靈帝熹平四年有太史治曆郎中郭香姓名,殆即察書之人與?”④同時稍後有馮景《解舂集文鈔》更進一步考證,東

① 《曝書亭集》卷四九。

② 《曝書亭集》卷四八。

③ 《金石文字記》卷一《西嶽華山廟碑》。

④ 《曝書亭集》卷四七《跋漢華山碑》。

漢人名有二字者,然極少,至庶姓則一名者十有九;又碑立於桓帝延熹八年,郭香爲書佐,至靈帝熹平四年爲郎中,十年之間由書佐遷郎中,乃仕宦常理。清代此兩説的支持者均大有人在,但是没有人再提出新的證據。

(2)考職官。

如西安府崇仁寺《陀羅尼石幢》,此幢自趙崡《石墨鐫華》始著録,《金石文字記》亦收,未收題名,亦無考證。題名前幾行爲内侍省内侍等宦者,末有"駕士長上""扶車長上"等題名數人,此"長上"職銜不見諸史籍記載。朱彝尊考云:

> 按唐制,兵部尚書選驍勇材藝可爲統領者,拔其尤,令宿衛,目曰諸色長上。有一日上、兩日下者,有五日上、十日下者。若長人長上,取形軀六尺六寸以上者充之,則每日隨仗下、隸左右監門衛者也。又有直長長上,長孫温充尚儀直長,李嗣福充監門直長,李善充尚輦直長上,周先孝充左羽林軍長上。見於《新書·宰相世系表》。外河渠署有長上漁師。此云駕出、扶車,殆皆宿衛士矣。①

諸色長上載於《唐六典》,爲宿衛之士,朱氏認爲此題名中的長上亦同其他諸色長上。"駕出"顯爲朱氏誤識,但所考可信。後之王昶《金石萃編》曾對朱氏此説提出反駁,認爲:"《六典》載太子内坊有駕士六十人,則非宿衛士矣。又所引長上本《六典》兵部宿衛官長上之制,今考《六典》云,宫闈令掌侍奉宫闈,凡宦人無官品者稱内給使,若有官及經解免應叙選者,得令長上,其小給使學生五十人,皆總其名籍以給其糧廩。此幢所謂長上殆即指此,似與宿衛官之長上别也。扶車長上則《六典》及《百官志》俱無考。"②按《唐六典》並没有太子内坊有駕士六十人的記載,或爲王氏誤記。王氏反駁的立足點在於"駕士長上"以上題名均爲宦官,則此"駕士長上"亦爲宦者,因此非宿衛之士。然此幢之長上雖與宦官並題,卻未必爲宦官,且據《唐六典》内侍省亦有駕士。晚清毛鳳枝《關中金石文字存逸考》對此考證極詳:

> 《新唐書·百官志》,太僕寺乘黄署令掌供車路及馴馭之法,有駕士

---

① 《曝書亭集》卷四九《唐崇仁寺陀羅尼石幢記跋》。

② 《金石萃編》卷六六《張少悌書幢》。

> 一百四十人,凡有事,前期四十日率駕士調習。尚乘隨路色供馬,前期二十日調習於内侍省。又内侍省内僕局亦有駕士百四十人,掌習輿車輿雜畜,内僕局之駕士即太僕寺之駕士,因調習車馬在内侍省,故内僕局亦列其名,其人則係宿衛之士,並非宦者也。又果毅都尉張如意題名之前,爲掖庭局監作楊敬順,《百官志》云,掖庭局監作,從九品下。而果毅都尉爲五六品之職,張如意若係宦者,以官職而論,則題名應在楊敬順之前,而列名於後者,蓋内侍自爲一班,宿衛士自爲一班,故張如意題名之後即爲直官果毅、駕士長上、扶車長上諸人,其班列本極明晰,《萃編》考之未詳,故疑《曝書亭》考證之誤,其實朱氏錫鬯之説確有可憑也。扶車長上之名《百官志》未載,得此可補其缺焉。①

可爲確論。

三、補史之闕、正史之誤

朱彝尊對金石中有可補史籍之闕的材料特别關注,如《唐國子學石經跋》《唐石經》末有題名書石官、校勘官等十行,與史書關於刊刻《石經》參與人員的姓名有不同,“國史所記者,題名不書,題名書者國史亦不紀”,因此朱彝尊詳列史書和碑文題名不同之處以備考。又《北周幽州刺史贈少保豆盧恩碑》,豆盧恩,《北史》《周書》附其兄寧傳,且僅録其字永恩,生平記載簡略。朱彝尊考此碑所述豆盧恩的姓名及生平歷官均可補史之闕。

對金石所涉及的重要人物,由於史書記載不詳,朱彝尊結合金石資料和傳世文獻詳考其事跡,如上述《京兆府學新移石經碑記》,記載了唐天祐中韓建築新城,將《石經》委棄於野,至朱梁時劉鄩守長安,其幕吏尹玉羽請遷置入城,即今址。因此,尹玉羽保護金石之功不可没,但其人史書無載,事跡散見《册府元龜》,朱彝尊遂據史料勾稽其事跡,因“予友鍾淵映將注《五代史記》,並書玉羽之事告之,俾附注於鄩之傳焉”,希望能爲修史者采入。又如《五經文字》,爲唐代張參所著,旨在辨正經傳文字。代宗大曆十一年(776 年)書於

---

① 《關中金石文字存逸考》卷三《崇聖寺陀羅尼經幢》,見李向菲、賈三强點校:《毛鳳枝金石學著作三種》,三秦出版社 2017 年版,第 134—135 頁。

講論堂東西廂屋壁，文宗開成年間刻石立於太學門外。然張參其人史書無傳，事跡不詳。朱彝尊結合史籍記載和碑石文獻考其生平云："按《孟浩然集》有送《張參明經舉覲省》詩，《錢起集》有《送張參及第還家作》，而《郎官石柱題名》，參曾入司封員外郎之列，蓋參在開元、天寶間舉明經，至大曆初佐司封郎，尋授國子司業者也。"①其仕歷據此已大略可知。

如《漢郃陽令曹全碑》，明代萬曆年間出土，此碑記郃陽令曹全家世及生平。曹全爲漢初著名宰相曹參之後，初舉孝廉，除郎中。拜西域戊部司馬，率兵征討疏勒，殺其主和德，遷右扶風槐里令，後任郃陽令。其僚屬集貲刻石以頌其功。此碑記平疏勒事，明《金石史》《石墨鐫華》已指出與正史記載有所出入。朱彝尊則逐條列其碑與史不同之處，如"史載疏勒王臣磐爲季父和得所射殺，而碑云和德弑父篡位，德與得文亦不同；史稱討疏勒有戊己司馬曹寬，而不曰全；又云其後疏勒王連相殺害，朝廷亦不能禁，而碑云和德面縛歸死"，這些不同之處，蓋因《後漢書》的編撰者爲劉宋"范蔚宗，去漢二百餘年，傳聞失真，要當以碑爲正也"。② 此説又被顧炎武記入其《金石文字記》。"得"與"德"之不同，武億《授堂金石跋》云："予嘗推之漢一字石經，《論語》'何得之衰'，今文'得'作'德'；《史記・孟嘗君傳》'齊湣王不自得'，《索隱》曰：'得'一作'德'，是湣王遣孟嘗君，自言己無德故也；《漢書・項羽傳》'吾爲公得'，晉灼曰，或作'德'：然則得與德古字通也。"③

此外，朱彝尊所作題跋一般不録原文，然因金石文字又有"昔賢題詠，往往出於載紀之外"④，在遇到文章優異亦全文録出，如《金京兆劉處士墓碣銘》，朱彝尊因其"辭特崛奇，而徽正書多涉篆隸，體亦不猶人。金源遺集傳至今者，惟趙秉文、王若虛、段克己、誠己、李俊民、元好問數家而已。斯銘不見於載記，乃摭其大略書之册尾。兼録其副，示長洲孫生，附著於書法考焉"⑤。並録其銘詞曰："士之遇也，爲龍爲虎。其不遇也，如魚如鼠。既魚其龍，又鼠其

① 《曝書亭集》卷四九《五經文字跋》。

② 《曝書亭集》卷四七《漢郃陽令曹全碑跋》。

③ 《金石一跋》卷二《漢郃陽令曹全碑》，道光二十三年刻授堂遺書本。

④ 《曝書亭集》卷四九《跋石淙碑》。

⑤ 《曝書亭集》卷五一《金京兆劉處士墓碣銘跋》。

虎。生必違其所好，死則從其所惡。將矯世以自戕，抑直行而不顧。苟會於心千載，其猶旦墓著所以信於人者，以銘先生之墓。”

碑石中僞造現象也很常見，多爲後人附會前代之名人事跡而僞造，如《李衛公告西嶽文》，碑文云唐李靖布衣之時爲文告西嶽神，意在取天下，次則擇主而仕。此碑宋代金石書不載，明人有信其爲真者，有斷其僞造者，然未有詳考。朱彝尊云：“考之史，衛公初仕隋爲殿内直長，尋爲馬邑丞。唐高祖擊突厥，衛公察其有非常志，乃自鎖上急變。新、舊《唐書》所載略同。可謂不知天命之尤者，亦安得於未遇時逆知爲唐佐命、出入將相乎？其事雖見李肇《國史補》，而告文不知何人所作，其云斬大王之頭，焚其廟宇，此豈衛公之言？昧者從而刻之石。按歐陽、趙氏所録皆無之，蓋近代作僞者爲之，真妄男子也。”可謂定讞，後之學者再無懷疑者。

朱彝尊和同時代其他金石學者一樣，對金石書法亦有關注。其《漢華山碑跋》云：

> 漢隸凡三種，一種方整，鴻都石經、尹宙、魯峻、武榮、鄭固、衡方、劉熊、白石神君諸碑是已；一種流麗，韓勑、曹全、史晨、乙瑛、張表、張遷、孔彪、孔伷諸碑是已；一種奇古，夏承、戚伯諸碑是已。惟延熹華山碑正變乖合，靡所不有，兼三者之長，當爲漢隸第一品。予生平僅見一本，漫漶已甚，今睹西陂先生（按即宋犖）所藏，文特完好，並額具存，披覽再三不自禁，其驚心動魄也。①

此論對漢隸書風格的劃分廣爲後人引用。

綜上，朱彝尊對陝西碑石的討論全部基於搨本，雖然亦有疏漏，然其題跋的價值更多地體現在對金石可資考訂意義的强調，他和顧炎武一起推動了清代金石考據學的發展。

---

① 《曝書亭集》卷四七。

第二章　清代中期的陜西金石學(上)

第一節　概　述

金石學經歷了清初百餘年的發展,至乾隆中後期研究氣象漸漸闊大,出現前所未有的繁榮景象,直至嘉慶、道光間達至高峰,大家紛至沓來。

一方面,政治因素仍然起著重要作用,乾隆朝的文字獄絲毫不亞於前朝,更變本加厲,多次發佈禁書書目,大規模查禁史籍、詩文、戲曲等各類書籍,自乾隆三十九年至四十七年斷續銷毀書籍二十四次,直至乾隆五十三年還在繼續。有人稍稍讀書通曉世事,偶不自檢即遭罹不測,以致有學者云不以字跡與人交往,即便有廢棄稿紙也要及時焚毀。甚至有的大家族相戒不要讀書,以務農田而自給。思想界極度地不自由,逼迫得"學者的聰明才力,只有全部用去研究古典文獻"(梁啓超語),漢學思想在這一時期達於最高潮。而金石學可資考訂經史的重要性漸成學者共識,研究者隊伍日益壯大。

另一方面,也是學術發展的規律,在清初金石學發展的基礎上,研究日趨深入細緻,同時金石器物也在不斷出土。除了前代學者關注的碑刻之外,各類吉金也進入人們的研究視野,再加上乾隆二十年梁詩正等奉敕編纂成《西清古鑒》一書,著録宫廷所藏古代青銅器。上有所好,下必從焉,形成一股對鐘鼎彝器的研究風氣。金石研究的領域日益擴大,金石著作不斷湧現。以至乾隆五十二年修成的《四庫全書》中,史部目録類新設"金石"一門,以反映此時學術變遷的現狀,也是對金石這一學科門類的確立做了官方的認可。

具體到陜西金石學,乾嘉時期的發展則略微領先於其他地域。

乾隆三十六年至五十年,乾嘉學派的領軍人物之一——畢沅來到了陜西,他歷任陝西按察使、巡撫、陝甘總督,在陝任職十餘年。他喜歡獎掖人才,因此幕府群賢畢至,少長咸集。稍後,乾隆四十八年至五十一年,王昶任西安按察使,兩署陝西布政使。他雖然在陝時間相對較短,但是也吸引了衆多的學者前來,使得陝西的學術團體再次壯大。

畢沅是一個學者型官員,他博學多才,精通經史、小學、金石、地理等,著述甚豐。他究心於金石之學,將政治權力廣施於金石資源的開發與研究方面,使得金石學研究由之前的個人行爲變成一個有組織的學術團體的研究。王昶同樣是在文學、經史、校勘、金石等多個領域都取得了突出成就的學者型官員,他日後編纂完成的《金石萃編》更是金石學的典範之作。在他們的影響之下,乾隆後期的陝西金石學發生了飛躍式發展,不僅成果蔚爲大觀,而且對整個金石學的發展都産生了至關重要的影響。

畢沅(包括王昶)及其幕府學者們所取得的成就,主要表現在三個方面:一是大規模搜訪金石,修護金石文物,促使了金石器物在這個時期大量出土;同時通過他們和外地學者的交流,爲學界的研究提供了更多的金石資源;二是編纂大部頭的金石學著作,如畢沅組織學者編纂而成的專收關中金石的《關中金石記》,收録陝西碑石七百餘種,就地域性金石著作而言,其著録數量和規模上遠遠超過前人以及同時期的同類著作。此書刻成之後,延至清末,各種補編、續編之作層出不窮。三是畢沅組織幕府學者編撰方志,其中大多設立“金石志”——給金石單獨立目,這種做法甚至早於上述《四庫全書》中單列金石門類,對於提升金石的學術地位,金石學科的確立有奠基之功。

同時,無論是編撰金石專著,還是金石志,畢沅等人都大量運用金石來考經訂史,使得在清初由顧炎武所强調的、只是作爲一個流派出現的金石考據的學術觀念,在此時演變成了金石學研究的主流,同時將這種方法擴展到文字學、音韻學等各個領域,取得了多方面的卓越成就,從而也成爲乾嘉學者考據學的重要内容之一。

另外,畢沅的幕府中也培養出多位金石學者,如嚴長明、孫星衍、錢坫等,在金石學研究上都取得了卓越的成就。因此將陝西金石學研究帶入了一個嶄新的境地。

乾嘉時期金石學發展的總體特點是體例多樣,出現了題跋類、録文題跋類、圖版類、目録類、義例類、方志類等各種體例的著作，研究也日益細緻深入。陝西金石學亦是如此。

這一時期題跋類著作數量最多，朱楓《雍州金石記》、畢沅《關中金石記》是其中的代表作，將陝西金石學研究向前推進了一大步。有人將王昶《金石萃編》作爲乾嘉時期"纂輯"類即録文題跋類金石著作的典型代表，認爲其開創了新的學術傳統①。然而王昶此書的編纂離不開其在陝西幾年間的金石搜訪、與在陝學者的金石交流，以及這一時期陝西金石研究風氣的影響。

圖譜類著作也逐漸增多。宋代洪适《隸釋》已收録各碑圖式，但摹勒較粗略，這時期同樣出於呈現碑石原貌的考慮，圖譜類著作在逼肖金石原物方面做得更爲出色。成於乾隆初年的陝西郃陽人褚峻的《金石經眼録》，可以説是清代此類著作的先聲之作。

目録類著作，專録陝西金石者目前尚未見有，然而在陝學者如孫星衍、趙魏等人，他們日後著成之《寰宇訪碑録》《竹崦盦金石目録》，大量收録陝西金石，都離不開其在陝所獲。

研究的分類也更加細密化，專論碑石的著作仍爲大宗，又出現了專論瓦當的朱楓《秦漢瓦圖記》、申兆定《涵真閣秦漢瓦當圖説》、程敦《秦漢瓦當文字》等；有專論錢幣的，如朱楓《古金待訪録》；有專論鐘鼎彝器的，如錢坫《十六長樂堂古器款識考》《浣花拜石軒鏡銘集録》；有專論某一組碑石的，如王朝榘《唐石經考證》、馮縉《唐昭陵陪葬名氏考》；有限於一山一崖的，如阮元《華山碑考》、姚遠翿《華嶽古碑考》、王森文《郙閣銘摩崖碑考》等；也有專考一碑的，如趙魏《御史臺精舍題名》《郎官石柱題名》等。

其他通論金石的著作，錢大昕的《潛研堂金石文字跋尾》、翁方綱的《兩漢金石記》等金石名著，多少都有涉及陝西金石者。

義例類著作如王芑孫《碑版文廣例》、李富孫《漢魏六朝墓銘纂例》、吴鎬《漢魏六朝志墓金石例》《唐人志墓諸例》等，都有大量涉及陝西金石的内容。此外，又有李遇孫《金石學録》，專記金石學者的生平事跡，其中輯録很多陝西學者如郭宗昌、王弘撰等人的資料，十分可貴。

---

① 參見趙成傑：《〈金石萃編〉與清代金石學》，中國社會科學出版社 2019 年版，第 38 頁。

嘉道間,繼撫茲土者没有畢沅、王昶的學術能力與影響力,幕府學者星散,在全國金石學研究走向高潮之際,陝西的金石研究已慢慢從高峰滑落。此後的地方官也有個别較有學術能力,並關注金石研究,如唐仲冕,曾主持刊刻了幾部陝西金石著作;在陝金石學者人數亦不少,其中也有一些金石名家,如吴榮光、陸耀遹、黄本驥等,但和全國金石研究的蓬勃之勢已不能相齊並論。

第二節　從《金石經眼録》到《金石圖》

將金石摹圖縮刻,附以考論,作爲金石學研究中一個重要門類,這種著録體例在宋代已經出現。如吕大臨《考古圖》收録古代器物兩百餘種,每種摹圖繪形,並記録原始尺寸、重量等,再加以考證。王黼《宣和博古圖》著録了宋徽宗時期宫中所藏古器八百餘種,按類編排,圖文並録,每圖旁注“依元樣製”或“減小樣製”等説明圖形比例,亦詳録其原始尺寸,再考其銘文、器名等。《四庫全書總目提要》評其“考證雖疏,而形模未失;音釋雖謬,而字畫具存”。就圖像繪製描述的精準方面勝過了之前的《考古圖》。又有洪适《隸續》、薛尚功《歷代鐘鼎彝器款識法帖》、王俅《嘯堂集古録》等。宋代此類著作均以收録古器物等吉金爲主,其資料來源,如當時金石研究的通例,這些器物有的是著者親眼所見,更多的是從其他文獻記載中輾轉抄來,加上摹勒技巧上也有限,與金石原物相較,雖然多數“形模未失”“字畫具存”,但還是有很大距離。

隨著元明時期金石學的衰落,摹圖考證類著作也銷聲匿跡。直到清代乾隆中葉,在金石學興盛的大背景下,此類著作又大量湧現。這其中的先聲著作,是刻於乾隆前期的《金石經眼録》(以下簡稱《經眼録》)及其增訂本《金石圖》,初刻本收四十九種,後刻本增至一百種,和宋人動輒數百種的規模相比較,收録數量顯然很少。但是,與清代金石學重視訪碑、重視史料可靠性的研究特點相一致,此書所收均爲摹圖者親自訪搨之物,真實性、可靠性極高;同時,其摹搨技藝也遠遠超過了宋人,雖然是縮刻,但是對金石原物的還原極爲逼真,原器物的缺泐之處亦照樣摹出,讓人可以觀之如見原物。摹圖之下,詳細説明金石的原始尺寸和所在,對銘文作書法、文辭、史事、文字等方面的考論,則與宋人同類著作的體例相同。另外,不像宋人主要關注吉金器物,此書收録以碑刻爲主。《金石圖》問世之後,受到金石學界的普遍關注和認可,直接影響了一大批同類著作的産生。之後又有張燕昌《金石契》、錢泳《漢碑縮本》等,縮摹碑刻的準確性在逐步提高,日趨工緻。

與其在金石學史上地位的重要性相較,對《經眼録》《金石圖》所作的研究還遠遠不夠。關於此書的作者、成書、版本、價值等方面也還有很多似是而非的觀點、模糊不清的認識,因此以下一一分析這些問題。

一、兩位作者

二書的作者,從乾隆中期以後,一般認爲是褚峻和牛運震,如《四庫全書》所收《經眼録》,即題爲“褚峻摹圖、牛運震補説”。今天各種書目著録也是如此,如《中國古籍總目》著録上海圖書館所藏《經眼録》《金石圖》爲“清牛運震集説,清褚峻摹圖”。但是二書是否均爲二人合作,且以牛運震考述、褚峻摹圖這樣的分工合作方式完成?事實並非如此簡單。

牛運震字階平、真谷,號空山,山東滋陽人。生於康熙四十五年(1706年),卒於乾隆二十三年(1758年),《清史稿》有傳。雍正十一年(1733年)進士及第,乾隆三年(1738年)任甘肅秦安等縣知縣,十餘年後罷官歸鄉,以講學、著述爲業。他是一個有名的學者、官員,著述較多,因此關於他的生平、學術思想、詩文、史學成就等,今人已經做了很充分的研究,這裡不再贅述。①

褚峻則相關記載很少,没有人研究過他的生平,雖然有關《金石圖》的研究都會提到他,但也僅限於寥寥幾字介紹:字千峰,陝西郃陽人,是一個以販賣碑搨爲生的商人。然而仔細考察他留下來的幾篇文字以及清人詩文中對他隻言片語的描述,還是可以對他有較詳細的了解。

① 牛運震的生平,可參看蔣致中編:《清牛空山先生運震年譜》,(臺灣)商務印書館1978年版;井東燕:《牛運震傳略》,蘭州大學碩士學位論文,2007年。關於其學術思想及成就,參見丁麗瓊:《清代儒家思想的踐行者——牛運震述評》,《西部學刊》2019年第11期;樊英民:《清代學者牛運震及其學術成就》,《濟寧學院學報》2015年第1期。關於其詩文,參見張亞男:《牛運震詩文研究》,西北師範大學碩士論文,2018年;冉耀斌:《清代山左詩人牛運震隴右行跡及詩歌創作》,《蘭州文理學院學報(社會科學版)》2015年第4期。關於其史學成就,參見張亞玲:《牛運震〈史記評注〉研究》,陝西師範大學碩士學位論文,2010年;周昉:《牛運震〈史記評注〉研究》,浙江師範大學碩士學位論文,2010年。另外,有關清代乾隆時期的文學、史學、金石學研究都會多多少少論及牛運震。

關於褚峻的生年,目前有三種觀點,一是1658年,見於《中國目録學家辭典》①,不知何據。另外兩種觀點都是根據褚峻在《金石圖》乾隆八年(1743年)自序中寫到的他"年五十始遇山左真谷牛子"的説法,通過考定兩人相識的時間而推算得出。賈兵根據褚峻在《金石圖》乾隆十年(1745年)自序中所云"甲寅歲,余手摹《金石圖》,真谷牛子爲之考説",考甲寅歲爲雍正十二年(1734年),上推五十年,則褚峻約生於康熙二十年(1681年)以後②;趙成傑則認爲兩人相識於乾隆七年(1742年),在八年《金石圖》書成之前,推算其生於1692年,即康熙三十一年③。

以上説法都有誤。首先,褚峻乾隆十年序所云甲寅歲兩人完成《金石圖》,這一説法本身就不可信,雍正十三年(1735年)以後褚峻才有了《金石經眼録》的初稿(詳下),《金石圖》要到乾隆八年以後才誕生,不可能在雍正十二年就已完成《金石圖》。"甲寅"二字或誤。其次,上海圖書館藏乾隆六年(1741年)本《金石經眼録》,書前有牛運震寫於乾隆二年(1737年)八月的序,可知兩人相識最晚在此之前,不可能遲至乾隆七年。因此,比較合理的推測是褚峻與牛運震相識於雍正十三年至乾隆二年之間,則褚峻約生於康熙二十五年至二十七年(1686—1688年)之間,其卒於何年無據可查,大約是在乾隆中期。

褚峻在乾隆八年爲《金石圖》所寫的一篇序文中,自云少時即愛好金石,對於自宋代歐陽修、明代趙崡,以至清初諸金石著作都非常熟悉,常年四處訪碑,足跡遍及四海九州、名山大澤,無論峭崖深谷,還是荒林敗塚,凡有周秦漢唐遺蹟之處,他都"手翻目追,摹搨殆遍",訪碑十分勤苦,收穫也很豐富,三十年間凡得碑碣千餘種,對於前人所未載及載之未詳的金石,都了然於胸。

他的訪碑活動,在他的友人、著名的詩人胡天游《褚千峰歌》詩中也有生動的描述:

搜求豈識心獨苦,日按圖經索林莽。崎嶇奔峭發秘藏,忍僵冰雪穿豺虎。墓門瀊墊剔莎葰,一字惜恐遺琳璆。打殘肯計同薦福,集録本傲先王歐。古

① 參見申暢、陳方平等編:《中國目録學家辭典》,河南人民出版社1988年版,第147頁。

② 賈兵:《中國古代碑圖文獻研究》,山東大學碩士學位論文,2018年。

③ 參見趙成傑:《褚峻訪碑與清初金石學的復興》,《南京藝術學院學報(美術與設計)》2020年第5期。

來萬事皆有癖,笑君痞結惟金石。試問中間何所資,自言不以三公易。還思褚公書絶倫,何必苗裔無逸民。書雖不名書意足,摩挲覺汝多精神。禹碑賸訪岣嶁杪,名山遍踏知多少。併將五嶽寫真形,他日争傳郃陽老。①

褚峻每日徘徊於荒山古墓搜訪碑石,悉心搜剔,唯恐遺漏一字。“併將五嶽寫真形”一句,道出了褚峻摹搨技藝的高超。

實際上,在整個清代中後期的金石學界,褚峻的椎搨技藝受到普遍推崇,得到了很多著名學者的高度評價。比如乾嘉金石學家翁方綱即云:“邇來精拓手,吾愛褚千峰。”②光緒間收藏家劉世珩説:“近代椎拓家以褚千峰氏爲稱首,蓋褚氏所得皆手拓。”③到了晚清,金石學家張廷濟曾説:“何兄夢華……手拓漢碑各通,出褚千峰、車聘賢上。”④褚峻已成爲了搨本高下的評判標準。胡天游詩中預言的“他日争傳郃陽老”的情形在褚峻身後也確實應驗了。

褚峻之所以能有這樣的技藝,除了其自身的興趣和條件等因素,跟陝西金石文獻豐富,金石摹搨風氣很盛有重要關係。陝西碑搨行業自明末以來就很興盛,顧炎武等人的著作中所提及的當地農民不勝文人搨工椎搨害田之苦,常有毁碑的事情發生,從一個側面反映出這一問題。

其中,郃陽又比較特殊,因萬曆年間《曹全碑》的出土引發了當地長久不衰的訪碑搨碑熱潮,當因此激發了當地搨工技藝的求精,遠超其他地方,各種金石著作中偶爾會出現的搨工多爲郃陽人,褚峻是其中代表。上引張廷濟詩文中所提及的與褚峻相提並論、同是椎搨技藝精湛的車聘賢,也是郃陽人。此車氏比褚峻的名氣更大,而且其搨碑不像褚峻是個人行爲,而是家族事業,其名最早出現在雍正年間,王澍《虚舟題跋》云:“唐中宗書世尠傳本,此賜滎陽令盧正道敕六十三字,在河南滎陽縣儀門内,亦未有知而搨之者。雍正十二年,郃陽車聘賢、褚千峰相繼往拓之,街里小兒多以爲愚,而不知其奇也。”⑤之

① 胡天游:《石笥山房集》詩集卷三,清咸豐二年刻本。

② 翁方綱:《復初齋外集》詩卷一三《予屢過東平汶上而不得親訪張遷衡方二碑漫賦二首》,《嘉業堂叢書》本。

③ 牛運震集説、褚峻摹圖、劉世珩編補:《金石圖説》卷甲上“祝其卿及上谷府卿石龕”條劉氏按語,清光緒二十年刻本。

④ 張廷濟:《桂馨堂集·順安詩草》卷一《感逝詩》,清道光刻本。

⑤ 王澍:《虚舟題跋》卷三《唐中宗賜滎陽令敕》,清乾隆刻本。

後,乾隆十七年至二十六年在陜訪碑的朱楓,在其《雍州金石記》中亦記有車姓搨工:“富平之六井有石幢,康玠行書,土人皆禁椎搨,云搨之輒雨雹。求之久而未得。以語車聘岩,曰易耳。未幾,携二紙而來。云於夜間搨得,人固弗知,雹亦無有。”車聘岩或爲車聘賢之兄弟行。又葉昌熾《語石》云:“畢秋帆中丞在陜西,有碑估車姓最擅長。牛空山《金石圖》有車永昭當即此。至今車搨本世尤重之。”《金石圖》所收《復興寺碑》即“乾隆元年車永昭初搨”。畢沅乾隆三十六年至五十年在陜,此時車氏有名的搨工爲車永昭。可知車氏家族的搨碑事業在有清一代一直延續,其搨本直至葉昌熾生活的晚清光緒年間仍然爲世所重。

另外,郃陽另一個碑估秦柏崖亦常見於學者記載。秦柏崖,字習謙。《金石學録》稱其“收藏之富,甲於關陜,藏石刻文有千種”①。嚴長明在陜西時,曾得其所贈草堂寺石刻搨本數種②。此人的活動並不僅限於陜西一地,作爲碑賈其所經營者亦不限於陜地碑搨。乾隆年間書法家梁巘《承晉齋積聞録》中數次提到此人有智永《千字文》宋搨、李邕《戒壇銘》、趙孟頫《蒼蠅賦》原石等。汪中《述學》亦載,《魏東武景侯王基碑》於乾隆初年出土於洛陽,“秦習謙曾親見,出土之日,朱書粲然”。訪碑足跡和褚峻一樣,也是遍及各地。

然而,褚峻和其他碑估不同的一點是,他還是一個文人。前引張廷濟詩集中另有一首詩曾提及:“通材畢竟殊傭匠,可數當年褚峻與車聘賢。”③將褚峻作爲不同於庸常搨工的通才的代表。而葉昌熾《語石》雖然將褚峻列爲碑估,卻又説:“(褚)千峰與聶劍光雖文士,亦以氈椎鐫刻糊口四方。”聶劍光即聶鈫,乾隆間泰安布衣,亦好金石,著有《泰山金石志》。葉昌熾認爲兩人都是愛好金石的下層文士,椎搨只是他們糊口的生活方式。

另據林鈞《石廬金石書志》卷六載,褚峻尚手輯《古專録》一册:“褚氏此編未經刊行,所録起漢太初,迄唐天寶,悉摹全文,並以無紀年者附末,計著二百又一種,間綴簡明考據。褚氏手記曰:乾隆丙寅(1746 年)五月廿六日雨後彙録。”④

① 李遇孫:《金石學録》卷三。

② 《(乾隆)西安府志・金石志》。

③ 《桂馨堂集》順安詩草卷六《何夢華元錫滁碑圖爲其仲子夙明》。

④ 林鈞:《石廬金石書志》卷六“褚千峰手輯古專録一册”條,載《石刻史料新編第一輯》第29册,1923年林氏寶岱閣南昌刊本。

此書林鈞所藏爲稿本,今不知藏於何所。可知褚峻於古甎收藏也很豐富,古磚之專書前此未見,乾嘉之際始陸續問世,而褚峻此書無疑具有創始之功。若日後能訪得此書,對於褚峻的金石成就能有更全面的認識。

除了愛好金石之外,褚峻又善書法和詩歌。前引胡天游詩即云:"還思褚公書絶倫,何必苗裔無逸民。書雖不名書意足,摩挲覺汝多精神。"稱其爲唐代大書法家褚遂良的後代,讚歎其書法神韻。以書畫聞名的揚州八怪之一金農寫有一首贈褚峻詩《郃陽褚峻飛白歌有序》云:

雍正甲寅九月,予客廣陵。褚峻自吴興來,將還郃陽,從予遊者浹旬。於去之日,出宋内庫羅紋紙,界烏絲闌,乞予作飛白歌,爲言非夫子莫能作也。予時抱禪病,未敢破泓潁之戒,峻必欲得之,又留三日,再請曰:歸槖無長物,唯求夫子詩壓裝耳。予感其勤惓之意,乃賦此篇,峻真好詩也哉。峻工飛白書,頗得古賢遺法,今之人不爲也。其善椎拓,極搜殘闕剥蝕之文,予詩中亦言之。世之交峻者,定以予言爲可徵也。

郃陽褚峻性好奇,九嵕山前嘗拓昭陵碑。青氈白椎自載隨北哉,猛氣可敵千熊羆。太少二室搜其秘,岷沱大江探其危。蛇虺陰宅虎豹窟,獨來獨往恒輖飢。石碣有字掃空苔雨色,苟得一字兩字心先馳。頻年交我頗資我,百番把贈翠墨光淋漓。我如歐趙嗜古志亦苦,願補史傳歲月里爵之闕遺。今秋相見邗溝上,枯荷敗柳西風吹。我顧憔悴君落寞,君時慰我忘孤羇。君言曾工飛白書,能作此歌唯吾師。我聞飛白人罕習,漢世須辨俗所爲。用筆似帚卻非帚,轉折向背毋乖離。雪浪輕張仙鳥翼,銀機亂吐冰蠶絲。此中妙理君善解,變化極巧髣髴般與倕。君誦我詩重再拜,發狂笑面同韈皮。詰朝别我君忽去,錢刀不計還家貲。到處題名磨廢瓦,儻逢秦宫鄴臺當搴追,眼底紛紛牽犬臂鷹手。嗚呼,峻也果異幽並兒。①

根據金農的描述,褚峻性好奇,工飛白書、好詩,飛白書導源於漢隸、小篆,多見於漢魏宫闕題字,有蒼勁渾樸的風格。宋黄伯思《東觀餘論》云:"取其若絲發處謂之白,其勢飛舉爲之飛。"金農雖然讚其善解其中妙理,但是大概也並没有見過其作品,因此詩中也没有具體描述。兩人的來往更多的是金石交

---

① 參見金農:《冬心先生續集》,載《清代詩文集彙編》第263册。

流,因此詩中讚頌了褚峻訪碑時的辛勤,也將褚峻的豪俠氣渲染得酣暢淋漓。

另一與褚峻相交二十餘年的友人何堂,在乾隆六年爲《金石圖》所作序中説:"其人神閑而貌古,治篆隸,善小詩。"神閑貌古,與金農所描述的好奇、猛氣比較接近。且云其善寫篆書、隸書,與飛白的風格也比較接近。然而目前尚未見褚峻有書法或詩歌作品存世,其面目究竟如何,已不可知。唯其書法功力可於《金石圖》中逼真的摹刻技藝推測一二。

褚峻年長牛運震十餘歲,兩人一爲下層文士、碑賈,一爲學者、官員,聲名、地位懸殊。兩人的相識,褚峻上引序文自云五十歲時遇到了牛運震,合作著成《金石圖》。此書成於乾隆八年,褚、牛二人分别作序,對於寫作過程有詳細的説明。褚序云自已三十年間收藏了千餘種金石搨本,在認識牛運震後,牛氏教他摹圖之法,褚峻遂精選前人未見或較少提及的碑刻,手繪形狀,摹寫字形,並勾勒石刻剥蝕殘缺,縮印於紙上,牛運震又一一作了考論,遂成此書。牛序則説自已早有繼修歐陽修《集古録》、趙明誠《金石録》之志,但是多年來未有餘暇,身邊也没有可以相助的朋友,直到認識了褚峻。對於成書過程牛運震和褚峻所説一致,而更加詳細。他説,對於褚峻的千餘種金石搨本:

> 余既爲條科之,復教褚生裒其所得篆隸古文,斷自周宣,迄於漢獻,凡數十首,一二本末其形像,所以而爲之圖。圖成,余迺按章而爲之説。……至其墜逸亡失,不復存於世宙,及其存而不獲至見,或有翻摹轉效者,則闕而不録。大疑則傳疑,蓋其慎也。①

據此,《金石圖》中金石的選擇、編排、斷限以及考論,也就是絶大部分的工作是牛運震所作,褚峻只是提供了自己藏本,摹刻圖像也是在牛運震的指授下完成。

正因爲有了兩人這樣的描述,同時也因爲在金石學史上,考證一向被看作學問正途,摹圖這種技術性工作不被人看重。所以後人在説到《金石圖》時,常常徑將其歸屬牛運震,而略掉褚峻,如乾嘉學者孫星衍爲牛氏所書墓誌即云"往予得牛氏《金石圖》"云云②,晚清金石學家葉昌熾在提及此書時徑稱"牛

---

① 《金石圖》,乾隆八年刻本卷首。

② 参見孫星衍:《清故賜進士出身薦舉博學宏詞平番縣知縣牛君墓表》,載《孫淵如先生全集·岱南閣集》卷二,《四部叢刊》景清嘉慶蘭陵孫氏本。

空山《金石圖》”云云①。今人也多持類似看法,如有的學者論文即以“牛運震和他的《金石圖》”爲題②;有的學者在摹刻方法上肯定了褚峻的學術貢獻,但還是放在褚峻以碑賈的身份與牛運震合作這一背景下進行的論述③;只有一位美國學者曾藍瑩認爲此書主撰者當爲褚峻,但並未展開論述,只是從藝術角度追溯摹圖縮刻方法的源頭、影響等問題④。

但是仔細考查《金石圖》,再將其與成書在先的《經眼録》做一對比,就會發現實際情況遠比上述説法要複雜得多。

二、《金石圖》的成書過程

《經眼録》成於乾隆元年(1736 年),流傳不廣,很少被後人提及。《四庫全書》史部收入,《提要》云此爲紀昀家藏本:

> 國朝褚峻摹圖,牛運震補説。……峻字千峰,郃陽人,工於鐫字,以販鬻碑刻爲業。每裹糧走深山窮谷、敗墟廢址之間,搜求金石之文。凡前人所未及録,與雖録而非所目擊未能詳悉言之者,皆據所親見繪其形狀,摹其字畫,併其剥蝕刓缺之處,一一手自鉤勒,作爲縮本,鐫於棗板,纖悉逼真。自太學石鼓以下,迄於曲阜顔氏所藏漢無名碑陰,爲數四十有七。運震各系以説,詳其高卑、廣狹及所在之處,其假借通用之字,亦略訓釋。雖所收頗狹,而較向來金石之書,或僅見拓本,或僅據傳聞者,特爲精核。書成於乾隆元年,峻自爲序。後運震又即峻此書,增以巴里坤新出《裴岑紀功碑》,改名《金石圖》。運震未至西域,僅得模糊拓本,所摹頗失其真。又仿岳珂之例,于説後各贊以贊,亦爲蛇足。峻復自益以唐碑,别爲下卷,

---

① 參見葉昌熾:《語石》卷三,清宣統元年刻本。

② 參見吕燕玲:《牛運震和他的〈金石圖〉——從〈金石圖〉看石刻材料的保存、複製與傳播》,中國美術學院碩士學位論文,2011 年。

③ 參見趙成傑:《物質形態的轉化:訪碑背景下的〈金石圖〉書寫》,《南京藝術學院學報(美術與設計)》2017 年第 5 期。

④ Lan-ying Tseng, *Between Printing and Rubbing: Chu Jun's Illustrated Catalogues of Ancient Monuments in Eighteenth Century China*, Chicago: Center for the Art of East Asia, University of Chicago, 2010.

體例迥然各别,尤病糅雜。今以此本著録,而續刻之本則别存目焉。①

根據館臣的説法,《經眼録》爲《金石圖》的前身,褚峻摹圖,牛運震説明金石原始尺寸、所在等;之後牛運震又在《經眼録》的基礎上,增加了《裴岑紀功碑》一種、唐碑一卷,綴以讚語,而成《金石圖》一書。

然而館臣的説法存在很多疑問。《經眼録》書前有褚峻乾隆元年自序,此序與《金石圖》褚峻乾隆八年序十分相似。爲説明問題,現把兩篇序列表對比如表 2.1 所示,文字不同者用不同字體標出:

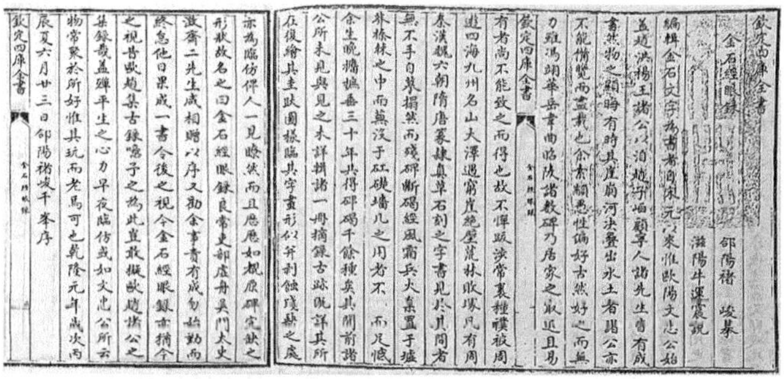

《四庫全書》本《金石經眼録》褚峻乾隆元年序

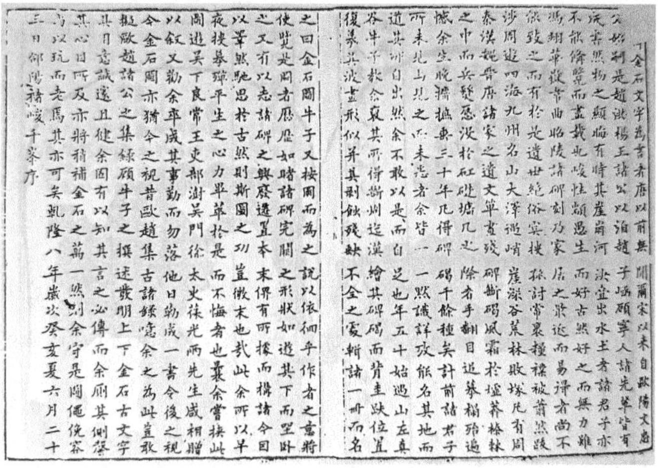

《金石圖》褚峻乾隆八年序

① 《四庫全書》研究所整理:《欽定四庫全書總目》卷八六,中華書局 1997 年版,第 1151 頁。

表 2.1

《經眼録》乾隆元年褚峻序	《金石圖》乾隆八年褚峻序
編輯金石文字爲書者，自宋元以來惟歐陽文忠公始，蓋趙、洪、楊、王諸公，以洎趙子㳘、顧寧人諸先生皆有成書。然物之顯晦有時，其崖崩河決，疊出水土者，諸公亦不能備覽而盡載也。余素顓愚，性偏好古，然好之而無力，雖馮翊、華嶽、韋曲、昭陵數碑，乃居家之最近且易有者，尚不能致之而得也。故不憚跋涉，常裹糧襆被，周遊四海九州名山大澤，遇窮崖絶壁，荒林敗塚，凡有周、秦、漢、魏、六朝、隋、唐篆隸真草石刻之字書見於其間者，無不手自摹搨。然而殘碑斷碣，經風霜兵火，棄置於墟莽榛棘之中、而蕪没於矼礎墻几之用者，不一而足。憾余生晚，攟摭垂三十年，共得碑碣千餘種矣。	編輯金石文字爲書者，唐以前無聞爾。自宋元以來惟歐陽文忠公始，嗣是趙、洪、楊、王諸公，以洎趙子㳘、顧寧人諸先輩皆有成書。然物之顯晦有時，其崖崩河決，疊出水土者，諸君子亦不能備覽而盡載也。峻性顓愚，生而好古，然好之而無力，雖馮翊、華嶽、韋曲、昭陵諸碑刻，乃家居之最近而易得者，尚不能致之而有。於是遺世絶俗，冥搜孤討，常裹糧襆被，蕭然跋涉，周遊四海九州、名山大澤，遇峭崖深谷，荒林敗塚，凡有周、秦、漢、魏、晉、唐諸家之遺文單畫、殘碑斷碣，風霜於墟莽榛棘之中，而兵燹辱没於矼礎墻几之際者，手翻目追，摹搨殆遍。憾余生晚，攟摭垂三十年，凡得碑碣千餘種矣。
其間前諸公所未見與見之未詳，輯諸一册，摘録古蹟，既詳其所在，復繪其圭趺圖樣，臨其字畫形似，並剥蝕殘缺之處亦爲臨仿，俾人一見瞭然，而且歷歷如睹原碑完缺之形狀，故名之曰《金石經眼録》。	其間前諸君子所未見與見之而未悉者，余皆一一默識詳考，能名其地而道其所自出。然余不敢以是而自足也。年五十，始遇山左真谷牛子，教余裒其所得，繼周迄漢，繪其碑碣面背，圭趺位置，復摹其波畫形似，並其剥蝕殘缺不全之處，輯諸一册，而名之曰《金石圖》。牛子又按圖而爲之説，以依緬乎作者之意，將使覽是圖者歷歷如睹諸碑完闕之形狀，如遊其下而坐卧之。又有以志諸碑之興廢遷置本末，俾有所據而構諸今，因以睪然馳思於古，然則斯圖之功豈微末也哉。此余所以早夜搜摹，憚平生之心力，畢萃於是而不悔者也。
良常吏部虚舟、吴門太史澂齋二先生咸相贈以序，又勸余：事貴有成，勿始勤而終怠，他日果成一書，令後之視今《金石經眼録》，亦猶今之視昔歐、趙《集古録》。	曩余嘗挾此圖遊吴下，良常王吏部澍、吴門徐太史葆光兩先生咸相贈以敘，又勸余卒成其事，勤而勿落，他日勒成一書，令後之視今《金石圖》，亦猶今之視昔歐、趙《集古》諸録。
噫！予之爲此，豈敢擬歐趙諸公之集録哉！蓋殫平生之心力，早夜臨仿，或如文忠公所云"物常聚於所好，惟其玩而老焉"可也。	噫！余之爲此，豈敢擬歐趙諸公之集録！顧牛子之撰述，發明上下金石古文字，其用意誠邃且健，余固知有以知其言之必傳。而余廁其側，罄其心目所及，亦將稍補金石之萬一。然則余守是圖，僶俛容與以玩而老焉，其亦可以。
乾隆元年歲次丙辰夏六月廿三日，郃陽褚千峰序。	乾隆八年歲次癸亥夏六月二十三日，郃陽褚千峰序。

兩篇序文何其相似,連落款的日期也僅僅只有年份的不同,八年序顯然只是在元年序基礎上做了一些修改。所叙訪碑經歷以及王澍、徐葆光爲其作序部分,文意全同而文字表述稍異;而述成書及對此書問世以後的期待兩段文字,表述則有很大差異,最關鍵的區別就在此書是褚峻獨創還是其與牛氏合作完成這一問題。元年序隻字未提牛運震,摹勒縮刻,全憑一己之力;八年則隻字不提《經眼録》,摹圖方法、體例確定、考證論説、《金石圖》之取名均爲牛氏之功,幾乎將撰作《金石圖》全部勞動都歸於牛運震,而他自己則情願"廁其側",傾力提供搨本。

然而,如果如上述四庫館臣所云《經眼録》有牛運震的參與,爲何褚峻元年序中隻字不提?《金石圖》既是在《經眼録》的基礎上所作的訂補,爲什麽八年褚峻序、牛運震序均隻字不提?王澍(號虚舟)、徐葆光(號澂齋)兩人爲當時著名學者,他們給《經眼録》作序,"他日果成一書"云云,似乎兩人所見的《經眼録》只是初稿,並未刊刻。如果《經眼録》有牛運震的參與,同樣爲什麽兩人也不提?《金石圖》八年始完成並刊刻,那麽褚峻八年序中的"囊余嘗挾此圖遊吴下"云云,又從何説起?

序中提到作序的王澍、徐葆光將此書與歐陽修、趙明誠的著作相提並論,評價可謂極高。二序四庫本《經眼録》未收,上海圖書館藏乾隆六年本《經眼録》收入。王澍以書法、金石學聞名,序作於雍正十三年(1735年)九月,略云:

> 郃陽褚峻千峰,博雅好古人也。視其貌甚樸而野,叩其胸中所藏,自古迄今,凡金石文字,一一能名其處,且各道其所以然。蓋世人多困於世,故獨千峰以平生專力肩一囊,徒步數千里,山顛水厓,狐虺幽絶之處,靡所不到。苟有所見,雖殘碑斷碣,無不搨勒以出,無遺脱者。今年獨往成都,凡川中所有,亡不摎索殆遍,而猶以一手一足之力未及遍訪以爲恨。蓋凡人苟有所得即自謂已足者,皆封己自是,深有愧於千峰者也。僕謂千峰:吾子句深索隱,幾三十年,所走榛莽荒墟殆數十萬里,所見古人碑碣手自摹搨者,蓋千百種矣,何不勒成一書以爲《金石經眼録》乎?千峰曰:意固願之,然孰能與我。余謂千峰:子書特未成耳,苟成書,世必有好古如千峰者,惜僕老矣,不及待其成。他日成時,幸以此書一卷置吾前,酹酒一盃,

高呼："王君慫恿《金石經眼録》今成矣！"僕苟有知，必當嗑然笑也。①

從此序可知，雍正十三年九月，褚峻拿去請教王澍的僅手稿搨本一部，尚未成書，而王澍勉其勒成一書，名之"金石經眼録"。到十一月，褚峻請教徐葆光時，徐所見已大體成書，徐序略云：

> 郃陽褚山人峻，字千峰，古樸君子也。攻篆隸書。生平無他嗜，惟好古石刻，西安府學叢碑既檢録無遺，又自秦隴四出齊、晉、川、雒……今年秋來吴，携數十種，皆前賢集録所未及。又仿《隸續》畫其圭趺，尺寸長短，剥蝕諸形，縮本圖寫，分毫不失。詳注碑在何所及出土毁缺年月，以補前人金石諸録之遺。吾友王考功家蓄碑版，素稱富，君所搨寫多軼其外，乃爲顔之曰："金石經眼録"，識其勤而勸卒其事。……褚君此編當與《石墨鐫華》等書並稱"雍録"，其有光於其鄉之文獻豈小小哉。②

徐氏所見有王澍所題書名，且縮本圖寫，詳注出土，體例已備。此後褚峻應將收有此二序的本子刊刻過一次，稍有流傳。乾隆間詩人黄任有《沈學子以〈金石經眼録〉見貽賦詩八首》詩，讚歎《經眼録》中摹搨技藝精細逼真。詩作於乾隆十八年，題下小字注云："《録》爲郃陽褚峻千峰所刻，王虚舟、徐澂齋爲序。"③然此本似流傳不廣，《四庫》所據的紀昀家藏本不知是否此本，亦不知是否即題作"褚峻摹圖，牛運震補説"。

上圖乾隆六年本在王、徐二序之後，有牛運震作於乾隆二年八月的序，牛氏前一年在京應博學鴻詞科而落選，此時正閒居於鄉，褚峻當因訪碑至此而結識牛運震，呈上《經眼録》請其作序④。牛序前半部分泛論金石刻文的考史價值，後云：

---

① 《金石經眼録》卷首，上海圖书館藏乾隆六年本。

② 《金石經眼録》卷首，上海圖书館藏乾隆六年本。

③ 黄任：《秋江集》卷五，清乾隆刻本。組詩第七首有小注云"今虚舟已逝十年矣"，而王澍卒於乾隆八年，則此詩當作於乾隆十八年。

④ 關於兩人相遇的具體時間，《金石圖》乾隆十年（1745 年）本收有一篇褚峻作於是年的序，云："甲寅歲，余手摹金石圖，真谷牛子考説，付之棗梨，其本已流播人間。"根據牛運震的生卒年及《金石圖》的刊刻時間，此甲寅歲只可能指雍正十二年（1734 年），因此今人賈兵即據此認爲兩人相遇不晚於此年。牛運震雍正十一年剛剛進士及第，此時正在京城經營求仕；而褚峻雖爲碑賈，也常遊走於知名學者之門。兩人相識或有可能，但是説此時二十九歲的牛運震教年已五十的褚峻摹圖之法，且有餘暇、餘力來著書、刻書，從上文分析來看，實無可能。

關西褚生,好古墨士也,肩囊拄杖,搜覽四方,近三十年。蓋嘗緣高嶺,剔深谷,刷峭崖,磨峻關,僻鄉奥澤,無幽不之。凡廟表墓石,鏡背盤腹,以及翁仲刀劍之章,佛龕社瓦之文,靡不拂拭。而丹墨之裒,其所獲《集古録》《金石志略》所未載者有數十種,皆降漢迄唐,諸大家之法蹟也。近手摹一册曰《金石經眼録》示余,余惟褚子之用意亦健矣,將老於金石而與古來傳碑比壽,其賴褚子發墨藪之遺澤,滋士林之盛徽,於以流示通國而餉來者,甚厚甚善。予又以見夫學者冥心孤詣,必有得於古人精儀異表必不滅於後,士大夫輿覽於斯,亦可以然馳神於無涯之境,而勤思乎不朽之林矣,其惟博雅好古君子。①

牛氏所云“手摹一册”似非刻本。牛序歎賞於褚峻訪碑的辛苦與此書之價值,並無一字提及此書與己有何關係,也正説明牛氏和《經眼録》的撰寫毫無關係。

此本還收有一篇何堂作於乾隆六年(1741年)的序,《金石圖》乾隆八年本亦收入。其中仍未提及牛運震,序云:

郃陽褚君千峰交於余者二十年,其人神閑而貌古,治篆隸,善小詩。每與言古今石刻,輒能悉其形模、道里。今歲秋末至吴,則出其所爲《金石經眼録》者,余讀焉,其書遠規洪丞相《隸續》之圖,圭趺長短、廣狹,尺寸備具,古文篆隸鉤剔精整,其所收則近循顧寧人先生《金石文字記》例,非親見而手摹者不著於録,詳其在所,斷自周秦,以迄季漢,爲其尤易殘滅也。而審定爲重勒者,則逸焉。其核且慎如是,余惟記金石者,歐、趙以後不下數十家,類能網羅散軼,張皇幽渺,而採自傳聞則疑誤後人者有焉。若斯編也,豈得謂無徵不信者歟!嗜古之士,得殘碣斷楮,猶相與心慕手追,仿佛古人情性之所在。今褚君之書是以其耳目足跡爲之先導,而引諸同好者坐卧於琳琅琬琰之下也。其佽益豈淺尠哉!然則篆隸小詩故不足以畢褚君之能事已也。是爲叙。乾隆六年十月初吉茂苑何堂書。②

此序顯爲《經眼録》、而非爲《金石圖》而作。據何堂所見,乾隆六年此書

① 《金石經眼録》序,上海圖书館藏乾隆六年本。
② 牛運震集説、褚峻摹圖:《金石圖》,乾隆八年刻本卷首何堂序,作於乾隆六年。

名《經眼録》,其收録範圍"斷自周秦,以迄季漢",由於其容易殘滅的原因,且考訂爲重刻而非原物者不收,以求無征不信。體例、内容斷限均已確定,並非如褚、牛二人八年序中所云皆爲牛氏之功,而是明言其出於褚峻一人之手。

從諸家序文(包括牛序)來看,到乾隆六年爲止,《經眼録》都和牛運震毫無關係,爲褚峻獨立完成,如果説有他人幫助,也該算上王澍的勸勉並賜書名之功。然而上圖乾隆六年本正文卻題作"郃陽褚峻千峰摹,滋陽牛運震階平説",是何原因?

乾隆六年,牛運震三十六歲,爲甘肅秦安知縣已三年有餘,是年又兼徽縣知縣。當是此時爲褚峻出資刊刻了《經眼録》,因此而有了冠名。此本開本較大,美觀大方,文字部分爲刻印,碑圖部分爲縮摹的搨本粘貼。這種刻書成本當遠高於一般刻本,或許也因此印本不多,流通亦不廣,目前僅見上圖所藏一部。

或許也因爲這個原因,次年,兩人又著手增訂,重新刊刻。乾隆八年書成時,王、徐以及牛運震乾隆二年的序皆被棄去,兩人重新撰序,對此書的撰寫過程做了全新的説明。兩人爲何都將摹圖縮刻等創見歸於牛氏,具體原因已不可知。一者牛運震爲官員,此書修訂後褚峻亟需牛氏的資助方可成書;二者牛運震聲名較高,於經史研究卓有成果,加入他的考論,在金石學重視考證經史時代,或許可以擴大影響,提升其在金石學界的地位;三者或許出於宣傳此書的目的,以增加銷路,有較好的商業回報。因此褚峻才會將著作權拱手相讓。事實也證明,《經眼録》流傳不廣,長期不爲人知,而增訂、改名爲《金石圖》之後,就成功地引起了人們的關注,直接影響了一大批同類著作的產生。以至於短短兩年之後,乾隆十年(1745 年),褚峻又應讀者需求,增加了一卷的篇幅,重新刊刻。可見褚峻出讓著作權之舉,僅從書的流傳來看,利遠大於弊。

牛運震在給友人的一封信中説:"總計邇日經手搜輯、訂正之文,《金石圖》《三代遺書》……諸書,皆略有頭緒,粗立綱紀,既條科之矣,期以來歲啓發校理,以卒其業。"①此信寫於乾隆七年(1742 年),是時牛氏已開始著手訂正《金石圖》。那麽,《金石圖》中牛運震到底做了哪些增訂?是否就因此提升了

① 參見牛運震:《寄顔癡仲懋僑書》,載蔣致中編:《清牛空山先生運震年譜》,(臺灣)商務印書館 1978 年版。是譜繫此信於乾隆七年。

此書的學術價值,以至於後人可以徑歸此書著作權於牛氏?

三、《金石圖》對《經眼録》的增訂

《經眼録》共收金石四十九種(非《四庫提要》所謂四十七種),其中周時石鼓、鼎銘十二種;秦泰山石刻一種;其餘爲漢代石龕、碑、闕。每圖之下加以考述,説明其原始尺寸、所在、朝向、移置情況等基本信息,如"少室東闕題名"條云:"高、闊、厚與西闕等,刻字處高一尺,闊六尺,字徑一寸二分。北向。雍正三年,洛陽董金甌相函遊嵩山,表出之,前人皆未及見。"又"衛尉卿衡方碑"説明尺寸所在之後,云:"雍正八年汶水氾濫,是碑衝決倒臥,莊主郭承錫、承銓、承鈺出資復立。"多數對碑刻文字做了簡要釋讀。如周之石鼓每種摹圖之後,又小字楷書釋文,依原器中銘文對應的位置排列。如《張遷碑》條云:"碑以'殯'爲'賓',以'中'爲'忠','暨'字分爲'既''旦'二字,乃當時書碑者誤,非重刻也。"釋文同時也糾正了一些謬説。這也是何堂序中將此書與洪适《隸續》相提並論的原因所在。

《金石圖》一卷,刻於乾隆八年,前有褚峻、牛運震、何堂序。和《經眼録》相比,牛運震所做的修訂包括三個方面:

一是多出《裴岑紀功碑》一種,《四庫提要》認爲是碑字畫失真,且多舛訛,疑非褚峻所摹,而是牛氏别令拙工補之。牛氏考論凡提及碑之本末或搨本情況,多云"褚峻云""褚峻曰""郃陽褚千峰爲余道"等,而於此碑則云是郭朝祚爲其道碑之本末,則館臣所疑或有道理。雖然如此,這是《裴岑紀功碑》首次見於著録,其功亦不小。

二是對漢碑編排順序做了調整,原則不明,部分或許爲考論方便。如將《張遷碑》與《白石神君碑》先後排列,合而論之,或因兩碑均有人以爲是僞刻,牛氏爲辨其非僞而做此安排。

三是對考述文字做了修訂。首先,將褚峻對十六種漢碑碑字的釋讀全部删去。這部分釋讀很有學術價值,不知牛氏爲何删去。其次,重新撰寫考述,共三十五則。文字篇幅上和《經眼録》相比較多出兩三倍字數。將褚峻對碑石的相關説明融入考述之中,或以"褚峻爲余道……甚詳"云云,對碑石的相關信息做更爲詳細的描述;增加的内容,或歎賞銘文書法,或點評文辭,或略考所涉人物、史事,或繫以韻文贊語。

就牛運震增訂的内容來講,述多考少,所考均襲前人之説而無甚新見,所述亦以引用他人之説爲多。有的碑文和史傳記載歧互之處,他雖然提到,但也僅是説“余不暇言之”“無暇深考”。至於其贊語,四庫館臣譏爲“蛇足”,從學術角度來講,自然無益。從文學角度看,或許尚有討論價值。總之,和同時代其他金石考證成果相比較,牛運震所論有欠深入,學術價值並不高。

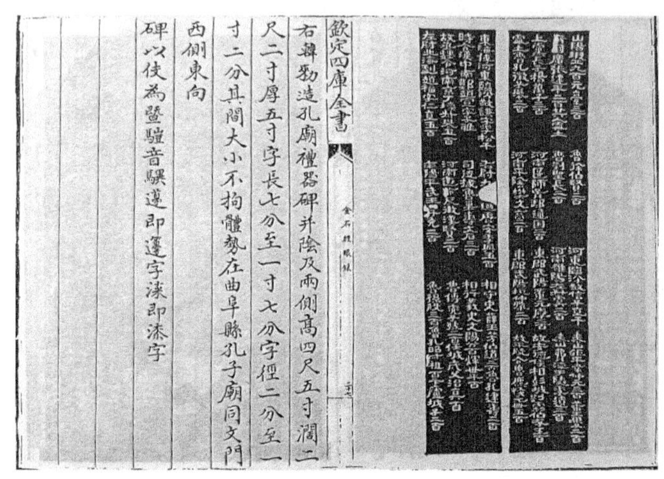

欽定四庫全書

右韓勑造孔廟禮器碑并陰及兩側高四尺五寸濶二尺二寸厚五寸字長七分至一寸七分字徑二分至一寸二分其間大小不拘體勢在曲阜縣孔子廟同文門西側東向

碑以伎為豎騐音騐蓮即蓮字洓即漆字

《金石經眼録·韓敕造孔廟禮器碑》

右韓勑造孔廟禮器碑并陰及兩側高四尺五寸濶二尺二寸厚五寸字長七分至一寸七分濶二分至一寸二分大小錯落不拘體勢在曲阜縣孔子廟同文門西側東向

太史公曰余適魯觀孔氏車服禮器低徊留之不能去云韓子誠儀禮自恨去古遠不獲以身揖讓進退於其間于生孔子里視孔廟禮器碑未嘗不悲韓勑所造鐘磬俎豆之屬不克傳於世爲可惜然是碑存歸然闕石一代尊彝簠簋端嚴典貴之氣升堂彷彿如將見之此亦東京法物矣銘文簡質松勁與先秦諸石刻伯仲書法鋒鋩神渾蒼古溫潤無美不備有漢分隸之獨步也於戲其器則往而文則留雖斷缺禮器之藉是碑以載於後而有不亡者存也且使韓明府勑及派郡太守應次公等一百三人雁馬金石儼然猶見鄒魯之雍容銘文所謂舜垂億載者良不虚古來圖譜之道於此亦可以少裦矣余恨世俗以讖緯不經訾禮器碑是以具論著之

《金石圖·韓敕造孔廟禮器碑》

牛運震雖然在《金石圖序》中説自己如何愛好金石文字,但是從他的著作來看,他長於經史研究,存世著作爲其經史論著與詩文集,均與金石學無關,其詩文集中亦無一字提及其有金石癖好,其詩集中有多首遊陝詩,寫其遊歷了陝西多處古蹟,亦無一言及於陝西的金石碑刻。和金石有關的,目前所見僅僅只是《金石圖》中的部分考論。他另存有一《牛氏空山堂藏鏡》,爲其所藏古鏡的搨本集。因此,也可以理解他在《金石圖》考論略嫌淺易的原因。

有意思的是,褚峻想要藉助牛運震的修訂來宣傳《金石圖》,等到《金石圖》果然大受歡迎之後,被大爲讚歎的卻是此書摹圖技藝的高超。即便提到其考述,像劉世珩所説:"近代椎拓家以褚千峰氏爲稱首,蓋褚氏所得皆其手搨,而牛氏迺爲之説,嗣是言其尺度,則宗牛氏之説。"①實際上爲後人所宗的"尺度"之類文字卻還是褚峻所作。這部書中只有牛氏考論幾乎無人關注。

也許正是這個原因,乾隆十年,褚峻再次修訂《金石圖》時,在八年刻本的基礎上增加了一卷的篇幅,收三國吴《天發神讖碑》、魏《公卿上尊號奏》至唐顔真卿《家廟碑》等六十種,又恢復了《經眼録》的體例,除《西狹頌》《延光殘碑》兩種僅摹圖,且爲全碑,無一字説明;其餘先摹刻原碑形製,以簡要文字填充,説明該碑的尺寸、所在等,後摘録若干碑字鉤摹出來,聊存其筆法,没有詳細考論。

增刻這一卷内容的原因,褚峻在乾隆十年序中説,前所刻《金石圖》已廣有流傳,"然觀者猶歎其賞聞見之不廣也。於是又從三國以洎隋唐,擇其碑碣之精且好者,亦繪圭趺,記廣狹,更摘真蹟字樣,鉤摹於其右,令未見是碑者,因此數字而想見其造筆結體之遺意。雖去原碑已遠,而規模斯在。既以廣《金石圖》,而亦博雅好古之士韻目怡懷之一助也。雖然,古今翠墨之留於天壤者,何可縷數? 而欲以一人之耳目心力,盡傳其蹟而繪之圖,此如愚公之移山,精衛之填海,力盡心劇,究歸安用? 而或且靳之曰:此發前人之未及也。則吾豈敢"。

這些增刻的碑石多爲名碑,雖然也有像《魏公先廟碑》,乾隆初年出土,已斷而爲五,褚氏摹出五段殘碑具體而微的形製,説明朝向、存字,較他書著録爲

① 《金石圖説》卷末。

詳細。但是大多數所收,或者之前的金石書已經著録,或者多有搨本行世,褚氏所據搨本雖或稍勝,如《福興寺碑》爲乾隆元年車永昭初搨,《定公碑》爲乾隆元年趙氏初搨,《張琮碑》爲雍正年間康錦初搨,但是其摘録數字摹刻的方式,也使其價值減弱大半。因此《四庫提要》譏其"欲省縮本之工,遂致變其體例","徒涉買菜求益之誚"①。這也是由於此次增訂爲褚峻獨立完成,缺少了牛運震的資助,經費捉襟見肘,實在無力再現全文摹刻了。

光緒二十年,貴池劉世珩將《金石圖》重新校訂刊刻,改名《金石圖説》,分爲甲上、甲下、乙上、乙下卷四卷,其中甲卷爲乾隆十年本的上卷,乙卷爲其下卷。其所據重編本内容基本同於乾隆十年本,唯有一種《黽池五瑞圖》不見於乾隆十年本,劉氏考云:"余舊得善拓本,較褚圖爲晰,途中黄龍昂首翔飛,尾際一小龍相隨,褚氏所摹已無此矣。"或許劉氏所得之本乃褚峻乾隆十年後增刻本。劉氏按照先金後石以及時代先後順序重新編排,無年月者則列於末尾,書前增加了目録。部分搨本不善、説明不詳、考述有誤之處,加了按語考證。如卷甲上"祝其卿及上谷府卿石龕"條,歷述趙明誠以來金石學家以至牛氏考證此石的博辨與舛誤之處,又"補其缺共四字,按於原文夾注之中"。又如《延光殘碑》,爲褚峻乾隆十年增刻,僅有摹圖,無一字説明。劉氏則考此碑又謂《是吾碑》,又詳考是爲漢代姓之一種。《西狹頌》《金石圖》亦無一字説明,摹圖剥蝕嚴重,很多字難以辨識。劉氏則以善本補之,使碑文清晰可識。

此書後附劉世珩跋云:

> 曩見目録家書所爲此刻名《金石經眼録》,注曰褚峻圖、牛運震説。原刻本又曰即《金石圖》。吾於癸巳得原本,以其中無"經眼録"標字,而褚圖、牛説之意則褚序自備言之,牛序亦屬其意。蓋原作散帙,體如今人所裱褙册子,中線題署卷數故缺,但首頁粘簽曰"金石圖"。吾刻作裝訂本,則不言舊名,以《金石圖説》易之。②

劉氏所見本無"經眼録"字樣,所云"褚圖、牛説之意則褚序自備言之",當未見褚峻乾隆元年序、何堂乾隆六年序,則可知當時流行的目録書已普遍如同

① 《四庫全書總目》卷八七,第1161頁。
② 《金石圖説》卷末。

《四庫》,將《經眼録》《金石圖》混爲一談,牛運震、褚峻二人合撰,且褚峻僅摹圖、考述爲牛運震所作,已爲普遍認識。而《(乾隆)郃陽縣志》甚至説《金石圖》乃褚峻"年五十受牛運震之雇"而作,這種認識一直延續至今。但是通過以上分析,我們今天應該糾正此種誤説,將《經眼録》的著作權全歸褚峻,《金石圖》則應著録爲"褚峻摹圖撰作、牛運震訂補"。同時,應該充分肯定褚峻爲摹圖考證類金石著作在清代的繁榮所作出的貢獻。

四、餘論

搨工留下來的文獻記載不多,在學者看來似無關學術,多稱其爲"帖賈""碑估"等,僅僅視爲地位低下的手工藝者。雖然也有如褚峻者進入學者行列,仍不爲人重。然而在金石學發展繁榮的過程中,離不開碑搨行業的支撐。

一方面,在學者的訪碑過程中,一直有搨工的身影相隨。明末趙崡訪碑時有搨工隨行;康熙間林侗離開陝西到開州、山東訪碑仍帶著西安的搨工,其技藝驚艷了當地同行;乾隆前期,朱楓在關中訪碑時與搨工車氏諸人來往甚密。

另一方面,很多未涉足陝西訪碑者,或者説那些没有機會親自訪碑者,其研究多憑藉搨本。很多學者研究中出現的錯誤都是由於搨本不精,後之學者對前代學者的辨誤,也多建立在親自訪碑搨碑和搨本精好的基礎之上。楊賓從到過陝西的友人林侗那裡得知《顔魯公家廟碑》額陰尚有八十五字,"字差小,人不知拓",而他也未見過有這八十五字的搨本①。乾隆後期,嚴長明纂《西安金石志》,他親自摹搨唐褚遂良書《裴藝碑》,歸後取舊所藏弆,互爲校勘,發現字數較前多寡不一。嚴長明認爲是因爲"帖估每以碑文剥蝕,僅搨其半,今所摩乃全幅,故文字間有增益也"②。

因此可以説,金石搨本的好壞,也就是搨工的技藝高下,對金石研究的展開起到了决定性的作用。本節提到的褚峻、秦習謙、車氏家族,以及後文還將提到的衆多搨工們,他們雖隱藏於幕後,卻是金石學發展史上不可或缺的重要部分,應該引起我們的重視。

---

① 楊賓:《鐵函齋書跋》卷五。

② 《(乾隆)西安府志》卷七二。

第三節　朱楓的金石學研究

朱楓是繼林侗之後,又一位利用跟隨家人宦遊的機會到了陝西,從而對陝西金石做了廣泛搜訪、收藏與研究的學者。他和林侗在生平經歷、研究趣向方面有一些相似的地方,林侗晚年還曾短暫地做過教諭,朱楓則一生都悠遊宦海之外;兩人的主要著作都是針對關中金石所做的考據,在金石學史上,都具有創始之功,並對後來者產生了不容忽視的影響。

一、朱楓其人及其在陝金石活動

朱楓,字近漪,號排山,浙江杭州人①。生於康熙乙亥年(1695年)②,卒年不知,其詩文題署時間最晚爲"甲午冬日",即乾隆三十九年(1774年),時年八十。布衣終身③。

乾隆十六年(1751年),朱楓之子家濂任醴泉縣令,朱楓隨其入陝④。二十一年(1756年),朱楓回鄉治其父喪,營葬事畢後再返回陝西⑤。二十五年(1760年),其子調任閿鄉縣令,朱楓遂離陝歸鄉⑥。朱楓在陝前後十年,搜訪金石,撰成《雍州金石記》十卷、《記餘》一卷。所收碑誌近二百種,皆能考證史事,辨别異同,對研究長安金石學有一定的參考價值。又著成首部研究瓦當的專著《秦漢瓦圖記》四卷、《補遺》一卷,亦在陝所作,收瓦當三十種,皆摹刻原

---

① 據《(乾隆)杭州府志》所引朱楓友人童鈺《二樹遺集》,謂朱氏仁和人;《(乾隆)續河南通志》、朱楓友人桑調元《弢甫集》等又稱其爲錢塘人。均在今浙江杭州。

② 見倪模《古今錢略》卷二八。

③ 據桑調元《弢甫集》卷一〇《朱節母詹太君傳》,謂朱楓在母亡後,"未嘗以降服減哀不治舉業",後其子家濂"卒以儒起家",則朱楓似曾治舉業而未中。

④ 朱楓《雍州金石記·序》《排山小集·序》《秦漢瓦圖記·序》均云"歲辛未"即乾隆十六年入陝,然《(乾隆)西安府志》則載朱家濂任醴泉縣令在乾隆十七年。

⑤ 《排山小集》卷四《和弢甫先生見懷原韻並序》:"丙子春,楓自秦歸里,治本生考葬,事畢再至秦川。"

⑥ 《排山小集》卷七《青岑遺稿序》云"余於丙子、庚辰兩歸故里";《(乾隆)閿鄉縣志》載朱家濂乾隆二十六年任縣令,則朱楓當於二十五年回鄉。

形,各爲圖記①。另外,又有專考三代刀布錢幣的《古金待問録》四卷、《餘》一卷、《補遺》一卷,收其所藏古幣百餘,皆附以圖形;詩集有《排山小集》八卷、《續集》十二卷,所收詩歌淡雅自然,不事修飾;印集則有《叢話印徵》②。

朱楓自云“夙有金石之癖”,他熟悉歐、趙等宋人金石著作,以及近人顧炎武、朱彝尊、林侗等人的金石研究和收藏,對各家得失了然於心。自己也有意收藏,但是由於“僻處海隅”,遠離金石出土最多的秦地,遥莫能致。因此,在陝“遲留十載”,爲他搜訪金石文字提供了極大便利,讓他得償夙願。③

朱楓的同庚友人昌平陳浩曾爲其《排山小集》作序,對於朱楓在陝西的這段生活有這樣的描述:“居常布衣芒屨,坐臥一室,出則蹇驢短杖,徜徉山水間,搜訪前代金石文字,著爲考辨,往往補古人所未備。”遊覽名勝、搜訪金石,成了他日常的重要活動。朱楓善作詩,其《排山小集》卷一爲“秦川詩”,記録了他的這類活動,如《煙霞洞》詩,記其遊煙霞洞,“古洞緣溪入,秋陰一徑深”,詩末注云:“方搨虞恭公諸碑。”煙霞洞在醴泉九嵕山下,正是唐太宗昭陵所在地,碑石較多,其《雍州金石記》中虞世南等十餘碑刻當是此次訪得。又如《遊終南山》二十首,其一云“昔讀王裴詩,近搨摩羯圖有石刻”。

《雍州金石記》所收並非聽聞或抄撮他書,均據作者親見碑石或搨本,其訪碑過程,在書中也有詳細描述,如《記餘》“花塔寺”條:

> 嘗閲顧寧人《金石文字記》有花塔寺種種造佛記讚,心竊慕之。至西安,即日訪焉。寺在南門内,向名寶慶寺,以寺中塔嘗以五彩塗之,俗呼花塔寺。寺已頹落,於佛座下覓之,了不可得。至殿之後簷,有石佛砌簷下,座下得記銘三種,喜之不勝。以顧《記》尚夥,遍覓之,無有也。久之,重至西安訪之,又於後殿之前簷得銘記三種,亦在石佛座下,以初至時其下積薪,今薪徙而記見也。因思尚有花臺銘,或在簷右,爲土胚所掩,徘徊久之而返。又歲餘,再過其地,土胚移而花臺銘見矣。銘爲《虢國公揚花臺銘》,顧氏所記微誤,已詳《記》中矣。詢之寺僧,云石佛舊在塔上,塔圮不復安塔

① 現存乾隆己卯刻本。

② 《(乾隆)杭州府志》卷五九。

③ 參見朱楓《雍州金石記·序》、《排山小集》卷一《秦漢瓦頭搨本歌並序》、《古金待問録·序》等文自述。

中，故置此耳。仰瞻塔上，尚有石佛，命工鉤梯而上，又得王璿《石龕阿彌陀像銘》及梁義深等九人題名。寺内幾無遺刻，向非再三求之，所遺多矣。①

書中所收碑刻均是作者如此勤苦搜訪所得，也正如作者在《記餘》裡所説的："訪古者不得輒誇親至，所當一過再過耳。"因爲都是第一手文獻資料，也就決定了此書具有珍貴的史料價值。

除了親自搜訪之外，朱楓和秦地的金石愛好者、搨工等多有來往。可以考知的有屈耕野、王若愚、車聘岩等。

《雍州金石記》卷一《十三字殘碑》云此碑乃"屈君耕野搨以遺余"；《十八字殘碑》云："屈君耕野珍藏於家，搨以遺余。屈君邑庠生，博學好古，於古人碑版嗜之尤篤。余記秦中金石，相助爲多，安得好古如屈君者數十百人，散布天下，以廣金石之傳焉。"屈耕野字良耜，郃陽人，秀才，乾隆二十四年（1759年）曾助孫景烈修《郃陽縣志》②，其餘不詳。

《雍州金石記》卷六《馮十一娘墓誌》云："寶雞丞王君若愚，好古士也，取而藏之。聞余記關中金石，搨以相寄。"王若愚，渭南人，康熙五十九年舉人③。

車聘岩爲一碑石商人，當與《金石圖》中所説的車永昭等同一家族，以其車搨本聞名天下。上一節已經討論過。

十年間通過這樣的辛勤搜訪，並和當地學者、碑估往來交流，朱楓收獲較豐，碑石、瓦當、古錢等都有大量的藏品，在此基礎之上，他寫成了《雍州金石記》《秦漢瓦圖記》《古金待問録》等著作。

二、《雍州金石記》

《雍州金石記》的成書過程，朱楓在書前自序裡有詳細的講述：

宋人多留意金石文字，如歐陽永叔、劉原父、吕進伯、趙明誠、董逌、黄長睿、薛紹彭諸君。而歐陽永叔、趙明誠之書，至今盛傳於世。余觀近人記載及余所收，多有二書所未載者。以二書所收遍宇内，愛博而不專，且一人之耳目有限，遠莫能致，則寄耳目於人，安能若己之篤好而勤求耶？

① 《雍州金石記・記餘》。

② 《（乾隆）郃陽縣志》卷四。

③ 《（雍正）陝西通志》卷三二。

余於辛未入秦,遲留十載,其地爲周秦漢唐故都,金石遺文,所在皆有。余夙有金石之癖,暇則策蹇行遊,逢古碑則坐臥其旁,流連竟日,或宿山寺,或問樵牧,不少倦也。積之又久,得漢唐碑二百種,其五代及宋元,概置弗録。中有古人所未見者,十猶二三焉。碑存而未獲者,疑無幾矣。題曰《雍州金石記》,誌一方之所得也。①

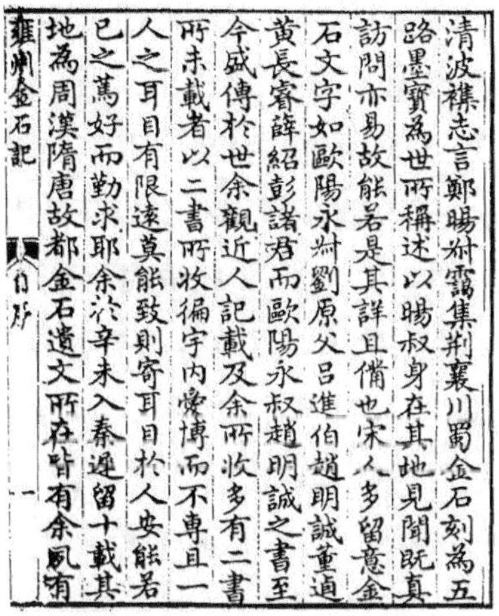

《雍州金石記》,乾隆二十四年(1759年)刻本

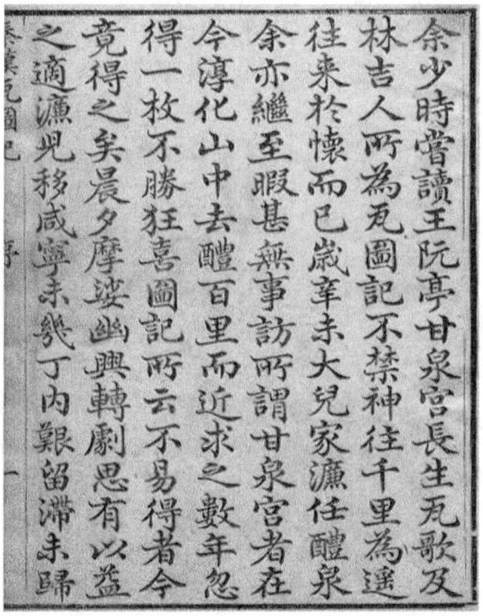

《秦漢瓦圖記》,乾隆三十九年(1774年)"朱近漪所著書"本

① 《雍州金石記》卷首。

此書初刊於乾隆二十四年(1759 年),其時金石學剛剛復興,著作尚少,僅有顧炎武《金石文字記》、黄宗羲《金石要例》、朱彝尊《曝書亭金石文字跋尾》等少量著作流傳;畢沅等學者專記秦地金石的著作問世也都略晚於《雍州金石記》。正如道光年間李錫齡輯刻《雍州金石記》時在序言裡所説的"創始者難工,繼起者易備",作爲清代最早記載秦地金石的著作,《雍州金石記》雖然聲名遠遜後出諸書,但是在金石學研究中仍有開創之功。

《雍州金石記》十卷所收碑石共一百八十九種,以唐爲主,唐前十三種,唐代一百七十六種。每種先述其所在、形製。碑文已見於《金石録》《集古録》《石墨鐫華》《金石文字記》等前代金石著作的,則挈其要略,有異同者辨誤;未見於前代書目記載的,則詳録碑文;碑文與史書相關記載有異者,則加以考辨。

《記餘》一卷,和前十卷體例不同,内容較雜。主要包括:第一,因種種原因没有收入前十卷的。如《乾陵碑》未見字跡,《西嶽祠殘碑》遭火焚崩頹,《温泉池石》文字漫滅不可識,《六馬贊》了無一字可識,李靖《上西嶽書碑》爲僞石,《條子聖教序》爲明代秦藩刻石,不在前十卷收録範圍。

第二,追述前十卷所録碑石後來的命運。如《房玄齡碑》,正文記載其可識者約六百字,《記餘》則説"近聞此碑已爲鄉人所毁,了無一字可識矣";又如作者所藏《萬年宫碑陰》搨片,後來離陝回鄉時"携至漢江,爲水所淹,惜不得盡記之,至今悵悵也"。

第三,述得碑之經過。如卷八已收《美原田真人碑》,《記餘》則記搜訪此碑的曲折經歷:

> 富平縣美原鎮有田真人碑,模王右軍書。又富平之六井有石幢,康玠行書,土人皆禁椎搨,云搨之輒雨雹。求之久而未得,以語車聘岩,曰易耳。未幾,携二紙而來。云於夜間搨得,人固弗知,雹亦無有。愚人之惑,皆此類也。①

又有聽説但今不知其處者,則叙述其訪而不得的經過。如《温泉碑》《常醜奴李使君碑》《漢石經》等。

《雍州金石記》的版本,有乾隆己卯朱近漪所著書本,爲最早刻本,《販書

① 《雍州金石記·記餘》。

偶記續編》有著録;此外又有乾隆六十年(1795年)刻本,道光二十七年李錫齡輯刻《惜陰軒叢書》本,1935年王雲五主編、商務印書館出版《叢書集成初編》本等。

《雍州金石記》一書在長安金石學研究中有著比較重要的地位,其史料價值主要體現在以下幾個方面。

第一,《雍州金石記》所録碑誌多可補史書之缺,雖然這些碑誌很大一部分已見於他書著録,如前出之歐陽修《集古録》、趙崡《石墨鐫華》、顧炎武《金石文字記》等,但由於朱楓所據均爲其親見,因此多能糾他書之謬誤。

如卷一所收《析里橋郙閣頌》,作者所見碑文稱"太守漢陽阿陽李君諱翕",而《集古録》作"太守阿陽李會",脱"漢陽"二字,且誤讀"君"爲"會"字。

又如卷四《虢國公揚花臺銘》條,指出顧氏《金石文字記》題作《虢國公主花臺銘》,顯誤;卷二《尚書張胤碑》條,誌主張胤官爵與兩《唐書·儒學傳》張後胤相同,可證爲一人,兩《唐書》名誤。而《金石文字記》《石墨鐫華》録此誌仍稱張後胤;卷五《景龍觀鐘銘》在西安府迎祥觀鐘樓上,非《石墨鐫華》《金石文字記》等所言在朱雀街鐘樓上。

又畢沅《關中金石記》、王昶《金石萃編》等略晚於《雍州金石記》,後出轉精,特别是《金石萃編》,例來被視爲清代金石學集大成的著作,向爲後人所重。但《雍州金石記》問世之後不數年間,很多碑石在流傳過程中已經産生文字漫滅舛誤等問題,因此《雍州金石記》具有重要校勘價值。

如卷二所收《懿公張琮碑》,《石墨鐫華》《金石文字記》均未載,《金石萃編》卷四五收録,並在文後加按語曰:"此碑首題僅存'唐'字、'光'字、'刺史'、'上柱國'字,餘皆泐,文亦但稱'君諱琮,字文瑾,武威姑臧人也',不署姓某。《雍州金石記》所見拓本有'張府君碑'字,知其爲張琮也。"可知如果没有《雍州金石記》的記載,誌主姓名就無從得知了。又此碑"黎陽公于□□撰"之下,《雍州金石記》所録尚有"備身萬至"四字,朱楓加按語曰"疑是書人",而《金石萃編》缺載,至清末朱翼盦《歐齋石墨題跋》所載"至"字已不可辨。

又如《化度寺僧海禪師墳記》,最早見於《雍州金石記》,毛鳳枝《關中金石文字存逸考》卷三據《雍州金石記》録文,後加按語,云此石久佚,作者曾見一重摹本,録文與《雍州金石記》互有異同。其中碑文末句,《雍州金石記》所録爲:“永徽五年十一月八日卒,禪衆以顯慶二年四月八日於信行禪師所起方墳焉。”而另一搨本於“卒”下多一“於”。吴剛主編《全唐文補遺》第二輯收録此文,所據當即後一搨本,末句斷爲:“永徽五年十一月八日卒於禪,衆以顯慶二年四月八日於信行禪師所起方墳焉。”文意了不可解。

第二,《雍州金石記》自序言所收金石“中有古人所未見者,十猶二三焉”,這部分碑石首見於《雍州金石記》,其中又有相當一部分後世已經亡佚,因此《雍州金石記》所載雖隻言片語,亦彌足珍貴。

如《王三娘墳記》,僅見於《雍州金石記》,成書於咸同年間的毛鳳枝《關中金石文字存逸考》據《雍州金石記》録文,並説“此石今久逸矣”;又《道安禪師塔記》最早見於《雍州金石記》,《金石萃編》所録即據《雍州金石記》。

第三,碑石在流傳過程中,因爲很多自然和人爲的原因,往往產生文字漫滅、舛誤、亡佚等問題,《雍州金石記》往往詳細記載碑石的命運,對於我們了解其流傳變遷過程很有價值。

如卷二《九成宫醴泉銘》記此銘“近爲俗子開鐫一二字”,當時已爲人所損壞;卷三所收《昭公崔敦禮碑》,《石墨鐫華》亦載,云有千餘字,而到《雍州金石記》則僅存百餘字;《華嶽題名碑》,《金石文字記》載題名九十二人,至《雍州金石記》已少三十人;《進法師塔銘》,《石墨鐫華》云磨泐僅存形似,至《雍州金石記》則云:“今更漫滅,並書撰人亦不能辨。”

又如《馮十一娘墓誌》,李慧主編《陝西石刻文獻目録》有著録,説此石乾隆年間出土,已佚。《雍州金石記》卷六則説,“此石寶雞鄉人於土中得之,以爲玉也,携賣於市,久而無售,遂棄道旁。寶雞丞王君若愚,好古士也,取而藏之。聞余記關中金石,搨以相寄”,詳細講述了此誌出土的經過。

《雍州金石記》很少爲今人利用,其中原因,首先,在於此書的編纂體例,所收碑文不引全文,只撮其文義而節録,這是當時學術風氣使然,此書正是模仿其引用最多的趙崡《石墨鐫華》、顧炎武《金石文字記》等,重在辨正誤,正同異,而不是完整保存文獻,因此極不便於利用。其次,作者録文、辯誤多有失誤之處。如,唐代宦官孫志廉的墓誌銘,現有搨片存世,《雍州金石記》誤其名爲“孫志廣”;《段行琛碑》、《雍州金石記》和《金石萃編》均有收録,其中段行琛祖父之名,《雍州金石記》作“振”,《金石萃編》作“操”。原石已佚,根據現存宋搨,“操”是而“振”非。

又,凡碑石已見於他書記載的,《雍州金石記》多照録原書,如《顔氏家廟碑》,因顧炎武《金石文字記》已收録,朱氏雖親見碑石,還是照抄顧氏所録,未加辨别。此碑現存碑林博物館,其中顔真卿叔父輩有一名爲“辟强”者,顧氏誤記爲“辟疆”,朱氏亦沿其誤。

朱氏對於他書記載與己之所見不同者均加以辨誤,多能糾正他書之謬,但是也偶有失誤之處。如卷九《内侍李輔光墓誌》:

> 題曰“唐故興元元從、正議大夫、行内侍省内侍李公墓誌銘,朝議郎、行尚書刑部員外郎崔元略撰,宣德郎、前晉州司法參軍巨雅書。”略云:“公諱輔光,字君肅,涇陽人。……門吏晉州司法參軍巨雅,以元略長兄嘗賓於北府,以元略又從事中都,俱飽内侍之德,見託爲誌,勒之貞石。”按書人巨雅乃崔元略之兄,以弟已書姓於前,故止書名耳。《石墨鐫華》《金石文字記》俱作“巨雅書”,是以巨雅爲姓名,不知其爲崔姓,誤矣,細讀墓誌,當自得之。①

此處作者讀碑有誤,巨雅非元略長兄,《石墨鐫華》《金石文字記》不誤,朱氏辨正爲誤。

正由於此,《雍州金石記》雖其成書略早,卻不大爲今人關注。雖然已有學者對此書加以利用,如卷五載賈餗《謁華嶽廟詩》,與《金石萃編》所收録文字有多處異文,陳尚君先生《全唐詩補編》輯此詩,即據《金石萃編》録文,並以《雍州金石記》校其異;《全唐文補遺》也利用《雍州金石記》輯録了部分唐文。但是這種利用還遠遠不夠,大多數相關著作都很少提及此書,如李慧主編的《陝西石刻目録文獻輯存》,對於《雍州金石記》所載相當一部分不見於他書的碑石,都没有收録。因此,今後應該對此書做進一步研究,使其能夠爲更多的學者所關注,充分發揮其應有的作用。

三、《秦漢瓦圖記》及其他

除了《雍州金石記》之外,朱楓根據在秦搜訪到的瓦當,著成《秦漢瓦圖

① 《雍州金石記》卷九。

記》一書，此書序云：

> 余少時嘗讀王阮亭《甘泉宫長生瓦歌》及林吉人所爲《瓦圖記》，不禁神往，千里爲遥，往來於懷而已。歲辛未，大兒家濂任醴泉，余亦繼至。暇甚無事，訪所謂甘泉宫者，在今淳化山中，去醴百里而近。求之數年，忽得一枚，不勝狂喜，《圖記》所云不易得者，今竟得之矣。晨夕摩挲，幽興轉劇，思有以益之。適濂兒移咸寧，未幾，丁内艱，留滯未歸。所居地與秦之阿房、漢之未央諸宫不三四十里，於是遍訪故宫遺址，日與田夫牧豎問途探徑，畚土壤，誅草茅，披砂礫，間有所得，珍之逾於珪璋琬琰，或數月無獲，亦訪求勿倦。二三友朋，以余好之篤，凡有舊藏，揭以見遺。積之數年，所得甚夥。乃擇其尤者，得十五種，又文同而書法小異者，亦十五種，各爲圖記之，以公同好，且以廣林氏之傳焉。①

此書和《雍州金石記》同時完成並刊刻。瓦當的收藏與研究此時才剛起步，朱楓序中提到的“王阮亭《甘泉宫長生瓦歌》及林吉人所爲《瓦圖記》”，指的是林侗所得長生未央瓦及林佶在此基礎上所著《漢甘泉宫瓦記》。朱楓到陝時，瓦當的出土和康熙時期相比應該已經比較多，所以朱楓能輕易訪得一枚。此後間有所獲，遂將所得繪圖、考訂後刊刻。

此書四卷，補遺一卷，共收瓦十六種，異文十六種，共三十二種。如其自序所云，或爲自己訪於阿房宫、漢城、淳化甘泉宫舊址，或爲友朋相贈。每瓦繪圖，説明所得之處，略考其功用所施等。

此書乃第一部瓦當專著。爲乾嘉瓦當研究打開了新局面。首先，自宋以來瓦當的出土都是單個的、偶然的發現，清初林侗、林佶的《漢甘泉宫瓦記》雖爲一卷書，但僅因長生未央一瓦所作，多是對漢代興亡歷史的感慨，對於瓦文的含義未作深究，對瓦文的釋讀都有訛誤，如王士禛、李澄中、張潮等識爲“長生甘泉”。而朱楓此書著録數量遠遠超過了前人，且其中僅長生未央、長樂未央、漢並天下三瓦見諸前人記載，其餘衛字瓦、蘭池宫當、宗正官當、上林農官等瓦爲朱楓首次著録。因此朱楓對此書甚是得意，作詩云：“憶昔林氏有一圖，朱王詩老争歌呼。請看陸離三十片，此瓦此圖絶世無。摩挲古篆情跳躍，

---

① 《秦漢瓦圖記》序。

竹坨漁洋墨陣砍。”當年林侗僅得一瓦,已使“藝苑芳聲沸”,朱彝尊、王士禛等著名學者紛紛寫詩讚頌,而自己有三十種,如朱、王輩更應不吝筆墨來讚美了。

其次,此書雖考證稍略,亦有精當處,如都司空瓦定爲宗正屬官都司空屋宇之瓦:“按《史記·魏其武安侯列傳》:‘灌夫,頗不讎,欺謾,劾繫都司空。’《索隱》曰:‘案《百官表》云,宗正屬官,主詔獄也。’《正義》:‘如淳云:《律》,司空主收(按:水字之訛)及罪人。’是都司空爲宗正屬官,宜在禁中,故附未央宮末。”又如上林農官瓦爲上林農官屋宇之瓦:“按《史記·平準書》,‘乃令水衡主上林’,又‘分緡錢諸官,而水衡、少府、大農、太僕各置農官’,此爲農官屋宇之瓦耳。”這些解釋都被後人所肯定。

然其考釋亦有訛誤。一是瓦文的釋讀有誤。如益壽存富瓦:“按《漢·郊祀志》,公孫卿言仙人好樓居,於是上令長安則作飛廉桂館,甘泉則作益壽延壽館;《東觀餘論》:‘近歲於雍耀間耕夫得古瓦,其首作益延壽三字,即此觀當時瓦也。’考《漢書》止稱甘泉宮作益壽館,而《東觀餘論》又云於雍耀得益壽瓦,則益壽等館不僅一所,宜漢城咫尺亦有茲瓦也。”此種説法後來遭到了程敦的批駁,譏其“不解篆文”,以致錢坫、趙魏等人疑此瓦爲僞造。程釋爲“八風壽存當”,畢沅、翁方綱等學者亦附和程説。又如“宜富當貴”瓦,中央一字,朱氏釋爲“劉”,亦爲程敦等人所糾正爲“千金”二字,今均已成確論。

二是瓦當的含義,如釋“蘭池宮當”之“當”字爲底之意,宮當爲宮底,“上林儲胥”之“儲胥”爲藩籬之意,又“宮底之與藩籬,義亦相倣”云云。這種説法則沿襲較久,今人陳直糾其謬曰:“注家謂當底也,瓦覆簷際者,正當眾瓦之底,又櫛比於檐端,瓦瓦相值,故有當之名。余謂瓦覆於檐際,在眾瓦之上,不在眾瓦之底,以當訓底,甚屬牽强。班固《西都賦》云:‘裁金碧以飾璫。’《文選》注引韋昭説,裁金碧以爲榱頭,則璫謂檐口出頭之木,瓦當之位置,正在榱頭之上,或因此得名。一説爲甞字之假借,甞字訓瓦,現有出土長陵東甞可證,義亦可通。”而“儲胥”,“《三輔黄圖》云:‘武帝作迎風館於甘泉山,後加寒露、儲胥二館。’甘泉宮既另有上林苑,故瓦文稱上林儲胥,與元李好文《長安志圖·雜説》所記儲胥未央瓦,同爲一觀之物。”①所論至當,可爲定論。

① 陳直:《秦漢瓦當概述》,《文物》1963年第11期。

朱楓另一個被程敦批駁的地方是他對衛字瓦的判定,朱氏引《史記》所云"秦每破諸侯,寫放其宫室,作之咸陽北阪上",又《長安志圖》"瓦作'楚'字者,秦瓦也。秦作六國宫室,用其國號以别之",因而定爲秦爲衛國作宫室之瓦。程敦則以衛字瓦多出土於漢城,而非咸陽;若秦仿六國宫室之瓦,不應衛字出土較多,而他國瓦反而未見出土。又據《漢書》考衛字瓦當爲衛尉寺瓦。至於楚字,僅見《長安志圖》,程敦疑其爲不知篆文者倒認"甘林"爲"楚"字之故①。

另外,朱楓將得於漢城者皆定爲未央宫瓦,如與天無極、億年無疆、宗正官當、都司空等;長生未央瓦所得較多,將得於漢城的定爲未央宫瓦,得於淳化甘泉宫舊址的定爲甘泉宫瓦。凡此皆因所獲瓦當較少的緣故,後來隨著瓦當的大量出土,如與天無極、億年無疆、長生未央、長樂未央等各地出土較多,表示一種吉祥寓意,非必爲某宫觀瓦。

雖然朱楓的考釋訛誤較多,但是從學術史的意義上來講,此書的學術貢獻仍然是主要的,提升了學界對瓦當的關注度,促使了更多的瓦當出土,促進了瓦當的研究日趨深入。

朱楓另有《古金待問録》四卷,《補遺》一卷,與《雍州金石記》《秦漢瓦圖記》同刊於乾隆二十四年。收録古錢幣一百餘種,半數爲自己歷年搜訪所得,半數爲一封姓商人所贈。著作緣起,朱氏云:"昔人謂得古人之面目者惟金石,余竊謂得面目之古者又惟金幣。其物在三代以上,《路史》論之詳矣。吾平生篤好之,偶得一枚,喜之等於球璧。""上古金幣至難得,羅氏作《路史》,古帝世代每徵信於貨幣,其目擊者及記載中所有,可以指而名之者,不過三十餘品耳。余今所得,幾於數倍。自慚淺陋,未能悉考也。"每幣繪形並釋文,羅泌《路史》、董逌《錢譜》等有記載,則以之相證;前書不載,則引《摭古遺文》《古文奇字》等字書分析,多存疑之辭。朱楓自云:"少壯時食力於田間,未暇泛覽群書,暮年逐子往來,乏友朋商定,凡兹古幣,多未能知,乃以蕪陋,故漫蕪記載,不幾虚封叟貽贈意乎?"②這也是書名題爲"待問"之義。

① 此處所引程敦的觀點均見其《秦漢瓦當文字》,詳見第三章第三節《乾嘉時期陜西學者的瓦當研究》。

② 《古金待問録》,《昭代叢書》本。

第四節　畢沅及其陝西幕府學者的金石研究

乾隆中期以後,陝西的金石研究進入一個全新的時期,金石出土既數倍於往昔,研究成果也斐然可觀,“彪然成一科學”(梁啓超語);同時,清初顧炎武所强調的金石研究當以考據經史爲目標的學術觀念,在這個時期成爲了金石學研究的主流。在這個學術發展演變的過程中,畢沅及其陝西幕府學者們,無論在搜訪、保護陝西金石方面,還是在以金石考據的學術研究方面,都起到了至關重要的作用。

一、畢沅及其陝西幕府的金石學者

畢沅(1730—1797 年),字纕衡,一字秋帆,自號靈岩山人,江蘇鎮洋(今太倉)人。乾隆二十五年(1760 年)進士,乾隆三十六年(1771 年)到陝,歷任陝西按察使、布政使、巡撫、陝甘總督等職,直至乾隆五十年(1785 年)離任,在陝任職達十餘年之久。之後歷河南巡撫、湖廣總督等,嘉慶二年(1797 年)卒。畢沅一生政績平平,但是作爲清代著名的學者型官員之一,畢沅博學多才,精通經史,旁及小學、金石、地理,擅長詩文,著述甚豐;又利用自己的特殊地位,獎掖人才、校刻書籍,對清代學術發展產生了巨大影響。

畢沅十分愛惜人才,在陝西、河南、湖北任職時期均廣泛延攬文人入幕,幕府極一時之盛,無論在規模還是影響上在乾隆時期都是首屈一指的,只有後來乾嘉之際直至道光年間的阮元幕府超過了他的影響。乾隆時人符葆森《國朝正雅集》引《懷舊集》評論畢沅幕府曰:“(畢沅)開府秦、豫,不獨江左人才半歸幕府,而故人罷官者亦往往依之。”①“一時士之奔趨其幕府者,如水赴壑,大都各得其意以去”②。而畢沅在陝爲官最久,陝西幕府也是其幕府最輝煌的時期。入其幕者最著名的有嚴長明、洪亮吉、孫星衍、錢坫、吴泰來、張塤等,均爲

① 《國朝耆獻類徵初編》卷一八五《疆臣》十七《畢沅》。

② 陳其元:《庸閑齋筆記》卷八《畢盧二公之愛才》,中華書局 1989 年版,第 181 頁。

當時的博學碩儒,説“江左人才半歸”畢沅幕府毫不誇張。

畢沅陝西幕府的學者,大概可分三類。一是畢沅的同齡(年)友人,已無意仕進,在其幕府以學術交流、吟詩作賦、賞玩古蹟等爲主,如嚴長明、吴泰來。二是丁憂或其他原因賦閒在家,被畢沅招入幕府,短期居留,如張塤。三則爲年輕士子,爲科舉前途入幕尋求機會。這類人最多,如孫星衍、洪亮吉、程敦、錢坫、趙魏等。他們在幕期間繼續嘗試科第,有的及第即離開,如孫星衍、洪亮吉;有的爲畢沅奏留陝西爲官,如錢坫;也有未能中第或得官,在畢沅離陝後亦失意而去,如趙魏;又有曾短暫入畢沅幕府,未有所得,之後長期滯留陝西,如程敦。

乾隆四十八年二月,王昶授西安按察使,四月抵西安,加入到了畢沅“詩詞唱和爲樂”的團體。五十年,畢沅離陝後,王昶曾兩署陝西布政使,至五十一年二月授雲南布政使,十月起行。王昶在陝西的金石活動、學術交流,爲其編撰金石名著《金石萃編》奠定了堅實的基礎。《金石萃編》收録陝西碑石約五百種,每種照録碑石文字,博采諸家之論,兼附已説於後,考證精當,多有可取之處,對於後來的金石學界影響極爲深遠,幾乎成爲後來金石著録的典範之作,之後延至清末,各種補編、續編之作層出不窮。

王昶在陝期間亦曾有門生來其幕下,如申兆定,此人在瓦當研究方面頗有成就;王昶屬官中亦多有金石學者,如趙希璜。

由於政治原因,雍正、乾隆兩朝的政治高壓,“文網太密”,思想界極度不自由,影響到地方幕府中,政治性活動極少,校訂注釋古典文獻、編修方志、纂輯著作等學術工作,這些都是幕府文士的主要活動内容。這種幕府活動不僅給學者們提供了相互切磋、交流乃至争論的平臺,促進了各自的學術研究;而且在幕主的組織下,他們對大量的古典文獻進行了訓詁、注疏、輯佚、考訂,整理出衆多大型經史著作,對中國古典文獻大規模的整理和研究作出了貢獻。這是清代學人學術活動的特殊之處,也是清代學術文化尤其乾嘉漢學發展興盛的一個非常重要的原因。

畢沅的陝西幕府就是其中一個典型代表,其學術活動也是以修書、著書、校書爲主,畢沅個人在陝期間所有著作基本上都有其幕府學者的參與,取得了多個領域、多個方面的學術成就。史著編撰著作主要有《續資治通鑒》《史籍考》,所編著地理類著作有《山海經新校正》《三輔黄圖》《晉書地道記》《太康三年地記》《晉書地理志新補正》《長安志》《關中勝蹟圖志》等,金石學著作有《關中金石記》,文字學著作有《説文解字舊音》《經典文字辨證書》《音同義異辨》等,又主持纂修多部陝西方志,錢坫主纂《朝邑縣志》《韓城縣志》,洪亮吉主纂《延安府志》《涇縣志》《澄城縣志》《淳化縣志》《長武縣志》,嚴長明主纂《西安府志》《漢中府志》,孫星衍主纂《直隸邠州志》《禮泉縣志》《三水縣志》,等等,均爲清代名志,對保存地方歷史地理文獻有重要意義。

幕主個人的學術興趣也會影響到整個幕府的研究方向,清代各個幕府的學術成就各有各的特點。以乾隆時期的著名幕府爲例,盧見曾幕府學術貢獻主要在校刻書籍方面,朱筠幕府對漢學的發展起了巨大的推動作用,謝啓坤幕府在史學、目録學、方志編纂方面都作出了很大貢獻。① 如上所述,畢沅幕府雖然也在多個學術領域都取得了很大的成就,但是卻有一個其他幕府没有涉及的學術領域,那就是金石學。

由於畢沅、王昶愛好金石,影響到幕府學者們大都有此研究興趣。而關中豐富的金石資源,一直吸引著衆多的金石愛好者前往訪碑。畢沅利用其權力和地位,動用了當時所有的資源去從事金石學研究,一方面,大規模地、有組織地、系統地去搜訪金石資料,促使了大量的碑石在這個時期出土面世,同時這些金石文物也在他們的修繕之下得以保存;另一方面,以幕府良好的學術氛圍發揮影響,將金石可以考據經史的學術觀念一步步强化並傳播開去,把金石學研究逐步地引向深入。這些學者們興趣各異,各有所長,有的長於碑石考證,有的長於瓦當研究,有的長於器物文字,將陝西金石學的研究推向細化、深入,取得了各個方面的成就。金石題跋類,以畢沅《關中金石記》爲代表;瓦當研究,以程敦《秦漢瓦當文字》爲代表;古器研究,以錢坫《十六長樂堂古器款識》爲代表;目録類,孫星衍《寰宇訪碑録》雖然後成,但其在陝西幕府的積累是基礎;趙魏《竹崦盦金石目録》亦有所成就,其中陝西金石占很大比重。

同時他們也把金石證史的學術方法廣泛應用到了其他經學、史學、音韻等相關研究當中,這與之前以及同時期其他地方學者的金石研究相較都是很獨

① 參見尚小明:《學人遊幕與清代學術》,社會科學文獻出版社 1999 年版。

特的學術現象。他們的研究不僅僅影響到整個陝西地區的學術風氣,更重要的是爲金石學發展成爲一門顯學、一門獨立學科奠定了堅實的基礎。

二、幕府學者的訪碑活動

上章已經討論過,隨著明末清初學術和社會思潮中實學的興盛,"關中金石圈"率先形成了親身訪碑、重視金石文獻可靠性的治學態度和學術風氣,金石大量出土,自清初以來,就吸引了衆多的金石學者前往。顧炎武一生數次入陝訪碑,朱彝尊、林侗、朱楓等研治金石的學者多有利用公餘、訪友或其他閒暇時間辛勤訪碑的經歷,至乾隆時期,此風更爲熾盛。

和前代學者一樣,畢沅所到之處均留心碑石,這在他和幕府學者的著作中留下了大量的記載,如孫星衍《關中金石記跋》中所説:

> 公廝渠所及,則有隋便子谷(按即梗梓谷,今天子峪)造象,得於長安;唐爾朱達墓碣,得於郃陽;朱孝誠碑,得於三原;臨洮之垣,亘以河朔,公案部所次,則有唐姜行本勒石,得於塞外;梁折刺史嗣祚碑,得於府谷;寶室寺鍾銘,得於鄜州;漢鄐君開道石刻,魏李苞題名,得於褒城。公又奏修嶽祀,而華陰廟題名及唐華山銘始出焉。①

其訪碑足跡遍及陝西各地。嚴長明亦云時常陪侍畢沅"窮日搜訪",以史籍所載按圖索驥,對於碑石仍存、文字完好的,或鈔或搨,對於碑石已毀無存的,則尋訪當地曾經目擊者搜集相關資料②。

然而這種訪碑又有著和前代學者決然不同的一個特點,那就是,畢沅的訪碑不再是個人的、零散的、隨機式的訪問,而是有組織的、系統的、竭澤而漁式的搜訪。也就是説,畢沅利用他的地位和權力,發動了所有能夠利用的資源去搜訪碑石,組織了一個"畢沅——幕府文士——各級官員——地方鄉紳"這樣的大規模的訪碑團體。這是由於畢沅幕府學術活動的一個重要内容是編修方志,下文將會討論到,畢沅在陝主持編修二十餘部方志,在修志的工作中,各級官員,各府縣舉人、廩生、生員、鄉紳等基層知識分子都參與了進來,而這些方

① 《關中金石記》卷首孫星衍《跋》。

② 參見《(乾隆)西安府志》序。

志中有近半數設有金石志,因此,搜訪金石的工作必然也有這些人的參與,洪亮吉所修《延安府志》所收諸多碑目下有注云"碑文縣未打(按即搨)送",可推知畢沅是要求各屬縣將該縣所有碑石搨送府中的。因此,在這樣的組織之下,形成了"搨工四出,氊椎無虛日"的訪碑盛況①。這是明末清初趙崡、顧炎武、朱彝尊等學者僅憑個人力量所無法做到的。

其訪碑所獲,也是前代學者所不能望其項背的。這種大規模的訪碑活動,一方面,促使陝西碑石在乾隆中後期大量出土,爲世所知;另一方面,畢沅對於陝西碑石做了系統的修繕、維護、載録,對於保護金石文物、保存金石文獻作出了巨大的貢獻。

金石文物雖號稱百世不朽,但風雨剥蝕,漸形漫漶,其所保留的文獻價值在逐步遞減,這是毫無疑問的,特别是人爲或自然的破壞,會使千年舊物毁於一旦,更令後人唏嘘不已。這種情形古人早有認識,甚至形之於傳奇《薦福碑》之類,留下無窮之憾。而關中金石更是遭到多次自然及人爲的破壞,嚴長明在《西安府志》"金石序"中説:"顧自唐末五季兵燹而後,一壞於宋姜遵之營浮圖,再壞於韓縝之修灞橋(並見《道山清話》),三壞於嘉靖乙卯地震,先後數百年間,十蓋亡其七八。"自乾隆年間至於我們今天,又歷經二百年,很多畢沅時期還能見到的碑石今天已蹤跡無覓。如長安楩梓峪口百塔寺,其地在隋唐及宋代爲僧侣及佞佛者墓葬集聚處,曾有大量墓塔碑誌存焉,畢沅等人在乾隆年間所見,仍爲洋洋大觀。但筆者近來探訪,所有碑石已蕩然無存矣。故畢沅等人的這種搶救性的保存,更有其價值在。

碑林石刻較多且集中,因長期無人維護,廢墜已久,經畢沅的整理修復而焕然一新,規模甚大;昭陵及陪葬陵墓碑石亦較多,畢沅也進行了維護,"諸臣有碑者建亭覆之,無可考者别立一石,大書昭陵陪葬諸臣之墓,以垂永久"②。而其他散落各處的碑石毁廢的可能性更大,如唐《無憂王寺碑》,在扶風法門寺,唐大曆十三年立。此碑現今一半已毁,碑文多半不可辨識。而乾隆時碑文尚未損毁,但"無人守護,有日損之埶",於是張塤"急爲攟録",將全文載入《扶

① 張塤:《吉金貞石録》自序。

② 參見《(乾隆)西安府志・金石志》"昭陵諸碑"條。

風志》,並據舊搨本校補了數字,其保存文獻之功確可"垂諸藝苑"①。又如華嶽廟碑刻中,歷代文人題名極夥,極易磨泐不存,李天秀《華陰縣志》云:

> 嶽祠碑碣碎於明地震之變,當事者斲爲砌石,其厄甚矣。嗜古之士往往摩挲斧餘,録記數字,載之簡編。乾隆四十四年畢中丞公修理廟宇,拆取搴搨,一石一字收入《關中金石記》,復檄將殘石聚嵌廡壁,以垂永久。而監工者委之無知胥匠,輒將數石錘鑿紛亂,莫得首尾,而文字銷毀者已多,且委棄不知其幾!如漢時分書碑陰及唐宋題名數殘碣者,皆撿於廢苑荒坑之中,餘可知也。然則寥寥殘塊於此又一厄矣。猶幸其姓氏見録於中丞《記》中,不泯也。②

凡此,可見畢沅維護、載録之功不可没。

畢沅對陝西文物的保護之功前人論述已多,不再贅述。上章已經討論過,明末清初以來關中地區的訪碑活動的主要目的在於確保金石文獻資料的可靠性,這是以金石考據經史的基礎與支撑。因此,畢沅和他的幕府學者的訪碑活動及其保存文獻之功,把整個金石考據學研究推向前所未有的深度和廣度。由於其幕府廣泛的影響力,對於金石學從之前部分學者的研究興趣轉變成整個學術界普遍關注的學術類别起到了推波助瀾的作用。這一點,也是學者的個人努力所難以達到的。

三、編纂金石志

金石學正式成爲一門學科始於何時,可以通過史志目録類目的變化看出端倪。史志最初設立類目的方法,即西漢劉向、劉歆父子創立的七分法的做法就是"有其書才有其類,有其類才有其部略,可以對學術門類作最即時而真實地反映",之後的史志目録"在第二級類别中隨機反映學術變遷,是傳統目録學中較常見的現象"③。以此來觀察乾隆年間的各類史志目録,可以發現兩個幾乎同時出現的信息。

---

① 參見張塤:《吉金貞石録》卷二"唐無憂王寺碑"條。

② 《(乾隆)華陰縣志》卷一六《金石》序。

③ 周彦文:《由〈隋書·經籍志〉論浮動式分類法》,《東亞漢學研究》2014 年第 4 號。

一是乾隆年間由官方組織、集全社會優秀學者之力修成古代最大的叢書《四庫全書》,在乾隆四十七年修成的《總目》中,史部目録類較其他史志目録有一個重要的變化,即設立"金石"一門,其小序云:"金石之文,隋唐志附小學,宋志乃附目録。今用宋志之例,並列此門,而别爲子目,不使與經籍相淆焉。"從金石類目的設立可以看出,這一時期社會上金石著作已經達到一定數量,金石學研究已經得到了普遍的關注,需要設立類目去反映學術變遷的現狀。同時,四庫設置金石類目也可以説是對金石這一學科門類的確立做了官方的認可。

另一信息則是,畢沅任陝西巡撫之後,組織幕府學者,集中纂修、刊刻了一大批陝西方志,其中有近半數方志在一級類目中設立了"金石"門類,這在之前和當時其他地域的方志纂修中都是極爲少見的一個現象。方志的編纂辦法,無論是在舊志的基礎上進行補充,還是收編舊志修成之後出現的新資料,所反映出來的總是地方上出現的新情況,因此必然帶有鮮明的時代特色。方志編修者根據實際需要或者遵循時代的變化,在類目的設置上採取靈活機動的方法,或新增類目,或調整類目的隸屬關係,或更改類目的名稱,或調整類目收録的内容。因此,畢沅所做,反映出了當時金石資源的大量出土已經引起了學術界的普遍關注,對其考據經史的重要性也已形成共識,因此需要在方志中專門立目著録。這與《四庫》的做法幾乎同時出現,體現了一種大勢所趨的學術旨趣,也可以説是宣告了金石學在乾隆中期作爲一個學科門類正式確立。

以下詳考畢沅及其幕府學者纂修方志金石志的相關情況。

(一) 修志的基本情況

由於清初康熙、雍正兩朝多次敕令各地纂修方志,地方官與士紳對修志有極大的積極性,各地湧現修志熱潮,一直延續至乾隆年間。據學者統計,康熙年間共修方志 1365 部,乾隆年間共修 1000 余部①。畢沅任職陝西期間亦熱衷修志,有學者統計,畢沅領銜編修陝西地方志共 28 部,占乾隆後半期近 30 年所修全部志書的 90%。② 在畢沅所修這批方志中,有一個很突出的特點,其

① 參見李金華:《畢沅及其幕府的史學成就》,南開大學博士學位論文,2010 年。

② 參見刁美林:《畢沅的方志學思想成就探析》,《中國地方志》2012 年第 4 期。

中有近半數方志中增設“金石”爲一級門類，且編纂體例多樣、内容翔實，取得了很高的成就。這一點，無論是和此前的方志還是同時代其他地域的方志相比，都是極爲特殊的。

宋代方志中金石的相關内容被收録在藝文、碑記或其他相近門類之下，尚未被列爲類目，更不用説收録内容的簡略，多寥寥幾篇碑刻文字。元、明兩朝仍然如此。明末天啓年間董斯張纂《吴興備志》設有“金石徵”，“金石”第一次作爲一級類目出現在方志中，然而極具偶然性，這種做法並没有被後來的纂修者延續。到清初這種情況仍没有發生太大變化，設立金石類目的方志屈指可數。筆者以《石刻史料新編》所收方志金石志做了統計，至乾隆初年，方志一級類目中涉及金石的僅有五種，且以收録碑刻爲主。其類目或名之曰“石刻”，如康熙十二年嚴經世纂《歸安縣志》；或名之曰“碑碣”，如乾隆元年沈翼機纂《浙江通志》、乾隆四年厲鶚纂《甘泉縣志》；或標以“碑目”，如乾隆八年所修《江都縣志》。碑刻和吉金兼收、在類目中明確稱爲“金石”的，則僅有康熙五十七年裘璉所纂《錢塘縣志》。到乾隆中後期，除畢沅所修陝西方志外，各地方志中以“金石”爲一級類目的僅見於乾隆四十九年邵晉涵纂《杭州府志》。而且這些方志設立金石志的做法仍然具有偶然性，並没有成爲一種典範爲後來的修志者繼承。這種慘淡經營的狀況在康熙乾隆兩朝修志熱潮中實在微不足道。

在這個背景之下，來考察畢沅所修陝西方志，其獨特性就顯而易見了。這些方志取得了多方面的成就，爲陝西方志的編纂作出了很大的貢獻。在這28種陝西方志中，有13種設有“金石”門類：

《西安府志》卷七二、七三“金石志”，嚴長明主纂，刻於乾隆四十四年。分録西安府及府内十四縣之金石，每題下著録書者、書體、年月、所在等基本信息，並做考證。

《興平縣志》卷八“金石”、《扶風縣志・金石記》、《鄜縣志》卷八《金石》，三志均張塤所修。每種題下著録金石全文，並做考證。乾隆四十四年三志修成，四十五年張塤將三志重做整理之後收入《吉金貞石録》。

《朝邑縣志》卷十“綴録・金石”，錢坫纂修，刻於乾隆四十五年，收金石六種，僅列目。

《同州府志》卷五五、五六兩卷爲金石，吴泰來纂修，刻於乾隆四十六年。

吴泰來,字企晉,號竹嶼,長洲人。乾隆二十五年進士,與畢沅同年。二十八年,賜内閣中書。約乾隆三十八年後,畢沅招至陝西,主關中書院。後隨畢沅至河南、湖北,連主大梁、江漢兩書院。之後歸鄉,不數年而卒。① 他在金石學方面似乎没有什麽特殊的興趣和成就,僅僅體現在他編纂的《同州府志·金石志》中。此志分録府内所屬大荔、朝邑、郃陽等九縣金石,自周至元,明清以下不録。題下録其撰書者、書體、年月等基本信息。詳録各家著録之文,引用書目有《石墨鐫華》《雍州金石記》《金石文字記》《關中金石記》等十餘種,以《關中金石記》最多。所收大部分已見於他書著録,亦有大量未見他書者。

《長武縣志》"附録·金石録",洪亮吉纂修,刻於乾隆四十八年。

《延安府志》卷六七"金石",洪亮吉纂修,乾隆四十八年之前完成,後洪離陝,由延安知府洪蕙刊於嘉慶七年。著録始於宋代碑石,每題下書年月、撰書者、書體、録文,文末加按語考證所涉人物、史事等。

《淳化縣志》卷二三"金石略",洪亮吉纂修,刻於乾隆四十九年,著録宋代以下碑石,每題下著撰者並録文。

《醴泉縣志》卷一一"金石",孫星衍纂修,刻於乾隆四十九年。收録自漢至清金石,題下注明存佚,引録他書著録,後加按語做詳細考證。

《澄城縣志》卷一六"金石",孫星衍、洪亮吉共同纂修,刻於乾隆四十九年。收録唐以下碑刻,題下注明存佚,部分録文,部分有小字按語。

《韓城縣志》卷一六"古鼎考、碑版考",錢坫纂修,刻於乾隆四十九年。據此志傅應奎序云:"錢君精其義例,密其體裁,書未竣而錢君署漢陰通守",後傅應奎做了修補。然從金石這一部分來看,其題跋均綴以"錢坫曰"云云,即錢坫所撰。

《華陰縣志》卷一六"金石",此爲李天秀所修,天秀字子俊,號焦婁、進晏,華陰人,雍正十一年進士,乾隆元年至四年知山東濟南府歷城縣,罷官後歸而教授鄉里。以華邑舊志簡略,遂另爲纂輯,晚年"粗叙成書",寫成六十餘萬字。②

---

① 事見王昶:《春融堂集》卷三九《吴企晉凈名軒遺集序》;李元度:《國朝先正事略》卷四二;畢沅:《靈巖山人詩集》卷三〇《終南仙館叢菊盛開邀冬友竹嶼友竹石亭獻之宴集》。

② 李天秀生平及纂修邑乘事見《李天秀暨魏氏合葬墓誌》,載吴敏霞等编著:《陝西碑刻文獻萃編》,中華書局 2022 年版,第 1819 頁。

畢沅命修方志時,其子汝楱獻其父遺稿,並續而成之,刻於乾隆五十三年①。此志所收先吉金六種,後貞石近三百種,每題下引他書著録,部分加小字按語考證。

這十三種金石志中,十二種類目明確名爲"金石",説明兼收吉金與貞石;《韓城縣志》的類目"古鼎考、碑版考",亦包含了金、石兩類。且其中只有《朝邑縣志》《長武縣志》兩種"金石"爲二級類目,其餘十一種都爲一級類目。這種做法改變了過去方志中以著録碑刻爲主的面貌,也徹底改變了金石在方志中不受重視的地位,具有多個方面的重大意義。

（二）金石單獨立類之後,收録數量大增

以往放到藝文志裡的金石,只有寥寥幾篇録文。如《(隆慶)淳化縣志》卷八"藝文"著録碑石有宋代兩篇、明代五篇,且不涉及任何石刻信息,其中明代幾種修橋記、碑樓記,僅從文字内容上尚判斷不出是否爲刻石。幾種設立金石類目的方志,其著録還是很簡略,大多僅列碑目,且從其碑題下所注資料來源信息來看,基本是從舊志及傳世文獻中輯出來的。

而畢沅所修陝西方志所收録的金石,僅有極少部分參以舊志及傳世文獻,絶大部分是畢沅及其幕僚通過親自訪碑所得,收録數量遠非以往方志所能比擬。如洪亮吉重修《淳化縣志》時,設"金石略"一門,增至三卷,收宋碑兩種、明碑十六種、清碑二十種,數量上遠超舊志。且受舊志體例影響,畢沅幕府所修金石志又不止收現存之碑,如孫星衍《醴泉志》"金石序"云:"古人作金石之例,止載見存之碑,此係縣志,當搜輯舊聞,即已失之碑亦依《金石録》《集古録》諸書載其名,且録歐陽修、趙明誠説於下,或殘碑剩碣復出於後者,當可補其闕也。"因此著録數量相當可觀。

《西安金石志》收録碑石三百一十餘種,《興平金石志》收十七種,《扶風金石志》收二十二種,《鄠縣金石志》收二十三種,《醴泉金石志》收一百零六種,《同州金石志》收兩百八十一種,《澄城金石志》收三十九種,《韓城金石志》收二十五種,《淳化金石志》收三十八種,《延安金石志》收十七種,《華陰金石志》收二百八十餘種,《朝邑金石志》收六種。其中,《西安金石志》裡的興平、

① 《(乾隆)華陰縣志》卷首收李汝楱《纂修華陰縣志序》。

醴泉兩地金石和《興平金石志》《醴泉金石志》有部分重合,除去重複,以上金石志所收並非陝西全部金石,總數仍愈一千種,其中包括十餘種吉金。

因此,從數量上來講,不但舊志無法相比,同時的其他金石著作也不能與之相提並論,《雍州金石記》收録僅一百七十餘種,《關中金石記》收録七百九十七種,和方志所收相比都有很大差距。當然,這其中有金石志和金石著作學術取向不同的原因,金石著作不重宋元以下,更不收當代碑石,而金石志兼收明清碑石,數量自然巨大;但是恰恰因爲這點,金石志可以彌補其他金石著作因不重元明以下碑石所形成的研究缺憾,對我們今天的研究大有裨益。

(三) 金石考據觀念在志書中的體現

對於畢沅及其幕府學者來説,金石學研究最根本的目的還是在於保存原始文獻,用以考據經史。這種觀念也體現在了金石志中。如嚴長明在《西安金石志》中所表達的史學觀念:“金石小道,而其中歲月、地理、職官、事蹟,多與史傳相證明,知亡者之可惜,則幸存者當愈知寶貴矣。”其他志書中進行了反復申説。因此,和以往方志中著録金石的目的有根本的不同,畢沅諸學者是將方志金石志作爲如《關中金石記》一類的金石著作來撰寫的。

在内容體例上,首先確保文獻資料的可靠性。此前及同時的金石著作大多不録碑文,清初的金石著作唯顧炎武《求古録》收録碑文。而畢沅幕府所修金石志,除了《西安府志》《韓城縣志》《同州府志》和《朝邑縣志》幾種不録碑文之外,其餘大多有録文。在著録碑文的基礎上,諸書常常就其文字和傳世搨本或其他傳世文獻記載相校勘,校訂文字的異同,如嚴長明訪得唐《裴藝碑》,“親爲摹拓,歸後取舊所藏弆互爲校勘,字數較前多寡不一,蓋帖估每以碑文剥蝕,僅拓其半,今所摩乃全幅,故文字間有增益也”;孫星衍在《醴泉金石志》中録唐《尉遲恭碑》碑額及碑文,因碑文又見《文苑英華》,遂據以對校,“知版本之訛,依碑改正,分注誤字於其下”。

其次,校訂文字、確保資料可靠性的基礎上,再考證碑文。這些金石志中精彩的考經證史之例不勝枚舉。

如洪亮吉《延安府志》收《閻使君祠堂後記》,此碑《關中金石記》亦收,題爲“□□祠堂後記”,畢沅據碑文考其非傳説中的渾瑊廟後記,然使君之姓失考。洪亮吉則與此條下考云:“按閻使君,《通志》、前府志俱不載,未詳何人,然遷丹州於赤石川，實始使君，其有功於宜川明矣。又此碑相傳以爲渾瑊廟後記，誤。《關中金石録》（按“録”爲“記”之誤）亦不言其姓閣，兹特據碑補入。”

孫星衍《醴泉志》收昭陵的“諸番君長刻名”，考云“按續志云記稱十四人，而列名止十二人，未詳者，蓋因游師雄《昭陵圖石刻》誤合利苾可汗及阿史那彌射爲一，又合真珠毗伽可汗及吐蕃讚普爲一，又合訶黎失布失畢及于闐信爲一，又誤分吐谷渾河源郡王烏地拔勒豆可汗慕容諾曷鉢爲二人也”。以下結合史書考十四人生平，均詳實可據。

錢坫古文字造詣極高，他所修《韓城金石志》收吉金四種，分别對其銘文做了釋文和考論，至今仍有參考價值。

（四）對後世修志的典範意義

乾隆五十年春，畢沅調任河南，嚴長明、洪亮吉等學者隨至河南幕府，同時又有邵晉涵、章學誠、武億等學者入其幕中。畢沅將陝西金石學研究的學術氛圍帶到了河南，一方面在河南繼續訪碑，撰成《中州金石記》，另一方面繼續編修金石志，如洪亮吉纂《登封縣志》即列有“金石録”。

畢沅這種做法，影響到以後的修志，均延續性的補充金石文獻。乾隆以後，雖然仍然並非所有的方志都列金石一門，但情況已完全不同。筆者粗略統計，清代中後期陝西方志中列有金石志的至少有以下數種：嘉慶二十年董曾臣纂《長安縣志》，嘉慶二十四年陸耀遹纂《咸寧縣志》，道光蔣湘南纂《同州府志》，道光十二年蔣湘南纂《涇陽縣志》，道光姚景衡《重輯渭南縣志》，咸豐元年韓亞熊修《澄城縣志》，光緒馮先登等修《同州府續志》，光緒八年劉域修《三修華州志》，光緒三十七年周銘旂修《乾州志稿》，光緒焦聯甲修《新續渭南縣志》，光緒三十一年王學禮纂《蒲城縣新志》，光緒十七年譚麐修《富平縣志稿》，光緒元年袁廷俊修《藍田縣志》。其他各省方志中設立金石一門亦很普遍，而且這些金石志的著録體例更趨細密、多樣化，著録金石名目同時要對其所涉進行考證也成爲常例。

四、編纂《關中金石記》

碑刻墓誌是金石的大宗，以研究碑刻墓誌爲主的著作也是畢沅幕府學者的主要成果體現。主要有畢沅《關中金石記》、趙魏《竹崦盦金石目録》《御史臺精舍題名》《郎官石柱題名》,以《關中金石記》最爲典型。

畢沅在對關中金石進行系統搜集整理之後,在進一步研究和考證的基礎上,在其幕府學者的共同努力下,纂成了《關中金石記》八卷。該書是繼乾隆二十四年(1759 年)朱楓所撰第一部專收陝西碑石的金石著作——《雍州金石記》之後,第二部專收陝西金石的著作。《雍州金石記》所收金石一百七十餘種,《關中金石記》按朝代順序,收集彙編了自秦漢至金元的碑誌石刻、摩崖造像、瓦當、吉金等各類金石,凡七百九十七種,無論種類還是數量都遠遠超出其他金石著作。

此書纂成後,畢沅將其作爲《經訓堂叢書》的一種,於乾隆四十七年刊刻,是爲此書最早刻本,前有盧文弨、錢大昕序,後有錢坫、洪亮吉、孫星衍跋。

顧炎武是清代考據學的開山之祖,故以金石文字考證經史也由其發端。因此,學術風氣使然,清代金石學發展初期的著作體例,在著録碑石時大多撮其文義而節録,如顧炎武《金石文字記》、朱楓《雍州金石記》等,重在辨正誤,正同異,畢沅的《關中金石記》亦是如此。此書對所録每種碑誌石刻,從題名、書者、時代、書體、所在、保存狀況、碑文字數、書法特點、碑文内容等方面予以介紹之後,結合史書對所涉史事做了精確考證。正如盧文弨在此書的序中説:"國朝以來,爲金石之學者,多於前代",此書"考證史傳,辨析點畫,以視洪、趙諸人,殆又過之",以金石考據經史是此書最大的價值所在,集中體現了畢沅金石考據的治學方法和學術觀念。

一般認爲畢沅此書"成於衆手",是畢沅幕府學者共同編輯成書的。這一點當無疑問,如此書所收興平、扶風、郿縣三縣金石當本於張塤所修的三縣金石志,所收同一碑石,《關中金石記》所做考論僅少數和張塤所考有所出入,大多數内容一致,有的甚至文字全同;所收西安府之金石也有部分和嚴長明所修《西安府志》所收考論相同,唯文字略異,且多爲畢略而嚴詳。然而也有同一碑石,《關中金石記》所作題跋和其他學者全然不同,此種情況當是幕府諸學者在日常探討中有意見不同之處,畢沅從中做了取捨判斷。

對於此書考經證史上所取得的成就與失誤之處,前人研究已有多種,然未發明處亦所在多有,以下就前人未見論及者詳作考述。

此書刊刻之初就得到了很多讚譽,錢大昕爲此書所作的序稱,"徵引之博，辨析之精，沿波而討源，推十以合一，雖曰嘗鼎一臠，而經史之實學寓焉。”孫星衍亦給予了很高的評價：“且夫歐趙之書，徒訂其條目；洪都之著，第詳其年代；公證古之學，奄有征南；博聞之才，通知荀勖。此之造述，力越前修，談經則馬鄭之微，辨字則楊杜之正，論史則知幾之邃，察地則道元之神。旁及九章，淵通内典，承天譜系之學，神珙字母之傳”，認爲此書的價值遠遠超過了歐趙以來金石研究的成就。此書在著録每種碑石之後，考訂其源流、誌主、刻立時間、撰書人等方面，並釐定文字，對涉及史實加以考證，據筆者粗略統計，作者用以考證所引之書約有一百二十種，所引單篇文章亦有數十篇，資料豐富，辨析很有學術價值。

作者對於碑刻所涉及的史事進行考辨，以碑正史，補史之缺，如薛收的贈謚唐史未載，見於《贈太常卿汾陰縣公薛收碑》；《李懷讓題名殘字》《紀國先妃陸氏碑》《姜遐碑》等均記載誌主陪葬昭陵，而《唐會要》的昭陵陪葬名録未載此數人，據之可以補入；《美原神泉詩》可補史書缺載的韋元旦、尹元凱的歷官、姓字等。又顔真卿的生平、家族譜系散見史書記載，且多有齟齬之處，作者據所見《顔魯公題名》《顔氏家廟碑》，並結合留元剛《顔真卿年譜》、因亮《顔魯公集行狀》、令狐峘《顔真卿神道碑銘》，及唐史記載，製作顔真卿家譜，表而出之，並逐年考證了顔真卿仕歷，對於顔真卿研究極有學術價值。同時，對於史書和碑刻記載不同之處，作者通過精彩考辨常能糾史之謬。如關於延唐寺，《唐會要》載，寺本名萬善，爲會昌六年奏改。作者則據《安國寺寂照和上碑》於開成末即稱延唐，指出了《唐會要》的記載錯誤。

畢沅亦精通音韻之學，運用到此書碑刻考訂中，時見精彩。如《舍利塔銘》條：

> 文云“京兆府大興縣御肅鄉便子谷至相道場，建立佛舍利塔”，御肅鄉即御宿川也，古“肅”“與”“宿”通。《祭統》“宫宰宿夫人”，注“宿”讀爲“肅”；《少牢饋食禮》“前宿一日宿戒尸”，注“宿”讀爲“肅”；《特牲饋食禮》“乃宿尸”，注“宿”讀爲“肅”。古文“宿”皆作“羞”，凡“宿”或作“速”，記作“肅”，《周禮》亦作“宿”。案“肅”與“宿”通，“宿”又與“羞”通，然則漢時所謂御羞苑者，義與御宿亦同矣。

從漢代的《三秦記》《漢書》開始，史書的記載中多見“御宿”，在今長安縣内。

“御肅”之名目前僅見於此銘,畢沅則引《周禮》中肅、宿二字互通,而證御肅實即御宿。

畢沅認爲金石文獻的價值又不僅僅在於考證史籍記載的正誤,還在於訂正文字。道光年間曾校刻此書的蔡錫棟説:“且其爲書,有考證史傳以判得失者,有釐訂文字以辨形體者,有研究反切以正音讀者,旁通曲證,又不僅以金石見長也。”此書中《篆書千字文》條,一一辨析碑字字體與古字書體不同之處,指出俗體之謬;《佛頂尊勝陀羅尼經》條,因釋家書經所用某些字歷代有所不同,畢沅一一注音並標明今之讀音。

另外,此書所録很多碑刻今已漫漶不存,多數爲首次著録,雖然大多爲後出之《金石萃編》全文收録,且後出轉精,後者例來被視爲清代金石學集大成的著作,向爲後人所重,對於保存史料爲功更大,但仔細比對兩書所録同一碑刻,多有文字相異之處,如《漢中太守鄐君開石門道碑》,今存碑已多處漫漶不清,一百餘字中,《關中金石記》與《金石萃編》所録有五處文字不同,有的是字形接近,有的則差異很大,如《關中金石記》所録“部掾治級王宏史、荀茂、張宇、韓岑第其功作”句,“其”字《萃編》録作“典”;“凡用功七十六萬六千九百□□”,“九”字《萃編》録作“八”。因原刻已漫漶,兩書所録都很有校勘價值。

然此書的考辨也存在一些問題,在此書撰成之後,清代學者已經對其出現的訛誤進行了指責。如《内侍李輔光墓誌》,畢沅考云:

> 元和十年四月立,崔元略撰文,巨雅正書,在高陵。碑云輔光爲河中監軍使者,蓋監張弘靖軍也。巨雅,元略之弟,巨雅曾爲晉州司法,元略又官於中都,故撰書此志以記功德。

關於此志的書者,盧文弨在《抱經堂文集》中考辯説:“巨,姓也,後漢時有漢陽巨覽,爲梁商掾吏著名。碑云:‘門吏晉州司法參軍巨雅,以元略長兄嘗賓於北府,以元略又從事中都,俱飽内侍之德,見託爲誌,勒之貞石。’是元略自言因巨雅之遷而作也。《關中金石記》乃云……大誤。”

今按此碑文所云北府,當和朝臣辦公在皇城之南的南衙相對而言,指居於皇城北面、宦官之内侍省,據《李輔光墓誌》,李輔光於德宗朝歷奚官局令、掖庭局令、内寺伯等,“元略長兄嘗賓於北府”句,以北府借指李輔光。又據《李輔光墓誌》,李輔光終河中監軍使,而河中府開元年間曾置中都,“元略又從事中都”句,又以中都借指李輔光。因此,碑文是説崔元略及其長兄均曾與李輔光有舊,因此囑托李輔光門吏巨雅爲書此誌,巨雅非崔元略之弟明矣。畢沅此處讀誌顯然有誤。

岑仲勉也曾指出《關中金石記》中題跋的多處訛誤,如《郃陽令曹全紀功碑並陰》,畢沅認爲曹全即曹寬,全與寬通。岑先生指出其誤:“畢氏謂‘全’與‘寬’相通之誤,其論曰:惟謂全寬相通。就字行文義而言,均難厥證。考碑云:‘君諱全,字景完’,意傳者誤傳其字爲完,完、寬形似,先訛完而再訛寬也。”當以岑先生所論爲是。

此外,還有學者對此書所收金石碑刻的年代排序提出過指責,道光年間蔡汝霖校本所做的校勘工作主要就是針對這個問題。下面就筆者在校勘此書過程中發現的問題,分論此書存在的錯誤。

1. 考述有誤

如《芮定公碑》:

> 永徽元年六月立,李義府撰文,正書,無姓名,在醴泉西谷村。
>
> 芮定公者,豆盧寬也。《唐書·欽望傳》,祖寬,高祖初擢殿中監。子懷讓,尚萬春公主。貞觀中遷禮部尚書、左衛大將軍、芮國公,卒贈特進、并州都督,謚曰定。此碑額題曰“唐故特進芮國公”,與史所稱正合。文甚泐,趙氏《金石目録》以爲義府所撰,當無誤也。
>
> 豆盧氏,本慕容之後,有名萇者,於魏封北地王,始賜此姓。《元和姓纂》云,慕容連,北地王之後。

首先,此條節引《舊唐書》不當,致文意不清。《舊唐書·豆盧欽望傳》原文爲:“祖寬……高祖定關中……累授殿中監,仍詔其子懷讓尚萬春公主……貞觀中歷遷禮部尚書、左衛大將軍,封芮國公。永徽元年卒,贈特進、并州都督,陪葬昭陵,謚曰定。”“貞觀中”云云乃指豆盧寬,非其子懷讓。

其次,關於北地王的考述有誤。其一,關於北地王,據《晉書》《北史》《隋書》等先後有後燕慕容精和南燕慕容鍾,豆盧氏爲何者之後,史書記載多有抵牾之處,無從確考,岑仲勉《元和姓纂四校記》豆盧條有詳細辨析,可參看。另,史書記載尚有一北地王後漢劉諶,與豆盧氏無關。其二,據《北史·豆盧寧傳》,豆盧寧“父萇,魏柔玄鎮將,有威重,見稱於時。武成中,以寧勳追贈柱國、大將軍、少保、涪郡公”。無封北地王事。其三,據史書記載,後燕亡後,公卿多歸北魏。而豆盧氏來源,據《北史・豆盧寧傳》,豆盧寧“高祖勝,以燕皇始初歸魏,授長樂郡守,賜姓豆盧氏。或云北人謂歸義爲豆盧,因氏焉。又云避難改焉,未詳孰是”。三種説法各異,但都與燕滅於魏這一歷史背景有關,當非畢沅所説始於“有名萇者,於魏封北地王”。其四,説“慕容連,北地王之後”亦爲舛訛。考《元和姓纂》“慕容”“豆盧”條,無慕容連其人。而“豆盧”條云:“本姓慕容,燕王廆弟、西平王慕容運孫北地王精之後。入魏,北人謂‘歸義’爲‘豆盧’,道武因賜姓豆盧氏。精生猗醜,猗醜曾孫萇、永思、寧。寧生勣……永思生通,通生寬,唐禮部尚書芮定公。寬生承業、懷讓。”與“連”形近者只有“運”字,然運非北地王之後,卻是始封北地王者慕容精的祖父,“連”或爲“運”之訛。

又如《金仙長公主神道碑》:

號年缺,徐嶠之撰文,明皇行書,在橋陵。

《唐書・本傳》云:“太極元年,與玉真公主皆爲道士。”碑云:“丙午歲,度爲道士。”丙午歲者,神龍二年也,兩説不合。

按,此處所謂“兩説不合”事,據現存《金仙長公主誌石銘(並)序》,墓誌刻於開元二十四年(736年),神道碑當建於同時。墓誌稱其“年十八入道,廿三受法”,薨於開元二十年(732年),年四十四歲。可知公主神龍二年(706年)年十八歲入道,其間並未正式接受道籙,到景雲二年廿三歲時才正式接受道法。又畢沅所引《舊唐書・本傳》後仍有一句“築觀京師”,築觀事,《唐會要》卷五十載“金仙觀,輔興坊。景雲元年十二月十七日,睿宗爲第八女西寧公主入道置。至二年四月十四日,爲公主改封金仙,所造觀便以金仙爲名。”按,此處西寧當爲西城,從景雲元年(710年)十二月睿宗下詔爲二公主建造宫觀,不惜巨資,工程浩大,一直到三年(712年),即太極元年仍未完工,其間大臣紛紛上疏諫止。景雲二年有右散騎常侍魏知古、左補闕辛替否,到太極元年春仍有中書舍人裴漼、太傅少卿韋湊等進諫,睿宗終於是年四月下詔停修①,則二公主正式入觀修行當在景雲二年年底或太極元年年初。因此,碑所云神

① 關於營造經過的考論參見丁放、袁行霈:《玉真公主考論——以其與盛唐詩壇的關係爲歸結》,《北京大學學報(哲學社會科學版)》2004年第2期。

龍二年當指金仙長公主入道之年，而史書所云太極元年當指其接受道籙後正式入觀修行之年，二者並無不合。

再如《諸葛忠武侯新廟碑》：

貞元十一年二月立，沈迥撰文，元錫正書，在沔縣。

文稱"貞元三年，府王左僕射、馮翊總師"者，謂舒王謨爲荆、襄、江西、沔、鄂節度諸軍行營兵馬都元帥也。錫字君貺，見《世系表》。

此處所引碑文原文作："貞元三祀，時乘盛秋，府王左僕射馮翊嚴□，總帥文武將佐，洎策輪突歸之旅，疆理西鄙，營軍沔陽。"修廟之人"嚴□"，名已磨泐，後人有補刻此碑者臆補爲"武"，嚴武爲唐代名臣，位高權重，且因與杜甫關係密切而享有較高知名度。清初以來所修地方志多承其説，清康熙六年重修之《陝西通志》"諸葛武侯廟"條即載此碑爲嚴武所修。畢沅否定嚴武之説，定爲舒王謨，不知何據。稍後王昶的《金石萃編》卷一百三是碑條，首先對嚴武之説進行辯駁，認爲兩《唐書》未載嚴武有"左僕射"之職，且嚴武卒於永泰元年，不應貞元三年仍在世，此碑非嚴武所修無疑；同時又對畢沅之説做了辯駁，認爲舒王"爲沔鄂節度，在李希烈反之時，正貞元三年事，宜乎合矣，而亦未嘗有左僕射之官，且與馮翊嚴□亦無著。希烈之亂在淮蔡，舒王漠爲節度在沔鄂，即今湖北漢陽州，非陝西漢中府之沔縣，則《關中金石記》亦不確也"。王昶之辯極是，修廟之人爲誰，仍不能定。晚清毛鳳枝則據任官時間在貞元三年、官銜有左僕射、馮翊等三條關鍵材料，考兩《唐書・嚴震傳》嚴震是年爲興元節度使，封爲馮翊郡王，勉縣正在其治下，與此處職銜若合符節，可證明修廟之人爲嚴震無疑。① 今人陳顯遠根據史書記載，亦考其爲嚴震，顯然未見毛氏之論，而作了重複勞動。②

2. 讀碑有誤

如《贈安定郡伯蒙天祐新阡表》：

延祐五年九月立，蕭𣂏撰文並隸書，篆額，姓名缺，在大荔。

碑題云："知船橋兵馬都總管萬户府奥魯、千户、贈朝列大夫、同知晉

---

① 見毛鳳枝：《關中金石文字存逸考》卷十《諸葛武侯新廟碑》。

② 參見陳顯遠：《勉縣武侯祠"唐碑"初考》，《漢中師範學院學報（哲學社會科學版）》1984年第1期。

寧路總管府事騎都尉、安定郡伯蒙君,諱天祐,字祐之。”蓋蒙君官至總管府萬户,以子懷□貴,得贈官如之也。子封安定郡伯,職亦不卑,而史傳莫可考,特以惟斗文傳之耳。碑甚磨泐,不可讀。

萬户、千户,均爲元代軍職,萬户總領於樞密院,掌管各種軍職,千户僅次於萬户。知船橋兵馬都總管萬户府,當爲掌管船橋兵馬的軍事機構,據《元史》,睿宗時張萬嘉努即曾任“河東南北路船橋隨路兵馬都總管萬户”。奥魯,元代在萬户、千户下設奥魯官,管理當役軍士族屬事務。據碑題,蒙氏官至萬户府奥魯、千户,非總管府萬户,畢沅此處讀碑有誤。

3. 抄録有誤

如《李元諒懋功昭德頌》條,所録碑文有“北連繹臺,南抵黄巷”句。按繹,《陝西通志》卷九十收《李懋功昭德頌》作“絳”。史書未見有“繹臺”。絳臺,《後漢書・馮衍傳》引馮衍《顯志賦》有“皓女齊於絳臺兮”句,注曰:“絳,晉國所都,《國語》晉平公爲九層之臺。”可知,絳臺在絳州,今山西新絳。碑文此句作:“李懷光阻河拒命,竊弄戈鋋,北連絳臺,南抵黄巷,選朔方之健將,保朝邑之離宫。”黄巷即黄巷阪,《元和郡縣圖志》云:“黄巷阪在縣(虢州閿鄉縣)西北二十五里,即潼關路也。”據《舊唐書・李懷光傳》載,涇原兵變時,李懷光率朔方軍自蒲津關渡黄河,敗朱泚於醴泉。蒲津關在朝邑縣西南,東北爲絳州,東南爲潼關,正處於所謂的“北連絳臺,南抵黄巷”的位置。《唐大詔令集》卷六三收《贈郭子儀太師陪葬建陵制》評價郭子儀平涇原兵變時亦有類似説法:“絳臺綏四散之衆,涇陽降十萬之虜。”此處“繹”當爲“絳”之形近而訛。

另外,此書還有引書不確的問題,如《九成宫醴泉銘》引《唐書・地理志》考仁壽宫,所引文字實出顧炎武《歷代帝王宅京記》。

《關中金石記》的可貴是由它内在的價值所決定的,如前所述,作者對關中地區的金石碑刻收羅較爲全面,集中反映了關中地區碑刻文化的深厚底藴,達到了前代學者未曾達到的高度,雖然其中存在一些問題,仍不失是一部具有較高學術價值的金石學著作。尤其重要的是,此書對後來研究者影響很大,後來的很多金石著作也是爲補正此書而作,如黄本驥著《隋唐石刻拾遺》即出於這個目的。

後之學者搜訪、研究陝西金石也往往以《關中金石記》爲範本,按圖索驥。因原刻不易得,此書後來又經過多次重刻。道光二十七年(1847 年),渭南蔡汝霖、蔡錫棟與同鄉人焦興儒,因原書不易得,對所藏本進行校勘編輯,主要是對原書有些未按時間先後排列的條目進行了調整,給原書增編了目録,同時蔡氏輯録了一卷"爲原書漏載或嗣出於其後者"若干種碑刻,作爲附記附入原書,重新鐫刻。至光緒三十四年(1908 年),又有渭南人嚴岳蓮於成都重刊蔡氏校本。一直到今天,此書仍然是研究關中金石的重要參考。

五、小結

綜上所述,畢沅及其幕府學者的金石學成就至少體現在三個方面:

一是保存文獻之功,二是在方志中爲金石立志,提升了金石的地位,對於金石學科的確立有創始之功。這兩點上文論述已多,不再贅述。三是最重要的一點,即以金石文獻來考據經史的學術觀念,上文亦作了反復申説,然而還有一點需特别指出。

1925 年,王國維先生針對當時史學界的疑古風氣,在《古史新證》《殷虚文字類編序》等論著中提出了著名的二重證據法,以出土文獻與傳世文獻互證來探索古代歷史文化的真實狀况。這一方法論業已形成一種公認的學術榜樣,對於 20 世紀的史學研究産生了難以估量的影響。

然而,通過以上對畢沅及其幕府學者的金石學成就的探討,包括上章對顧炎武金石學成就的討論,我們可以看出,二重證據法事實上正是畢沅、顧炎武諸學者所使用的以金石文獻和經史互證的方法,這種方法至少從宋代歐陽修等人已經開始運用,到清初顧炎武重提其意義與價值,到了乾隆中期,畢沅等學者已將這種方法運用得十分純熟,並且也將這種方法擴展到文字學、音韻學等各個領域,取得了多方面的成就。不僅使得在金石學研究中,最開始只是作爲一個流派出現的、由顧炎武所强調的以考據經史爲目標的學術觀念,在此時演變成了金石學研究的主流,同時成爲乾嘉學者考據學的重要内容之一。

第五節　《西安府金石志》及其他方志金石志

畢沅幕府編纂方志金石志達十三種之多,其中多數在保存史料、考據方面取得了很高的成就。這一點上一節已經做了大體説明,這些方志以嚴長明《西安府金石志》最具代表性。張塤、洪亮吉、孫星衍、吴泰來、錢坫等所修亦有多方面價值,錢坫後文將專節介紹,其餘在本節具體討論。

一、嚴長明與《西安府金石志》

嚴長明,字冬有、道甫,江寧(今江蘇南京)人。生於雍正九年(1731年),乾隆二十七年(1762年),高宗南巡,賜舉人,授内閣中書。入值軍機處,充章京。二十六年(1771年),擢内閣侍讀。三十八年(1773年),居父母喪,辭官回寧,從此託病不再出仕。四十年(1775年),受故友畢沅之邀遊秦,居秦十載。晚年曾主講廬江書院,乾隆五十二年(1787年),謝世於合肥。[①] 他的金石著作除了《西安府金石志》之外,還有《知白齋金石類簽》《漢金石例》《金石文字跋尾》《五嶽貞珶考》《五陵金石志》《平原石蹟表》《吴興石蹟表》等。

《西安府志》八十卷,爲西安設府以來第一部府志,體例甚佳,"詳贍有法"[②],歷來評價很高。刻於乾隆四十四年,卷七二、七三爲《金石志》。其小序上節已引,强調了金石的經史考據價值,説明了著録的體例。本書所録三百一十餘通金石,僅著録書撰人名、刊刻年月及存置處所,不復詳細考證,其學術價值表現在以下幾個方面。

首先,著録可信,多種碑石首見於此志。

撰志之前,嚴長明等學者已經對西安府内金石做了系統搜訪,志内載録了多次訪碑的情况。嚴長明曾到碑林整理唐碑,"釐定唐刻之見存者"[③]。他與畢沅遊大雁塔,訪唐時題刻,卻一無所存[④];他們曾訪昭陵諸碑,以舊志和傳世文獻記載按圖索驥:

> 乾隆乙未,余携中丞畢公赴醴泉,親陟九嵕,周覽封域,窮日搜訪,得

---

① 參見錢大昕:《内閣侍讀嚴長明傳》;嚴觀:《師友淵源録》附嚴長明行述。

② 陳其元著、楊璐點校:《庸閑齋筆記》卷八《畢盧二公之愛才》,中華書局1989年版,第181頁。

③ 《西安府金石志·石經》。

④ 《西安府金石志·慈恩寺塔題名》:"後壬辰九月遊寓青門,今中丞畢公約遊斯塔(大雁塔),訪唐刻無一存者。"

碑二十六通。又晉州刺史碑額一,據《京兆金石録》,裴藝碑,褚遂良書也。親爲摹拓,歸後取舊所藏弆,互爲校勘,字數較前多寡不一。蓋帖估每以碑文剥蝕,僅拓其半,今所摩乃全幅,故文字間有增益也。中丞於關中陵墓重加葺治,至昭陵諸臣有碑者,建亭覆之,無可考者,别立一石,大書'昭陵陪葬諸臣之墓',以垂永久,誠盛德事也。後之司土者,倘克廣德心,加意愛護,毋使日朘月削,詎獨唐諸臣之厚幸哉。

又按游景叔刻《昭陵圖》,列諸番長像十四,東西侍立云。皆刻所授大將軍諸名號,或仍其國主之稱。余至九嵕,見陵前惟明代祭告數碑,翁仲十餘,已殘毁,背間絶無刻字,不知當日所稱阿史那咄苾、阿史那什苾諸君長者,何所見也。然或以時代隔遠,舊物無存之故。至《六馬圖記》復云,得唐園陵記,知六馬贊乃太宗御製,敕歐陽詢書,立石陵後。高宗總章二年,詔殷仲容别題贊於石座。歐陽詢書久亡,惟殷字猶存。余至昭陵,見六馬左右列,俱以巨石作屏風狀,高五尺,廣六尺許,馬身不琢全形,半刻隆起,風鬉霧鬣,奕奕生動。此實當時故物,但三復摩挲,求所爲殷仲容書,則漫無點畫形迹。景叔官斯土,且橅刻,實有其文,非同意度,誠不知當日臨摹,果得於何所也。①

從這些記載,我們可以了解到當日的訪碑情形,理解其選擇著録態度的謹慎。所録大多爲親訪所得,如或原石不存、搜訪不得者,則退而求其次,依據搨本。如草堂寺石刻在鄠縣,距離長安僅二十來公里,嚴長明不知什麼原因,無法親往訪問,卻屢次要求鄠縣令搨送,均被告知石已不存。無奈之下,據陝西籍碑賈秦習謙所給搨本著録②。有的碑刻,嚴長明雖然有搨本,但因未能訪得原石,在志中也並不單獨列目。如《李承嗣造象記》,嚴氏云:"按金石家著録舊有高延貴、韋均、蕭元眘、姚元景造象記,並正書。高、韋、蕭三記長安三年刻,姚記長安四年刻,石當並在寶慶寺,余家所藏非舊拓,而尋訪無存,當爲帖估所匿,附此以俟有心訪求者。"僅李氏造像列目,其他三種雖有搨本,因訪而不得,只附記此條之下。此志正文條目共二百五十一條,但因爲這種情況而又

① 《西安府金石志·昭陵陪葬諸臣》。

② 《西安府金石志·草堂寺石刻》:"並郃陽秦柏崖所貽,皆非舊拓,屢乞鄠令,並云石已無存,不知何故也。"

有數種歸併入一條之下,如雁塔題名、草堂寺詩刻之類,如果將志中所提及的碑刻全部合計的話,總數達到了三百餘種。

其中,未經前人著録、首見於此者近百種,占全書三分之一,其中又有十餘種僅見於此書(包括嚴氏參與撰作的《關中金石記》)。

唐碑大多前人已經著録,首見此書者爲三種《陀羅尼經幢》,一種藏於開元寺,唐天寶十一載十二月,正書,另兩種分藏於慈恩寺塔、香城寺,具體年月不明。

五代兩種,一爲藏於咸寧廣慈院,刻於後晉天福六年的《香城寺地土之碑》,一爲梁《寄邊衣詩》,嚴氏引《京兆金石録》云乾化四年刻,然《京兆金石録》今已佚。

宋元碑則多數前人未著録,其中宋碑 36 種、金碑 10 種、元碑 30 種。宋碑如夢英篆書《千字文》《擬休上人怨別詩》,三體《陰符經》、袁正己書《陰符經》等,還有眾多宋人詩刻,如元豐三年程懿叔《臨潼遇雪詩》,大觀四年十二月李梃作《臨潼絶句》,政和丙申三月刻謝彦《驪山詩》,政和四年七月刻孫漸《驪山詩》等,其中又有如"《盩厔第一山三字》,米芾行書,在説經臺"。"《喬元龍等題名》,草書,在靈泉觀。按石後有党元之等題名,楊質夫草書,元符庚辰中秋。"諸如此類,僅見於此書著録。

金碑則有楊英撰《京兆劉處士墓碣銘》,臨潼大定二十一年四月鑄《九陽神鐘銘》、移剌霖撰《驪山詩》、移剌松齡草書《雲房二字》等,其中如《遊草堂寺詩》:"史奕撰並行書,大安改元春。又詩碣四,一田曦詩(釋普定行書,大安元年二月),一唐太宗詩(釋義金正書,正大乙酉仲冬),一趙秉文詩(並行書,一正大乙酉冬,一正大三年秋日)。又完顔□請印公疏碣一(行書,元光二年二月)。"雖後之《關中金石記》亦載,不及此詳,且無史、趙二詩。

元碑僅一種前之《石墨鐫華》已著,其餘均首見此書。如,咸寧開元寺釋海覺唐、梵二體書《陀羅尼經幢》,皇慶癸丑七月立《華嚴世界海圖》等。明碑十餘種則均未見他書。

這種親自訪碑、校録的做法,前文已經反復論及,對於保存文獻居功至偉。另外,嚴長明訪碑所得除了載入方志,亦將搨本遍寄外地友人,如江蘇丹徒人王文治①、大興翁方綱②等,都常收到他寄送的新出搨本。這種交流的方式對於金石研究也有推進作用。

其次,本志考證精審。

嚴氏雖云不復考證,實際上對於立碑年月、撰書刻立者不明等碑石,如見於他書著録,如《集古録》《金石録》《石墨鐫華》《金石文字記》《潛研堂金石文跋尾》等,並已有所論證而疑問者,則稍作考論。或辨搨本,如碑林藏顔真卿書《與郭僕射書》,嚴氏論云:

> 按此書不著年月,《魯公年譜》謂作於廣德二年十一月,《金石録》附於大曆之末,誤。所疑者,《寶章待訪録》云真蹟在宣教郎安師文處,清宜居士跋,安氏嘗刻以傳世,子孫分析,乃剖爲二,至"行香寺僕射指"後不復有。余至碑林,見此書刻宋張仲荀鈔《高僧傳序》前,石微泐,固未嘗中斷也。又云吴中復守永興,謂安氏本未善,因再摹勒。則此爲吴氏重刻無疑。但《跋尾》復定爲米老所臨,又何也?《竹雲題跋》云關中本即安氏所刻。③

先辨《金石録》年月之誤,按此碑自宋以來摹刻有多種,包括嚴氏此處所論三本:安師文刻本、吴中復重刻本、米芾臨摹本。嚴氏斷定其所見爲吴氏重刻本應無疑問。

或辨他書、舊志之誤。如唐碑《虢國公揚花臺銘並序》,嚴氏云:

> 按寺有二石,一題楊將軍新莊像銘,一題虢國公揚花臺銘,前爲序,後爲銘。虢國公,宦者楊思勗也。文中事詞相比,實一時所刻,《金石文字記》分爲二,且銘作虢國公主,更誤。④

此碑《金石文字記》首次著録,其誤如嚴氏所云。後之《雍州金石記》著録亦分爲二,然朱氏所見有序無銘,因疑别有銘而遺亡不存。從嚴氏所記可知序、銘二石均存。

---

① 參見王文治詩《道甫侍讀自陝寄岐山周公廟唐潤德泉記鄠縣草堂寺宋章惇題名搨本各爲一詩奉酬》。

② 參見翁方綱詩《道甫侍讀以鄜州寶室寺貞觀三年鐘銘搨本見寄作歌報之》。

③ 《西安府志》卷七二。

④ 《西安府志》卷七二。

有些碑刻,顧炎武、朱彝尊均曾做過著名的論斷,但通過嚴氏搜訪到的石刻的真實情況來看,由於前人未見原石,或所據搨本不精,很多看似精彩的論證都有問題。如碑林藏唐《九經字樣》,嚴氏云:

碑石計十枚,旁小石二枚,乃長安學訓導王元吉等補刻,内有"貞觀"二字,裝者每誤置張參序内"十年夏六月"上,《經義考》辨之甚晰,不知原石本無此。是知金石文字宜存原幅,未可割裂裝潢也。①

所謂的"《經義考》辨之甚晰",指的是朱彝尊《經義考》所云:

按張參自序《五經文字》有云:"十年夏六月,詔委國子儒官勘校經本,送尚書省。參幸承詔旨,得與二三儒者分經鉤考,互發字義,書於屋壁,凡三千二百三十五字。"所謂"十年夏"者,大曆十年也。今西安府碑洞石刻《九經》後附《五經文字》,於參序"十年"句上增"貞觀"二字,論世者遂疑不能決。考《孟浩然》集有《送張參明經舉覲省》詩,蓋參在開元天寶間舉明經,至大曆年爲國子司業,無足異者。其"貞觀"字不知何妄人所增。宋錢塘陳思撰《書苑菁華》,卷中載參序,無此二字,而後有"大曆十一年六月七日國子司業張參序"一十六字。讀之積疑始釋,可知碑洞石本非唐人之舊矣。②

朱彝尊根據傳世文獻辨析搨本之誤,考論精當,然根據嚴氏所説的原石情況,朱氏之論可廢矣。

又如《美原神泉詩並序》,嚴氏云:

按碑兩面,一面爲徐彦伯詩並序,尹元凱、温翁念、李鵬《金石文字記》誤作"李通"詩。一面爲韋元旦詩並序,賈言淑詩。

《金石文字記》誤李鵬爲李通,又未識韋元旦名,而闕名作"□□旦"。

其他糾正舊志之誤也不在少數。如元《王重陽仙蹟碑》,嚴氏云:"按碑元順帝二年刻,《咸陽志》誤入金代。"

對於前人没有著録過的碑石,嚴長明則加以詳細考證。或説明刻石情況,如西安府隋刻《千字文》條,嚴考云:"按《千文》真蹟舊藏長安崔氏,宋大觀已

① 《西安府志》卷七二。
② 朱彝尊:《經義考》卷二九二《書壁·唐太學壁經》,(文淵閣)《四庫全書》本。

丑薛氏嗣昌摹刻於長安漕司。"《淳化閣帖》條云:"按《閣帖》計十卷本,宋翰林侍書王著摹勒,刻板禁中,今刻乃國朝順治丙戌關中費甲鑄重摹者。"説明真蹟與摹刻情況。又如明刻《輞川圖》:"郭世元臨,萬曆丁巳陽月,在輞川。按圖後有元郝經跋,相傳爲郭忠恕畫,今阮大令曙訪得書後二石,知恕先真蹟在池陽來氏,此乃藍田令沈國華屬上黨郭世元臨摹上石者。又幀首輞川真蹟,八分書,爲郭京題,後有楊士奇、邢侗諸人跋。"

對於無明確刻石年月的,則考辨其年月。如碑林藏唐《九經字樣》條云:"按《九經字樣》覆定於大和七年,上於開成丁巳,後有開成二年八月牒,則刻石年月當在此時。"又如《京兆劉處士墓碣》條云:"按碑末書'己酉歲孟夏壬寅朔,同知京兆府事高貴立石',考《金史》,太宗天會七年、世宗大定二十九年皆己酉,但碣云正大八年,詔民東徙至陝,既而入平陽、太原,戊戌秋還,明年疾卒。則事在哀宗之後,哀宗亡於天興三年甲午,又四年處士始卒,又十年再歷己酉則蒙古定宗后海迷失稱制之年。止書己酉者,猶陶潛入宋以後詩,但以甲子紀年也。"

或考書者。如明刻《論羲之懷素書帖》條云:"按《松江志》,張弼晚號東海翁,《寓意編》云弼草書師宋昌裔名廣,此石後書東海居士,當即弼也。"均可信據。

或附記相關碑石信息。臨潼金代《九陽神鐘銘》:"按《臨潼新志》,長生殿,晉天福間廢爲觀,以賜道士。内有長生殿眾真醮盆。余訪之,字正書尚可辨,以鐵鏽不堪摹搨。三代而後,石多金少,五季尤難得。附識於此。"

當然,嚴氏考論亦偶有訛誤之處。如長安縣唐代《張琮碑》,嚴云"碑出於近時,前人無有著録者",然朱楓《雍州金石記》《潛研堂金石文跋尾》已著録。另有一些到後來畢沅《關中金石記》著録時做了修正。

最後,西安府内各縣新修縣志也有金石類目,同時嚴長明參與撰寫的《關中金石記》也收西安金石,因此這些書所收碑石多有重合,考論互有詳略,下面稍作對比分析。

(1)與《關中金石記》的異同

《關中金石記》所收西安金石當是以《西安府金石志》爲藍本。《關中金石記》不收明以下碑,明以前碑石,《西安府金石志》中只有高陵宋《后土宫記》、盩厔米芾書《第一山三字》等幾種畢《記》未收，其餘的碑石，其基本信息説明文字，兩書基本全同，考論部分，也有大量的條目兩書文字全同。如唐《孔子廟堂碑》《與郭僕射書》《蕭思亮墓誌》、咸寧縣元代刻《陀羅尼經幢》、金《修城記》等碑石，兩書考論文字基本全同。

有的條目，《西安府金石志》文字表述稍簡。如後梁刻《寄邊衣等詩》、元鄠縣《草堂寺詩》，《關中金石記》介紹碑石基本信息文字同於《西安府金石志》，又對撰書者做了考證；宋元豐三年《天馬賦》，《關中金石記》又補充説明了："此是明人以墨本鉤摹者，後有魏應龍、黄公望諸人跋。"

有些碑石的考證方面，《關中金石記》對《西安府金石志》的説法進行了修正。有的糾正了其訛誤之處。如碑林唐刻《石臺孝經》，《西安府金石志》據《孝經疏序》考玄宗御製序及注天寶二年頒行天下，勒於石，則碑當刻於天寶二年。然又疑《金石録》《書録解題》均作天寶四載九月，未知孰是。《關中金石記》則云此碑"天寶四載九月立，明皇注並隸書，太子臣亨篆額，後有李齊古《上石臺告成表》及《批答》，並行草書，有李林甫等題名"。今按，天寶二年爲序成之時，據碑後李齊古《表》及《批答》可知天寶四載爲刊刻之年，《關中金石記》所考爲是。

有的卻改正爲錯。如《與郭僕射書》，《關中金石記》云："碑不著號年，《金石録》附於大曆之末。余考宋留元剛《年譜》，代宗廣德二年十一月，有《與郭僕射書》，則附大曆者誤也。碑或以爲宋永興守吴中復所刻，或以爲安師文刻，未詳孰是。"據上文所論，《西安府金石志》據《寶章待訪録》所載安氏本已斷，而碑林所藏本未斷，則《關中金石記》所疑可立解。

又如昭陵唐碑《褚亮碑》，《西安府金石志》引《昭陵石蹟考》云碑與《馬周碑》如出一手，疑是殷仲容書；中有龍朔封陽翟侯等字，知是高宗朝也。《關中金石記》前半部分文字相同，後又云："亮，遂良之父，貞觀中封陽翟侯。碑無號年，因其卒於貞觀時，故附置於此。"按碑已漫漶，林侗、顧炎武《金石文字記》云高宗時，或有根據。《西安府金石志》所論更可靠。

如《復唯識院記》，《西安府金石志》云"□□元書"，《關中金石記》作"□□元正書"。按今存此碑字體或正或行或草，非僅正書，《關中金石記》誤。《景教流行中國碑》，《西安府金石志》云在崇仁寺，《關中金石記》云在崇聖寺。按崇仁寺俗稱金聖寺。畢誤。《京兆劉處士墓碣》,《西安府金石志》云海迷失稱制之年,《關中金石記》云:"金以天興三年甲午之歲亡,而元自世祖始以中統紀號,是年歲在己酉,當是定宗未即位之前、馬真太后臨朝稱制之日也。"按乃馬真后稱制在1241—1246年,定宗1246—1248年在位,海迷失稱制在1248—1250年,己酉乃1249年。《關中金石記》誤。

又有兩書説法不同,但均存在問題。如《文安公牡丹詩》,《西安府金石志》云:"劉孟堅序,乾興初紀孟春。"《關中金石記》云:"天聖九年五月立,劉孟堅序。"按碑文,乾興初紀孟春乃劉孟堅作序之年,此碑乃天聖九年五月宋漢臣重建,兩人均未詳考。

凡此,可知《關中金石記》中西安碑石部分原爲嚴長明所修,畢沅後來又做過修改,其考論各有千秋。

(2)與孫星衍《醴泉金石志》的異同

醴泉縣隸屬西安府,孫星衍所修《醴泉縣志》卷十一爲《金石志》。兩志所收金石有重複條目,但是兩書體例相差甚大。首先,嚴氏僅載今存者,孫氏則存佚俱載。嚴《志》醴泉碑石二十九種均見孫《志》,嚴《志》相對較簡,以著録碑石基本信息爲主;孫《志》較繁,碑石見著前人著録者,羅列他書考論,再加以辨析,如《褚亮碑》,孫氏引《金石録》唐書和碑所載褚亮籍貫的岐互,後論碑額"褚"字篆書寫法,不同於一般寫法,云"唐人六書之疏如此"。未見他書著録者則録全文。

考論部分亦有完全相同者,如《豆盧寬碑》,兩書均引《金石録》定爲李義府撰。如《崔敦禮碑》,嚴氏辨《庚子銷夏記》作王知敬書乃誤。孫《志》按語亦同。可知兩人在修志時有過交流。

(3)與張塤《吉金貞石録》興平金石的異同

《西安府金石志》刻於乾隆四十四年,張塤《興平金石志》亦完成於此年。然兩志所收興平縣金石,體例亦不同,張《志》全録碑文,詳於考證。僅就收録的碑石來説,亦有很大差别,嚴《志》所録僅三種見於張《志》,隋《賀若誼碑》、宋《保寧寺碑》(張《志》題《浴室院碑》)、唐《寂照和尚碑》[①](嚴屬咸陽,張屬

① 《關中金石記》作《安國寺寂照和上碑》。

興平,以寂照爲興平人也)。嚴氏所收兩種:隋《李使君碑》、明《黄山宫記》,張《志》不載;張《志》所收另外十六種,嚴《志》亦不載。其選録標準不明。兩人同在畢府,訪碑、撰志當有交流,然兩書内容體例截然不同,則不知何故。

通過以上這些對比,正可以看出各書的價值與局限所在。

另外,嚴長明除了《西安金石志》之外,還撰寫了《慈恩寺塔題名後録》二卷及《知白齋金石類簽》兩書,今均未見於各類書目載録,存亡不知。因《西安府金石志》提及其所收,附記於此。

按樊察《慈恩寺塔題名序》,唐自神龍以來進士登科皆錫燕曲江,題名塔下,遂爲故事。五季寺廢,惟雁塔存。僧蓮芳葺新之,塔内外塗塈,唐人題字不可復見。元豐間塔再火,鄉人王正叔剗刮甃甓,得題名數十,屢白好事者刻石,不果。宣和二年,柳伯和出使咸秦,始命盡剗斷壁,所得尤富。又俾刊者李知常、知本摹搨。時正叔隱居里中,屬以次第標目,分十卷,刻於塔之西南隅。一代奇蹟,爛然在目。先是,會昌中宰相李德裕白以不由科第,深貶進士,始罷宴集,向之題名削除殆盡。故今所存獨詩人逸士與公卿貴游子弟爲多云。乾隆庚午歲,余於萬孝廉(光泰)見其殘本,孝廉志以長句,所謂"七卷以前紙墨殘,四級以上裝潢完。大名柳瑊漕使輯,庚子十月宣和刊"者是也(是載《柘坡居士集》)。後壬辰九月遊寓青門,今中丞畢公約遊斯塔,訪唐刻,無一存者。《石墨鐫華》謂塔前舊有碑亭,乙卯地震遂亡。因廣加鍥菩,得宋王元等題名一(正書,慶曆八年九月),盧盛等題名一(正書,治平甲辰六月),范純仁等題名一(八分書,熙寧元年三月),吴中復等題名一(八分書,熙寧六年二月),趙忭等題名一(八分書,熙寧七年仲冬),杜常等題名一(八分書),張琬等題名一(正書,宋元祐元年閏二月),王評題名一(正書,宋元祐三年八月),王詵題名二(一行書,宋元祐癸酉,一正書),强至等題名一(正書,丁未十一月),張舜民等題名一(行書,崇寧丙戌重九日),徐處仁等題名一(正月,政和改元孟夏),司馬樸等題名一(□書,政和四年四月),趙耘老題名一(正書,政和丙申七月),王正叔等題名一(行書,宣和辛丑五月),李處俊等題名一(正書,宣和辛丑),真常題名一(行書,宣和),孫昭遠等題名一(正書),吴立禮、充禮題名一(八分書),范智聞詩一(草書,宣和四年八月)。金題名二,元題名二,明題名六(並見後)。爰命住釋嵌置初桄四壁,歸而考證群籍,爲《慈恩寺塔題名後録》二卷。嘉定錢學士(大昕)、大興翁學士(方綱)並紀以詩,謂墨林盛事,不減宣和庚子時也。①

按,"宣和庚子"指宋宣和二年,柳瑊出使至秦,至雁塔搜剔唐人題名,屬鄉人王正叔點校編次,成《慈恩寺雁塔唐賢題名》十卷,又俾刻工摹刻於石。嚴氏曾見一殘本,到陜後,訪雁塔,柳氏所刻已不存,遂廣加鎪薈,得題名若干,歸而考證群籍,成此書。今不知所在。錢、翁兩詩亦未見。據此處所述可略想見。

草堂寺石刻余《金石類簽》所有者,宋詩碣六:一薛嗣昌詩,正書,紹聖二年季秋;一李章詩,正書,子百堅紹聖二年九月刻並書後;一梅澤詩,崔珙正書,崇寧改元三月;一李騊詩,崔珙行書,崇年二年六月;一唐遘詩,正書,崇寧甲申冬至;一孫鼇抃詩,行書,大觀己丑九月。又題名五:一李參題名,行書,皇祐甲子上巳;一蔡京題名,正書,元祐七年四月;一章惇題名,行書,甲辰正月;一孫竦題名,正書,建中靖國元年五月;一張智周題名,正書,政和元年十一月。又金詩碣五、疏一,元詩碣三,並見後。按其後所録金詩碣五:遊草堂寺詩,史奕撰並行書,大安改元春;田曦詩,釋普定行書,大安元年二月;唐太宗詩,釋義金正書,正大乙酉仲冬;趙秉文詩,並行書,一正大乙酉季冬,一正大三年秋日。疏一:完顔□請印公疏碣一,行書,元光二年二月。元刻僅二:草堂寺詩,釋普光撰並行書,至正壬辰四月;草堂寺值雪詩,行書。②

二、張塤與《吉金貞石録》

《吉金貞石録》是江蘇學者張塤的一部金石學著作,是其在陜西纂修興平、扶風、郿三縣縣志後,將其中的金石志部分共五卷抽出匯集而成。此書目前僅見一中華民國刻本,流傳不廣,少有人關注。而三縣金石志均曾抽出單刻,又有抄本存世,流傳較廣,見諸各種書目著録,卻大多嫁名他人,張塤的纂

① 《西安府志·金石志·慈恩寺塔題名》。

② 《西安府志·金石志·鄠縣草堂寺石刻》。

修之功幾被湮滅。以下對《吉金貞石録》的成書過程、版本情況、著作體例以及史料價值逐一考述,以釐清各種訛誤。

(一)成書過程

張塤(1731—1789年),字商言,又字商賢,號吟薌,又號瘦銅,别號小茅山人、石公山人。江蘇吴縣(今屬蘇州市)人,乾隆三十年(1765年)中舉,歷官内閣中書、景山學宫教習,入四庫館任編校。詩與蔣士銓齊名,與翁方綱、趙翼、孔繼涵等友善,曾在京結都門詩社,著有《竹葉庵文集》三十三卷,有乾隆五十一年(1786年)刻本。乾隆四十二年(1777年),張塤丁母憂歸鄉,四十三年(1778年)至陝,完成興平、扶風、鄠三縣縣志的纂修,四十四年離陝歸京。①他的金石學著作僅《吉金貞石録》一部流傳。

《吉金貞石録》書前張氏自序云:

> 乾隆四十二年丁酉,予以憂去職,奉太夫人柩南歸。明年戊戌,會故人畢中丞沅開府於秦,要予遊於秦。秦中故多前代金石,而同志嗜古之士若嚴侍讀長明、錢明經坫並在幕府,於是拓工四出,氈椎無虚日。中丞以興平、扶風、鄠三縣志屬予重輯,予纂列金石一門,内若《賀若誼》《楊珣碑》彰彰在人耳目,而鄠之金石,自昔未登録者亦搜得二十餘種,頗謂於斯道有功。又明年己亥書成。予服闋,還京師,篋中所存金石志稿共五卷,不敢廢棄,統入予《吉金貞石録》中,凡碑銘款記全載其文,志之體例如此,碑中訛字亦照原碑録之,後人鈔刻此書者,幸弗輕易塗改耳。太歲庚子中秋後一日吴郡張塤序。②

據此序,乾隆四十二年(1777年),張塤居母憂歸鄉,四十三年(1778年)受畢沅所邀至陝。張塤入陝主要爲助修方志。張氏云己亥書成,即乾隆四十四年(1779年)修成三縣志,即現存乾隆《興平縣志》二十五卷、《鄠縣志》十九卷、《扶風縣志》十八卷。

如張塤序言中所説:“秦中故多前代金石,而同志嗜古之士若嚴侍讀長明、錢明經坫並在幕府,於是拓工四出,氈椎無虚日。”張塤對於三縣金石無論

① 張塤生平散見《(同治)蘇州府志》、張塤《竹葉庵文集·序》《吉金貞石録·序》等。

② 張塤:《吉金貞石録》,見李向菲、賈三强點校:《清代陝西金石學著作十種》,陝西人民出版社2022年版,第490頁。

見於前人記載還是時人傳聞，皆不遺餘力去尋訪，此書除了三五種已佚的碑石據傳世文獻記載或搨本録文，其餘均爲其親自訪得。卷三《元重修扶風學記》條敘其訪碑經歷云："《聞見後録》載一條云，法門寺塔下有石芙蕖，製作工妙，每芙蕖上刻施金錢人姓名，有宫女張好好、李水水之類。尋之不可得。又聞隋陵有石馬、斷碑，予冒暑行五十里至陵下，荒原濯濯，無所見。縣吏誑予已碎而瘞之。後書院諸生來會，言有殘碑，去陵五里，尚在也。然不及載往，既將輟簡，書以告後之君子，續吾志一訪焉。"可見其訪碑之勤苦。因此，三縣金石志收羅齊備，考論精當，學術價值很高。張塤云"不敢廢棄"，在其服闋歸京後，將三志整理修訂，成《吉金貞石録》一書，時在庚子中秋後一日，即乾隆四十五年(1780年)八月十六日。

（二）版本、體例

《吉金貞石録》書成之後，不知何種原因，張塤生前並未刊刻。然而由於自乾嘉以降，金石學漸成爲顯學，各種金石著作層出不窮，各類地方志中的金石志也多被抽出單刻。在這種學術背景之下，張塤所修興平等三縣金石志也長期分别以單刻本的形式廣爲流傳。《清史稿》著録有"《扶風金石録》二卷、《郿縣金石遺文録》二卷、《興平金石志》一卷"①，標明爲張塤所撰，即此三縣金石志。然而，目前這幾種著作見於全國各大館藏、各類書目著録及各種影印出版的情况很複雜，各書名稱不一，《扶風金石録》或名《扶風金石記》，或名《扶風縣石刻記》，《郿縣金石遺文録》又有名《郿縣金石遺文》者。作者署名也歧互不同，如國家圖書館所藏《興平縣金石志》《扶風縣石刻記》各有幾種不同版本，作者或署張塤，或署黄樹穀；《中國古籍總目·史部》著録《興平縣金石志》《扶風縣石刻記》兩種清抄本，則均署爲清黄樹穀輯②；《涵芬樓秘笈》據舊鈔本所刻《扶風縣石刻記》，亦署"錢塘黄樹穀輯"，孫毓修將其與畢沅《關中金石記》相較，認爲畢書不如此書完善，然亦不辨其非黄氏所著③；《郿縣金石遺文》又多被誤認爲是沈錫榮所撰，如《石刻史料新編》所據以影印之本④。

---

① 《清史稿》卷一二八《藝文二》。

② 參見《中國古籍總目》，中華書局、上海古籍出版社2009年版，第4828—4829頁。

③ 參見《涵芬樓秘笈》第五集《扶風縣石刻記》附孫毓修跋。

④ 參見《石刻史料新編》第3輯第32册，(臺北)新文豐出版公司1986年版。

今校讀現存三種單本金石志,將其與乾隆年間張塤所修三縣金石志做一比較,可知:《興平金石志》即《興平縣志·金石志》,爲張塤所撰無疑;《郿縣金石遺文》,乃從《(宣統)郿縣志》中抽出單刻者,因沈錫榮宣統二年(1910年)曾增修過《郿縣志》,其金石志在張塤《志》的基礎上增加了三種,標明"續金石遺文録",後人遂將其全部歸之沈錫榮;《扶風縣石刻記》則是將《扶風縣志·金石志》所收金刻删去,考論部分作了删節,學者容庚即認爲"乃節取張氏原作而嫁名於黄氏"①。

與以上單刻本的複雜情況相比,集三縣金石志爲一書的《吉金貞石録》的刊刻流傳情況比較簡單,目前所見僅1928年容庚校刻本。此本容庚跋云:"是書向無刻本,繆氏《藝風堂藏書續記》所著録者乃傳鈔本,今依燕京大學圖書館藏原稿本校刻,並爲補目録於首。"其原稿本和鈔本的具體情況目前尚不明確,此書張塤自序稱書名爲"吉金貞石録",而刻本封面題作"張氏吉金貞石録",顯爲容庚擬題。

張塤此書在三縣金石志的基礎上,做了一些增訂,如興平部分增加了《唐寂照和尚碑》一種,扶風部分增加了《唐無憂王寺碑》,又據舊搨本校補了二十九字,其他題跋亦多有删改。或將考論中引用的碑文做了删節以避免重複,或將所引《金石録》《石墨鐫華》等全文引用改爲節引。

此書卷一爲"興平志稿",録後魏至元,金一種,石十六種;卷二、三爲"扶風志稿",録周至元,金四種,石十八種;卷四、五爲"郿志稿",録唐至元,金二種,石二十一種。共録金七種,石五十五種。每種之下有録文,絶大多數有考論,包括碑石所涉及的人物、地理、職官、史實、文字、書法等,有時亦記載其訪碑經歷等相關信息。

(三) 史料價值

此書雖僅限於著録三縣金石,但在體例、内容上,其學術價值並不遜於同時期的其他金石著作。其一,此書全録碑文,卷一《唐寂照和尚碑》條云:"洪氏之先未有全録碑文者,後賢著録或限鈔寫之勞,或苦剞劂之儉,略存碑目,已有大功藝苑,況多傳一篇漢晉隋唐之文乎?予撰縣志,全載金石原文,仿洪氏

① 《吉金貞石録》容庚跋語。

之例也。”而同時其他專録陝西金石的著作如畢沅《關中金石記》、嚴長明《西安金石志》等都不録碑文,因此張氏所録具有極爲重要的史料價值,可以糾正傳世文獻及他書著録的謬誤。

此書《興平志序》云:

> 能爲前史之助者,維貴金石。然汝南擅道人之號《汝南公主墓誌》曰:公主,隴西狄道人。不知誰家一本劃去‘公主隴西’字,而鄭樵《金石略》直書曰狄道人。墓誌虞世南書,未詳,此可闕也、虢國公主之稱《虢國公楊花臺銘》爲驃騎大將軍楊思勖作,《金石記》乃以爲虢國公主,嗜古者不免嗤笑,若見全碑,詎抱此憾?或里中奸黠厭於承應,瀉金壺之墨橦索升高,撫翠瑉之文氈椎犇命,公然曳倒,大致捶缺,是雖關乎人事,實必陷於天刑,用告君子,無墜斯文。①

指出前代金石學家因未能親見原碑而多有訛誤,如鄭樵《金石略》之誤稱汝南公主爲狄道人,顧炎武《金石文字記》(按即張氏所云《金石記》)誤虢國公爲虢國公主;而當地人又有毁碑之舉,因此及時保存碑石原始文獻十分必要且重要。作者由於親自訪碑亦多有所獲,如唐《寂照和尚碑》,趙崡《石墨鐫華》云出咸陽馬跑泉,碑文亦載寂照之父詮“鎮於咸陽馬跑泉精祠”,然張氏因親見此碑,發現此碑“馬跑泉”三字似後人摩損原石重刻,因此推測蓋此碑出馬跑泉,因而土人附會鑿此字,此可糾正流傳已久的謬誤。

其二,此書共收金石六十二種,其中唐代四種、宋代六種、金代六種、元代十三種,爲他書所未著録。如興平的《宋太平興國三年牒》《使帖》《縣帖》,扶風的《唐花歡喜碑》《宋修扶風縣廟學記》諸碑。特别是此書收録了很多前代及同時代人不大關注的金元碑石,如金大安二年四月題名,郿縣的金大定四年牒、大安二年鐘款、金人射虎記、元天真觀雲版題款等。關於這一點,此書容庚在跋語中評曰:“《兩漢金石記》於《孔彪碑》、居攝墳壇刻字、魯王墓石人刻字、《武梁祠堂畫象》、魏元年碑皆引其説。……《金石萃編》《金石續編》《八瓊室金石補正》等書不收元代碑刻,而此獨著録十餘種;金代碑刻,《萃編》等書雖收矣,尚不若此之備。”因此,此書具有《金石萃編》等所不具備的獨特史料價值,今人可利用其輯録宋元之遺詩遺文。如卷三扶風志收“宋人詩刻”云:

---

① 《吉金貞石録》卷一。

提舉魯公留題□□□遠愛亭此十二字是上石人標題

溪南一帶列千家，高下樓臺傍水斜。天闊亂鴻横晚照，煙輕白鳥戲晴沙。波光瑩澈涵山影，秋色澄清鑒物華。僧倚上方雲遶檻，市聲昏曉自喧嘩。

辛卯八月二十八日行部至扶風，登此亭。

吴興魯百能懋成題，承議郎、知鳳翔府扶風縣管句學事兼管勸農公事兼兵馬都監武騎尉高完上石。①

按，《全宋詩》録魯百能詩二首，而未及此詩，應據此碑補入。今人《重修鳳翔府志》收録此詩，然誤題作者爲元代魯懋，又有誤作者爲元盧懋者②，均應據此碑正之。

又卷三所録“宋斷碑二”，其中一碑文字較多，曰：

上闕行縣，自好畤過重真寺闕詩而去。

闕非，世人誹謗亦奚爲。何闕佛，邂逅相逢自不知。

闕丙戌歲十二月廿五日，三班借職□岐陽鎮酒税向□命工刊。③

所録詩歌不見於他書著録，亦可補入《全宋詩》。

又如《郿縣志》收至元十五年馮時賁詩殘句“疏通汧渭河千里，灌溉岐郿稻萬畦”，至元廿一年陳亞題天慶宫詩：“郿邑西連五丈原，琳宫一境絶翛然。窗含太白山頭雪，門鎖華陽洞裡天。塢記堆金無逆黨，丹成换骨有飛仙。我來不過庚桑楚，聊向青童借榻眠。”均可補元詩之佚。

其三，此書考論精當，多有可取之處。如卷二著録唐石幢二，其一曰：“唐大中十載丙子四月癸酉朔廿二日甲午，右神策軍奉天鎮□□將宣威將守左衛晉州神山府折衝都尉員外□□正員飛騎尉薛志顒、權氏、男從諗、男從禮。”張塤考云：

神策軍屬隴右道，凡戍邊之兵大曰軍，小曰守捉，曰城，曰鎮。又京畿之西多以神策軍鎮之，今碑題曰神策軍，又題曰奉天鎮，是鎮又隸於軍矣。今奉天之鎮名亦不傳也。鎮將有三等，上鎮將正六品，中鎮將、下鎮將正七品。奉天之鎮將不知是上、是中下也。折衝府亦分三等兵，千二百人爲

① 《吉金貞石録》卷三。

② 參見寶雞市文化廣播電視局編：《歷代詩人詠寶雞》，三秦出版社 1988 年版。

③ 《吉金貞石録》卷三。

上,千人爲重,八百人爲下,府置折衝都尉一人,上府正四品上,中府從四品下,下府正五品下。今碑題曰神山府折衝都尉,亦不知是上府、是中下府也。天下十道置府六百三十四,皆有名號,神山其一也。各府名號多不傳,余從地志、世系、碑石尋之,惜不能全。鎮將匪折衝都尉,應題碑時並書其銜爾。①

按唐後期神策軍各地多有行營,所隸各鎮究竟有哪些,又唐時六百三十四府又有哪些,史料缺乏已無從詳知,張氏所收此刻可補史書之缺,其所考論對於釐清史實亦有參考價值。

《鄠縣志》所收"元天真觀四至題字",張氏考曰:

前至元十一年雲版題款稱鄠州,此題字在十六年,稱鄠縣,則知省鄠州爲鄠縣在至元十一年之後、十六年之前,史稱至元元年省鄠州爲鄠縣者,此語不確。中統三年立陝西四川行省,治京兆,至十六年改京兆爲安西路總管府,此在十六年正月,故猶稱京兆鄠縣也。至皇慶初,乃改安西路爲奉元路耳。趙明誠曰:"史之歲月、地理、官爵、世次,以金石考之,抵牾十常三四。蓋史牒出後人之手,不能無失,而刻詞當日所立,可信不疑。"旨哉斯言。②

此段考證,對於研究鄠縣之建置沿革,以及對金石可靠性優於史書的揭示的都很有意義。

又如上文所引卷三扶風志"宋人詩刻",張氏後作考證云:

右詩刻在飛鳳山,觀其題銜知是宋人。曰遠愛亭者,以坡詩"遠望若可愛"之句故名也。曰辛卯者,徽宗政和元年也。提舉之司不一,有常平司提舉、茶鹽司提舉、茶馬司提舉、坑冶司提舉、市舶司提舉、學事司提舉,又有都大提舉,止加於茶馬、坑冶二司。此碑曰提舉者,當是學事司,掌州縣學政,歲巡所部,察師生之優劣、勤惰,故碑曰行部至扶風也。此時初置此司才九年,又十年此司廢矣。宋縣令有戍兵者兼兵馬都監,而管句學事未見之《職官志》。元祐之後列郡已並置學官,猶是縣令之兼職也。③

① 《吉金貞石録》卷一。
② 《吉金貞石録》卷五。
③ 《吉金貞石録》卷三。

今按,魯百能,《宋詩紀事》卷三十二録其《醉仙崖》詩,作者小傳謂其爲吴興人,元祐元年進士。《宋詩紀事補遺》則云:“魯百能,安吉人,元豐八年進士。大觀初通判慶源州,領雲騎尉。長於吏治,兼工文藻。嘗作《望漢臺銘》《慶源軍使廳續題名記》,爲世所稱。歷知虔州,卒。有《文集》三百餘卷。”[①]據此刻,則可補其字懋成。其歷官亦可據碑石作一補充,據《嘉泰吴興志》卷一三“等慈院”條載:“大觀中重修,宗子博士魯百能撰記。”按宗子博士爲宗子學博士的省稱,《宋史·職官志》五《宗學》:“崇寧五年,又改稱某王宫宗子博士,位在國子博士之上。”[②]則魯百能當慶源州通判之後又於大觀中任宗子學博士。又據此碑,於政和元年八月已任提舉。張氏考此碑提舉是學事司,當由上石之高完題銜中有“管句學事”而誤。今按《宋會要·職官》載,政和二年十二月二十四日,“提舉秦鳳路常平魯百能奏事”[③],則此碑所謂提舉爲提舉常平司,《宋史》卷一六七《職官志七》:“提舉常平司,掌常平、義倉、免役、市易、坊場、河渡、水利之法。視歲之豐歉而爲之斂散,以惠農民。”[④]高完爲兼管扶風的勸農公事,正爲提舉常平司之屬下。

其四,此書所收部分碑刻,雖亦見於他書著録,然張氏録文仍有校勘價值。如卷一“宋詩刻”所録崇寧壬午秋九月彭迪明《留題净相院橙軒》詩:

萬葉扶疏雙幹修,植臨禪坐色長幽。影分渭北千家月,香散江南一檻秋。清液冰寒承露結,圓苞金重帶霜收。會應登列西州貢,庭實寧無橘柚羞。[⑤]

其中“香散江南一檻秋”句,《金石萃編》作“山南”。此類異文很多,不能一一例舉,應充分利用此書來對史料文獻進行校勘。

三、孫星衍等所修金石志

嚴長明、張塤等與畢沅年輩相若,入陜時已是中年學問精進之時,金石志的纂修可以看作其成熟之作。而孫星衍、洪亮吉等,則以青年學子身份入幕,學術

① 陸心源撰,徐旭、李建國點校:《宋詩紀事補遺》,山西古籍出版社 1997 年版,第 2419 頁。
② 脱脱等:《宋史》,中華書局 2000 年版,第 2624 頁。
③ 徐松輯:《宋會要輯稿·職官》六八之二七,第 99 册,中華書局 1957 年版,第 3921 頁。
④ 脱脱等:《宋史》,中華書局 2000 年版,第 2659 頁。
⑤ 《吉金貞石録》卷一。

上受到畢沅、王昶等人很大影響,並進而爲其後來的學術成就奠定了堅實基礎。

（一）孫星衍

孫星衍,字淵如、伯淵,號季仇、季逑等,陽湖(今江蘇武進)人。生於乾隆十八年(1753年),卒於嘉慶二十三年(1818年),年六十六。乾隆四十五年,畢沅以母憂家居,延孫星衍於其里第,與錢坫同修《關中勝蹟圖志》。是年冬,入陝西幕府。四十六年九月,《關中金石記》書成,孫星衍題寫跋語。四十八年三月入京應試,下第,十月至西安。五十年二月,離開長安,回鄉省親,後入畢沅河南幕府。五十二年中進士,授翰林院編修,官至山東督糧道。①

孫星衍的個性在畢沅幕府中比較特出,他與嚴長明、錢坫等議論時有不合,嚴等輒公揭逐之,但是他受到畢沅的特別賞識,畢沅因處之別館。

孫星衍早年即對金石有濃厚興趣。乾隆四十四年,他二十七歲,入鍾山書院讀書。時金石大家錢大昕主講鍾山,兩人相契,曾同遊茅山,搜討碑碣,觀唐鐘,於華陽洞、玉柱洞口見宋人題名甚多,又山中見元碑,皆志乘未載②。四十五年開始,追隨畢沅,受其提携,爲其編書修志,已見前述。他又爲王昶的門人,王昶爲陝西按察使後,一起搜訪金石,交流探討,學問益進③。

孫星衍在陝西數年,收藏極爲豐富,其日後所撰《寰宇訪碑録》有相當一部分爲其在陝所得。他與當世金石大家都保持著金石交流,在陝西時得高克尊,曾寄送搨本給翁方綱④。阮元撰《積古齋鐘鼎彝器款識》也有依據孫星衍藏本者⑤。

他在陝西參與修纂了《醴泉縣志》,此書卷一一爲"金石",收漢至清金石共一百一十種。其《上九嵕山絶處詩石刻》條下云:

① 孫星衍生平參見張紹南:《孫淵如先生年譜》,《叢書集成續編》第36册史部;馬振君:《孫星衍年譜新編》,黑龍江大學博士學位論文,2015年。

② 參見孫星衍《治城挈養集》卷下《題羅山人聘爲予寫昔夢圖十幀》之《地肺尋碑》詩序:"句容學舍去茅山三十里,曾偕錢大昕訪求古碑。"

③ 參見《金石萃編》卷二二《瓦當文字》:"四十八年,昶按察西安,與同年巡撫畢公均有金石之好。而趙子魏在幕中,申子兆定、孫子星衍爲予門人,與錢子坫、俞子肇修、程子敦極意搜求,共得三十餘種。……門人孫子星衍,所得甘林、甘泉上林、平樂宮阿三種,昶皆未有,並附識之。"

④ 翁方綱《復初齋文集》卷一九《跋周伯克尊》:"武進孫淵如於陝西得高克尊,尺度、輕重、銘文、字畫,悉與《博古圖》所載周克尊無異,惟少兩耳,蓋郃人耕地得之者。"

⑤ 阮元《積古齋鐘鼎彝器款識》卷五《虡彝》:"右虡彝,銘四十一字,器爲孫淵如觀察所藏,據搨本摹入。"卷七《吉父簠》:"器爲孫淵如觀察所藏,據搨本摹入。"

醴泉舊志無金石，但有藝文，今輯爲金石一卷，其文刻石者入金石，並載全文，以俟後人考証。又古人作金石志之例，止載見存之碑。此係縣志，自當搜輯舊聞，即已失之碑亦□《金石録》《集古録》諸書載其名目，且録歐陽修、趙明誠説於下。或殘碑剩碣復出於後者，當可補其缺也。①

故其所收不僅有今存者，還有金石諸書、舊志所載而今失者。每種注明存、失，廣引他書著録，引書有《京兆金石録》《集古録》《金石録》《石墨鐫華》等金石著作，有舊志，有其他傳世文獻，如《文苑英華》。所引他書題跋内容包括了刻寫年月、撰書者、碑文所涉史事等各方面。孫星衍間或加以按語。部分唐碑有録文，宋《新修唐太宗廟碑銘》以下二十八種均録文。

孫星衍按語内容包括：

(1)如石刻亡佚，引據傳世文獻考證金石本身。如《諸番君長刻名》條，考傳世文獻中所記唐太宗昭陵北闕番酋石像人數之訛誤：

十四人今磨滅。……按《續志》云：記稱丨四人，而列名止十二人，未詳者蓋因游師雄《昭陵圖》石刻，誤合利苾可汗及阿史那彌射爲一，又合真珠毗伽可汗及吐蕃贊普爲一，又合訶黎失布失畢及于闐信爲一，又誤分吐谷渾河源郡王烏地拔勒豆可汗慕容諾曷鉢爲二人也。②

《太宗尚服宗道墓誌》條，考其非陪葬墓："《京兆金石録》云墓誌貞觀十四年立。按《五禮通考》凡有碑刻及唐臣葬醴泉者，皆以爲陪陵之臣。考《會要》《長安志》諸書所無，則此非陪葬也。"

《王君碑》考云：

《集古録目》云："濤字波利，越嶲邛都人。仕唐爲内給事，官至魏州刺史、真定縣公，謚曰忠。碑以永徽中立。"按文云"右監門將軍王君"，又云武德九年授内侍，貞觀四年遷右監門將軍，進爵爲公，加正議大夫。考《會要》《長安志》有左監門大將軍王波利，即其人也。

此碑今已漫漶，人名已缺。北宋歐陽修所見碑字尚全，《集古録跋尾》云碑主"名濤，字波利"，然未深考其人。畢沅《關中金石記》載此碑，僅云："其人蓋以

---

① 《醴泉縣志》卷一一。

② 《醴泉縣志》卷一一。

宦官而與李衛公同征吐谷渾者也，碑缺其名，此唐時宦寺封公侯之始。”而孫星衍則考其爲史書所載之左監門大將軍王波利。

（2）以石刻證傳世文獻或其他金石著録之誤。如《太常卿汾陰獻公薛收碑》條考云：“按碑末行有云昭陵，有云儀仗送至墓所，尚可辨，則收陪葬，信也，史皆缺載，非。”《右衛將軍豆盧承基墓誌》條云：“按此及《萬年宫題名》，皆作承基，而《陪葬名位》作承業，非也。”均糾《唐會要》卷二一“陪葬名位”之誤。

《太尉梁文昭公房玄齡碑》條考云：“按今碑云‘公諱玄本，字喬’，尚隱隱可辨，特無‘齡’字。趙明誠蓋疑‘本’字爲‘齡’字，玩其筆畫，實非也。”傳世文獻皆云房名玄齡，宜乎趙明誠所疑。今按碑已漫漶，不知孫氏當日所見果然否？

（3）以石刻文字正傳世版本之非。《鄂國公尉遲恭碑》，孫氏録碑額及碑文，考云：“碑文許敬宗撰，石今泐。其詞見《文苑英華》，以其可辨者對校，始知板本傳寫之譌，謹依碑改正，而以誤字分注。”

（4）辨字。《褚亮碑》，傳爲唐太宗篆額，孫星衍論碑額篆書云：“在西谷邨。……按額云‘太唐褚卿之碑’，‘褚’字從衣、從者，而此篆從禾、從耂、從甘。考者，上從氺，既與考、老不同，下從白，音自，又與甘不同。唐人六書之疏如此。”如下圖《褚亮碑》碑額所示，“褚”字的寫法和一般篆法如《説文》中的“褚”字有很大差距。

褚亮碑額

此志存佚並收,力求全備,並録明清石刻。此爲孫星衍第一部著作,其後陸續撰寫了《京畿金石考》《泰山石刻記》《寰宇訪碑録》等,所收原則均與此相同,可見此書對其一生學術之重要影響。

（二）洪亮吉

洪亮吉(1746—1809年),字君直,一字稚存,號北江,江蘇陽湖(今常州)人。乾隆三十九年與孫星衍訂交,與孫星衍、黄景仁等並稱“毘陵七子”。孫星衍入畢沅陝西幕府後,邀洪亮吉入關。洪亮吉遂於乾隆四十六年入陝,四十八年五月歸鄉,四十九年入京應試。五十年二月再次入陝。畢沅改官河南,洪亮吉隨後離陝赴開封。五十五年中第,授翰林院編修。①

與孫星衍不同,洪亮吉對於金石之學並無深癖,如他在《中州金石記後序》中所説:“亮吉于金石之學,素寡究心。”所纂陝西方志三種《延安府志》《淳化縣志》《長武縣志》,均設金石類目。

洪亮吉纂修《延安府志》卷六七“金石”,據陳光貽考證,此志爲洪亮吉于乾隆四十八年之前在陝纂成,後洪離陝,由延安知府洪蕙刊於嘉慶七年②。著録始於宋代碑石,每題下書年月、撰書者、書體、録文,文末加按語對所涉人物、史事等略作考證。《淳化縣志》乾隆四十九年刻,卷二三、二四、二五爲“金石略”,卷二三收宋一種、明代六種、清代八種,卷二四收宋一種、明代八種、清代六種,卷二五收明代二種、清代六種。編排順序似爲隨得隨記,没有按照時間順序。每題下著撰者,録全文。

《長武縣志》“附録・金石録”,《淳化縣志》卷二三“金石略”,著録宋代以下碑石,每題下著撰者並録文。均無所考證。

另外,洪亮吉、孫星衍二人又合撰《澄城縣志》,卷一六爲金石,著録碑刻三十八種,唐碑三、宋碑八、金碑八、元碑三、明碑十六。其中,二十四種題下注“失”,兩種無,唐杜牧《宫倉户尉廳壁記》一種録碑文,餘僅列目。其餘或文已見前,則注“見上”,如《唐鄭楚相功德碑》,卷六“廟屬上”已録全文,金大定五年劉穡《重修三官殿記》已於卷七“廟屬下”著録(未録文);前文未見者,則録

① 參見李金松:《洪亮吉年譜》,人民出版社 2015 年版。

② 參見陳光貽:《稀見地方志提要》,齊魯書社 1987 年版,第 217—218 頁。

文,如明《縣丞樂韶遺愛碑》。

洪亮吉參與纂修的幾種金石志,雖然在考證方面並没有多少出色之處,但是在金石單獨立志這一點上,和畢沅幕府所編纂的其他方志金石志有著同樣的學術價值。

第三章　清代中期的陕西金石學(下)

第一節　錢坫的吉金研究

畢沅幕府學者對金石的研究各有擅長,雖然各人都諸學兼善,也都有所側重。有的長於史學,如嚴長明、張塤等,多集中搜集碑刻;有的長於經學、小學,專注於吉金收藏,如錢坫。本節討論錢坫的金石學研究。

一、錢坫其人

錢坫,字獻之,一字篆秋,號十蘭,江蘇嘉定人。生於乾隆九年(1744年),錢大昕族子。早年依錢大昕,從王昶、翁方綱、朱筠等遊。中乾隆三十九年(1774年)副榜貢生。赴秦入畢沅陝西撫部幕,畢沅以其才奏留陝西,補授乾州直隸州州判。遂官於陝二十餘年,歷署文山、華州、興平、韓城等縣。嘉慶五年(1800年)歸鄉,病風痺。僑居蘇州,客遊維揚,歸而疾作,嘉慶十一年(1806年)卒於蘇州,年六十三。①

錢坫於乾隆四十一年(1776年)進入畢沅幕府,在陝學者中,與張塤、趙希璜似來往最爲密切。

張塤乾隆四十二年(1777年)至四十四年(1779年)因丁憂去官,曾客畢沅幕府,錢坫與其來往很多,翁方綱曾將兩人作爲幕府金石學者的代表並提:

---

① 錢坫生平資料見《清史稿》卷四八一本傳、包世臣《藝舟雙楫》卷八附録二《錢獻之傳》、潘奕雋《三松堂文集》卷四《陝西乾州州判錢獻之傳》,今人陳洪森《錢坫年譜》(《中國經學》第九輯)考其生平甚詳,此處依據其説。

“中丞畢公修嶽廟,嗜金石者錢與張(瘦同)”①。在張塤回京復官之後,四十七年(1782年)又遊西安,錢坫與之同遊碑林,翁方綱《瘦同自陝西來以所與錢獻之題名唐石經後字拓本屬題》記其事云:“乾隆壬寅秋,張塤與錢坫。石經篇題隙,篆各一行占。拓本示我笑,敬勒初非僭。名姓置此閒,勝似登科艷。置酒以賀君,顧名義須念。”②《石臺孝經》亦留有兩人題名一則:“乾隆壬寅重九日,吴張塤、嘉定錢坫來觀。”今天去碑林參觀《開成石經》《石臺孝經》等石刻,還可以看到兩人的題名。之後,兩人似又一同入京③,錢坫當於是時入京遞捐州判,次年即爲畢沅奏請發往陝西候用④。同遊同行,可見兩人關係之密切。

錢坫與廣東學者趙希璜同爲乾隆三十九年副榜貢生,爲同年,兩人又“最是性情同嗜好”⑤,因此乾隆五十一年來陝爲官後,兩人遂訂交⑥,來往較密。趙希璜在陝五載⑦,兩人感情很深,趙希璜後來寫了很多詩歌懷念兩人同遊情形,如《孫毅齋大令來鄴得關中舊同事消息有感》詩云:“終南名勝搜尋遍,涇渭源流考據殷。才似獻之遭白眼(謂錢獻之),貧同原憲附青雲。”⑧趙希璜後多年在河南爲官,兩人一直有來往。嘉慶五年錢坫南歸,趙希璜時任安陽知縣,留其小住七日⑨。這種友情一直保持到兩人晚年。

錢坫與各地金石學者也時常進行交流。他經常給翁方綱等寄送搨本,並求賦詩,翁方綱先後多次爲錢坫寄送的各種碑石器物搨本賦詩,如《爲沈匏尊

---

① 翁方綱:《復初齋詩集》卷一七《唐玄宗華山碑殘字歌(錢獻之搨寄)》。

② 翁方綱:《復初齋詩集》卷二五。

③ 翁方綱《復初齋外集》卷一三《秦羽陽宫瓦摹本歌寄芑堂文曰羽陽千歲》:“記珠篆秋必有得,須以此事竢兩君。(張瘦銅、錢獻之將自陝歸。)”

④ 參見陳洪森、潘研艷:《錢坫事跡考證》,《中國典籍與文化》2011年第4期。

⑤ 趙希璜:《四百三十二峰草堂詩鈔》卷一〇《寄錢獻之同年》。

⑥ 趙希璜:《四百三十二峰草堂詩鈔》卷一三《讀亡友仲則詩有感》:“秦中我舊遊,我到君先逝。忽逢錢獻之,定交丙午歲。”

⑦ 趙希璜《四百三十二峰草堂詩鈔》卷一二《孫毅齋大令來鄴得關中舊同事消息有感》:“漢中曾幸濟同舟,五載青門感舊遊。”

⑧ 趙希璜:《四百三十二峰草堂詩鈔》卷一二。

⑨ 趙希璜:《四百三十二峰草堂詩鈔》卷二〇《寄懷錢獻之同年》:“憐君已抱偏枯病,過鄴猶留左手書。(獻之於二月内挈眷南歸,過鄴見訪,留住七日。)七日屢陳生死別,十年此會笑譚餘。也知老去官如寄,豈但眠時夢是虛。我尚欲歸歸未得,一簾風雨故人疎。”

題所藏乙卯鬲銘後三首》詩注云:“昨錢獻之自陝西見寄曶鼎銘,凡三段,亦鐘鼎欵識所罕見者。”①又如《錢獻之得漢未央官甎琢爲研拓其銘來求詩》云:“朱老誤題五鳳石(五鳳二年石,竹垞題曰甎,誤也),錢郎此研乃真甎。四圍逕尺中容墨,一例豐碑様有穿。自篆自銘丙午歲,長生長樂二千年。陶甄卻借成今手,多謝分書代我鐫。(研上勒予名,是以戲及之。)”②再如《長生未央漢甎歌題錢獻之所寄拓本》《北魏王遠石門銘在褒斜谷,極難拓,錢獻之寶藏一本,云儻以一詩來,可寄贈也,爲賦此》等③,或題寫跋語,如《跋鄐君開石門刻字》④。此外,錢坫與王復、莊炘、黄易、阮元、朱筠等都有金石交流。

二、著作與成就

錢坫勤於著述,所著書已刊者十餘種,未刊者又十餘種,大體皆經學、小學、金石學考據之作,論者將其與錢大昕譽爲“疁城二錢”,評其較之錢大昕沈博不及而精當過之。錢坫尤長於小學,洪亮吉謂其“研六經,從文字入,故時析精微。研文字,又從聲音入,故尤明通假”⑤。

錢坫金石學著作,有《十六長樂堂古器款識考》《浣花拜石軒鏡銘集録》兩種已刊,今存。另外,據何紹基《東洲草堂詩鈔》卷一六《乙卯嘉平月半出遊咸陽醴泉盩厔十九日宿樓觀臺因知李鐵梅前輩爲坡公作生日作此詩寄請教和用坡公石鼓歌韻》詩注所云:“蔣騏昌、孫淵如所撰《醴泉縣志》,陵圖紕繆殊甚。趙子函《石墨鐫華》、錢獻之《昭陵石略》,多可依據。”則錢坫著有《昭陵石略》一書,顯然以唐太宗昭陵碑石爲研究對象。又據倪模《古今錢略》卷三二載:“(錢坫)所著《三十三硯齋古器欵識圖考》,中載有王莽諸錢文錢笵。”則錢坫又有《三十三硯齋古器欵識圖考》一書,是有關先秦古器的考論之作。這兩種不知是否曾經刊刻,亦不知存佚。

錢坫瓦當收藏也不少,程敦《秦漢瓦當文字·序》曾説:“嘉定錢別駕坫亦

① 翁方綱:《復初齋詩集》卷一六。
② 翁方綱:《復初齋詩集》卷三二。
③ 翁方綱:《復初齋詩集》卷二四。
④ 翁方綱:《復初齋文集》卷二一《跋鄐君開石門刻字》。
⑤ 洪亮吉:《卷施閣集》文乙集卷六《錢獻之九經通借字考叙》。

出重值購瓦三十餘。”然不知其是否有瓦當著述。

另外,錢坫參與了《韓城縣志》的纂修,據此志傅應逵序云:“大中丞畢公有繕治之命,於是與邑紳士徵文考獻,屬錢君精其義例,密其體裁。書未竣而錢君署漢陰通守篆以去,余爲之考建置之源流……成若干卷。”①其中的金石部分,尤其是古器物諸條均引“錢坫曰”。錢坫應是做了大量工作。他又參與了《朝邑縣志》的纂修,此書卷十爲金石,收金石六種,僅列目。

包世臣爲錢坫作傳云:“君在陝多得古人金石,其文字尤瑰異者,繪而版之,爲圖説若干卷。數十年來,三代秦漢之法物多見於世,而世之知古者亦漸多,君其始事也。”②所謂“圖説”若干卷,不知特指上述某書,或僅泛泛而談,而他所説的錢坫是數十年間古器研究的始作俑者則並非誇大之詞。

《十六長樂堂古器款識考》四卷,成於嘉慶元年。錢坫在談到他創作此書的緣由時説,古人對三代秦漢器物銘文知之甚少,學問淺陋,而宋代以後著録之書,如《博古録》《集古録》等,所録器物之形製、銘文之筆畫多有訛誤之處,不能用來考經證史,以訛傳訛。因此錢坫在自己收藏的古物的基礎上做研究。他説:

> 余自少留心斯業,每欲彙輯《博古》等書,遞加匡正,但恐數經傳刻,於形制筆畫再失再譌,既枉費擘精,又無補實用。乾隆癸卯以後,宦遊秦甸,至今十餘歲矣。閒得商周秦漢器物,必緇其故事故言,使合於魏顆、孔悝之典。時大府鎮洋畢公得周曶鼎銘五百餘字,余爲之釋解,因以入之歌詠。茲索居已久,年過無聞,衰顔荏苒將至,念諸器物中有足証文字之原流者,有足辨經史之譌舛者,皆有裨於學識。因裒其稍異見所臧弆者,剞爲一編,鼎、彝、簋、爵、尊、匜,隨手記之,不復次第。至於泉刀小品,有可發明史書者載入,否者不載,魏晉至唐時者並附焉。③

此書共收吉金四十九種,每種繪其形製,説明尺寸、花紋,釋文,多數就器物所涉制度、文字、史事等進行考證。

此書於1933年由開明書局重刊,校勘者商承祚對其評價較高,認爲自乾

---

① 《(乾隆)韓城縣志》傅應逵序。

② 包世臣:《藝舟雙楫》卷八附録二《錢獻之傳》。

③ 《十六長樂堂古器款識考》嘉慶本自序。

隆以降,著録古器物的著作,如《西清古鑒》、阮元《積古齋鐘鼎彝器款識》、吴荷屋《筠清館金文》等十餘種,均有款識而無圖像,且皆採録各家所成,而此書是第一部"以一家所藏,既録文字,復摹器形,以爲專書者";同時,此前著作臨摹古器銘文嚴重失真,訛誤較多,而此書雖然收器不多,但"皆據拓本入録,器銘所在與其色澤,每明記之,體例完善"。因此和之前此類著作相比,此書有其高明之處。同時,商承祚也指出了此書在古器定名方面間有錯誤,如宰梳角曰父丁角,大祝禽鼎曰大祝鼎,禽誤釋爲祖罕二字等①。

另外,此書在銘文釋讀上所取得的成績與缺陷,學者王其秀在《錢坫金石學研究述評》中有較詳細的分析,認爲錢氏雖然在器物命名和銘文解釋方面存在一些錯誤,但是瑕不掩瑜,其自覺地運用了對照法和偏旁分析法,同時看到了文字之間形體和意義的關聯性,文字歷時上的關係和變化,等等。這些釋讀方法和對文字規律的認識都高出同時代的小學家,比如其釋"簋"字,從器物形制、古代禮制等方面進行辨析,又從字形方面進行分析,糾正了以往釋此字爲"敦"的錯誤,成了錢坫古文字考釋成就的代名詞②。

今可補充者,除了文字釋讀方面,錢坫此書釋器名,引經據典,結論大多可靠。如釋周饕餮罍尊之饕餮,引《神異經》《北山經》爲獸身人面,目在腋下,《西山經》云人面而龍身。此尊作龍身人面,與《西山經》所證合。其鑄於器物之意義,則又引《説文解字》釋饕餮爲貪,而器皿"雖所以適口腹,亦足以耗精神,故易以節飲食著戒"③。釋盉,引《説文解字》釋盉爲調和,又廣引枚乘《七發》、張載《七命》、吕不韋《春秋》《曲禮》《内則》諸説證此器爲調和飲食之屬④。又如釋秦金師比云,師比亦稱犀毗,亦稱胥毗,爲胡革帶鉤。此物自古所無,自武靈王用胡服,遂流行於中國。並駁釋爲晝鉤、甲鉤等之繆⑤。考證嚴謹,結論可靠。

《浣花拜石軒鏡銘集録》二卷,成於嘉慶二年。錢坫認爲近世考論鏡銘多

---

① 《十六長樂堂古器款識考》開明書局本商承祚跋。

② 參見王其秀:《錢坫金石學研究述評》,《安徽工業大學學報(社會科學版)》2017 年第 1 期。

③ 《十六長樂堂古器款識考》卷三《周饕餮罍尊》。

④ 《十六長樂堂古器款識考》卷三《周饕餮獸盉》。

⑤ 《十六長樂堂古器款識考》卷三《秦金師比》。

根據《宣和博古圖》，該書所載多誤，據之而作考證，錯誤在所不免。因此，錢坫以自己所藏鏡銘之有文字者收入，模勒圖形，加以考論，嚴謹精當。

此書共收漢唐鏡銘二十五種，是首部鏡銘專書。或考論鏡銘用途。如《唐五嶽四神鏡》考云："四神，二人男，二人女也，皆作乘雲飛行之形，應是祈雨所用。"《漢精白鏡》，闡製作鏡之用意云："忠臣節士立心明義無以自發，作此鏡以示意者也。"《漢妻贈夫鏡》則是："夫有遠行，其妻造以相贈者，故兩標長相思以示意也。"

或考鏡名由來。《漢方諸陽鐩鏡》，釋方諸、陽鐩云："陽鐩所以取火，方諸所以取水，蓋古人祭祀取明水明火所用之器也。《説文解字》：'鑒諸可以取明水，從金，監聲。陽鐩從金，隊聲。'兩字並從金，知以金爲之。高誘《淮南子注》云：'方諸陰鐩，大蛤也，孰摩令熱，月盛時以向月下，則水生。陽鐩，金也，取金杯無緣者，孰摩令熱，日中時以當日下，以艾承之，則然得火。'以方諸爲鑒，知古方諸與鏡同用矣。"凡此，對於今天的古器研究均有參考價值。

錢坫參與纂修的陝西方志有兩部，一部是《（乾隆）韓城縣志》，此書卷十六爲"古鼎考、碑版考"。先秦古器，周晉姜鼎、漢梁山鋗兩種，云："以上二器並銘文，舊志不載，夫方土方物，每恨失傳，綴筆之徒，往往略此。韓邑爲周漢名區，宜多舊物，所見僅此，余猶歎其少，焉得不志之。"周晉姜鼎，繪圖，録《集古録》《嘯堂集古録》、劉敞等釋文，之後爲"錢坫曰"，從偏旁、通假等釋讀銘文，如云：

> "綽綰"，《周伯碩父鼎》作"綰綽"，"綽"字從"䋘"者，即古文"綽約"字也。司馬相如賦"便娟綽約"，揚雄《反離騷》"閨中容競綽約"，並當用此字。《説文》有"䋘"字，云"緩"也。又有"葯"字，云白葯，縞也。又有"緩"字，云"䋘"也。《急就章》"鬱金半見緗白葯"，亦即此義。《詩》"寬兮綽兮"，亦當用此。

漢梁山鋗，始録《嘯堂集古録》所作釋文，後加以考論曰：

> 錢坫曰："梁"字從水、從刅、從木，此作"中"，蓋漢時篆法便易，故誤也。又曰："山"字中作"仌"，亦漢篆。又曰：漢器每於銘後加"扶"字，疑是塗工之名。又曰：《説文》"鋗"作"鋗"，云小盆也。《急就章》云"銅鐘鼎鋞鋗鉇銚"，蓋是温器。篆每以"肙"作"月"，曰"月"字亦然，故"鋗"字

亦誤耳。

碑刻考,收宋至清碑共 21 種,宋六、金一、元四、明九、清一,略述年月、書撰者、所在,宋元碑目已見他書著録,如畢沅《關中金石記》。不同者,《清輝閣記》録題名云:“建安暨唐裔堯本、開封向子山居仁,同共清輝閣縱觀二樂之美,會食烹茶,久而後行。宣和辛丑七月二十九日。”《建極宫蒙古字聖旨》云:“字極古,異形如古尊彝,雲雷狀,又如釋氏準提咒文,下以漢書譯之,語皆渾樸,盩厔重陽宫、郃陽光國寺亦有蒙古字碑,與此刻相似。”明清碑刻則未見他書著録,如“馬文莊公山西讀書處石刻。石刻四大字云‘元天一門’,旁題‘賜進士第大學士兼太子太保禮部尚書同州馬自强題’,後題‘萬曆六年秋八月’,又四大字云‘謁帝闕門’,前題‘通判張九思’,第二行云‘賜進士第兵部車駕司主事同州馬慥書’,後云‘賜進士北畿河間府同知邑人薛承範立’”。

卷末云:“石刻在少梁者,求唐人一字不可得,如右碑外,古人題額,北寺有敕賜元覺禪院,爲宋真宗咸平元年戊戌樞密院使王欽若書,似永興風度,不

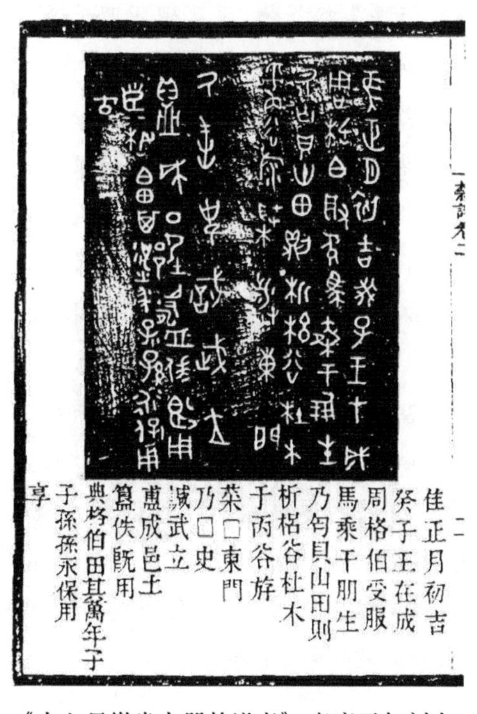
佳正月初吉
癸子王在成
周格伯受服
馬乘干朋生
乃匄貝山田則
析梠谷杜木
于丙谷旂
桒□東門
乃□史
誠武立
惠成邑土
簋佚既用
典格伯田其萬年子
子孫孫永保用
享

《十六長樂堂古器款識考》,嘉慶元年刻本

以人廢也。太微宫有金闕寥陽之殿,爲元世祖至元二年敕封萬户侯功德主趙牽奴立,慶善寺有敕賜慶善之寺,爲仁宗敕賜,英宗至治二年延安路宜川縣白水鄉功德主張貴立,二碑皆不載書者姓字,至元者似黄涪翁,至治者似顔平原。近代則張元善城隍廟之保安黎庶,西城内關祠之忠義廟,梁元之文昌帝君祠,左公懋第之韓城縣,皆各自成家,卓然雄秀,附識於此,後以待鑒賞如張懷瓘者估之。"

錢坫另著一部《(乾隆)朝邑縣志》,卷十爲"綴録・金石",著録金石六種,宋四、僞齊一、元一,僅列目,著年月、書體、所在,其將金石作爲一個類目的價值遠高於其所收録的内容,前已論及,此不贅述。

第二節　趙魏的落拓生涯與金石成就

十年參幕入關中,逸興應輸鶴髮翁。
篋衍平生無長物,手摹碑版四千通。

高文每向書中見,名姓常疑是古人。
翰墨因緣垂白訂,方袍高揖尚湖濱。

兄丁父乙待留題,氈搨聲中日又西。
衣鉢千秋傳一綫,晉齋名與復齋齊。

六書湮没闇難彰,鼎鼒盤盉考未詳。
退食齋頭閒討論,敢希媲美宋歐陽。

這是清代嘉慶、道光間詩人斌良寫給年長他四十歲的忘年之交趙魏的一組詩,題爲《贈趙晉齋明經魏》①,對於已步入晚年的趙魏的人生志趣與學術形象做了很恰當的描述:他身無長物,僅有金石碑版四千餘通;他在金石考訂、捶搨氈蠟中度過每一天,他與歐陽修、王厚之等宋代金石學家精神相通。

---

① 斌良:《抱沖齋詩集》卷九《句吴轉漕集七》,清光緒五年崇福湖南刻本。

趙魏的一生是乾嘉時期偃蹇文人普遍之人生寫照,透過他的一生我們可以很好地看到那個時代普通文人群體的追求和努力。

一、生涯之落拓

趙魏,字恪生,號晉齋,一號蒹森、洛生,浙江仁和(今杭州)人。乾隆十一年丙寅(1746年)生,道光五年乙酉(1825年)卒,年八十①。

《國朝書人輯略》稱趙魏爲貢生②,可知趙魏在青年時學習成績優異,從杭州府學被選拔推薦進入京城國子監學習。貢生的入仕途徑,比他在杭州參加鄉試,中舉後再考會試要容易一些。然而國子監肄業後,趙魏似乎並没有得到合適的職位,以後也再没有在仕途上有什麽大的發展,所以當他已是"鶴髮翁"時,斌良對他的稱呼仍是趙明經(對貢生的尊稱)。

趙魏少年時即嗜好金石,到京城後在金石學術圈裡已小有名氣,得到了以金石研究、經史考據著名的學者翁方綱的賞識。翁方綱乾隆三十七年(1772年)解職廣東學政回京,初任起居注官,次年爲《四庫全書》編修官。兩人相識當在這一二年内,翁方綱長趙魏十餘歲,對於趙魏在學術上有提携之力。幾年後,當趙魏要離開京城奔赴陝西時,翁方綱寫了兩首詩贈趙魏,其一爲《送晉齋之陝西》,云:"心堅金石許誰儔,夜夜書堂復夢歐。西去何人郭允伯,南中今日趙湖州。"③歐指歐陽修,郭允(胤)伯是郭宗昌,趙湖州是趙明誠。詩中表達了對趙魏金石癖好的理解,對其日後成就的期望。另一首爲《再送晉齋疊前韻兼寄懷孫淵如洪稚存》,詩云:"孫喜前緣得匹儔,趙洪考索過於歐。文章何幸依開府,石墨從來聚雍州。"④孫星衍、洪亮吉是翁方綱的友人,同好金石,此時正在陝甘總督畢沅幕府,翁方綱詩中一方面表達了對舊友的懷念,同時也是爲新知拓展人際關係。兩人之後一直保持聯繫,直到乾隆五十六年,翁方綱任山東學政,聞趙魏將赴山東濟寧訪碑,於是寫詩表達了想念之情⑤。

---

① 錢椒:《補疑年録》卷四,清道光刻本。

② 震鈞:《國朝書人輯略》卷六,清光緒三十四年刻本。

③ 翁方綱:《復初齋外集》詩卷一八,清《嘉業堂叢書》本。

④ 翁方綱:《復初齋外集》詩卷一八,清《嘉業堂叢書》本。

⑤ 《復初齋外集》詩卷二一收《德州道中贈秋盦》:"恨不濟寧留過夏,題襟待得晉齋來(聞趙晉齋將以六月到濟寧也)。"

趙魏在京城的若干年,仕途上並無進展,於是另外尋求進身機會。入幕是當時文士常見的入仕途徑之一,而乾嘉時期無論在規模還是影響上畢沅的陝西幕府都是首屈一指的,同時,畢沅、王昶的金石興趣、關中豐富的金石資源,使得這一時期陝西的金石研究蓬勃發展。這一切應該是趙魏選擇入陝的主要原因。

趙魏在陝西的具體時間,據國圖所藏趙魏贈其友人孫霖《秦漢瓦當拓本册》上的朱文藻題跋云"乾隆丙午初秋,趙君晉齋從關中歸",又趙魏所著《御史臺精舍題名》書前有吴騫寫於乾隆丙午的序,云"今年春,念其堂上,遂俶裝赴秋試,又不得志於有司",可知趙魏是乾隆丙午(五十一年,1786 年)離開陝西的。而他,如斌良詩所云"十年參幕入關中",在關中生活了十年,因此他大約是在乾隆四十一年(1776 年),也就是他三十歲時來到關中。

趙魏在關中和畢沅似乎没有太多交流,從兩人留下的詩文作品中看不出有什麽往來痕跡,但是趙魏卻和王昶過從密切,兩人存有多首唱和詩歌。嘉慶六年,王昶在杭州敷文書院講學,兩人多有來往,王昶金石學名著《金石萃編》即爲趙魏手定①。

關中十年,趙魏在仕途上仍然没有任何收穫,但是在金石研究上卻有大的發展。畢沅、王昶的金石收藏、研究與興趣取向,對趙魏當有決定性影響。同時,他又與幕友孫星衍、錢坫、申兆定等學者互相砥礪,見聞日廣②。他四處訪碑的辛苦與所得,在友人們的著作中留下了諸多記載。海寧藏書家吴騫描述他:"短衣匹馬,日往來荒祠叢塚之間,披荆榛,剜苔蘚,甚或臨不測之險,蹈無人之境,狐狸歗於前,虎豹躡其後而不顧,其用心可謂勤矣。"③申兆定云其"親至二華搜求古刻"而成《華山石刻表》④;翁方綱《兩漢金石記》載趙魏在勉縣搨得西狹頌十二行題名寄贈,此本與南宋洪适《隸釋》所載不同,"刻於山石轉角處,下臨深潭,艱於氊椎,故從來無全拓者"⑤。孫星衍後來的名著《寰宇訪碑録》所著碑石有百餘種都注明爲趙魏所藏。錢坫的《十六長樂堂古器款識》

① 參見潘衍桐:《兩浙輶軒續録》卷二九引《古均閣寶刻録》,清光緒刻本。

② 參見《國朝書人輯略》卷六引《墨林今話》。

③ 《御史臺精舍碑題名》吴騫序,《讀畫齋叢書》本。

④ 參見王昶:《金石萃編》卷一一《華嶽廟殘碑陰》引,清嘉慶十年刻本。

⑤ 王昶:《金石萃編》卷一四《李翕西狹頌》引《兩漢金石記》,清嘉慶十年刻本。

中也常提及趙魏的藏品。

乾隆五十年、五十一年,畢沅、王昶先後調離陝西,幕府文士星散。趙魏也在五十一年返回杭州①,參加是年鄉試,然而未能考中。五十六年,同鄉好友黄易時任山東濟寧運河道同知,趙魏曾前往山東盤桓數日。黄易長趙魏兩歲,兩人同有金石之好,應是少時在杭州即已訂交,之後成爲一生好友。趙魏寫給黄易的書信有多封流傳至今,從中可以看到兩人關於金石的各種探討和交流,趙魏晚年窮困時亦常托黄易代其售賣碑搨②。山東金石資源也很豐富,趙魏《竹崦盦金石目録》中所收的《泰山石刻》《魯孝王刻石》等數種山東碑石即這段時間所訪得。

此後,趙魏或許還參加過鄉試。乾隆六十年,阮元爲浙江學政,其《定香亭筆談》卷二云:"仁和趙晉齋魏,博學精於隸古,尤嗜金石文字,歐趙著録不是過也。予試杭州,得其書《牆暗記移花日》一詩,決爲名士,拆卷果晉齋也。"③另一浙江學者張廷濟,少趙魏二十餘歲,云與趙魏於乾隆六十年訂交於杭州試寓④。然而,趙魏卻始終未能中舉。阮元在浙江學政任八年,其間趙魏曾入其幕府,爲其校定書稿,阮元《山左金石志》亦"屬仁和趙晉齋魏校勘"⑤,《七經孟子考文》趙魏亦任校字⑥。他也幫助阮元搜訪碑搨,阮元《兩浙金石記》一書中金石的搜訪及考證就有趙魏的功勞⑦,阮元《積古齋鐘鼎彝器款識》自序云所據藏本薈聚諸家所有,其中據趙魏搨本摹入者即有八十種。趙魏亦曾入知不足齋助鮑廷博校書⑧。

① 王昶乾隆五十一年十月離開陝西,離陝前有詩《被旨授直隸按察使,刻日北行。崔幔亭龍見同書局楊西和倫、馬依墀緯雲、趙晉齋魏、張芑堂燕昌、項金門墉、汪書年、家敦初、朱映湄文藻、李書田賡芸餞行,是夜大雨,賦此留别》。趙魏回鄉應緊在其後。

② 《中國書法》2017年第5期收黄易致趙魏書信三封,該刊第六期收施安昌《書張廷濟録黄小松致趙魏三手札後》,對兩人書信往來稍有考述,可參看。

③ 《國朝書人輯略》卷六引。

④ 參見張廷濟:《桂馨堂集·順安詩草》卷八《趙晉齋竹崦庵圖宋芝山畫石門蔡鹿賓載福寄來索詠》,清道光刻本。

⑤ 阮元:《山左金石記·序》,清嘉慶二年儀徵阮氏小琅嬛僊館刊本。

⑥ 參見阮元:《揅經室集》一集卷二《刻七經孟子考文並補遺序》,《四部叢刊》景清道光本。

⑦ 參見阮元:《兩浙金石記·序》,清道光四年廣州刊本。

⑧ 謝逸《溪堂集》知不足齋本鮑氏跋云:"乾隆六十年八月初五日,偕仁和趙魏恭詣文瀾閣就《四庫全書》本是正一過。"轉引自劉尚恒:《鮑廷博年譜》,黄山書社2010年版,第152頁。

晚年的趙魏似一直在江浙一帶活動,在去世前以售賣碑搨、書籍爲生,其常相往來的友人,有"金石老友"張廷濟。趙魏不時携金石搨本過張廷濟書齋,張廷濟《清儀閣題跋》《清儀閣古器物文》中多次提到趙魏所藏某金石搨本,兩人交流探討,深相契合。趙魏亦嘗向張廷濟表達過"寶祐橋邊一老牛,今爲兒孫作馬牛",行賈之舉乃不得不爾的無奈①。其他一些江浙學者,如曾與趙魏同客畢沅陝西幕中的錢泳,與趙魏時相過從,錢泳也曾感慨趙魏"家貧無以爲食,嘗手抄秘書數千百卷,以之换米,困苦終身"的辛酸②。也有學者對趙魏行賈持負面評價,如蕭山王端履云其藏書皆趙魏與何元錫二人代購③,他慨歎二人皆沾染了書賈作假之習氣,他後來竟至於拒絶二人之售賣。趙魏晚年之困頓、窘迫情形可見一斑。

二、收藏之宏富

趙魏金石收藏的宏富在江浙一帶十分有名。《古均閣寶刻録》稱其"所藏商周彝器款識、漢唐碑本,爲海内第一"④,吴應溶云其"所藏金石文字不下數千百種"⑤,張廷濟謂其"邃於碑版之學,積三千餘種","金石文字三千卷,則甲於東南也"⑥,斌良云其"手摹碑版四千通"。孫星衍《寰宇訪碑録》著録的碑目有近一百五十種注明爲"仁和趙氏家藏""仁和趙氏拓本",《補寰宇訪碑録》亦有二十餘種爲趙魏所藏,其收藏搨本多鈐有趙魏私印、趙氏晉齋、趙魏、晉齋、趙氏金石、竹崦盦、茅齋玩賞、茅屋紙窗筆精墨妙等數種私印⑦。

趙魏的收藏品類豐富,其中以碑版爲大宗,從其《竹崦盦金石目録》中所録千餘種碑目可見,其瓦當收藏亦不少,均爲其在關中數年所得。上文所述國圖所藏秦漢瓦當搨本一册,後有朱文藻題跋云:"乾隆丙午初秋,趙君晉齋從

① 參見張廷濟:《桂馨堂集·順安詩草》卷二《牛符》。

② 錢泳:《履園叢話》卷六"晉齋文學",清道光十八年述德堂刻本。

③ 何夢華和趙魏同鄉,少趙魏二十歲,監生,亦有金石之好。嘉慶初兩人均曾入阮元幕府,相識當在其時。同屬落魄文人。

④ 《兩浙輶軒續録》卷二九引。

⑤ 潘祖蔭:《滂喜齋藏書記》卷一經部史部"宋刻《金石録》十卷"。

⑥ 《桂馨堂集》順安詩草卷八、感逝詩。

⑦ 參見潘祖蔭:《滂喜齋藏書記》卷一經部史部。

關中歸,見其行篋重滯,緘裹甚密,發之皆所得漢瓦當也。逾兩月,以手拓四十番贈予,蓋其中之尤可貴者。其文曰衛……以上凡四十當,大小不一,大以徑五寸爲率,小以徑三寸許爲率……今晉齋收得四十種,過於前人數倍,足以豪矣。”可知趙魏收藏總數當遠超四十種。

先秦古器亦不少,《竹崦盦藏器目》當爲其吉金收藏目録,因此書亡佚,具體情況不明。阮元《積古齋鐘鼎彝器款識》據趙魏搨本摹入者即有八十種①,今輯出如表 3.1 所示。

表 3.1

器名	卷數	器名	卷數
虎父丁鼎	卷一	作父辛彝	卷一
婦女鼎	卷一	册册父乙彝	卷一
立矛父辛鼎	卷一	父癸宗彝	卷一
子荷貝父乙彝	卷一	袁彝	卷一
雕伯癸彝	卷一	好父辛彝	卷一
亞卣	卷一	咎父癸卣	卷一
丁師卣	卷一	已祖乙尊	卷一
百丁彝	卷一	子執旂彝	卷一
鷹父巳壺	卷二	余爵壺	卷二
犧爵	卷二	糸爵	卷二
父癸爵	卷二	父壬爵	卷二
母壬爵	卷二	亞服觶	卷二
子執刀父觶	卷二	乃作器敦	卷二
子持壺鬲	卷二	婦女鬲	卷二
子丁父甲盉	卷二	父辛匜	卷二
子孫父癸盤	卷二	琱戈	卷二
鄭邢叔綏賓鐘	卷三	邾叔鐘	卷三
朿鼎	卷四	乙公鼎	卷四
市師鼎	卷四	叔夜鼎	卷四
羌鼎	卷四	郜季鼎	卷四

① 參見阮元:《積古齋鐘鼎彝器款識》,清光緒刻本。

續表

器名	卷數	器名	卷數
鬲攸從鼎	卷四	頌鼎	卷四
叜尊	卷五	番卣	卷五
伯壺	卷五	彭女觶	卷五
虢叔尊	卷五	尊彝	卷五
羙王彝	卷五	遽伯睘彝	卷五
㠯伯彝	卷五	父丁彝	卷五
楕妃彝	卷五	伯尊敦	卷六
胥妊敦	卷六	邿遣敦	卷六
叔殷父敦	卷六	鄧公子敦	卷六
仲叡父敦	卷六	卯敦	卷六
師酉敦	卷六	留君簠	卷六
伯其父簠	卷六	曾伯霥簠	卷六
單子伯簠	卷六	曼龔父簠	卷六
𣪘父甗	卷六	齊鬲	卷六
永宫鬲	卷六	諸女匜	卷六
般仲盤	卷八	宋戴公戈	卷八
羊子戈	卷八	郱戈	卷八
從戍戈	卷八	方寅戈	卷八
周可伯槍	卷八	周距末	卷八
大吉昌洗	卷九	晉左軍戈	卷十

以上器物,阮元均云據晉齋所藏榻本摹入,間或引述趙魏所論,如,"己祖乙尊"條云:"晉齋云此尊四戟四山,腹足皆夔龍文,間以雷文,制甚華美。""百丁彝"條云:"晉齋云此關中友人搨寄者,名曰百丁,據器制也。""子執旂彝"條云:"晉齋云此器舊名蚩尤六戟彝,據器制也。"

當然,這八十種只是趙魏吉金藏品的一部分,其他學者的著作中也有一些記載。如古鏡,錢泳《履園叢話》中記載,嘉慶二十四年(1819 年),趙魏携一唐代鐵鏡過其門,此鏡"徑六寸許,背有嵌金飛龍兩條,中有字曰'武德壬午年造,辟邪華鑌鐵鏡’十二字,其銘文云:‘☰乾卦。鑌鐵作鏡辟大旱,清泉虔祈甘霖感。魅孽當前驚破膽,服平疫癘莫能犯,雙龍[illegible]略垂長頷,回禄睢盱威早斂。’共四十四字,金色煌然,真奇物也”①。此類藏品還有很多。

趙魏又蓄古錢幣,嘉慶間福建布政使李賡芸云曾在杭州見過趙魏收藏的貨布刀幣古錢數十種②,乾嘉時收藏家倪模在其《古今錢略》中亦載趙魏“多蓄古錢,余所見諸外國品及不知年代品多拓自此公者”③。

然而這些豐富的藏品,在趙魏晚年困頓之際,多用來“换米”,維持生計,在其身後,則“長物盡散”④。

在這些豐富收藏的基礎上,趙魏將自己的研究心得形於著述,目前其著作可知的有:《竹崦盦金石目録》一卷、《御史臺精舍題名》《郎官石柱題名》,今存;《竹崦盦藏碑目》《竹崦盦藏器目》《華山石刻表》《歷朝類帖考》《小學雜綴》《古今法帖彙目》《蜀石經周禮夏官殘碑考》《雁足鐙銘考》⑤,今未見,存佚不知。

三、研究之可貴

以下就今存諸書來看看趙魏在金石考訂方面的研究成就。

一是《竹崦盦金石目録》一卷。此書爲目録類著作。一至三卷爲夏至唐,收金石凡八百三十餘種。其中,夏《神禹岣嶁碑》一種,周《武王銅盤銘》等五種,秦《泰山石刻》等七種,僅列目,無其他説明。漢七十二種,魏六種,吴三種,晉八種,後秦二種,後魏三十四種,西魏四種,東魏十種,梁七種,北齊二十三種,後周三十三種,隋三十二種,唐五百八十五種,梁七種。漢以下始有年月、書體、書撰者等説明,間引《金石録》《金石文字記》等金石著作的記載,或加按語。卷四收宋代碑石四百零五種,卷五收遼四種,金八十五種,元二百四十四種。

---

① 《履園叢話》卷二。

② 參見李賡芸:《稻香吟館集》卷七《金硯雲古錢考跋》,清道光刻本。

③ 《古今錢略》卷三二。

④ 《桂馨堂集》順安詩草卷八。

⑤ 參見《古均閣寶刻録》《清儀閣題跋》《金石學録》等。

此書所著録金石大多見於他書記載，但也有相當一部分首見此書著録，其中，如七十餘種唐代經幢，多數出於陜西，或前之金石著作記載不詳，或未見他書，特别是數種年月已泐，趙魏所記均説明所在、書體、形製，或題名等，這些信息史料價值很高。如，咸寧香城寺經幢一種，趙魏云："正書，八面。記云張廷美自述及眷屬題名，末又有'開元寺青龍院三峰石作'等字。"嚴長明《西安金石志》亦載香城寺經幢，僅云無年月，不知是否一種①。趙魏又載西安城外經幢一種："行書，八面，字體不一，當爲後補刊，讚末云'節用減儲，易書刊石'。"另一在"三原縣東北田村西明寺，行書，上下俱闕，後有贊及社官郤元諒、社禄程瞻、勾當雜事老宿等題名"。又有長安洪福寺楊萬歲所建者，涇陽張鍊所撰正書者，皇甫公諱賓造正書者等數種。唐代的陜西地區是全國佛教中心地區，這些經幢資料，對於研究這個時期佛教的發展或有幫助。

又録華嶽題名唐代有紀年者，共七十二種。每種雖未詳列所有題名，和之前的著録，如《集古録》等僅云人數不列題名，比較起來，趙魏所録是最詳細的。

趙魏所作按語都很簡短，或説明碑石之命運，後周《王□□造觀音像銘》云"余以丙午得西安城南，携歸竹崦庵"。《邑師洪遵等題名》云"在高陵水磨地古廟前，改琢爲門墩石"。隋《□强禮造象銘》云"本在西安，乾隆丙午畢恬溪携歸文登"。唐《尉行忠妻造浮圖並修像銘》云"在金銅座上，丙午得於長安市上肆易，制爲碑，藏竹崦庵中"。有多種爲他書未著，因爲親自訪碑才發現，如唐《沙門德感造觀音像銘》後云："又一像無銘，侍者手執方印，有'滅罪'二字。丙午遊華塔寺，故發其隱。"

或以碑正他書記載、考證之非。如漢《蒼頡廟碑並碑陰》條云："延熹五年正月。《路史》云熹平六年立，《金石略》云光和二年，又云三年。今從碑側記。"又北齊《造丈八大像銘》："天統三年五月十五日，正書，《中州金石記》誤作五年。"又如唐、梵二體書《陀羅尼經幢》，釋海覺書，在咸寧開元寺。嚴長明《西安金石志》、畢沅《關中金石記》均收，畢考幢内梵書與《同文韻統》中番相

① 《(乾隆)西安府志》卷七三。

阿努所製西番字母相同,因定爲元代所刻。趙魏引畢沅所論,繼考云"然書體嚴整,'薩'字不從'產',唐、梵者,唐書、梵書也,當爲唐刻"。因繫於唐末。按《同文韻統》云,唐貞觀中,吐蕃宰相阿努始以西番字譯天竺五十字母①,則據嚴長明所云,此幢正爲唐刻,而非元刻。趙魏所論是。

又如西安府華塔寺唐碑《楊將軍新莊像銘》《虢國公揚花臺銘並序》,楊將軍、虢國公爲宦者楊思勗,前碑立於開元十二年,後碑年月不詳。兩碑《金石文字記》首次著録,然誤虢國公爲虢國公主。朱楓《雍州金石記》著録兩碑,謂後碑既題"揚花臺銘並序",今有序無銘,疑别有銘而遺亡不存。嚴長明《西安金石志》則云兩碑當一時所刻,前碑序,後爲銘。畢沅《關中金石記》同。趙魏則考云:"是碑與《新莊像銘》,《關中金石記》合爲一,余至碑下視之,不可合也。且虢國公《本傳》云東封後加封,考東封在十三年十一月,與前題十二年不合,應置東封後。"趙氏所云虢國公《本傳》指兩《唐書·楊思勗傳》,載其封國公在玄宗東封之後,據《玄宗紀》東封在開元十三年,而《楊將軍新莊像銘》立於十二年。嚴氏等所論有誤。

有兩處抄録時人所説。如唐《濟木薩殘碑》:"今之哈密,唐之伊州也,濟木薩則唐之庭州也。其地當哈密之西北,考《唐書·地理志》,庭州領縣四,一曰金滿。此碑得之濟木薩,而有金滿縣令云云,是今之濟木薩即庭州之金滿縣地,碑爲唐人所刻無疑矣。惜殘破不能考訂年號耳。姑臧府,唐涼州六府之一。乾隆癸卯六月望日,錢坫記。"《晉故散騎常侍驃騎將軍南陽堵陽韓君神道》:"無年月,八分書。余藏拓本'韓'下有'府'字,'君'下有'墓'字,均存右半一二筆,張氏《金石聚》云石在洛陽。庚戌九月,楊寶鏞記。"趙魏與錢坫曾同在畢沅陝西幕府,楊寶鏞又爲趙魏同鄉,所引説法未見兩人目前存世著作,很可寶貴。

二是《御史臺精舍碑題名》一卷。此書收入《讀畫齋叢書》,書前有吴騫序,云:

予友錢塘趙君洛生篤嗜金石,雅有歐趙之癖,往遊關中,蒐漢唐諸碑

① 參見《四庫全書總目》卷四十二經部四十二"《欽定同文韻統》六卷",中華書局1997年版,第567頁。

碣，雖單行隻字，不肯放過。經數年始歸，篋中之富，浙東西收藏家莫之能過也。閏以所録二刻本見眎，乃其手拓之全碑。予反復諦觀，所列姓名，較子函、亭林、竹垞輩所見多十三四，蓋諸家所據以考證者，大抵皆工人拓本，故往往遺漏不全，安能如洛生親至碑下，手摹其文而一字不遺者乎。是編非特可補碑刻之闕，即自唐初至於宣宗之世，上下二百餘年，三院諸司姓名爵秩舉班班可考，其有裨於史傳，豈小補之哉。①

可知趙魏此書作於在陝期間。御史臺爲唐代監察機構，設臺院、殿院、察院三院，由侍御史、殿中侍御史、監察御史任職。御史臺下設臺獄，拘禁犯人。長安初年，臺獄建精舍並立《御史臺精舍碑》，崔湜撰文、梁昇卿追書，意以佛教經義感化罪犯，其碑陰爲三院御史題名近千人，爲研究唐代人物的重要史料。清代此碑存西安府學，有搨本流傳，但“多闕而不全”。趙魏此卷爲首次全録題名，所録題名有 1112 人。趙魏此書的價值，除了吴騫所指出的，趙魏所録較前代學者爲全，可補各家依據摹本著録者之遺舛之外，趙魏此書的價值還在於他所録題名的精確性。著録御史臺題名者，重要的著作還有王昶《金石萃編》，以及趙鉞、勞格的《唐御史臺精舍題名考》，然與趙魏所録相校，亦有不如趙魏精確者。如知雜侍御史題名，《金石萃編》誤“裴冕”爲“裴寃”，裴冕爲唐肅宗、代宗時宰相，曾在御史臺爲官，“裴寃”顯誤；又趙魏所録有“殿中韋□，侍御史張□，鄭繁。□□□子龜□之侍題，大中三年重陽□”，《金石萃編》均缺。趙魏在此題名後云：“右四行題分置於螭首空處，非至碑下，不及見也。”又趙鉞、勞格所録知雜御史竇華、袁澣，據張忱石所考，當依趙魏，爲竇鞏、李澣之誤②。

當然，趙魏所録也偶有錯訛之處，如將監察御史李如璧姓誤爲“張”，但這種錯誤很少。

三是《郎官石柱題名》一卷，收入《讀畫齋叢書》己集。唐世重郎官，官高而要，尚書省左右司郎中、員外郎及六部二十四司郎中、員外郎，當時皆有廳壁記，以記其遷任罷斥之年月，又刻其姓名於左右二石柱。今壁記及右司所統石

① 《御史臺精舍碑題名》卷首。

② 參見趙鉞、勞格撰，張忱石點校：《唐御史臺精舍題名考》，中華書局 1997 年版，第 18 頁。

柱已佚,傳世僅左司石柱。此石柱在清代以前曾經斷裂,清人所見已經重新接續,致拼合錯亂,且年深日久,其題名多已漫漶磨滅。即便如此,仍存留題名3000多人次,爲唐人留下的第一手史料,向來受到唐史學者的重視,其與《御史臺精舍題名》《元和姓纂》被岑仲勉譽爲唐代三大"縉紳録"。

趙魏此書是現存最早著録郎官題名全文的,所録3100餘人次。然而,由於上述石柱斷裂漫漶的原因,趙魏所録題名多有竄亂和闕失。趙鉞、勞格《唐尚書省郎官石柱題名考》以及岑仲勉《郎官石柱題名新著録》《郎官石柱題名新考訂》對其錯誤均有考訂,尤其是岑仲勉兩書,在訂誤、補缺方面創獲甚豐。但是趙魏首次著録之功不可抹殺,至今仍有很高的校勘價值。

趙魏中年以前爲了仕途南北奔波,輾轉幕府,均無所成就;晚年陷於困頓窘迫,又爲生計而行走顯宦之門:其一生可謂窮矣。然而趙魏卻因其對金石的癖好,對經史考據的學術追求,爲其慘淡落拓的生涯增添了些許靚麗的色彩。趙魏的時代,和他經歷相似、生涯寥落者實在太多,趙希璜、申兆定、俞肇修、何元錫、黄景仁、宋保醇……但是這些文士終其一生,對於學術有著不懈追求,均稍具成就,在學術發展史上多多少少都留下了一些印跡。他們的努力薈聚起來,對於學術史的發展無疑是起到了不容忽視的推進作用。

第三節　乾嘉時期陝西學者的瓦當研究

自康熙間林侗遊甘泉宫阯,得漢"長生未央"一瓦,其弟林佶編成《漢甘泉宫瓦記》,被時人譽爲"近日言瓦當文之祖"①,爲清代瓦當研究拉開了帷幕。至乾隆十六年(1751年),朱楓來陝,十年間捜羅瓦當三十餘種,著成《秦漢瓦圖記》一書,可視爲第一部研究瓦當文字的專書,將瓦當研究推向了深入。直到乾嘉時期,陝西學者大力捜訪、著述,使得瓦當研究達到了高峰。

有關這個時期瓦當研究的論文最主要的有兩篇:陳直《秦漢瓦當概述》、

① 《來齋金石刻考略自序》,春暉堂本。

桑椹《乾嘉時期的秦漢瓦當收藏》①。前文全面綜述秦漢瓦當相關問題,主體在瓦當文字的分類釋讀,其他關於瓦當分期、出土地址、著述、藏家、瓦價等亦作了分析,相關著述部分僅做簡單例舉;後文以陝西學者爲主,旁及全國,考述乾嘉時期學者的瓦當收藏情況,對於各家的重要藏品、收藏的原因,瓦當價格前後的波動,瓦當用途、摹搨翻刻等情況都有論及,對於相關著述則未深論。

以下主要討論乾嘉時期陝西學者的瓦當著述,分析其取得的成就。

一、研究瓦當的主要學者與著作

乾隆中期,畢沅、王昶及幕府學者四處搜訪,所獲瓦當數量及種類愈加豐富,研究的深度也日趨深入。畢沅本人的精力更多的是在碑石研究,瓦當雖然收穫不少,但似乎留意不多。收入其《關中金石記》中的僅寥寥幾種,且並未深考;他又專著《秦漢瓦當圖》一書,收瓦當四十種,種類超過了朱楓《秦漢瓦圖記》,其中十二字瓦、鹿甲天下、飛鴻延年、永受嘉福、黃山等數種爲首見著録。每種繪圖,並作四言讚語。其對瓦文的釋讀有的延續朱楓的説法,如衛字瓦,讚云:"六國既滅,咸來於秦。寫仿宫室,將將渭濱。有楚有衛,聞見同珍。"即認爲乃秦所仿衛國宫室之瓦。有的不能確定時代,如蘭池宫當,讚云不知"秦與漢與";"維天降靈延元萬年天下康寧"十二字瓦,僅云"詞偕春永,篆挾華妍",未云何代之瓦。有的釋讀不同於朱楓,如朱楓誤釋爲益壽存當者,畢沅云"八風之臺,壽存之堂,新氏所經",認爲是王莽八風臺壽存堂瓦;平樂宫阿,云"平樂之館,民觀角抵。有卷者阿,輪奂邐迤",認爲是平樂宫瓦,都更可靠些。但是這些都算不上嚴肅的考證,考證似乎並非畢沅撰作此書的目的。孫星衍著有《秦漢瓦當文字》一卷,著録與考論均不出畢沅此書。

王昶《金石萃編》著録秦漢瓦當亦四十種,和畢沅所收種類略有不同,其中寶慶寺瓦當兩種爲首次見於著録。每種題下説明尺寸、圖案,引他書考論之

① 陳直:《秦漢瓦當文字概述》,《文物》1963 年第 11 期;桑椹:《乾嘉時期的秦漢瓦當收藏》,《中國美術》2018 年第 2 期。

畢沅《秦漢瓦當圖》,日本天保九年(1838年)江都書肆印本

語,其中大部分引用自幕府學者申兆定《涵真閣瓦當圖説》、程敦《秦漢瓦當文字》中的論斷。

另外,乾隆時期陝西瓦當研究主要學者還有趙魏、錢坫、俞肇修、宋保醇、程敦、申兆定等。其中趙魏約乾隆四十一年至五十一年在陝,收穫瓦當數目超過四十種,然未見研究著作;錢坫乾隆四十一年至嘉慶五年間在陝,程敦云其購瓦三十餘種,《秦漢瓦當文字》時引其説,如定永奉無疆瓦爲漢太廟瓦。今人陳直云曾見其所著《漢瓦圖録》稿本,其中記録了乾隆時瓦當的價格,然此書今不詳所在①;俞肇修,字竹居,全椒人,生平、學術不詳;宋保醇,號芝山,與趙魏等同時在陝,曾在長安市上購得十二字瓦,又曾贈送翁方綱延年益壽瓦,然亦未見研究著作;趙希璜,字珩父,一字渭川,廣東常寧縣人。乾隆己亥恩科舉人,充《四庫全書》館謄録。乾隆五十一年至乾隆五十三年在陝西,先後爲延川縣令、略陽縣令,後調補河南安陽知縣②,趙希璜在陝西時,與王昶、洪亮吉、錢坫等人來往較密切③,收藏瓦當多種,但他的金石學著作目前僅見一部《安陽金石録》。

① 參見陳直:《秦漢瓦當概述》,《文物》1963年第11期。

② 參見《(道光)重修延川縣志》卷四、《(光緒)重修略陽縣志》卷三、《(道光)長寧縣志》卷七。

③ 參見洪亮吉《卷施閣集》詩卷九《送趙大令希璜之官夏邑即題其三十二峰詩集後》、王昶《春融堂集》卷十四《惠州趙明府渭川希璜》、《金石萃編》卷一九《正直碑》等。

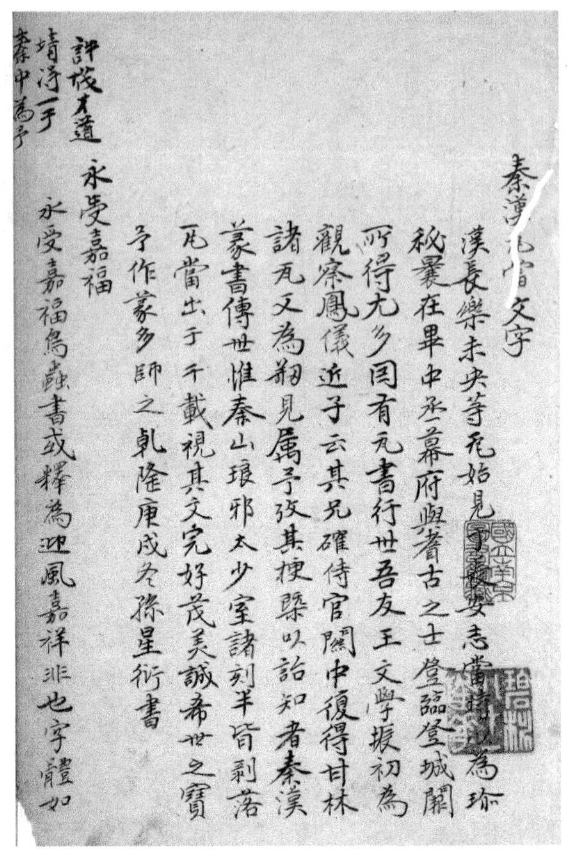

秦漢瓦當文字

漢長樂未央等瓦始見于[illegible]安志當時以為珍
秘囊在畢中丞幕府與耆古之士登臨登城闕
所得尤多因有瓦書行世吾友王文學振初為
觀察鳳儀近子云其兄確侍官關中復得甘林
諸瓦文為翔見屬予攷其梗槩以詒知者秦漢
篆書傳世惟泰山琅邪太少室諸刻半皆剝落
瓦當出于千載視其文完好茂美誠希世之寶
予作篆多師之　乾隆庚戌冬孫星衍書

永受嘉福

永受嘉福為蟲書或釋為迎風嘉祥非也字體如

南京圖書館藏孫星衍《秦漢瓦當文字》，清吴騫鈔本

因此，上述諸學者中有著作流傳至今，並可藉以窺見其時陝西瓦當研究成就的是申兆定《涵真閣秦漢瓦當圖説》與程敦《秦漢瓦當文字》。

二、申兆定與《涵真閣秦漢瓦當圖説》

申兆定（1735—1790 年），字思遠、圖南，號鐵蟾、繩齋，陽曲人。“幼隨父宦遊，流寓南服，善詩歌，工八分、篆籀，能刻畫金石。”①以乾隆二十五年（1760 年）鄉試，出王昶門下。

其入仕情況，據王昶《湖海詩傳》卷二三引《蒲褐山房詩話》云：“圖南少日

① 徐世昌：《晚晴簃詩匯》卷八九引《詩話》。

清羸多病,弱不勝衣,歷官湖南衡陽、河南長葛及陝西大荔、朝邑,均以廉聲著聞,然非其好也。"具體歷官年月,據《清代官員履歷檔案全編》所載,乾隆三十二年(1767年),捐湖南郴州永興縣知縣①。其官衡陽當在此之後。徐世昌《晚晴簃詩匯》卷八九亦載其"官衡陽時,與吴山趙魯莽、江都李雨村及同縣折霽山諸人結冷香亭社,郵筒往來,唱酬極一時之盛"。乾隆四十八年,任大荔縣令②;約四十九年,爲潼關同知③;後官定邊知縣;五十二年後爲朝邑縣令,病卒於任。

其卒年及卒時狀態,紀昀所記十分詳細,云:

> 庚戌秋,在陝西試用,忽寄一劄與余訣。其詞恍惚迷離,抑鬱幽咽,都不省爲何語。而鐵蟾固非不得志者,疑不能明也。未幾,訃音果至。既而見邵二雲贊善,始知鐵蟾在西安,病數月。病瘉後,入山射獵,歸而目前見二圓物如毬,旋轉如風輪,雖瞑目亦見之,如是數日。忽爆然裂,二小婢從中出,稱仙女奉邀。魂不覺隨之,往至則瓊樓貝闕,一女子色絶代,通詞自媒。鐵蟾固謝,託以不慣居此宅。女子薄怒,揮之出。霍然而醒。越月餘,目中見二圓物如前爆,出二小婢,亦如前,仍邀之往。已别搆一宅,幽折窈窱,頗可愛。問此何地,曰佛桑,請題堂額,因爲八分書"佛桑香界"字。女子再申前議,意不自持,遂定情。自是恒夢遊。久而女子亦晝至,禁鐵蟾勿與所親通,遂漸病。病劇時,方士李某以赤丸餌之,嘔逆而卒。其事甚怪,始知前劄乃得心疾時作也。鐵蟾聰明絶特,善詩歌,又工八分,馳騁名場,脩然以風流自命,與人交,意氣如雲,郵筒走天下。中年忽慕神仙,遂生是魔障,迷罔以終。妖以人興,象由心造,才高意廣,翻以好異隕生,其可惜也夫。④

庚戌爲乾隆五十五年,其卒當在年内。又王昶《題申圖南瓦當册》詩悼念

① 參見《清代官員履歷檔案全編》:"乾隆三十二年三月初肆日,臣申兆定山西太原府陽曲縣舉人,年叁拾叁歲,遵豫工例捐知縣,本班先用,今掣得湖南郴州永興縣知縣缺……"

② 參見《(乾隆)大荔縣志》。

③ 《(民國)咸寧長安兩縣續志》卷七"興善寺"條有:"陝西按察使王昶撰記,潼關同知申兆定書"。王昶爲陝西按察使在乾隆四十八年四月至五十年正月間,而四十八年申兆定爲大荔縣令,則爲潼關同知在四十九年。

④ 《閲微草堂筆記》卷八。

申兆定云:“秋風汾水隔雲天,不分新塋宿草纏。三十年餘如一夢,摩挲殘墨更淒然。(君以乾隆庚辰鄉試,出余門下。)”自乾隆庚辰(二十五年)至五十五年正三十年,則其卒當在五十五年。

申兆定著《涵真閣漢碑文字跋》《涵真閣秦漢瓦當圖說》,今已佚。前書,據《蒲褐山房詩話》云:申兆定“工分書,遇有漢魏碑碣,必於斷缺尋其點畫,凡偏旁波磔反覆考證,臨摹數十過乃已。所撰《涵真閣漢碑文字》,如郙閣頌、張壽景君諸碑跋,皆精深詳審,以訂《隸釋》、《隸辨》及《金石圖》之異同,故當自成一書,獨有千古。”所論今見於《金石萃編》所引者僅四則,或以證史(《敦煌太守裴岑紀功碑》),或辨《隸辨》之誤、述碑殘泐之狀(《華嶽廟殘碑陰》),或品評書法(《司隸校尉楊淮表記》),或考證碑字(《武都太守耿勳碑》),可略窺其說。

《涵真閣秦漢瓦當圖說》,據王昶《湖海文傳》卷七五雜著收申兆定《瓦當跋》,當即此書之跋。云:

> 瓦當文字見之記載者,僅羽陽千歲、延年益壽及長樂未央七瓦而已。國初侯官林吉人獲長生未央一片於甘泉故基,一時海内詩人詠歌殆遍。乾隆初朱排山楓以其子家濂官陝,得瓦三十片,搨而爲譜,自此瓦當文字始有成書。然亦僅十餘種。予自乙巳以來,陳情多暇,交遊如仁和趙文學晉齋、嘉定錢别駕獻之、全椒俞上舍竹居,率皆鋭志冥搜,各獲瓦若干。予雖不及數君之勇,而摹倣之功有非數君所及者,故數君所有,予悉有之。既而錢、趙兩君南下,予與竹居尚滯關中,買碑之餘,兼之買瓦,又得若干。爰芟其重複,彙搨一紙,凡得三十種,示錢、趙諸君不可謂不富矣。然竹居嗜古,日益孜孜好事,如予又不能不望其有所增益也。

先論乾隆以前之瓦當研究狀況,復述乾隆四十九年(乙巳)以來,與趙魏、錢坫、俞肇修搜索瓦當之情形,對自己模仿之功頗爲自得。此書當收瓦三十種。據《金石萃編》所引,則有衛字瓦、蘭池宫當、長樂未央、長生未央、億年無疆、延年益壽、千秋萬歲、與天無極、永奉無疆、高安萬世等。又孫詒讓《籀廎述林》卷七《魏鄴宫殘專拓本跋》云其書有十二字瓦。

申兆定所論多有破前人之成説者。如衛字瓦,申兆定云:

> 朱氏云衛字瓦當秦爲衛作宫室之瓦也。予得一片,字殊不佳,製作亦

> 劣。友人處觀其五,大小精粗亦不一,且有庸劣而近隸體者。祖龍之世,不應簡陋若此。按漢書未央、長樂、甘泉、建章諸宫皆有衛尉一人,掌宫門衛士,公車、司馬令、大誰長令、衛士令、衛士長衛、候衛、司馬、旅賁令、丞、尉、主簿等二十二官皆屬焉。考宗正都司空、上林農官之屬,皆有瓦當。則衛尉寺近在宫掖,亦應各有題字。豈精者爲秦作衛國公室之瓦,餘爲衛士屋宇之瓦歟?①

其考衛字瓦爲衛尉寺瓦,較之朱氏、畢氏等附會爲秦仿衛宫室之瓦,更爲可信。又長生未央、長樂未央兩瓦,從朱楓以來均視作長樂宫、未央宫瓦,申兆定則認爲朱氏説法"未免過",過於拘泥。實則前人因所見較少,僅根據出土地來判定該瓦由來功用,難免有局限。就後來瓦當出土情況來看,這兩類瓦文極爲常見,並非僅兩宫故基所有,程敦乃認爲其取吉語語義。和這種情況類似的,還有億年無疆、延年益壽、永奉無疆等瓦,申兆定考定其爲某宫室之瓦,實際上也屬於拘泥過甚。

又王昶《題申圖南瓦當册》詩云"晚向涵真高閣裡(君有《涵真閣金石記》),獨携石墨自鐫華。"不知此《涵真閣金石記》爲另一著作,還是王昶合兩書而概説。

申兆定在當時最有名的是其僞造瓦當的技術之高明,逼真到了可以以假亂真的程度。陳直云曾見其仿刻一瓦,極粗黑,懷疑當時人稱之,乃因"學者足未涉齊秦之地,手未拂瓦礫之塵者,往往爲其所蒙蔽。"桑椹亦附和其説②。然稱申兆定僞造工巧者,並非僅外地未涉秦未見真瓦之人,如王昶、程敦等曾在陜,收藏、研究多有成就的學者,亦盛贊其僞造之工。《金石萃編》卷二二云:"其時舊朝邑令陽曲申君兆定亦深好古篆籀之文。得瓦之多不及三君。然一瓦出即用舊磚摹放其字,能使豪髮無差繆,雖塵坌滿前,錐鑿之聲丁丁,達夜分不息,不自以爲苦也,以故三君所得瓦苟有異文奇字,申君皆放而弆之,靡有遺者。"又《題申圖南瓦當册》詩云"模寫推君仿古工"。程敦《秦漢瓦當文字》曾將其多種仿本收入。因此,他們的説法更可靠些。只是申兆定僞造的

---

① 王昶:《金石萃編》卷四引。

② 參見陳直:《秦漢瓦當概述》,《文物》1963 年第 11 期;桑椹:《乾嘉時期的秦漢瓦當收藏》,《中國美術》2018 年第 2 期。

瓦當太多，精者多有，劣者亦當不少，陳直所見或恰爲其中極劣者。

又據張廷濟《清儀閣題跋》云："《公乘伯喬》《羅鳳墓闕》《永初官塹》三文，洪氏書皆載之，此拓三紙，仁和趙晉齋魏竹崦盦物，係顧南原藹吉舊藏。乾隆五十三年戊申季冬，太原陽曲申兆定鐵蟾出金石小品十種，畀錢唐何元錫夢華摹勒於南昌縣學。此爲十種之三，蓋申從趙鉤取故，故用'鐵蟾雙鉤過之'印也。"則申兆定乾隆五十三年曾委託何元錫於南昌縣學摹勒金石小品十種，此處所云三種《公乘伯喬題名》《貞女羅鳳墓闕》《永初官塹》均爲漢代隸書石刻。李遇孫《金石學録》"何元錫"條載其摹勒三刻於南昌儒學。據張廷濟所云則知原爲申兆定雙鉤之作。另外，申兆定乾隆五十一年曾翻刻《裴岑紀功碑》，此碑現藏西安碑林。

從其翻刻、雙鉤、仿製瓦文等，可見申兆定精於篆隸書法。趙希璜《輓申鐵蟾明府》詩云："君身墮地爲騏驎，崧高維嶽嶽降神。説詩遠宗卜子夏，變隸體淩王右軍。上谷次仲化大鳥，下邽程邈成專門。先生一一領其要，創意造極何停匀。南遊衡嶽摘星斗，睥睨屈賈空煩冤。"就有對他書法精妙的讚歎。

三、程敦與《秦漢瓦當文字》

程敦《秦漢瓦當文字》則是將瓦當研究推向深入的典範著作。

程敦，字厚孫，號彝齋，安徽歙縣人。其生平見於文獻記載的很少，能夠勾勒出來的只有兩個時期。一是其少年時代。據鄭虎文《程彝齋文題辭》云：

> 槐塘程生敦，少嘗客蘇杭閒，從其賢士大夫遊。好子史百家之言，而薄制科文爲不足學，超然有高世之志。歸而讀不踈園主人汪君在湘《西湖紀遊》，心折曰："不意柳州近出吾里。"遂往師在湘。在湘固嘗受經學於婺源江氏永，受古文法於桐城劉氏大櫆，茲土之學者也。既見生，大嗟賞之，復進生於余，學爲制科文。余老病荒陋，無以益生也，而生終不喜作時文，時强之乃作，作輒離奇變滅，絶出筆墨町畦之外，非埋頭兔園册子者胸腹閒物。世故目生狂者，余曰：生不狂，生其狂於文者歟。一年在湘病殁，屬課其幼子於生，生遂去，故所得止此。嗚呼，在湘可謂知人能得士矣。①

① 《呑松閣集》卷二七。

由此文可知,程敦少時負才有狂名,工古文辭,而不喜科舉時文,有超越世俗之處。師從汪梧鳳,字在湘,號松溪,亦歙縣人。汪梧鳳一生無意仕途,經學師事徽派樸學創始人江永,古文則師從桐城派學者劉大櫆,又常與戴震、鄭牧、金榜等論學,著有《松溪文集》。汪梧鳳雅善文辭,程敦讀到的《西湖遊記》一篇尤爲人稱讚,寫難狀之景歷歷如在目前,風格近於唐柳宗元的山水小記,因此程敦有"不意柳州近出吾里"的感歎。汪梧鳳對於程敦亦極爲看重,他曾對次子汪灼說:"異日成吾志者敦也,吾爲若得良友矣。"汪灼生於乾隆十三年(1748 年)①,程敦與之年歲相仿,亦當生於是年前後。

汪梧鳳推薦程敦從學的鄭虎文,字炳也,號誠齋,浙江秀水人,乾隆七年(1742 年)進士,官至翰林院贊善,著有《吞松閣集》,晚年曾主徽州紫陽書院以及杭州紫陽、崇文兩書院。程敦所入者或爲徽州紫陽書院。汪梧鳳本希望程敦從鄭虎文學習時文以應舉,然而程敦卻並不喜歡這種有嚴格規範約束的八股時文。或許正因爲此,程敦一生並未參加過制舉考試。程敦從鄭虎文學習僅一年而汪梧鳳卒,時乾隆三十六年(1771 年)②,程敦遂歸汪家教授汪梧鳳之幼子。

因此,程敦在乾隆三十五年(1770 年)之前數年間受業於汪氏,三十五年至三十六年間師從鄭虎文。程敦在汪氏卒時年約二十四五歲,之後十餘年間,行蹤不詳,或一直在汪家坐館。

之後可以略知的是其在陝西的十餘年,程敦自云"乙巳、丙午間,敦客西安"③,乙巳、丙午乃乾隆五十(1785 年)、五十一年(1786 年)。然其記憶或有誤,王昶有《蘇文忠公生日,秋帆中丞招企晉、東有、友竹、稚存亮吉、淵如、敦初、家半庵開沃、程彝齋敦,集終南仙館作》詩④,據此詩題,程敦與王昶等與畢沅在西安之終南仙館宴集唱和,蘇軾生日在十二月十九日,而畢沅乾隆五十年三月已調任河南巡撫,離開西安,則此次宴集最晚在乾隆四十九年(1784 年),那

① 參見朱宏盛:《徽州詩經學史》,黄山書社 2018 年版,第 360 頁。

② 汪梧鳳事參見汪中:《大清故貢生汪公墓誌銘並序》,載汪中:《述學·別録》,《四部叢刊》景無錫孫氏藏本;鄭虎文:《吞松閣集》卷三五《汪明經松溪行狀》。

③ 《秦漢瓦當文字·序》。

④ 《春融堂集》卷一八。

麼程敦乾隆四十九年十二月前已到西安。又據其《續秦漢瓦當文字·序》"著録成於乾隆丁未……自敦稽留於此,又踰七年"云云,則其乾隆五十九年(1794年)仍在陝。則程敦前後居陝或十餘年。此後行蹤亦不詳。

其朋友圈,除了陝西諸文士之外,還有楊蓉裳、翁方綱、阮元等人。《秦漢瓦當文字》成後,曾寄楊蓉裳請教。翁方綱《程彝齋書劍小像二首》:"蘭亭落水好情懷,手抱陳編孰與偕。千古風流傳不出,眼前又見一彝齋。予號彝齋,而喜臨蘭亭,意欲畫趙彝齋抱帖獨立之景,故嘗篆題所臨落水蘭亭卷前四字云:又一彝齋。冒雪披裘有得乎,沉吟把卷未操觚。夫襓琫珌羅倉雅,合入先生釋器圖。程君撰《禮經釋器》。"①程敦著作除《秦漢瓦當文字》之外,據翁方綱詩云尚有《禮經釋器》,今不見。阮元《積古齋鐘鼎彝器款識》,其所收戈柣鼎、叔廲鑊鼎、陽鼎三器,乃據程氏關中搨本摹入②。或即其《禮經釋器》所收。

《秦漢瓦當文字》一卷、《續》一卷。其著書緣由,書中所收程敦兩篇自序説得很清楚。作於丁未即乾隆五十二年的自序云:

> 乙巳、丙午間,敦客西安,友人仁和趙文學魏愛搜集古金石銘識,獲瓦二十餘,獨珍秘之,不輕示人。既而嘉定錢别駕坫亦出重值購瓦三十餘,以與趙君相抗。厥後兩君皆去,全椒俞太學肇修耽好尤甚,故獲瓦四十餘爲獨多,三人各爲拓本,皆有識别,不相紊也。其時舊朝邑令陽曲申君兆定亦深好古篆籀之文,得瓦之多,不及三君,然一瓦出,即用舊磚摹放其字,能使豪髮無差繆,雖塵坌滿前,錐鑿之聲丁丁,達夜分不息,不自以爲苦也。以故三君所得瓦,苟有異文奇字,申君皆放而弆之,靡有遺者。敦與四人者皆友善,是以有其拓本特備。先是,鎮洋畢公巡撫陝西,著《關中金石記》,采瓦當文字十餘入《記》中。幕府之士若吴縣張舍人塤獲長毋相忘瓦,安邑宋學博葆醇獲十二字瓦,後俱携入都門,一時名公鉅卿皆争先睹爲快。久之,青浦王公來爲廉訪,亦獲瓦十餘,而海内通博之士,依兩公以遊陝者,歲不乏人,亦往往獲瓦以去。若錢、趙諸君乃其最著者也。逮兩公相繼遷移,而諸人皆已星散,瓦當之後出者率爲申、俞二君所有。

① 《復初齋詩集》卷二五。

② 阮元:《積古齋鐘鼎彝器款識》卷四。

近亦不可多遘,蓋物之顯晦有時,誠有莫知其然者。敦以諸瓦聚之不易,無所記載,久恐散亡,爰剌取其文之不同,迄文同而字異者,都爲一卷,每文之下著所從獲。但拓本有真有放,真本已不可得,則取放本足成之,亦著明焉。更爲覆檢群籍,知秦漢宫殿門觀所施,用以遺世之嗜古者,題爲"秦漢瓦當文字",而目不著秦漢字者,蓋疑以傳疑,不敢以臆見斷也。乾隆歲在强圉協洽、月名極如、已亥朔越二日、日躔降婁之次,歙人程敦著録於臨潼横渠書院。

趙魏、錢坫、俞肇修、申兆定先後在陝,收藏瓦當較多,而申兆定又善仿造,他人所有皆能仿製。程敦因與四人皆友善,因此瓦當搨本多得自四人,收藏亦富。因歎諸瓦聚之不易,而著此書記載。縮印每瓦搨本,説明所出,考訂瓦文。書成於乾隆五十二年,初刻於臨潼横渠書院,收三十四瓦,一百餘種。此後程氏陸續又有所獲,遂在此本基礎上不斷遞修增刻。至乾隆五十九年,修訂重刻,又將五十二年以後所獲二十五瓦單獨成《續秦漢瓦當文字》一卷,序云:

著録成於乾隆丁未,維時得瓦爲至多,但其中往往有仿本未獲原文者。自敦稽留於此,又踰七年,每加搜録,漸次更换,始無一瓦仿。所至所得之地,可以考證瓦文,有初不知而後知之者,亦於説中著明年月而改正之。外次更得異文之瓦二十有餘,爰爲續目於左,不重加編録者,以後此能續若干,尚在不定之數也。甲寅八月望後一日,程敦又識。①

則五十九年刻本是一個修訂本,一是將初刻本中所收多種申兆定仿本以真本换去,二是對釋文和考證作了修訂。

目前所見此書版本共有兩種,一爲乾隆五十九年刻本,一爲咸豐四年朱克敏重裝本。

乾隆五十九年本,《秦漢瓦當文字》一卷,收瓦三十四,釐爲上、下;收有程敦丁未年(乾隆五十二年)自序、程敦與孫星衍書、鄭際唐與程敦書。《續》一卷,收瓦二十五,書前有程敦甲寅年(乾隆五十九年)序。

朱克敏重裝本的情況比較複雜。朱克敏字時軒,號遊華山人、太華山人

① 《續秦漢瓦當文字·序》。

程敦《秦漢瓦當文字》,乾隆五十二年刻本

等,甘肅皋蘭人,生於乾隆五十七年,卒於同治初。道光七年至八年,遊學西安。十年,再次入陝。十二年至十六年之間,曾在藍田玉山書院講學、任山長,後歸甘肅。《秦漢瓦當文字》應是其在西安時購得,藏於篋中數年。朱克敏似對所藏此書頗爲自得,多次邀請人同觀,此本中有其手書識語數則,有的爲邀人同觀此書的記載,一云"戊申(道光二十八年)夏日,同河南李石生觀於皋蘭縣署神仙洞中",又云"戊申暇日,同徐小山世叔、李石生同硯觀於樂天山房"。其在陝數年,當購置瓦當數種,因此書中亦有數條識語記録自己在陝購置某瓦的情況,如延年益壽瓦圖下云:"嘉慶十八年癸酉鄉試,得於長安好古書室。"至咸豐四年,朱克敏將此書重裝,書中有裝後自題曰:"咸豐四年甲寅巧日時軒重裝。""咸豐四年甲寅秋七月,重裝於樂天山房西花亭,重遊太華山人朱克敏記,時年六十有三。"

重裝的原因,或因年代久遠,此書漸有殘泐,朱氏遂將部分殘泐文字手書補齊,但其所書文字和原文已有差異。又或因翻閱頻繁,導致書葉散亂,而重裝時,書葉時有竄亂,如永奉無疆、億年無疆兩種未按書前目録順序編排;衛字瓦兩次出現,第二次出現時考證文字僅存半葉,九圖僅有六圖,且混入了上林

《秦漢瓦當文字》,朱氏本

瓦三圖;長生未央瓦、與天無極瓦均出現兩次,後一次則無一字説明。另外朱本在目録、序文之後,正文之前,又有一目録,“秦漢瓦當文字一卷上”“秦漢瓦當文字一卷下”,“下”之目溢出書前目録範圍,似爲《續》之内容。書前目録三十四瓦,起十二字瓦,終八風壽存當。正文則八風壽存當以下,又有二十餘瓦,當爲程敦所云乾隆五十二年後所續得之瓦。又朱氏重裝時似將每葉裁爲兩個半葉,再拼合裝訂,絶大部分書葉無版心。然長生未央、與天無極瓦、衛字瓦圖重複出現時,卻有幾葉是整葉的形式,版心可見,刻有“秦漢瓦當文字上”“秦漢瓦當文字下”字樣。

雖然朱本呈現出如此複雜的樣貌,但是其與乾隆刻本内容上的差異,卻正可以看出程敦對此書多次修訂的過程。

首先,兩本的差異可以看出在乾隆五十二年初刻與乾隆五十九年重刻本之間還有數次增刻。

此書附有鄭際唐給程敦的信。鄭際唐字大章,號耘門,侯官人,乾隆三十四年(1769年)進士,五十二年爲山西學政。是年二月,程敦著成《秦漢瓦當文字》,寄以就教。鄭氏的回信中對“鳥蟲書四字瓦”的釋文提出了異議,此瓦程敦釋爲“迎風嘉祥”,而鄭氏認爲應釋爲“永受嘉福”。程敦接受了鄭氏的看法,遂將此信刻於目録之後。在乾隆五十九年刻本此瓦的考訂中,程敦先云已釋爲“迎風嘉祥”,次引鄭説云:“及此書著録已成,適鄭耘門閣學督學山西,寄以就正,復書解爲永受嘉福,其説遂定。因附刊其説於卷首,不敢掠美也。”

但在朱氏重裝本中,此瓦仍釋爲迎風嘉祥,並未提及鄭氏之説,而在屬於“續”的部分又收録了此瓦另一種異文,依然釋爲迎風嘉祥,但在文首加了一句“鄭學士耘門先生與敦書云永受嘉福”。由此可以推測,朱氏所藏本當早於乾隆五十九年本,介於乾隆五十二年刻本與五十九年刻本之間,當爲程敦乾隆五十二年刻成之後,又陸續修訂增刻,鄭氏書信及“鄭學士耘門先生與敦書云永受嘉福”一句,即爲增刻内容。

又如長毋相忘瓦的考訂,朱氏本先云搨本爲“申朝邑從張舍人拓本放出”,末又云:“乾隆戊申六月,俞太學訪得真瓦於長安賈人,遂將放本易去。”末句所云顯然爲乾隆五十二年初刻之後第二年戊申六月(五十三年)所增刻。而五十九年本云“遍訪數年不獲,因以張舍人所拓本仿爲之。乾隆戊申六月,得於淳化縣北鉤弋夫人雲陵”,則又爲五十九年的修訂之説。

另外,朱氏本收一瓦,前後重出,前文釋爲“樂當大萬”,後乃釋爲“大萬樂當”,考論文字前後亦稍有不同。而乾隆五十九年本此瓦爲《續》之第一種,釋爲“大萬樂當”,考證與朱氏本後一種相同,亦可證所謂“大萬樂當”爲後之增刻。

因此,此書於五十二年刻成,之後陸續遞修,未改動原版,僅增刻了一些内容。朱氏本就是這個過程中的一個遞修本。而上述“上”“下”的標識,或許初刻之後、五十九年重刻之前,曾將陸續所得與前刻分爲上、下而刊刻過,大概因爲上三十四瓦,一百餘種,下僅二十五瓦(種),篇幅懸殊,因此在乾隆五十九年重新編排,將三十四瓦釐爲上、下,後得之二十五瓦編入《續》,重新刊刻。

其次,程敦主要從兩方面作了修訂,一是瓦圖的置换添加。如,長生未央瓦,朱氏本收十七種,乾隆五十九年本收十九種,數量增加了兩種,然瓦圖已大不相同,相同者僅三種。當即程敦所云以真本换掉了仿本。又如,都司空瓦,朱氏本收三圖,實爲一種,五十九年本則删爲一種。

瓦文考證上,爲方便討論,現將兩本不同之處列出如表 3.2。

表 3.2

	朱氏本	乾隆本
長毋相忘瓦	右長毋相忘瓦一,申朝邑從張舍人搨本放出,長安賈人云得於漢城,此瓦不知所施,敦疑爲後宫殿瓦。《漢書·班婕伃傳》云爲婕伃居增城舍,應劭曰:後宫有八區,增城第三。《三輔黄圖》云,武帝時後宫八區,有昭陽、飛翔、增城、合歡、蘭林、披香、鳳皇、鴦鸞等殿,長毋相忘者,或即合歡、鴦鸞之屬殿瓦銘與。然《長安志》引漢宫殿名有相思殿,不知所在。又《漢書叙傳》有宴昵殿,張晏曰,親戚宴飲會同之殿也。瓦銘四字,亦類此等,存以俟考焉。 乾隆戊申六月俞太學訪得真瓦於長安賈人,遂將放本易去。	右長毋相忘瓦一,遍訪漢城數年不獲,因以張舍人所搨本仿爲之,乾隆戊申六月得於淳化縣北鉤弋夫人雲陵,始將仿本易去,考《漢書·昭帝紀》,追尊趙婕伃爲皇太后,起雲陵。文穎曰:婕伃先葬於雲陽,是以就雲陽起陵,此瓦當是武帝葬婕伃時所製也。
鳥蟲書四字瓦	右四字瓦,俞太學得於長安市肆,即鳥蟲書書幡信者。太學以《漢書·董賢傳》云賢女弟爲昭儀,位次皇后,更名其舍爲椒風,以配椒房,據此釋爲椒風嘉祥云。椒字作尗反書,風字上加虎形,取易風從虎之義。錢别駕寓書和成其説。敦謂椒字即作尗反書亦不類,風上虎形取易義亦太穿鑿。案《漢書·揚雄傳》云,甘泉本因秦離宫,而武帝復增通天、高光、迎風宫。據此當即迎風宫瓦也。迎字小篆作[illegible],與首一字相似。風字上著蟲形,此篆每每如是,不必取易義也。嘉祥二字甚明白,然筆畫亦有所加增,又何取義耶。姑存二説,以俟能者擇焉。	右四字瓦,俞太學得於長安市肆,即鳥蟲書書幡信者。太學以《漢書·董賢傳》云賢女弟爲昭儀,位次皇后,更名其舍爲椒風,以配椒房,據此釋爲椒風嘉祥云。椒字作尗反書,風字上加虎形,取易風從虎之義。錢别駕寓書和成其説。敦又因《漢書·揚雄傳》有迎風宫,釋爲迎風嘉祥。及此書著録已成,適鄭耘門閣學督學山西,寄以就正,復書解爲永受嘉福,其説遂定。因附刊其説於卷首,不敢掠美也。
衛字瓦	右衛字七瓦,趙、錢、俞、申四君皆有之,皆得自漢城。《秦漢瓦圖記》云"《史記》秦每破諸侯,寫放其宫室,作之咸陽北阪上。又《長安志》云瓦作楚字者,秦瓦也,秦作六國宫室,用其國號以别之。今衛字瓦當時秦作衛國宫室之瓦"云云。敦疑爲不然,若衛字爲秦宫瓦,當得自咸陽北阪,不應得自漢城。又不應七瓦爲字大小及輪廓、文飾各異。考《漢·百官表》,衛尉,秦官,掌宫門衛屯兵。顔籀注引《漢書儀》,衛尉寺在宫内。胡廣云主宫闕之門内,衛士於周垣下爲區廬。區廬者,猶今之仗宿屋也。據此,則衛字瓦當即衛尉寺並宫内周垣下區廬瓦也,故形製大小不同如此。若楚字瓦,今不可見,當爲秦放楚國宫室瓦無疑與。	右衛字九瓦,趙、錢、俞、申四君皆有之,皆得自漢城。《秦漢瓦圖記》云"《史記》秦每破諸侯,寫放其宫室,作之咸陽北阪上。又《長安志》云瓦作楚字者,秦瓦也,秦作六國宫室,用其國號以别之。今衛字瓦當時秦作衛國宫室之瓦"云云。敦疑爲不然,若衛字爲秦宫瓦,當得自咸陽北阪,不應得自漢城。又不應衛字獨如此之多,他國反無所見。考《漢·百官表》,衛尉,秦官,掌宫門衛屯兵。顔籀注引《漢書儀》,衛尉寺在宫内。胡廣云主宫闕之門内,衛士於周垣下爲區廬。區廬者,猶今之仗宿屋也。據此,則衛字瓦當即衛尉寺並宫内周垣下區廬瓦也,故形製大小不同如此。若楚國宫室瓦,今不可見,而有甘林,恐不知篆文者,倒認爲楚字耳。而朱氏引《長安志》云云,亦誤以《志圖》中語爲《志》也。

續表

	朱氏本	乾隆本
宗正官當	右宗正官當一，申朝邑得於漢城。考《漢書·高帝紀》七年二月，置宗正官以序九族。又《百官表》宗正，秦官，掌親屬。又《史記·文帝紀》正義，漢置九卿，七曰宗正。又應劭説周成王時，彤伯入爲宗正。是宗正猶不始於秦也。	右宗正官當一，申朝邑得於漢城。考《漢書·高帝紀》七年二月，置宗正官以序九族。又《百官表》宗正，秦官，掌親屬。又《史記·文帝紀》正義，漢置九卿，七曰宗正。此其署瓦也。
冢當萬歲	右瓦俞太學得於鳳翔，文曰冢當萬歲，篆法輭美，非漢人所及，蓋先秦墓舍間物。書闕不載，蔑所徵矣。有讀爲萬歲冢當者，然瓦背之跡具存，歲冢二字在其上方，故不可倒讀也。	右瓦俞太學得於鳳翔，文曰萬歲冢當，篆法輭美，非漢人所及，蓋先秦墓舍間物。書闕不載，蔑所徵矣。
大萬樂當	右瓦文曰樂當大萬，俞太學得於汧隴之交古隃麋地，乃神祠瓦也。 萬，舞名也，《詩·邶風·簡兮》傳云以千羽爲萬舞，謂之大萬者，凡樂皆以大稱。《周官·大司樂》云《雲門》《大卷》《大咸》《大磬》《大夏》《大濩》《大武》，又漢亦稱大樂官，後漢改大予樂，皆稱大也。樂當大萬者，指樂舞極盛而言，萬舞即八佾之舞，非尋常神祠所可用，故以爲稱。《漢·地理志》云隃麋有黄帝子祠，豈即其祠瓦與。	右大萬樂當，出漢舊城。 萬者舞名，《詩·邶風·簡兮》傳云以千羽爲萬舞，謂之大萬者，凡樂皆以大稱。《周官·大司樂》云《雲門》《大卷》《大咸》《大磬》《大夏》《大濩》《大武》，又漢亦稱大樂官，後漢改大予樂，皆稱大也。此當即大樂官署瓦。
鳥蟲書四字瓦	鄭學士耘門先生與敦書云永受嘉福。 右鳥蟲書迎風嘉祥瓦文。説皆已見前，此更擴大，而中無十子界格，以一小點作中心，字跡差有不同，篆法又益茂美。陝西糧儲觀察建昌顧公令子旭莊讀書嗜古，此及仁義自成瓦皆以重值購得於漢城。瓦當文字所出之多，以此時爲最，雖云奇古之物不終掩没，然亦二三君子有以振興之也。	右鳥蟲書永受嘉福瓦文。説皆已見前，此更擴大，而中無十子界格，以一小點作中心，字跡差有不同，篆法又益茂美。陝西糧儲觀察建昌顧公令子旭莊讀書嗜古，此及仁義自成瓦皆以重值購得於漢城。瓦當文字所出之多，以此時爲最，雖云奇古之物不終掩没，然亦二三君子有以振興之也。
大字瓦	右大字瓦一，俞太學得於漢城。此與前有萬憙三字瓦，皆不知所施也。	右大字瓦一，俞太學得於漢城。説見金字瓦下。
右將瓦	右瓦爲右將二字，申朝邑獲於長安市肆。考《漢·百官表》，即掌守門户，出充車騎，屬官中郎有五官，左右三將，秩皆比二千石。	右瓦爲右將二字，申朝邑獲於長安市肆。考《漢·百官表》，即掌守門户，出充車騎，屬官中郎有五官，左右三將，秩皆比二千石。據此，其右將署瓦與。

通過上表比較兩本可知,程敦對初刻所作修訂,一類是因前所得爲仿本,因此不能考定瓦文,後得真本,遂刪去以前不確定之語。程敦考訂瓦當功用的一個關鍵根據就是出土地,因此瓦之真仿、是否知道出土地直接影響到考訂結論。因初刻所收很多仿本,無法確定出土地,瓦之所施、用途難以確考,因此初刻考訂時不確定之語稍多。後訪得真瓦於某地,遂刪去以前之猜測,而得出肯定的結論。如上文提及的長毋相忘瓦,乾隆五十二年得申兆定仿製之本,不知其所出,雖疑爲後宫殿瓦,且據《漢書》《長安志》等考爲漢後宫宫殿瓦,然疑不能定。次年因俞肇修得真瓦於長安賈人,遂得易去仿本,然仍不知具體所出,因此只增刻一句説明。後又訪得真瓦於雲陵,出土地既定,遂定之爲趙婕伃雲陵瓦。

又如大萬樂當瓦,程氏先釋爲"樂當大萬",考萬爲舞名,樂爲大樂官,然以瓦得於隃麋,因定爲神祠瓦,而强解瓦文意爲樂舞極盛之狀。後又得瓦於漢城,遂得以推翻前説,而定爲大樂署瓦,釋爲"大萬樂當"。

另一方面的修訂是針對初刻釋文中訛誤以及考論不夠精當之處。

釋文有誤的,如上述鳥蟲書四字瓦,此瓦俞肇修、錢坫釋爲"椒風嘉祥",而程敦釋爲"迎風嘉祥",以《漢書》有迎風宫,又篆字類迎風,然疑不能定,以兩説並存。後得鄭際唐書,鄭氏引《説文解字》等書從字形上辨其爲"永受嘉福",且認爲瓦文多吉祥語,未必皆宫殿名。程敦遂接受鄭説而對考論作了修改。

考論不精的,如衛字瓦。此瓦朱楓《秦漢瓦圖記》考其爲秦瓦,云秦平六國後,仿六國宫室於咸陽,則此爲衛國宫室瓦。程敦則駁朱説之非,認爲是漢衛尉寺瓦,其關鍵性證據即以趙、錢、申、俞所得此瓦皆出漢城,而非咸陽。初刻本中又説到各瓦文字大小、形製、輪廓各異,若爲衛國宫室瓦,則應一致。後來修訂時將此句刪去,或因這一點並非必然。而又提出疑問,若有六國宫室瓦,爲何衛字瓦多見,而他國瓦無所見。則對朱楓之説是有力反證。下又附論楚字瓦,初刻本中已云未見此瓦,卻又確定其爲秦作楚國宫室瓦,正與前論相矛盾。因此重刻時,刪去此爲楚國宫室瓦之説,認爲楚字或爲人對篆書"甘林"二字之誤識,雖然無據,然不損前論。因此後之修訂論證完整,較前精當。

又宗正官當,前考瓦文中宗正官及宗正所掌,後引應劭説宗正不始於秦。修訂時則删去應劭説一段,或因其與瓦文關係不大。

《秦漢瓦當文字》將瓦當研究進一步推向了深入。一是所收數目大大超過前人,其所收銘文相同的三十四種,數量和畢沅等人的著録相頡頏,僅有一兩種不同。然勝在同一銘文的瓦當異品多,十二字瓦、永奉無疆瓦異文各有三種,長生無極、千秋萬歲瓦異文各有九種,與天無極、延年益壽瓦異文各有七種,長樂未央、長生未央瓦異文各多至十九種。由於瓦當研究者以瓦當出土地來判别其來歷及功用是主要研究方法,程敦收藏種類既多,其出土地常散在多處,對該瓦的認識就很能説明,因此考證常有高出前人之處。如上文提到的衛字瓦,從朱楓到畢沅均定爲秦瓦,認爲是秦在咸陽北阪上仿造六國宫室,衛字瓦即衛國宫室之瓦云云。然程敦以衛字瓦得於漢城,而非咸陽,力證前人之誤。

二是其考論大多數到今天仍是確論。如蘭池宫當,朱楓定爲秦瓦,畢沅云“不知秦與漢與”。程敦則考云:

> 考《漢書·地理志》,渭城有蘭池宫,不言何帝所起,又《楊僕傳》云受詔不至蘭池宫,如淳曰,蘭池宫在渭城。《文選》李善注云,咸陽縣東南二十里周氏陂南一里,有漢蘭池宫。據此,則蘭池宫乃漢宫,非秦宫也。而《三輔黄圖》因《史記·始皇本紀》有逢盜蘭池之説,遂與阿房、興樂並列而目爲秦宫矣。《本紀》云爲微行,與武士四人俱夜出,逢盜蘭池。夫曰微行,曰夜出,則不在宫中可知;又曰逢盜蘭池,則無宫可知。《正義》引《括地志》云“蘭池陂即古之蘭池,在咸陽縣界”,亦不言有宫。然則史言蘭池者,特著逢盜之地,漢乃因池以建宫耳,烏得爲以秦宫哉。《黄圖》又云蘭池觀在城外,此則别近漢城之觀,與同名,非此蘭池宫也。①

考證十分精當,此瓦爲漢蘭池宫瓦之説遂定。

又如長樂未央瓦,從朱楓以來以出土地斷爲未央宫或長樂宫瓦。申兆定即認爲朱氏之説過於拘泥。程敦則認爲:

---

① 《秦漢瓦當文字》卷下,乾隆五十九年刻本。

> 長樂、未央本兩宫,此瓦文合而一之,亦取吉祥語意,配合成文耳。非必某宫即用某字瓦也,他宫殿瓦文意亦放此。……觀古人銘器款識,不曰千萬年,即曰子子孫孫永寶用,可見吉祥語意,靡所弗施矣。①

認爲此爲表達吉祥語意普遍使用的一種瓦當。從今天此瓦出土地散佈西安各處漢宫遺址,可證程敦所論之確。

然限於所見,程敦有的考論今天看來也存在問題。如長生未央瓦,程敦因所見出於淳化,因此仍附和林侗、朱楓等將其目爲漢甘泉宫瓦。但是到了晚清,據金石學家吴大澂統計,此瓦異品多達有一百二十種,出土地不一。今之學者陳直則因此瓦西安隨處可見,而將之歸入吉語類瓦當。② 同時,隨著考古方法的不斷發展,當今的學者,判斷瓦當的時代,除了關注其出土地點之外,會更多地注意其出土時的地層層位。學者劉慶柱即據文字瓦當的出土地層認爲秦代並無文字瓦當③,則畢沅、程敦等人關於秦瓦漢瓦的諸多爭論皆可休矣。

綜上,申兆定、程敦以及其他在陝學者對瓦當的收藏和研究,將整個瓦當研究向前推進了一大步,使得瓦當研究成爲金石學研究中一個重要門類。

第四節　嘉慶年間至道光初年的陝西金石學界

自畢沅、王昶相繼離開陝西之後,學者星散。嘉慶年間至道光初年,繼撫茲土者,也有熱愛金石研究的學者,如廣東南海人吴榮光,嘉慶二十三年(1818 年)至道光元年(1821 年)正月,分巡陝西陝安兵備道,掌漢中、興安諸州政令,留下了很多漢中、關中地區訪碑的記載,金石著作有《筠清館金

① 《秦漢瓦當文字》卷上,乾隆五十九年刻本。
② 參見陳直:《秦漢瓦當概述》,《文物》1963 年第 11 期。
③ 參見劉慶柱:《秦"十二字瓦當"時代質疑》,《人文雜誌》1985 年第 4 期。

石文字》①;又如湖南善化人唐仲冕,道光元年八月任陝西布政使,二年(1822年)八月至三年正月(1823年)又代理陝西巡撫,在陝期間主持刊刻了好幾部金石著作②。這兩人在陝期間,也凝聚在陝學者,形成了小規模的研究團體,搜訪、保護金石文物,著述考論。但是由於他們在陝任職時間較短,且學術能力與影響力遠不及畢沅、王昶等人,所以乾隆時期陝西那種學術盛況已不再有,金石研究慢慢從高峰滑落。

這一時期活躍在陝西的金石學者,有的是地方官爲修志而從外省聘來,如陸耀遹、董祐誠;有的是短暫出遊至陝,如黄本驥、車持謙;有的是在陝爲官,如王森文、段嘉謨,有的是退休歸陝,如王志沂。從總體上來講,他們的訪碑、著述,再次成爲零散的、個人的學術活動,他們的金石著作的共同特點,都是部頭較小,而且都以一地金石爲研究對象。

一、陸耀遹的陝西金石研究

陸耀遹,字邵文,一作邵聞,江蘇陽湖縣人。嘉慶初,先後入浙江布政使謝啓坤、浙江學政阮元幕府、湖北荆宜施道崔龍見幕府。於嘉慶十年入陝,先後入陝西巡撫方維甸、朱勳幕。道光元年二月,離陝歸鄉。舉孝廉方正。四年,授淮安府學訓導,然陸耀遹時客廣東巡撫成格幕府,未赴任。後入兩廣總督李鴻賓幕,羈留廣東十餘年。道光十六年,改授阜寧縣教諭,之任百日而卒,年六十三。③

陸氏一生足跡北至秦,南至粵,所到以搜搨碑石爲事,其少時好友李兆洛云陸氏"酷嗜金石文字,隨所至搜輯摹拓,小暇輒矻圪伏案考證,所得過王侍郎《金石粹[萃]編》者幾半,卓然可傳於世"④,陸氏所著《金石續編》即爲續補

① 吴榮光字伯榮,號荷屋,嘉慶三年(1798年)舉人。生平參見《吴荷屋自訂年譜》(沈雲龍主編:《中國近代史料叢刊》,[臺灣]文海出版社1972年版)、周利鋒著《吴榮光》(廖曙輝編:《廣东歷代書家研究叢書》,嶺南美術出版社2017年版)。

② 唐仲冕字六枳,號陶山,乾隆五十八年(1793年)進士。生平參見葉衍蘭、葉恭綽編:《清代學者象傳》第一集(上海書店出版社2014年版)、《(民國)續修陝西通志稿》卷一一。

③ 陸耀遹生平參見清李兆洛撰《阜寧縣學教諭陸君傳》(收入其《養一齋集》文集卷一六,道光刻本)、《(民國)續修陝西通志稿》卷八五《人物十二》。

④ 李兆洛:《阜寧縣學教諭陸君傳》。

王昶《金石萃編》所作,收録金石四百餘種,皆《金石萃編》未收或金石銘文著録不全者。

此書所收陝西出土碑石一百四十三種,占其總數近三分之一。多爲其在陝西時所獲。陸氏客居陝西十六年,自云"紙搨之外,盛藏石碣"①。其收藏或購於碑賈,和咸寧帖估裴脩甫有比較密切的來往;或爲友人搨贈,他和當時關中各地官員都有金石交流,如陝安兵備道吴榮光、武功知縣段嘉謨、安康知縣王森文、三原縣令翟鳳翔、鄜縣令劉用霖、藍田令邵琨、扶風令何承薰、羅定州吏目湯景濤、乾州吏目岳廷鑒及其弟子米脂知縣顧鶴等,都曾搨贈其本縣新出土之碑石,他和幕府其他學者,如董祐誠、朱金質等日常亦一起訪碑,相互交流②。

陸氏的收藏並不僅僅只爲"摩挲故物",而是要"補史乘之缺遺,備方志之采輯"③,因此其校録碑石文字,態度十分嚴謹。如他曾得《許洛仁妻宋氏墓誌》搨本,但因搨本不善,很多文字不可辨認,而原石爲碑估裴脩甫所藏,於是道光元年二月,將要離開西安時,"特過脩甫,就石録之"④。

其所收藏,在離開陝西時,因"苦其繁重,惟包裹兩隋碑及唐鄭温球誌石,餘任及門携取",其中如《佛遺教經殘字》《薛剛墓誌》《王守琦墓誌》《唐昭女端權殯誌》四種爲董祐誠所得⑤。所携歸兩隋碑爲《太僕卿元公墓誌》《元公夫人姬氏墓誌》,另一唐代《鄭温球墓誌》則因温球"字耀遠,與吾亡弟名同,且感其殁於兄所。購石以歸,天倫之戚,古今一致也"⑥。

陸氏《金石續編》乃爲補王昶《金石萃編》之未備而著。其體例亦同《金石萃編》,或《金石萃編》未收,或已收,而所録與自己據所藏石刻或搨本文字差異較大,於是重新録文。如《右扶風丞李君通閣道記》,前人皆未著録,王森文爲安康知縣時搨寄,陸耀遹遂據王氏搨本,並參考了趙魏、顧千里搨本以及吴

① 陸耀遹:《金石續編》卷一二《佛遺教經殘字》。

② 參見陸耀遹《金石續編》各題跋。

③ 陸耀遹《段武功〈金石一隅〉序》中語,見《雙白燕堂文集》卷上,收入《清代詩文集彙編》第500册。

④ 陸耀遹:《金石續編》卷五《許洛仁妻宋氏墓誌》。

⑤ 陸耀遹:《金石續編》卷一二《佛遺教經殘字》。

⑥ 陸耀遹:《金石續編》卷七《豐義令鄭温球墓誌》。

榮光藏本,録出七十二字。又如富平《魏氏造像碑》,《金石萃編》已著録,由於正文年月缺,遂附於西魏大統之末。然未録碑側。陸耀遹僅録碑側,並據碑側題寫的年月,定其爲北魏孝明帝正光五年碑。

若碑石前人已著録或已作題跋,陸氏則引他書題跋,再加以補正,和其他同類著作一樣,對石刻所涉人名、地名、史事、文字等作考證。如《裴行純造像銘》,此石題額爲“唐净住寺釋迦文賢劫像銘”,畢沅《關中金石記》著録爲“净慈寺”,孫星衍《寰宇訪碑録》著録爲“普賢劫”,均誤。陸耀遹所據爲正。又如《法門寺浴室院靈異記》,其撰者,孫氏《寰宇訪碑録》不著撰人,畢氏《關中金石記》云無撰書人姓名。陸耀遹則據文中所云“前節度推官毛文恪文而識之”而考爲毛文恪所撰,正前人之疏漏。

此書陸耀遹生前没有完成,後由陸增祥增訂刊刻,因此所收部分碑石僅有目録,題下注明尺寸、所在等,無録文、題跋。所收陝西碑石有多種新出土者,如隋元公及夫人姬氏墓誌、王守琦墓誌等,其中四十二種有目無文。

陸耀遹在陝西時,除了參與幕府日常文字處理工作之外,還助修方志兩種,嘉慶二十三年刻《韓城縣續志》及嘉慶二十四年《咸寧縣志》。

其中《咸寧縣志》卷一六爲《金石志》,小序云:

> 咸寧爲隋唐以來都會所在,吉金樂石之富甲於天下。更黄巢之亂,多所殘毁。宋天聖中,詔營浮圖,姜遵在永興取漢唐碑之堅好者以代瓴甓。宋某鎮長安,復督匠摹石本三千餘,民以爲害,至鑱鑿其字。後韓縝修霸橋,督工急,民磨碑石以應之。明嘉靖地震,圮毁尤甚。而陳思《寶刻叢編》所載永興軍石刻四卷,存者十不二三。惟府學舊有碑林,創始於宋,汲郡吕公(下脱)。元明以後,亦傾蕪不治。皇朝乾隆中巡撫畢公始爲修復棟宇,排次甲乙,周以欄楯,令校官守護。又歷訪原野遺鏐斷碣,爲《關中金石記》。嗣後金石之學大興,經幢、墓誌出於稷耕棘荆之下,又多宋元收藏家所未見者。蓋千餘年來,經歷變故,特萃其盛於我朝。而金石所載,皆當時典則,視史傳之成於異代者,傳信較真,又非徒玩古游藝之用也。今斷自元以前金石之存者,悉著其目,三朝御書刻石碑林者,則仿徐堅《初學記》叙次詩文例,升冠列代之首焉。作金石志。

所收基本不出畢沅《關中金石記》等書,其中秦代一種,後魏一種,西魏四種,北周一種,隋代五種,唐代一百零三種,五代六種,宋代四十七種,金代十二種,僞齊兩種,元代二十五種。題下著録年月、撰書者、所在。個别碑石爲首次著録,則略考其銘文。如"和糴粟窖甎文"二種,一爲貞觀十四年十一月,一爲貞觀二十三年十二月,乃"嘉慶二十二年夏,宜興湯湯吏目景濤得於西安市上,唐太倉故物也。《六典》司農寺卿,其屬太倉署,有令丞、府史、典事、掌固諸職,凡鑿窖置屋,皆銘甎,爲庾斛之數與其年月日,受領粟官吏姓名,甎文並合。"又如開元十二年六月所刻《唐氏女端墓誌銘》,考云:"端,殿中少監唐昭女,終於京兆静安里,殯於萬年縣義善鄉。嘉慶二十二年出土,今歸常州陸氏。"對於碑石的流傳存佚亦有所揭示,均有一定學術價值。

另外,陸耀遹對《右扶風丞李君通閣道記》石刻作了考述,即《右扶風丞李君石刻考》,對於今天研究有一定參考價值。

二、董祐誠與《長安縣金石志》

董祐誠,原名曾臣,字方立,常州府陽湖人,鄉試後改名祐誠。嘉慶十六年,隨其師陸紹文入陝,客陝西巡撫朱勳幕,纂修《長安縣志》(參訂者還有王森文)。二十二年,又受咸寧縣知縣高廷法之邀,助修《咸寧縣志》(與修者有陸耀遹)。當於嘉慶二十三年離陝,應順天鄉試中舉。道光三年卒,年三十三。《清史稿》卷二七三有傳,又見《(光緒)《青浦縣志》卷三〇、《(光緒)武進陽湖縣志》卷一九、《(民國)續修陝西通志稿》卷八五。

《長安縣志》卷二四爲《金石志》,序云:

> 金石之學盛於宋代,修學好古之士珍惜綦甚,於地志尤有三益。傳記所述,傳聞異辭,金石則當時之文,足以徵信,一也;史志疆域,僅舉大綱,金石則鄉里舊名往往而在,二也;宫寺冢墓,故跡多迷,剥皃斷贔,都成指證,三也。據所見存以備金石志。

長安舊志有宋代宋敏求纂、元代李好文繪《長安志》,無金石。嚴長明《西安府金石志》長安部分僅收唐刻十三種。《雍州金石記》《關中金石記》等均收有長安金石,但數量有限。此志所收多有前書未載者。

其中周瓦一種、漢器六種、漢瓦二十六種、西魏三種、隋三種、唐四十種,其中多有不見於前書者;金一種、元三種、明四十九種,則皆未見於前書,爲此書首次著録。所收漢瓦未出程敦等所録,考證亦同。所收器物,每種著録銘文、書體、器重及所在。碑石著録年月、撰書者、書體等信息。有的略考碑石所涉,如"義楊鄉經幢",考云:"按《長安志》,義陽鄉在縣西南二里,'義陽'當是'義楊'之誤。"有的略述碑石文字,如《長安縣丞蕭思亮墓誌》。有的説明今藏何處,如《膚施令於府君墓誌》,云:"舊在神禾原,今藏帖賈裴奕芬家。"亦可補陝西碑賈姓名。

金石顯晦有時,有前人已著者或漸殘損,或不知所蹤,又有新近出土而前人未見者,因此《長安縣金石志》自有其保存史料的價值。正如董祐誠所説:"按唐都長安,吉金樂石多萃於此,墓誌經幢,所在皆有。然鄉民既苦於官役之推拓,偶得古碣,毁棄從之,帖賈又復專利而秘其處。畢氏《關中金石志》所載長安金石,什失其一,而畢氏所未著録者,亦得十餘種,今第據所目見及家藏拓本可考者録之,不能該備也。"①

三、段嘉謨《金石一隅録》

段嘉謨,號襄亭,河南偃師人。嘉慶二十年以前爲陝西岐山知縣,二十年移宰武功,道光七年爲咸陽知縣。②

在任武功知縣時,段嘉謨"以叢幽表微爲心""治一隅,斯録一隅",集武功縣金石爲《金石一隅録》一書。此書成於嘉慶二十四年(1819年),道光二年刊,前有唐仲冕、鄧廷楨、吴榮光、費濬、車持謙序並段氏自序。對於武功一地金石搜羅較富,如鄧廷楨序所云:

> 武功,關中一隅也,金石不多,紀載仍尠。近時孫淵如觀察、邢佺山太守作《寰宇訪碑録》,蒐討頗備,然於武功止載《蘇許公碑》及朱光旦書《唐太宗碑》《崇寧縣學碑》數種而已。襄亭明府既宰是邑,刻意兹事,於是有《鞏君墓誌》《任府君碑》之獲。

① 《(嘉慶)長安縣志》卷二四"百塔寺普賢寺經幢"條。
② 見《(光緒)武功縣志》《(民國)續修陝西通志稿》。

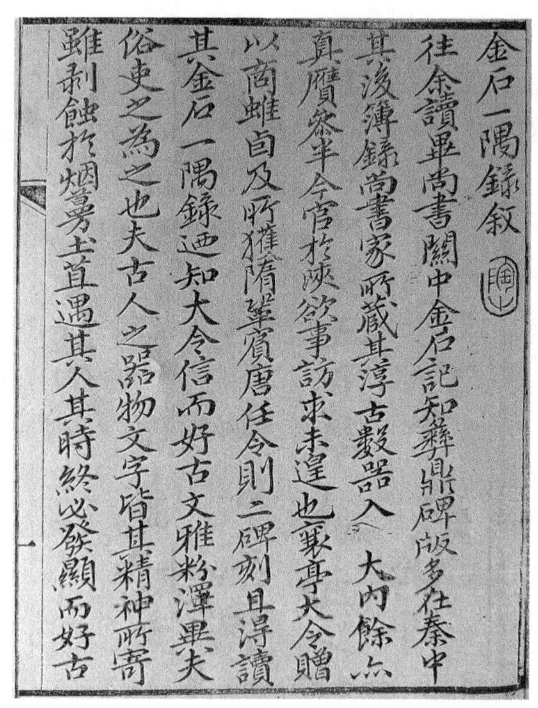

金石一隅録敘

往余讀畢尚書關中金石記知彝鼎碑版多在秦中其後簿録尚書家所藏其淳古數器入　大内餘亦真贋參半今官於陝欲事訪求未逞也聚亭大令贈以商雌卣及所獲隋鞏賓唐任令則二碑刻且得讀其金石一隅録迺知大令信而好古文雅粹澤異夫俗吏之爲之也夫古人之器物文字皆其精神所寄雖剥蝕於烟莽土苴遇其人其時終必發顯而好古

《金石一隅録》,道光二年刻本,上海圖書館藏

然所收非全爲出土於武功者,如唐《吴達墓誌》,吴達卒葬於長安,乃段嘉謨於嘉慶二十二年購於長安市上,而移置於武功縣署者;鍾離子摩崖題字“雲房”二字,本在岐山崖壁,縣令移至縣署,段嘉謨又移至武功縣署;而《姚合縣居詩》又非出於土者,唐姚合爲武功尉時作詩三十首,宋人兩刻其詩而石皆亡,於是段嘉謨於嘉慶二十年重刻於石,以收入此書;又有已亡佚不存者,如唐《陳居士碑》,《石墨鐫華》曾記載云“武功人有耕而獲斷碑”,即此碑,然“今則斷碑亦無存矣,識之以存其舊”。此外,則皆爲出於武功而爲段氏所訪得者。

所收自隋迄明,先石後金,石收隋一種、唐五種、宋八種、金一種、元一種、明十九種,共四十一種。各石大多全録銘文,並加以按語,部分但著跋語。所收周《鞏斌墓誌》、唐《任令則碑》《吴達墓誌》等均爲新近出土,並首次著録。跋語或略評書法,或考石刻所涉其人其事,或述得碑來歷,或僅記書體、所在等信息,均極簡略。吉金則録商卣至金代崇教禪院鐘等凡十一種,每種説明行款字數,抄録銘文,並附考述。有六種跋語後注“吴荷屋廉訪”“翟桐墅司馬”“湘南黄本驥録”,當是抄録吴榮光等人的按語。

此書收録數量不能算多,其價值主要在於:一在輯録武功一隅金石之全,二在收録了數種新近出土不爲前人所見的金石,三在大多照録銘文,可以和其他著録相校讀。

四、黄本驥與《隋唐石刻拾遺》

黄本驥(1781—1854 年),字仲良,號亞卿,别號虎癡,湖南寧鄉人。道光元年(1821 年)中舉。先後入陝西布政使唐仲冕、湖南布政使蔣春岩、巡撫吴榮光等幕府。道光十七年(1837 年),爲黔陽縣教諭,直至咸豐四年(1854 年)去世。黄本驥雖仕途不顯,卻以學名聞於世。其於經史、金石、詩文均有所成就,著述豐富,其經史著作有《避諱録》《歷代職官表》《聖域述聞》《湖南方物志》等,金石著作有《隋唐石刻拾遺》《古誌石華》《金石萃編補目》等,另有《三長物齋詩略》《文略》等詩文雜著,計三十餘種,大多刻入其《三長物齋叢書》①。

《隋唐石刻拾遺》二卷,是黄本驥客陝期間著成,是其第一部學術專著。道光二年(1822 年)春,黄本驥四十二歲,入京參加本年的恩科會試,然而未能考中。爲“釋其抑塞磊落、無聊不平之氣”②,接著參加次年的會試,於是在五月間,由晉入陝,到了唐仲冕的陝西幕府。唐仲冕是黄本驥父親黄湘南的同鄉好友,黄本驥在唐仲冕幕府留住了數月,又於十月間離陝入京。

黄本驥在陝期間,爲唐仲冕校定唐所著《陶山文録》③,與在陝諸文士詩酒文讌、搜訪碑石,並撰成《隋唐石刻拾遺》一書。此書寫作時間不到兩個月,黄氏自云得到諸多友人相助,段嘉謨、車持謙、蔡成輅等友人同爲搜訪石刻,車持謙爲校訛訂闕,唐仲冕爲製序付梓,並“寘諸碑林,俾後之訪古者藉爲底册”。

由於《關中金石記》一書是畢沅對關中金石作了大規模搜訪之後的學術成果,因此成爲了後之來陝訪碑者的指導手册。黄本驥訪碑也是取畢沅《關

① 黄本驥生平、著述參見田吉:《黄本驥家世生平考述》,《圖書館》2011 年第 2 期;田吉:《黄本驥研究》,湖南師範大學碩士學位論文,2009 年。

② 黄本驥《陶山文録跋》中語,收入《三長物齋文略》卷四,道光刻本。

③ 見黄本驥:《陶山文録跋》。

中金石記》,按圖索驥。《隋唐石刻拾遺》書前唐仲冕序云黄本驥"博索周秦以來石刻而疏證之,得《關中金石記》所遺隋唐誌銘七十餘種",嚴如熤云"虎癡孝廉客此數月,獨於隋唐石刻竭力搜求,輯《拾遺》一編,以補《關中金石記》之闕",車持謙亦云"虎癡是編於畢《記》外又得七十有四,惟僧懷仁所集《聖教序記》、柳懸誠所書《魏公先廟碑》數種爲眼前習見之本,餘皆近出於土,尚書所未及見",黄本驥則自云:"自燕之秦,急取是《記》,按籍而求,得隋唐石刻幾二百種……晴窗檢點,得碑記所遺者,凡如千種,斷圭殘璧,不忍棄遺,備録原文,略加考案,分上下二卷。"書後附録《關中金石記》隋唐石刻原目,又云:"是編爲補畢《記》而作,畢《記》版存吴郡,關中不易購求,因摘記中隋唐二朝原目附於卷末,以備稽考。"則此書即爲補充畢沅《關中金石記》而作,黄本驥將所得近二百種隋唐石刻中凡爲畢書所收者删去,共計七十四種收入此書,多爲新出土石刻。備録原文,略加考按,分爲上、下二卷,而成《隋唐石刻拾遺》一書。

《隋唐石刻拾遺》所收碑刻,或據原石,或據所得搨本録文,少數漫漶不清的僅略述文意,大多數照録全文,黄氏考論涉及史實、避諱、地理、文字、文章結構章法等各個方面。其成就主要在於:

首先,由於隨時間推移,碑刻亡佚或文字殘損情況比較多見。著録關中金石者,在畢沅之後還有王昶《金石萃編》,王昶在西安訪碑上距《關中金石記》成書僅三五年時間,據黄本驥云:"隋唐石刻畢《記》所有、《金石萃編》所無者已二十一種。此次詳加搜訪,於二十一種中僅得二種而《金石萃編》所有爲今所未得者又十四種。……以上諸刻或係搜訪未備,未能必其俱亡,然歲月寖久,亡者必多,再數十年後,又不知今所已得者其能長存與否。"黄本驥所訪得的碑刻,到今天,有的已亡佚,有的有舊搨本存世,然歷代搨本在文字上仍多有差異,因此黄氏所録很有校勘價值。

其次,黄氏録文之後,據石刻文字與傳世文獻互證,多能補正傳世文獻之闕謬。如《劉感墓誌》,考云:"志云'撥亂開元,群兇泥首',又云'圖形麟閣,賜印雲臺',蓋感以佐誅韋氏功起家,官至左龍武將軍,圖形賜印,可謂烈矣。而新、舊《書》皆不著其名,賴此片石以永其傳,金石之有裨於史傳,信然。"《于士恭墓誌》,考其葬地"神和原"云:"神和原即今咸寧縣南三十里神禾原。和、禾,語之訛也。《府志》引《劇談録》云晉天福六年産禾,一莖六穗,重六斤,故名神禾。其説甚謬,神和之名,唐已有之,安得云石晉時始以神禾得名。”

或糾正前人著録之誤。如《劉夫人霍氏墓誌》,考云:“志石今在西安,而《金石萃編》云在盂縣,誤也。”《魏公先廟碑》,考云:“《西安府志》入‘金石門’,題撰人爲崔絢。……撰文人崔姓,泐其名,並無立碑年月,不知《府志》何以定爲崔絢撰文……今審其文有云‘廟既成,使門吏左補闕鄭愚謂璵曰’云云,又云‘能敵予之重託者,莫如子。璵聞命震悚,即走相君之門,固辭不獲。次其世胄德行官業’云云,然則撰文者乃崔璵,非崔絢也。”

諸如此類,考證極爲精當,其結論常爲後之學者所引用。如《許洛仁妻宋氏墓誌》爲黄本驥首次著録,此誌未載誌主卒葬之年,黄氏據《許洛仁碑》載許洛仁卒於龍朔二年,年八十五,其妻卒年九十九,若兩人年歲相當,則其妻卒於高宗末。遂將其編附儀鳳元年,後之金石著作皆從其説。

然而,黄氏考論也有疏忽之處,如《三原定公碑》,此碑麟德元年立,隸書,原在三原縣。黄氏云其存八百餘字,“姓名爵里俱泐,不知碑爲誰立,存其謚曰定公”,但未録殘字,僅略引其卒年、葬地及銘詞數字。今按,此碑搨本現存國家圖書館,漫漶已甚,僅存半副七百餘字,題爲《越州都督于德芳碑》。宋《寶刻類編》已著録,云“《越州都督于德芳碑》,從弟志寧撰,蘇季子書”,又《寶刻叢編》引《復齋碑録》載撰書年月時地,《寰宇訪碑録》《潛研堂金石文字跋尾》等亦著録,錢大昕並考于德芳名見《新唐書·世系表》,作“德方”。黄本驥似未讀到這些前輩學人的考訂。

黄本驥道光八年又撰寫了《古誌石華》一書,著録了自己收藏的墓誌,“自晉至元,得百餘紙,其中已有石毁而此紙僅存者,恐其散佚,益以友朋所藏及金石家著録之確而可徵者,彙録成帙,分爲三十卷”①。其中所收陝西墓誌五十餘種,和《隋唐石刻拾遺》所録有重合,惟所附考證稍異。如《龐德威墓誌》,《隋唐石刻拾遺》先引車持謙跋,云誌中“哥”通“歌”,後考誌中“虎”字避高祖諱作“武”。《古誌石華》中則詳引傳世文獻如《漢書》《唐書》,碑版如北周《華嶽頌》、唐《孔子廟堂碑》等,證“哥”“歌”二字通用;除了“武”屬避諱,又詳列誌中異體字。又如《唐端墓誌》,關於誌主之父唐昭,《隋唐石刻拾遺》引車持

① 黄本驥:《古誌石華·序》,清道光間《三長物齋叢書》本。

謙跋云“不知何許人”,《古誌石華》則考《唐書·宰相世系表》唐儉曾孫有名昭者,云“未知即其人否”。凡此,《古誌石華》的考證較《隋唐石刻拾遺》更爲細緻,也反映出了黄氏學術上的精進。

《隋唐石刻拾遺》後附録《〈關中金石記〉隋唐石刻原目》一卷,黄氏云:“畢《記》版存吴郡,關中不易購求,因摘記中隋唐二朝原目附於卷末,以備稽考。”乃抄録《關中金石記》的金石目録,中亦有與《關中金石記》現存版本文字相異之處,有資校勘。

《隋唐石刻拾遺》版本有四種:道光二年唐仲冕碑林刻本,爲此書最早刻本,題下署“關中行客長沙黄本驥虎癡編”,前有唐仲冕序,嚴如熤、車持謙題辭,後之諸本均源出此本;道咸間鈔本,此本源出碑林刻本,錯訛時有;《聚學軒叢書》本,題下署“長沙黄本驥編,貴池劉世珩校刊”,爲光緒年間安徽貴池人劉世珩對碑林刻本進行校勘後所刊,收入其《聚學軒叢書》第四集;《湖南叢書》本,1926年刻,當亦據碑林刻本。

另外,《隋唐石刻拾遺》纂修過程中對黄本驥幫助最大的是車持謙。車持謙,字子尊,號秋舲,浙江上元人,道光初年客陝西布政使唐仲冕幕府。據黄本驥所説,車氏“好古之癖,遠超前人。視子函遺册(按即趙崡《石墨鐫華》)爲篳路藍縷,未足以窮陸海之勝。嘗於春秋佳日,具餱糧,召徒侣,凡丹崖翠嶂,古墓叢祠,猿鶴之所棲,樵牧之所憩,苟可以得寸金片石者,皆爲屐齒之所必到。因乞小蓬王君爲作《終南訪碑圖》,而屬余爲之《記》”①。

車持謙收藏較富,欲撰成《金石叢話》一書,他自云:“余嘗欲集周秦以來碑碣鼎彝,條舉源流,疏證得失,纂爲《金石叢話》,以附考訂諸家之末。奔走四方,未遑卒業。今客西安,得與虎癡晴鞭雨屐,肆力蒐求,合之弊篋所藏,不下五六百種,稍需釐定,以伸素志。”②《(同治)上江兩縣志》卷十二中藝文中,載車持謙著《金石叢話》。此書似最終完成,然未見刻本。《隋唐石刻拾遺》録有數條車氏跋語。

---

① 參見黄本驥:《終南訪碑圖記》,載《三長物齋文略》卷三,道光本。

② 《隋唐石刻拾遺·題辭》。

五、王森文《石門碑醳》

王森文字春林，號莪軒，山東諸城人，嘉慶十年進士。一生在陝爲官，歷任陝西鎮安、安康、略陽、蒲城知縣，道光三年卒於任①。前述董祐誠纂《長安縣志》，王森文時任略陽知縣，曾參與修志，不知道是否參與了《金石志》部分的修訂。從目前所見的資料中可知，王森文的金石搜訪與研究都是在其略陽知縣任上。他公務之餘，常搜訪石刻，陸耀遹《金石續編》曾記載其訪得前人未嘗及之唐房渙《宴游記》、宋王震《翠峰亭銘》二石刻②，而他最主要的研究是針對石門石刻所作的《石門碑醳》一卷。

石門是東漢永平年間開通的一條穿越秦嶺南北的隧道，歷代文人墨客在石門隧道及其南北的山崖間鐫刻了百餘種石刻。其中部分碑刻宋人曾有著録，如《鄐君開石門道碑》，宋紹熙末南鄭令晏袤曾釋文並作文記之；《石門頌》《楊淮碑》，洪适《隸釋》有著録。到畢沅《關中金石記》曾載録數種。作爲專題著録的，在王森文稍前，嘉慶間有郭璟燕（1746—1812年）《石門碑考》一書，據郭氏友人岳震川云，其“於六書之學，用力特深，精神尤在追兩漢分隸之神采……漢碑之著録烜赫人間者，君莫不有，又有古人未見，君始搜剔出之者”，因此對於石門諸漢碑留意搜訪，“自宋晏拓後，歷五百餘年，無問津者。君遣人刺舟求之，得《石門頌》《西狹頌》《析里橋》諸碑。故考核歐趙二《録》、洪氏《隸釋》及元、明、國初諸鉅公訂正金石之書，作此考。惜乎翁詹事、錢學士未及見也。”③今或已亡佚，内容已無從得知。

王森文嘉慶十九年爲略陽知縣，是年九月他對石門諸石刻作了搜訪。他的《遊石門記》記述了石門訪碑的情況，對於石刻的分佈，每一碑石的位置、尺寸、行字、磨泐情況都作了詳細記載，末云：“覓搨工，增其價值，令加工遍搨，共得若干頁。因疏其顛末，以記遊觀之獲。更依各碑行字、款式，别寫釋文一册，以備嗜古者考證焉。”所謂釋文一册，即《石門碑醳》。此册收二十六碑，每種釋文均據原碑樣式摹出，行字、款式都類於原碑。無考。由於石門碑碣摹刻

① 王森文生平參見《（道光）諸城縣續志》。

② 陸耀遹：《金石續編》卷八。

③ 岳震川：《賜葛堂文集》卷六《郭君友源墓誌銘》，載《清代詩文集彙編》第441册，第208—210頁。

於懸崖峭壁之上,摹搨極爲艱難,所以儘管王森文“增其價值,令加工遍搨”,所得漏搨、缺損情況仍然比較嚴重,因此所作釋文缺載、缺字、訛字較多。到了道光二十七年,蔣光煦就針對此書的這種缺陷做補苴修訂,寫成《石門碑醳補》一書。

王森文還對《析里橋郙閣頌》石刻作了考述,著成《郙閣銘摩崖碑考》,記録了《郙閣頌》石刻的尺寸、行字、缺字情況,根據自己所見與舊志所録釋文對勘,詳列訛、脱情況,及申如項重刻本隸書之謬誤,對於今天研究有一定參考價值。

六、王志沂《關中漢唐存碑跋》

王志沂字魯泉,陝西華陰人,乾隆時期著名的刑部主事王士棻子。學問賅博,性嗜金石,好臨唐碑,以書法名。少隨仕京師,援例捐員外郎①。其後仕歷,據王克允在爲其《漢南遊草》一書所作的跋語中説:“魯泉少從其先司寇宦遊,既欲自奮功名,半生東西南北,晚乃自棲鄉土,寓節署,與中丞留心秦事。”似乎仕途並不順利。道光二年,王志沂返回關中,進入當時的陝西巡撫盧坤幕府。此後搜集關中金石多種,撰成金石著作《關中漢唐存碑跋》一書,道光四年王氏自序云:

> 余於道光壬午,自京歸里,館於長安節署。三載以來,廣爲蒐輯。唐以前雖大半殘缺,然古刻宜存;唐以後存者雖多,佳刻甚少。因以唐爲斷,共得一百四十餘種。未敢云毫髮無憾,現存者亦搜羅殆盡矣。並博考史傳,採取諸家議論,各爲一跋。雖未能上希前賢著録,亦可備考古、臨池之助。

此書收録一百四十餘種,每種記有年月、書體、所在等信息,並略作考證。所收絶大多數已見於著録,如《石墨鐫華》《金石文字記》《雍州金石記》《關中金石記》等,考證亦多不出前人所論,有的甚至全襲前人之語。如《裴岑紀功碑》據《漢書》考裴岑自紀其扞禦西域之功,《姜行本碑》據《唐書本傳》考立碑在高昌之役,《漢仙人唐公房碑》據碑證《水經注》之誤,與《關中金石記》跋語

① 參見《華州鄉土志》《(光緒)同州府續志》卷一二等。

文字幾乎完全相同。論書法，如評《北魏石門銘》“超逸可愛”、《北魏温泉頌》“字體奇詭”、《于孝顯碑》“書法秀挺”，或亦抄録《關中金石記》。如柳公權書《魏公先廟碑》，已見於《雍州金石記》，考證亦不出朱楓所論。其主要的價值在於收録了多種新近出土的碑石，如《牛秀碑》《大福和尚碑》等。

第四章　清代後期的陝西金石學

第一節　概　　述

道光後期,中國逢"三千年未有之大變局",鴉片戰争使中國在國際上受到莫大的屈辱;咸、同間,战乱頻仍,社會動蕩,文化上乏善可陳,漢學高潮漸消,風光不再,金石搜訪、收藏與研究自無從談起。同治三年,樊增祥論及此時的金石學界云:"藏皮之家,大都散佚,抱殘守闕,視昔倍難,同志寥寥,吾生恨晚,見聞有限,四顧茫然,瞻企前修,能無奮勉。"①足見當時金石研究的寥落境地。至光緒初年,社會政治文化出現了一些新的變化,使得學者思想得到解放,經世致用之學被重新提起,而作爲乾嘉考據學之一的金石考據,其價值已遭到質疑。有學者云:"近代言金石者頗不乏人,愚意總嫌骨董氣太重。前賢動以證經補史大作題目,其實搜殘剔剩,所得幾何?不若質言文章之美,書跡之工,與夫圖畫藝術之精異,較有真際。再進言之,直是吾儕之嗜好已耳。以嗜好之專,自成一種學問,眼福遠勝古人。"②和當時湧起的各種新思潮相比,金石學顯得有"古董氣",趨於衰落似已成必然。

同時,每一事物發展至其高潮,便漸歸停滯,以至於衰落,學術發展規律也是如此。咸同間戰亂影響,金石研究無甚特色,自不必説。到了光緒年間到底如何,梁啓超有一段廣爲學者引用的論述:"光緒初年,一口氣喘過來了,各種

---

① 樊增祥:《金石續編・序》。

② 顧燮光:《夢碧簃石言》卷首吴昌綬評,遼寧教育出版社 2001 年版,第 2 頁。

學問都漸有向榮氣象。清朝正統學派——即考證學,當然也繼續工作。但普通經學、史學的考證,多已被前人做盡,因此他們要走偏鋒,爲局部的研究。其時最流行的有幾種學問:一,金石學;二,元史及西北地理學;三,諸子學。這都是從漢學家門庭孳衍出來。"①梁啓超對此時流行的金石學並未展開討論,後之學者卻多引用此論作爲晚清金石學繁榮的證據。

實際上,此時的金石學雖然流行,研究者仍然衆多,整體成就卻不高,只能算作虛假的繁榮。正如梁啓超所説,此時的學者"要走偏鋒,爲局部的研究",金石學研究也是如此。金石考據的研究方法固然精善,然而經過前賢的研究,"搜殘剔剩,所得幾何",研究範圍遂日趨狹窄,如和碑石相比較,鐘鼎彝器的收藏與研究較此前更爲發達,且其研究側重於文字學方面,而非考證名物、制度。這種現象也遭到一些學者的批評,如光緒間沈垚批評當時文人有三種欺人之術,其中:"最下者,文理不通,虛字不順,而秦權、漢瓦、晉甓、唐碑,撮拾瑣屑,自謂考據金石,心極貪鄙,行如盜竊,斯又欺人之一術也。"②

同時學者的研究興趣也漸次轉移到其他如金石搨本、書法、文章等方面。陸增祥評價當時的金石研究風氣云:"余惟今之言金石者,大都矜尚紙墨,爭事新奇而已。夫舊拓誠貴也,異品誠罕也,而於斷損不完,曼患難辨之文字,讀不終篇,輒即棄置。又或以文法之不盡高古,書勢之不盡超妙,屏而弗取。則幾古人之事迹,以及姓氏、爵里、名物足以考證經史小學者,習焉弗察。而古人所未傳者,終不獲一廣其傳,如抱殘守闕何?"③可見金石研究已經偏離了金石學的核心即金石考證經史的軌道。以至於光緒二十七年(1901 年),葉昌熾在其日記中感歎説:"碑額志蓋尚有知者,幢座像龕無非叩盤捫燭,金石之學殆絶矣!"④

此外,這一時期又有新的研究對象出現,即殷墟的甲骨,西域的簡牘,還有封泥、陶器、明器等,吸引了學者的注意力,也分散了他們對傳統金石研究的興趣。越到清末,致力於金石學的人越來越少,有學者感歎説:"自海通以來,西

① 梁啓超:《中國近三百年學術史》,天津古籍出版社 2004 年版,第 32 頁。

② 《落帆樓文集》卷八。

③ 《十二硯齋金石過眼録序》。

④ 葉昌熾:《緣督廬日記》"辛丑七月廿四日"條,(台湾)文海出版社 1964 年版,第 25 頁。

力東侵，新學家襲歐羅皮毛，升麾國粹，金石文字，所不屑道。余蟄居無俚，乃孜孜於無用之書，獨學無友”①。

雖然傳統金石學的衰頹之勢持續發展，但在此時的各種社會流派——國粹派、中體西用派、全盤西化派等的研究者中，國粹派固不待言，中體西用亦即改良派中多碩學鴻儒，康有爲、章太炎、梁啓超等之漢學功底，與乾嘉學者中之頂尖高手相較，亦不遑多讓。而金石之學本屬乾嘉漢學之一支，其治學立場、觀點方法自不必學西學之風。故陝西金石學界雖無畢秋帆之屬領袖群倫者，後繼乏力，其學漸入低谷。然遺風所至，仍篳路藍縷，孜孜以求。其學術風貌可謂雖仍其舊，然拾遺補闕，求全求真，精化深化，亦成一時之特色。

其中，傳統金石考據方面，有幾位對陝西金石研究卓有貢獻的學者。

首先是道光間被稱爲“賞鑒家”的劉喜海，其人道光二十一年官兵備延榆綏道，在陝西肆意搜訪碑石，收穫十分豐富，所得金石常常以成窖、成套來計算。雖然其有關陝西金石的研究著作僅《長安獲古編》一種，且此書僅收古器，繪圖説明，無所考證，成就有限，但是劉喜海對於陝西的金石市場卻發生了極大的影響，使得金石價格飛漲，贋造之風大盛。

受劉喜海影響最深的在陝學者是鮑康。鮑康是安徽人，長於陝西，從少年時代即喜收藏錢幣，在遇到劉喜海之後，得到了學術上的點撥、幫助，在錢幣學上的造詣日深，著作日富，成爲“我國第一古泉學者”。

至咸、同間，受戰爭、饑荒影響，陝西的金石活動雖仍在繼續，但稍顯沉寂。至光緒年間漸有起色，集大成者則屬毛鳳枝無疑。毛氏爲江蘇揚州人，少隨其父宦遊來陝，長期在陝居住，搜訪關中金石文字，金石著作豐富，有《關中金石文字存逸考》、《金石萃編補遺》、《古誌石華續編》、《關中金石文字古逸考》及《關中金石文字古存考》諸書，以傳統金石考據的方法，對關中遺留金石文獻作了精深考證，足以代表清末陝西金石學的最高成就。然其生涯已甚寥落，《關中金石文字古逸考》及《關中金石文字古存考》是否尚存於世不知，而《關中金石文字存逸考》《金石萃編補遺》《古誌石華續編》三書，則毛氏生前曾有

① 歐陽輔：《集古求真》序言。

意刊刻,終因資金缺乏而未成。幸有其門生顧家相、顧燮光父子薪火相傳,盡精衛填海之功,前後歷幾十年之功,在毛氏身後將其梓行於世,使得後人得見先賢之遺澤,實令人感動莫名。

與其志同道合者,則有青門萍社中幾位學者,如譚廖、毛鳳清、趙元中、李嘉績、樊增祥等,在金石收藏、方志、金石志的編纂方面多有所成就。

陝西以外的學者中,與陝西學者保持著交流,又常因旅陝而各有所獲,主要有王懿榮、吴大澂和葉昌熾。

王懿榮爲人熟知,因他是中國第一位甲骨文的收藏與研究者。在光緒初年,他與鮑康、陳介祺、潘祖蔭等金石學界大佬都有密切來往,屬於後輩,據鮑康所説,他在錢幣研究上有很多創見。他曾因去四川省親幾次路過陝西,和毛鳳清、李嘉績等人,以及陝西的金石商人多有來往,但似乎收穫並不大。

吴大澂和葉昌熾,則無論在金石收藏、金石考據,還是創新體例方面,在當時都堪稱大家。吴大澂的兩次西北之行,對陝西金石作了深度搜訪,收穫大量新近出土金石,有續畢沅《關中金石記》之志。但是這個工作一直未完成,和葉昌熾相識後,葉爲晚輩,吴大澂委託其編纂,但最終仍未完成。

葉昌熾爲江蘇長洲人,其奉使隴皋時途經邠州,游大佛寺,得唐宋碑刻百餘通,歸田後乃手摹其文字,并繫以考釋,得《邠州石室録》三卷。此書可貴之處在於其摹刻之精細,文字剥蝕處亦照樣摹出,對於校勘碑石文字很有價值。筆者整理毛氏諸書,邠州大佛寺部分石刻即取此書對校。葉氏收藏極富,僅前人不甚重視之經幢就有八百餘種。其《五百經幢館唐誌跋》,是葉氏據其所藏關中碑石而作的考證。葉氏讀碑心細,且所藏搨本佳善,時能補正他書之闕誤。又古無言金石札記隨筆諸書也,葉氏著《語石》十卷,綜述碑刻制度、書法演變、文字内容、摹搨技術等關於石刻之遺聞瑣事,人稱爲最早有關石刻之通論性專著。

此外,西方先進的攝影、影印技術傳入,利用這種新技術來縮影碑石原搨原文,如楊守敬之《寰宇貞石圖》,諸多關中名碑如《曹全碑》《雁塔聖教序並記》等首次以與原碑毫髮不差的影印圖像面世,則使陝西金石學的研究生面别開。

第二節　劉喜海的關中訪古

道光年間,陜西的金石活動仍然是那種個人的、零散的、隨機式的狀態,唯一形成規模"大力搜括"、有較大影響的,是道光後期劉喜海的兩次關中訪古活動。

一、劉喜海的兩次入陜

劉喜海(1793—1853年),字吉甫,號燕庭,山東諸城人。家世顯赫,曾祖劉統勛,伯祖劉墉,父親劉鐶之,都是乾隆、嘉慶時期的重臣。劉喜海嘉慶二十一年(1816年)中舉,道光十三年(1833年)以户部郎出守汀州,二十一年(1841年)官兵備延榆綏道,二十五年(1845年)任四川按察使,二十七年(1847年)遷浙江布政使。二十八年,因與巡撫吴文鎔意見不合,以"風雅好古"被劾,解職歸京①。

劉喜海爲官,未得好評,甚至還有差評。他的人生樂趣似乎全在金石的收藏與研究上。劉喜海自云"幼嗜吉金文字"②,"束髮受書,抗心希古,研覃二三十載,會最四五千通。補趙氏之書,振興東武;續原父之記,錯比先秦。"③自十來歲開始讀書時就喜好金石文字,二三十年間收藏了四五千種,所涉品類廣泛。古器物、碑石、錢幣等,都有可觀的收藏。他因此有續補宋代趙明誠《金石録》、劉敞《先秦古器記》的志願。一生著述亦多,關於古錢幣的有《古泉苑》一百一卷、《嘉蔭簃論泉絶句》二百首、《泉苑菁華》(搨本集)等;關於古器、碑刻等其他金石的,則擬完成《金石苑》系列,包括《長安獲古編》《三巴舂古志》《海東金石苑》《洛陽存古録》《昭陵復古録》《東武懷古録》《造像觀古録》《寶

① 有關劉喜海的生平參見胡昌健:《劉喜海年譜》,《文獻》2000年第2期;錢實甫:《清代職官年表》,中華書局1980年版。

② 劉喜海:《嘉蔭簃集·清愛堂家藏鐘鼎彝器款識法帖叙録》,收入《清代詩文集彙編》第580册。

③ 劉喜海:《嘉蔭簃集·長安獲古編引》。

甓玩古録》《捫槃説古録》《要言汲古録》《奇觚抉古録》等，實際上，《東武懷古録》以下幾種未成，目前《金石苑》稿本一百二十卷存於國家圖書館①。

劉喜海一生宦跡遍及南北，所到之處利用爲官便利積極搜訪金石，“居官所得俸，盡以購鐘鼎彝器”②，其最終被劾官的理由就是終日嗜古而荒廢職守。他一生兩次入秦。第一次是在道光十九年（1839年），此年夏，劉喜海母卒，他從南方，或即汀州③，回家鄉山東守喪，道經長安，竟在此盤桓了一年，到二十年（1840年）夏秋之間才離開。他此次在長安四處搜訪，曾在慈恩寺大雁塔下拾得唐泥造像大小八枚，爲前人所未經見者。劉喜海自幸古緣不淺，遂賦詩一首，和搨本裝成一册④。流寓陝西幾十年、年輩晚於劉喜海的鮑康對此十分豔羡，慨歎自己居秦數年無所發現，而且“遊慈恩寺者，日不知凡幾矣”，然而劉喜海甫“一至其地，即拾得唐泥造像，尤數百年未經著録者”⑤。

剛到長安時，劉喜海在文物市場上還購買到佐弋瓦，又購得泉幣多種，如差布五百、第布八百、幼布三百、鎏金開元錢等；第二年又買得序布三百，新莽十布於是收藏完備；另外還得到一塗金永通萬國泉⑥，這些都是泉幣中難得之品。

但是這一年在長安，他和其他來陝學者一樣，僅仰賴其“古緣不淺”，所獲帶有很大偶然性、零散性。

劉喜海第二次入秦，在道光二十一年（1841年）秋，他以丁艱起復，任兵備延榆綏道，駐地榆林，然“時時道出長安”，“必淹留累月而後去”。直至道光二十五年（1845年）四月擢四川按察使而離開陝西⑦，在秦共五年。這一次時間充裕，人力、財力也更充沛，他充分利用了自己官員身份的便利，更加積極地搜訪金石。鮑康云：“先生宦轍所經，若有宿緣，再至三至，詢風問俗，暇則携二

① 有關劉喜海的著作情况參見王家葵：《劉喜海與〈金石苑〉》，載《一卷田歌是道書：玉吅齋隨筆》，浙江人民美術出版社2019年版。

② 胡琨：《長安獲古編序》。

③ 《劉喜海年譜》據各類史料勾稽，劉喜海在道光十八年，曾到過厦門、蘇州、汀州等地。

④ 劉喜海：《嘉蔭簃集·唐雁塔泥造像並序》。

⑤ 鮑康：《觀古閣續叢稿·劉氏〈長安獲古編〉序》。

⑥ 見《古泉匯考》劉之按語。

⑦ 錢實甫：《清代職官年表》。

三同志，披榛翦棤，蒐斷碣，訪遺宫，儵然來往，見者不知其爲大僚。不數年間，洋洋乎蔚爲巨觀。"①訪碑所獲和第一次來時已完全不同。據《長安獲古編》胡琨序引劉喜海語云：

> 長安，寶地也。自漢以來，累代建都，金沙銀礫，淪入土中者不可勝計。今蟻鼻滿地，每值雨後隱現土上，老榆之下，雨後必有小泉數枚。土人犁田鑿井，往往得商周之物。余官陝時嘗得鼎彝一窖、幣一窖、銚一窖、泥封一窖。其土花鏽澀，斑駁可愛。其文若隱若現者，譌也；其鏽蝕不勻，或全鏽不見字，或無鏽而色澤自古，或半面有鏽，半面無鏽者，真也。參以字畫之古近，製作之雅俗，真物、贋物一望而知，奚待黄初二月之文，始識其僞哉。又嘗銅器一窖，形如今承霤竹筒，長者數尺，短者尺餘，或圓或方，或曲尺式，皆有牝牡，鑿柄可合，疑爲宫室車輿之飾。又有銅器，如今筆帽，上塞下通，長者盈尺，短者盈寸，其徬必有一刺棘，爲宫闈中挂流蘇之物。其餘金釭銅鋪，連環鉤鎖之類，不可名者，多以筲計，惜無款識，莫知時代耳。②

古器、錢幣類金石，劉喜海的收獲已經不是以個數計，而是一次數十種，或成窖、成筲計。

另外像秦詔版，爲秦代遺物，刻有秦代統一度量衡詔書的青銅版，之前爲收藏家罕有之珍品，而劉喜海於長安覓得八種③，形製不同者三種，爲人"詫爲奇觀"④。

唐人墓誌，劉喜海的收藏也是洋洋巨觀。據鮑康説："秦中自道光中葉以來，唐人墓誌出土甚多。楷書率秀整，俗呼小唐碑是也。劉丈燕庭購廿餘石載歸都下。"⑤畢沅曾將在陝西所得的四方唐人墓誌載歸其靈巖山館，已遭後人非議。道光初年，來陝西的黄本驥，看到陝西碑石被各路官員、學者携壓歸裝，被碑估們轉鬻四方，寫了一篇文字《勸勿徙關中誌石文》來呼吁人們不要帶走關中碑石⑥。而劉喜海一人帶走就達二十多種，數量前人、後人都難以望其項

① 鮑康：《觀古閣續叢稿・劉氏〈長安獲古編〉序》。
② 《長安獲古編・胡琨序》，《湫漻齋叢書》本。
③ 《鮑臆園手札》，《叢書集成初編》本，第 8 頁。
④ 《續叢稿・題秦詔版拓册》。
⑤ 《續叢稿・記唐人墓誌》。
⑥ 黄本驥：《古誌石華》附録，道光二十七年本。

背。這些誌石後來下落如何,已不可知。這些還只是劉喜海帶走的原石,其搨本所得當更多,鮑康云他隨劉喜海訪碑所得唐墓誌搨本就不下百十種,劉喜海所獲自遠遠超出這個數目。

劉喜海在關中的大力搜刮,使關中的金石市場産生了很大的波動。一方面,引起了金石價格的飛漲。錢幣是金石品類中價值較廉者,據鮑康所云,受劉燕庭影響,陝西收藏錢幣者"聞風興起者又從而附之,泉值日以昂十倍"①。其他金石的價格自可類推。

另一方面,則激發了金石造僞之風,主要體現在古器物的造僞上。鮑康説:"自劉燕庭丈宦秦,曉以古器雖破闕,無傷,以款識爲重,因之寸許銅造像亦率遭鐫刻,作僞日勞,未始非吾輩導之也。"②"秦中銅器,時時出土,大率無字。自燕翁宦秦,蘇張輩始知以字爲貴,遂並寸許銅造像,往往於背上鋪鐫年月,是古佛亦幾無完膚矣。"③鮑康這裡提到的"蘇張輩"是關中有名的金石商人蘇兆年、蘇憶年兄弟,他們和當時各地金石學家都有密切來往。受劉喜海的啓發,他們知道了器物銘文的珍貴價值,於是製作出了各類僞器。鮑康又説:"有蘇氏兆年兄弟最善搜抉,重趼百舍,求之荒�古冢,所得尤多。又有張氏(號鳳眼張),精於鐫刻,雖尊彝腹中深處,亦能以長削隨方就圜刻之,磨以沙石,埋置土中,復使繡蝕,經年取出,巨眼亦不易辨矣。時人呼爲張二銘。余謂燕庭曰:蘇張之害,流毒至今,丈實啓之。燕庭亦大笑。"④此張二銘者,造僞之手段極其高明,很多金石學家都受其害,比較著名的就是金石學家葉志詵,高價買到的遂啓諆鼎就有其僞造的銘文⑤。

如前所述,時過境遷,此時的金石研究已趨於沉寂。劉喜海的訪碑活動,其收穫雖爲很多人羨慕,但就其規模和影響來講,和畢沅已不可同日而語,同時在對這些藏品的學術研究的深入程度上來講,也不能相提並論。劉喜海在金石學界是被人稱道與推崇的大家,鮑康稱其爲當世有名的"賞鑒家",這一

① 《泉選序》。

② 鮑康:《觀古閣續叢稿·自題造像拓册》。

③ 鮑康:《鮑臆園手札》。

④ 鮑康:《觀古閣泉説》。

⑤ 鮑康:《觀古閣叢稿三編》。

稱呼基本上概括出了劉喜海金石成就的特點,其金石著作宏富,獨步當代之處在於收藏豐富、擅長審定等,考據方面則不能規模前代金石學家。

劉喜海的金石著作很多,大多也都涉及陝西金石,今人對其研究也比較全面深入,因此這裡不再展開論述,以下僅就其《長安獲古編》一書的編纂情況來略窺其學術成就之一二。

二、《長安獲古編》的編纂

《長安獲古編》是對長安所獲古器的匯録。劉喜海《長安獲古編引》云:

僕束髮受書,抗心希古,研覃二三十載,會最四五千通。補趙氏之書,振興東武;續原父之記,錯比先秦。經日下久居,值關中再到。器非求舊,壽何取乎吉金;文以足言,信可垂之貞石。商周重寶,彝鼎燦陳,撫雲雷饕餮之形,辨蝌蚪蟲魚之字。且丁父癸,語簡而尤淳;眉壽吉康,文繁而不縟。洎乎嬴氏度量,詔以刻辭;逮至炎錙歲月,謹於作器。符擕繡虎,洗鏤吉羊,銷濯槖泉,鐙擎甘露。璹瑁粧銅華之竟,應語無譌;犀毗飾金帶之勾,傳觀各異。載尋班書之恉,傳會良金;爰糾洪志之圖,備搜新布。李唐魚佩,則左右交巡;武曌龜符,則合同受發。既紛披夫金薤,復遍采於石華。象教普通,丹青藻飾,龍華供養,瓔珞莊嚴。或鑿一區,或鐫四面,法界妄祈福惠,善門樂證因緣。字樵六朝,問奇列坐;居容十笏,選佛名場。至於諛墓有文,或銘或版;紀元可考,曰隋曰唐。荒榛慨龍首之原,狐狸竄窟;破刹訪牛頭之跡,鼯鼠蹲趺。取之不爲太奢,好之豈云無力。斷圭全璧,篋閟香柟,剔蘚剜落,楮濡翠墨。嗤舊聞之陋,掃卻陳陳;蒐近出之奇,難乎戛戛。別有香泥妙色,非石非金;净土尊容,亦文亦象。聖教雙碑之側,風雨銷磨;慈恩一塔之餘,雁鴻零落。出之瓦礫,爇以深檀,翻貝葉而擢蓮花,播詞林而傳文圃。三行十二字,法擅褚、虞;一集短長吟,韻高元、白。玉若泉通子母,合土範金;印別官私,雕文琢鈕。別館離宫之瓦,長生富貴之甎,畸缺靡遺,網羅殆遍。是真瓌奇之寶,勿爲耳目之娱,與世殊科,足吾所好。學古有獲,秘文編自長安;識小非賢,疑義質諸大雅。①

① 《嘉蔭簃集》卷上,收入《清代詩文集彙編》第580册。

首句上文已引。從此文可以看出劉喜海在長安搜集到的金石包括了商周鼎彝、秦詔版、漢代彝器、六朝造像、唐代魚佩、龜符以及隋唐墓誌，泉幣、瓦當、印章等，琳瑯滿目，均爲新近出土、前人未著録者。所到之處有龍首原、牛頭寺、大雁塔等，所得可補正班固《漢書》、洪遵《泉志》所載。就劉喜海此文所言，《長安獲古編》似乎包羅了劉喜海在長安所獲全部，成書後必然卷帙浩繁。也許因爲這個原因，雖然劉喜海在長安時已編成此書，刊刻卻頗歷周折。據胡琨序云：

> （劉喜海）任陝西觀察，厚資力求，所得最夥。……方伯擇有款識者，得八十九種，仿《宣和博古圖》式，繪而存之。剞劂未畢，越今十餘年，所得吉金又倍於前，屬琨究其緒。爰即劉氏所藏諸器，以建安慮俿尺度之，屬工繪圖，録爲一編。……皆有款識，其無字之鐘鼎銚彝不與焉，凡二百二十三器。其古印、師比、矛胡之類不及見也。合而計之，多於所刻幾三倍矣。將謀梓，而方伯病，未踰月即歸道山。余亦聞金陵、揚州之警，急於旋里，無復從事於兹矣。甲寅之春，展弊簏，見是編，慨然動宿草之感，書而存之。①

胡琨曾從劉喜海遊。據其文所云，劉喜海欲在長安刊刻此書而未完成。又鮑康嘗云："燕翁《長安獲古編》，剞劂未竟，康本擬爲成之，藉報知己，簠齋寄到底稿，並作書敦勉。惟原刻不全之版，前路竟然居奇，非數百金不售。"②又云，"是編付刻，亦僅及半"③。則"剞劂未竟""原刻不全之版"，當即胡琨所云"剞劂未畢"之本。此本或即今所存道光劉氏自刻本。此本收古器八十餘種，其體例乃"繪而存之"之本，當如胡琨所云"仿《宣和博古圖》式"，即有摹圖，有尺寸等説明，有銘文考釋。然而今天所見此本卻僅有繪圖，並無考釋説明，一如胡琨十餘年後重編之本。這或許就是胡琨、鮑康等人所説版刻不全之故。

據胡琨所云，十餘年後，即咸豐初年，劉喜海收藏古器又有所增多，胡琨遂遵劉喜海之命而重編此書，選收二百二十三器，包括鐘鼎尊彝及古鏡、銅牌、虎

---

① 《長安獲古編》卷首，《湫漻齋叢書》本。
② 《鮑臆園手札》，《叢書集成初編》本，第7頁。
③ 《觀古閣叢稿》卷上《劉氏〈長安獲古編〉序》。

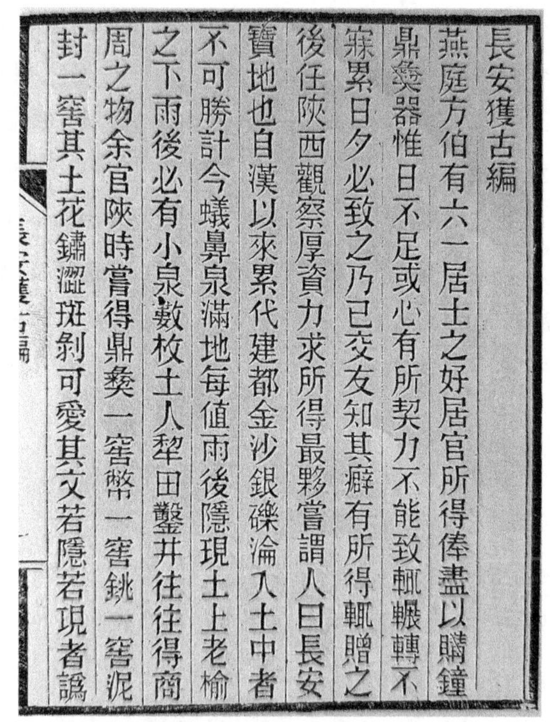

長安獲古編

燕庭方伯有六一居士之好居官所得俸盡以購鐘鼎彝器惟日不足或心有所契力不能致輒輾轉不寐累日夕必致之乃已交友知其癖有所得輒贈之後任陝西觀察厚資力求所得最夥嘗謂人曰長安寶地也自漢以來累代建都金沙銀礫淪入土中者不可勝計今蟻鼻泉滿地每值雨後隱現土上老榆之下雨後必有小泉數枚土人犁田鑿井往往得商周之物余官陝時嘗得鼎彝一窖幣一窖銚一窖泥封一窖其土花鏽澀斑剝可愛其文若隱若現者謁

《長安獲古編》,《湫漻齋叢書》本

符等器物有款識、銘文者。和道光刻本相比較,胡琨未收泉布、造像等。然胡琨編成後未及刊刻,咸豐三年(1853 年)春,劉喜海卒①。此本於民國時收入《湫漻齋叢書》。

劉喜海卒後,其友人,鮑康、胡義贊、王懿榮、吳大澂等相與謀劃完成此書的刊刻。鮑康爲此書寫過兩篇序,分别收入其《觀古閣叢稿》與《續叢稿》。其一爲:

> 夫古人考證圖書,博采金石譜録,不下千百種,率裒輯諸家所有,彙而成編,藏不必一人,出不必一地,真贋參半,踵誤襲謬。掇拾瑣細者,摭星宿遺羲娥;研精考據者,詳碑銘略彝器。後之人或因以訴病。今先生審訂之精,蒐羅之富,允推近代第一。舊藏已不可枚數矣,又出其餘力,萃關中古物之新出土者,一一羅而致之,辨其異同,摹其款識,臚載其大小輕重,

① 參見許貴文:《劉喜海生卒年考略》,《理論界》2005 年第 10 期。

日新月異，多前代所未窺。自來一人之力，一地之所獲，洪纖賅備，未聞若是之美且多者，物之聚於所好，固如是哉。……若秦之詔版，若新莽十布，若唐善業泥之造像，其爲物也雖小，然海内鑒古家或僅獲一見，或竟未之見。獨先生於詔版得其四，愈出愈奇，十布多至廿餘，一洗洪氏《泉志》之誤。遊慈恩寺者，日不知凡幾矣，先生一至其地，即拾得唐泥造像，尤數百年未經著録者。……余久居寶山，歲無所得。是編將付剞劂，又不獲與校字之役，然猶幸得聆緒論，增生平未見之眼福，縱鑒别寡識，亦復竊名卷末，蠅坿驥尾，未可云非厚幸矣。①

另一篇爲：

（劉喜海）有《長安獲古編》之輯，余曾志以小詩，剞劂未竟，遽歸道山，談者咸以爲悵。……是編付刻，亦僅及半。余初擬爲成之，乃力有未逮，但呼負負。壬申解組，旋都下，見已刊之版，尚存廠肆，而稿本不知所在。詢之壽卿，云亦歸簠齋，即郵以寄余，並手標其目，然亦略無詮釋。墨本僅存，姑取闕者補之，誤者更之，亦不復加箋注，一如原書之舊，以俟後來嗜古家論定。胡石查、王廉生兩農部，吴清卿太史，陳寅生上舍，或任勘正，或兼摹繪，恩綬姪並預校字之役焉，告成有期矣。念余與先生聚長安最久，卷中諸器皆經手自摩挲，或丐歸拓墨，唐善業泥造像尤前人未經著録，先生始於慈恩寺塔下拾得，偶忘載及，亦取余當日手拓本附入，用志古緣。憶訂交之初，即時時獲展是編，今先生逝且廿年，始幸成完璧。②

前一篇題下原注“壬申年補刻時序”，壬申即同治十一年（1872 年），是年六月，鮑康自夔州知府解組旋京。既然此次補刻鮑康没能參與校正之役，則補刻事當發生在是年六月之前。此本所收種類多於胡琨所編之本，尤其是多了新莽十布、唐善業泥造像。同時，此稿有對器物的説明文字，“臚載其大小輕重”。

後一篇序云“今先生逝且廿年”，此序當作於同治十一年末，上距咸豐三

① 《續叢稿·劉氏〈長安獲古編〉序》。

② 《觀古閣叢稿》卷上《劉氏〈長安獲古編〉序》。

年爲十九年,正可稱爲"且廿年"。此時"見已刊之版,尚存廠肆",則六月前書尚未刊刻完成,於是鮑康取陳介祺所藏稿本重加校勘,補正闕誤。如唐《善業尼造像》,據劉喜海的初搨本補入。胡義贊、王懿榮、吴大澂、陳寅生、鮑恩綬都參與了此事。

校補完成後,鮑康云:"因屬清卿携至秦中重刻,以其兼工繪圖,定能生色也。"①清卿即吴大澂,在同治十二年(1873 年)八月任陝甘學政,其人工繪畫,他曾經給陳介祺説:"燕翁所刻《長安獲古編》,他器頗精,惟秦詔版絶不相似,漢鼎字細者尤多失真,即此可見。究系刻工不解古法,未免有出入耳。"②於是鮑康便托其帶至陝西重刻。

吴大澂與陳介祺的書信往來中數次提到《長安獲古編》的摹刻工作,光緒元年,吴大澂説:"刻工留在三原,令其專心覆刻。《長安獲古編》及尊藏瓦拓,近已鉤成二十餘葉寄去,屬即上板。俟刻出十餘葉,陸續刷樣寄覽。"③鮑康亦時時郵寄搨本給吴大澂,屬其摹圖補入④。這項工作原計劃是在長安完成,但吴大澂因公務繁忙等原因,在光緒二年卸任離開陝西時還未完工,直至光緒八年十一月,吴大澂給陳的信中還在説:"《長安獲古編》稿本,尚有十餘種未經摹出,有兩日之助,即可竣事。"⑤結果拖到了九年正月,"《長安獲古編》尚未鉤畢"⑥。直至五月份,才將稿本繳還陳介祺,此時應已全部完成。然而此本仍然没有刊刻,應即今山東省博物館所藏稿本。

至光緒三十年(1905 年),劉鶚重刻此書。劉序云:

> 《長安獲古編》乃劉燕庭方伯所撰,一金一石皆有識跋。金甫刻圖,而方伯殁故,僅存此稿。其原本四册,潘伯寅侍郎借來,失於澄懷園。侍郎云石亦無甚奇品,書板爲徐姓所得,遂印行。此趙益甫致魏稼生書中語也。徐姓印行後,書板遂歸福山王文敏公懿榮。自同治初年至今未印。

① 《鮑臆園手札》,《叢書集成初編》本,第 7 頁。

② 《吴愙齋大澂尺牘》,載吴大澂著,陸德富、張曉川整理:《吴大澂書信四種》,鳳凰出版社 2016 年版,第 32 頁。

③ 《吴愙齋大澂尺牘》,第 19 頁。

④ 《吴愙齋大澂尺牘》:"《長安獲古編》泉拓,由子年丈交來,俟鈔竟即寄還也。"

⑤ 《吴愙齋大澂尺牘》,第 70 頁。

⑥ 《吴愙齋大澂尺牘》,第 71 頁。

京都正史齋譚篤生告予也。庚子變後,板歸於予,其標題原缺者,乞銅梁王孝禹觀察書補,刊印百部,分贈同好也。乙巳秋七月丹徒劉鐵雲識。

據劉鶚所云,此本即劉喜海道光間在長安所刻而未成之本,原稿四册,金、石兼收,皆有題跋。此即鮑康初見之稿本,然與上文所云陳介祺所藏、鮑康等據之重刻的稿本似非一本,鮑康等所據本已"略無詮釋",或有闕佚。此本後歸潘祖蔭,後亡佚。劉喜海已刻成者僅收金類,所刻之版,咸豐年間歸於徐姓,曾經印行。後歸王懿榮,再爲劉鶚所得。據劉鶚所重刻者,所收共九十九種,数量上接近道光本,命名則多有不同。

因此,從《長安獲古編》可知,劉喜海金石學研究的最大成就,如上文所述,乃主要在於收藏品類之宏富,而不在考訂。同時在古器的命名、釋文方面,劉喜海所作大多無誤,而爲後人承襲,部分與後人命名、釋讀有所不同,如揚鼎,今藏上海博物館,名爲㺯鼎;衛妃鼎,今名蘇衛妃鼎;臬婦觚,今藏旅順博物館,名麇婦觚。其所收器物在劉喜海身後漸流散,有的又經陳介祺、吴雲、潘祖蔭等收藏,今則散見於海内外各收藏單位。

第三節　鮑康的錢幣收藏與研究

鮑康(1810—1878年),字子年,號臆園野人、觀古閣主人等,安徽歙縣人。道光十九年(1839年)中舉,官至夔州知府。鮑康在錢幣學上有很深的造詣,著有《觀古閣泉説》《觀古閣叢稿》《續叢稿》《觀古閣叢稿三編》《大錢圖録》等著作,對近百年來的錢幣學影響很大,曾被譽爲"我國第一古泉學者"①。但是到目前爲止,關於他的研究卻相對較少,遠遠不能和其學術地位相匹配,因此本節將對其家世、生平、交遊及金石成就詳細考述。

一、鮑康的家世與生平

一個人的家世、成長環境對其一生的志趣、學術傾向往往有著重大的影

① 楊愷齡:《鮑子年先生傳》,《古泉學》第1期,上海書店出版社1936年版。

嚮,是研究一個學者必須要做的基礎性工作。關於鮑康的家世、生平,從20世紀30年代至今,僅有寥寥幾篇論文,唐石父《鮑康卒年考》①、邱崇《鮑康卒年考證》兩文將鮑康的生卒年基本確定下來②;楊愷齡《鮑子年先生傳》、唐石父《鮑康年譜》③,根據鮑康在《觀古閣泉説》等著作中提供的線索對其生平經歷進行了大致的勾勒,但是關於鮑康11歲以前的行跡均付闕如,其青年時期的行跡亦多闕略。同時由於鮑康在他所有的著作中都没有提及父祖名諱,他的家譜資料也未見公開,因此他的家世到底如何,前人亦均未提及。以下略考其家世。

鮑氏先祖,在鮑康父祖的墓誌銘及他們的詩文著作中有簡略的記載。明末有名鮑登明者,爲諸生,崇禎朝名儒。明清鼎革之際,隱居於歙縣巖鎮。登明生子元穎,從商而致富。元穎子名蕃,經商至於杭州,遂入杭州籍。蕃生子善基,即爲鮑康之高祖④。

善基字致高,原字載言,别號東莊,又號悔初居士,晚號知白居士。少時家已貧落,復習儒業,爲杭州諸生,然而卻困於場屋,十應省試不售。性格豪邁,頗留心經濟之學⑤。《(道光)歙縣志》稱其"遊跡遍海宇,詩文名噪一時"⑥。善爲詩,存世有《小巢壺詩》二卷,有嘉慶間刻本⑦。康熙朝進士、翰林院庶吉士宋照曾評論其詩風云,近體宗唐代劉禹錫,古體則介於韓愈、蘇軾之間⑧。乾嘉學者阮元等輯《兩浙輶軒録補遺》,收其詩兩首,且評其爲人曰:"負文武才,有國士氣,未竟其用,士論惜之。"⑨

善基生四子,文名最高者爲三子倚雲,著名桐城派文人姚鼐爲其撰墓

① 唐石父:《鮑康卒年考》,《中國錢幣》1986年第4期。

② 邱崇:《鮑康卒年考證》,《中國錢幣》2021年第1期。

③ 參見《唐石父文集》,天津人民出版社2018年版。

④ 參見袁行雲:《清人詩集敘録》卷一八,文化藝術出版社1994年版,第630頁;徐雁平編著:《清代家集序録·鮑氏家集》,安徽教育出版社2006年版,第48頁;姚鼐:《惜抱軒全集》文集卷一三《鮑君墓誌銘》,世界書局1936年版,第149—150頁。

⑤ 見前引姚鼐:《鮑君墓誌銘》。

⑥ 《(道光)歙縣志》卷八之九。

⑦ 見前引袁行雲:《清人詩集敘録》。

⑧ 見前引鮑倚雲:《家乘一則》。

⑨ 阮元:《兩浙輶軒録補遺》卷五,嘉慶刻本。

誌,略云:

> 君繼父學而益勤,少自杭就學於歙,已而歸杭。終父喪,遂復至巖鎮,復先人居,入歙學,其文名日起。巖鎮有吴先生瞻泰者,試之《紅豆歌》,使次韻,君詩即成且工,先生喜,以孫女妻之。吴先生贈嫁有書數千卷,而無他財。君爲人敦行義,重然諾,作詩歌古文辭皆有法,能見其才,當時儒者文士皆樂與之交。學使者舉爲優貢生,然困於鄉試,不見知。年四十餘,遂絶不就試,以文業授徒。其徒乃多發科成名,其尤著者金修撰榜也。君諱倚雲,字薇省。嘗爲族譜數十卷,以擬蘇明允族譜,故復號蘇亭。子二,長嘉晵,亦歙學生,能文。乾隆四十二年嘉晵疾殞,君以慟得疾,次年秋九月二十一日君遂卒於巖鎮,年七十一。次子嘉命,君使後其仲兄倚樓。嘉晵有子,早亡,嘉命有四子,以其次子金復嘉晵爲君宗焉。嘉命及其長子壬子科順天舉人桂星,皆嘗問學於鼐,今將葬君某所,乞鼐爲銘。①

由此文可知,倚雲字薇省,號蘇亭,生於康熙四十七年(1708 年)。少時自杭州返居其鄉巖鎮,同其父一樣,困於鄉試,屢試不第,四十歲時絶意進取,教授於鄉。卒於乾隆四十三年(1778 年),年七十一。善作詩,青年時即以《紅豆詩》爲巖鎮儒者吴瞻泰賞識,以孫女妻之。其詩曾得朱彝尊、查慎行指授,著有《壽藤齋詩集》三十五卷,有嘉慶十三年刻本,阮元爲其作序,稱其詩:"清微雅健,獨抒性情,卓然潤然。"②另有文集《壽藤齋時文》一卷、筆記《退餘叢話》二卷③。

善基其餘三子,姚鼐墓誌云其仲爲倚樓,生平不詳。無子,倚雲以其次子嘉命爲其嗣;有一女,適錢塘庠生王世法④。據《(道光)歙縣志》,鮑善基另一子名倚玉,不知爲長子,還是四子。倚玉字杏三,一字篴船,亦工詩,兼善篆刻。

---

① 見前引姚鼐:《鮑君墓誌銘》。

② 轉引自江增華著録:《歷代安徽詩文名家别集叙録》,安徽師範大學出版社 2019 年版,第 323 頁。

③ 《壽藤齋時文》收入《觀古閣叢刻》,嘉慶至同治間刻本;《退餘叢話》收入《叢書集成續編》第 96 册。

④ 延豐撰:《重修兩浙鹽法志》卷二七藝文一,同治刻本。

著有《篷船吟稿》《秋山晚水樓詩集》《廣陵犀笛詞》等①。

倚雲爲鮑康之本生曾祖。倚雲有二子，長名嘉懋，次子嘉命。嘉懋生平不詳，乾隆四十二年（1777年）卒。有一子，早亡，嘉命以次子金出嗣。後"以姪珊貤贈大荔知縣"②。嘉命即鮑康祖父，字鸞書，庠生，著有《願學齋集》（一作《潛山集》）③。

嘉命有四子，長子聰聽，次子金，三子桂星，四子珊。

鮑桂星是鮑家仕途最爲顯赫的一位，鮑康著作中多次提到的"世父覺生公"即是。《清史稿》《國朝先正事略》《（道光）歙縣志》等都有其傳記，陳用光《詹事鮑覺生先生墓誌銘》記載最詳。其生平略曰：生於乾隆二十九年（1764年），字雙五，嘉慶四年（1799年）進士，選庶吉士，授編修，遷中允。九年（1804年），典試河南，留學政。十三年（1808年），典試江西。十五年（1810年），督湖北學政。累遷至内閣學士。十九年（1814年），因言事被革職。越九年，復官編修。宣宗即位，擢侍講，又擢通政司副使。道光四年（1824年），擢詹事。六年（1826年）卒，年六十三。桂星少從同縣吳定學，後師姚鼐，詩、古文並有法。著述甚豐，有《詩》二十卷、《制藝》一卷、《試律》《賦》各一卷、《毛詩注疏擥要》一卷、《詩解録》《詩解辨》各一卷、《廉吏録》十卷、《廉士録》二卷、《唐詩品》八十五卷、《賦選》三十卷、《如鳥數飛齋漫録》十六卷、《古文》四卷、《覺生詩續鈔》四卷④。鮑桂星貴後，贈其本生祖倚雲翰林院侍讀，祖倚樓翰林院庶吉士，父嘉命翰林院侍讀，胞兄聰聽翰林院編修⑤。

鮑珊即康之父。其友人，嘉慶進士、陝西盩厔人路德所撰《興安府知府鮑君（珊）墓誌銘》中，對鮑珊的生平有詳細的記載，略云：

> 君諱珊，字滄碧，號鐵帆，世居歙之巖鎮。少孤，師伯兄覺生公。桂星公官京師，從之學，入宛平庠食餼。丁卯舉順天鄉試，改歸原籍。己巳成

① 阮元：《兩浙輶軒録補遺》卷六、《（道光）歙縣志》卷八之九。

② 《（道光）歙縣志》卷七之七。

③ 《（光緒）重修安徽通志》卷三四四。

④ 參見《清史稿》卷一六四《鮑桂星傳》、陳用光《太乙舟文集》卷八、《（道光）歙縣志》卷八之二。

⑤ 《（道光）歙縣志》卷七之七。

進士，與余同榜。覺生公以名翰林，屢司文柄，所得多名下士，鑒別文藝，主持風雅，天下士翕然歸之，如登龍門。……君以咸安宫教習選知陕西大荔縣，大計卓薦，移知渭南。旋擢知乾州直隸州。延余主乾陽書院，兼課三子廉、庠、康及覺生公少子廙。時覺生公已卒，廙奉其母來乾，與廉、庠、康及余兄子慎輿、長子慎莊，共筆硯者六年。……君牧乾善政，余親見之，不勝書，書其大者。回疆不靖，徵調絡繹，將帥弁兵及軍械駝馬糧餉，過境者日夜不絶。自軍興迄凱旋逾三載，他郡縣不勝擾累。君悉心籌畫，務爲民節費，而過者帖然。有一人以供億不豐，怒形辭色，君正容折之，其人慚阻，轉謝過而去。……乾舊有差局，多浮費，君頻加節縮，歲省三千緡，著爲例，乾民至今賴之。……大府以南山奥區，素易騷動，爰擢君爲興安守。……十五閲月，稟牘文移，皆手自屬稿，委曲周詳，積累盈篋。是年鬢鬚頓白，一病不起，年五十有六。君之宰大荔也……歷十年，保全甚眾……比移渭南，每生辰，諸耆民不遠百里，携羊酒躋堂稱祝……渭南尤稱繁劇，君涖任二載，無廢弛，亦無更張，但輕徭平徵，使民不知擾……近睹新修《渭南志》，稱君勤政愛民，慈祥坦易，蓋採諸輿論云……（珊）嘗謂余曰：吾可以情動，不可以威脅，脅吾以威，一錢不敢奉也。其性情如此……計宦秦二十餘年，所履皆豐壤，入不敵出，負債逾萬。余贈詩云：愛君别有高人處，不把黄金作宦囊。……配李恭人，懷甯候選巡檢敬之君女……女三，俱令勤女紅……君卒，歸櫬無力，僑寓青門……廉、庠、康皆恭人出，勤志服知，争自樹立。余選刻其文數十篇，不脛而走，藝林傳誦，稱爲三鮑。廉僅以國史館謄録議叙，選兩浙雙穗場大使。庠、康同舉己亥順天鄉試，而屢躓禮闈，困窘日甚。廙及子堅、子勛亦先後登賢書，今仍然寒素也……君卒於道光十四年二月十八日，恭人卒於道光二十七年五月二十五日，今將於道光某年某月某日歸葬於休甯之硃塘先塋。①

由此文可知鮑珊之生平大概、爲官風格與性情。生於乾隆四十四年（1779 年），少孤，依其兄鮑桂星。嘉慶十二年（1807 年）中舉，十四年（1809 年）進士及第。由咸安宫教習選授大荔知縣，其具體時間，此文未及，據《（道

① 路德：《檉華館文集》卷六，光緒七年刻本。

光)大荔縣志》,爲嘉慶十七年(1812 年),在任十年。道光元年調知渭南,在任兩年。後擢乾州知州,再轉興安府知府。道光十四年(1834 年)二月卒於任,年五十六。其爲官情況,雖然路德此文有諛墓之嫌,但從各方志裡對鮑珊的記載,勤政愛民是一個比較一致的評價。

鮑桂星有三子,據路德文,長子名庚,字子堅,負不羈才,以舉人官内閣中書,罷官後主講關中書院。後得狂易疾,鮑桂星卒後次年亦卒。次子字子勖,名不詳。少子廙,字子恭,號小舫,舉人。據《(光緒)續順寧府志稿》載,曾任雲南保山縣令,咸豐十一年(1861 年),杜文秀領軍攻陷永昌城,廙被裹挾至雲州,授以職。廙不受,寓州十餘年,教授生徒。時與州人士縱酒吟詩,著有《静悟軒詩草》。同治十一年(1872 年),清軍收復永昌後,廙始得以回鄉①。其詩乃"雲煙過眼竟匆匆,五十年來一夢中"之類,慷慨悲歌,不堪卒讀。

鮑珊有三子、三女。長子廉,字子遠,以國史館謄録議叙,選兩浙雙穗場大使。次子庠,字子周,與康同爲己亥順天鄉試舉人,進士則屢試不第,其餘不詳。康爲其第三子。

鮑康無子,一女四松,早夭②。有姪恩綬,或爲其仲兄庠之子,鮑康著作均由其任校字,一直與鮑康生活在一起。恩綬字印亭,光緒九年進士③,後任内閣中書,參與纂修《順天府志》④,官至江西建昌府同知⑤。著有《存吾真齋謎稿》一卷。鮑康所藏泉幣後皆歸於恩綬。

恩綬二子惟鐈、惟鎧,名字皆鮑康所取。惟鐈字鼎臣,監生,民國二年、十年先後兩任宜春縣知事⑥。恩綬所繼承的鮑康藏品,在其卒後均歸惟鐈,而惟鐈後因貧困,將其全部變賣⑦。

綜上所述,有清一代鮑氏脈絡已大致清晰,繪圖如下。

---

① 參見《(光緒)續順寧府志稿》卷三五。

② 鮑康:《觀古閣詩抄》有《哭亡女四松二十二首》。

③ 參見朱保炯、謝沛霖:《明清進士題名碑録索引》(下),上海古籍出版社 1979 年版,第 2842 頁。

④ 《(光緒)順天府志》卷首。

⑤ 《(民國)歙縣志》卷四。

⑥ 《(民國)宜春縣志》卷一五。

⑦ 參見王寧:《寶鈔珍品見友情》,《中國錢幣》1995 年第 1 期。

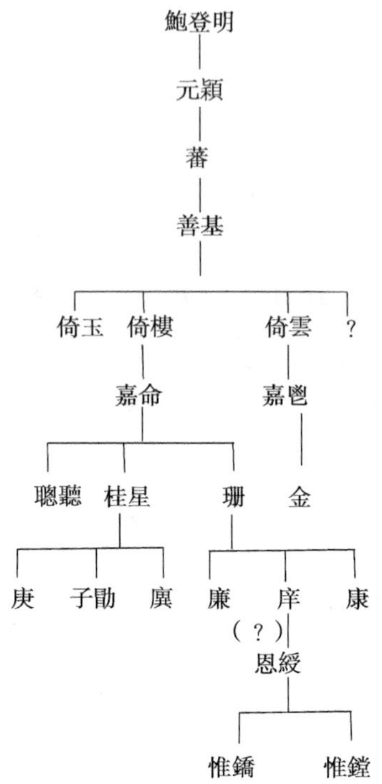

楊愷齡《鮑子年先生傳》云鮑康十一歲隨父宦居大荔,唐石父《鮑康年譜》同,於康十一歲之前事跡均付闕如。這一説法當是基於鮑康在《觀古閣泉説》中所載"憶余十一二齡時在大荔官廨"云云。然爾,此處鮑康僅僅是在追述自己開始對泉布發生興趣的年齡和時間,並不是説在該年始至大荔。二文於鮑康一生行跡均考證不詳,今據上文所引各類史料,勾勒鮑康一生大略如下:

嘉慶十五年(1810 年),鮑康生於京城。其父鮑珊前一年剛中進士,在京任咸安宫教習。

嘉慶十七年(1812 年),鮑康三歲,隨父宦居陝西大荔。鮑珊在大荔知縣任上十年,因此,鮑康所述十一二齡時始集泉幣事就在這段時間内。

道光元年(1821 年),鮑康十二歲,隨父調知渭南,居兩年。

道光三年(1823 年),鮑康十四歲,隨父至乾州任。就讀乾陽書院,師從路德。同學者有其二兄廉、庠,其伯父桂星少子廙,以及路德兄子慎興與其長子慎莊,同學六年。

道光九年(1829 年),鮑康二十歲,此年前後,隨父至興安知府任。

道光十四年(1834年),鮑康二十五歲,其父卒於興安。此年或稍後,鮑康奉母僑居長安。唐石父《鮑康年譜》將鮑康之父卒、僑居長安事繫於道光二十年(1840年),當據《觀古閣泉選序》所云:“庚子試禮闈不第,旋秦。時先大夫已捐賓客,余歸櫬不得,奉母僑長安。”然如上所考,鮑珊道光十四年已卒,此句“時”云云乃追述其父卒後之情形。唐《譜》所云有誤。

道光十七年(1837年),鮑康二十八歲,赴京參加順天鄉試,未中。見《觀古閣泉選序》所載“丁酉,應京兆試,來潞河官廨”云云。

道光十九年(1839年),鮑康三十歲,再次赴京參加順天鄉試,中舉。見鮑康《劉氏〈古泉苑〉書後》所云“己亥……余將應京兆試”、《劉氏〈長安獲古編〉序》所云“己亥夏……余……匆匆應京兆試”。按清代鄉試三年一次,考試時間爲每逢子卯、午、酉年的八月,遇有皇帝萬壽、登基等增加一次恩科。道光己亥本非鄉試之年,但是十八年道光皇帝下詔將道光二十年鄉試提前至十九年,在二十年增加一次恩科。鮑康就在第一次鄉試未中之後兩年再一次參加了鄉試。又據鮑康《觀古閣泉選序》云:“庚子試禮闈不第,旋秦……適劉燕庭觀察亦留滯秦中。”庚子爲道光二十年(1840年),禮闈指在禮部參加會試。可知此年之前已中舉。

道光二十年(1840年)至咸豐二年(1852年)之間,也就是鮑康四十三歲之前,多次赴京會試,均未中。鮑康文中記其赴京會試最後一次在咸豐二年,見其爲劉喜海《古泉苑》所作序:“壬子春,計偕來都,卜居法華寺。與先生相去咫尺,晨夕侍坐,作竟日談。”壬子即咸豐二年,計偕即赴京會試。

之後,鮑康應一直居於京師,未再返回長安。是否再參加過會試,抑或就此放棄,未見記載。直到同治八年(1869年)出任夔州知府,至同治十一年(1872年)六月,因觸犯上司,遂解官歸京,似再未出仕。

鮑康自三歲起隨父宦居陝西,直至咸豐二年移居京師,在陝西生活了四十年。陝西金石資源十分豐富,泉幣不時出土,不可枚數。鮑康自十一二歲起即對錢幣產生了濃厚的興趣,正如他在《贈鄭小塘明府》詩中所說“我本寓秦四十載,搜羅泉幣忘飢疲”①。四十年辛勤忘我地搜訪、收藏,奠定了他在錢幣學

① 鮑康:《觀古閣叢稿》卷下。

史上的重要地位。

二、鮑康的金石交遊

鮑康一生居秦四十年,算得上半個陝西人。他樂於與人分享金石搨本,與當世金石學家大多都有來往,老一輩的、同輩的、晚輩的金石學者,或親或疏,他都有往來,他的交遊圈基本上可以説就是道咸時期的金石學界。

(一)少年至青年時期的師友

鮑康曾説他在秦中没有相與討論泉幣的同志者,表達了問學上的孤寂。雖然如此,鮑康卻是在包容、温暖的家庭氛圍中長大的,他的家人、親朋好友,包括僕役,都能理解他對泉幣的愛好,他們有所見、所得都會及時告知他、贈送他。

他的長兄鮑廉、仲兄鮑庠,都爲其留心於古泉,鮑康《泉説》載:"余僑居長安時,巽日,伯兄子遠過古董肆,歸語余曰,見某家有鎏金五銖數枚,盍收之。""新莽泉制最精,戴醇士侍郎《古泉叢話》目爲泉絶。而泉貨六品之中泉三十、壯泉四十,尤稀如星鳳。庚子夏,伯兄子遠於長安以十錢爲購一中泉。又十三年仲兄子周復於長安以萬五千錢爲購壯泉。六泉備矣,洵大快事。口占短句志之。"鮑康的泉幣收藏離不開其兄長的幫助。

他的少時好友路慎莊(字子端)亦好泉,鮑康多次將自己所藏搨而贈之,路慎莊也曾贈其《錢録》《泉史》等錢幣著作。

鮑康的内兄何福宇與他有同好。福宇字鏡海,山西靈石縣人,道光二十三年舉人①。兩人有所得即相互"誇耀",互贈互補。且因何福宇的關係,鮑康結識了對其學術影響很大的兩位學者之一——劉師陸。鮑康曾説:"當代稱賞鑒家者,余獲交二公,一爲姻丈劉青園觀察,一則燕庭先生也。"②又説:"余始聞青園丈之風而興,繼得交觀察。"③青園即劉師陸,字子敬,青園其號,山西洪洞人,嘉慶二十五年進士。他是何福宇之舅,又是鮑康伯父鮑桂星的及門弟子。道光十七年,鮑康入京應試,路過山西,從何福宇那裡聽説了劉師陸收藏

① 《(光緒)靈石縣志》。

② 鮑康:《觀古閣續叢稿·劉氏〈長安獲古編〉序》。

③ 鮑康:《觀古閣叢稿·劉氏〈古泉苑目録〉書後》。

泉幣之"精且多,不覺嘖嘖羨"。劉師陸訪泉多依賴何福宇,鮑康常爲何福宇在長安購買古泉,而何福宇亦常給鮑康寄送劉師陸所藏搨本。後劉清園出守四川保寧,在任期間多次經過長安,鮑康得以與之"長安論古,剪燭銜杯,往往清談至夜分不輟"①。劉師陸收藏金石文字達七千種,著有《虞夏贖金釋文》一書,鮑康同治年間曾爲其重刻此書。這是鮑康走上學術道路得以結交的第一個前輩學者,因此一生都十分敬重,但是卻並不迷信,他認爲劉師陸的收藏多有贋品:"青翁諸器,真僞參半,緣匆匆過秦,尚不悉張二銘輩之工於作僞。"②並且對於劉師陸的很多觀點也並不讚同,多有批評。

真正對鮑康在學術提升上有影響的是"燕庭先生"——劉喜海。兩人的淵源,鮑康《劉氏〈長安獲古編〉序》中説得比較清楚:

> 先生爲文正、文清公孫,文恭公子,韋平之閥。……先覺生世父出文清之門,文恭爲先大夫知貢舉師,先生復與先子堅兄同登秋榜。余神交有年,恨不獲一見。己亥夏,先生奉諱過長安,余甫過名刺,旋匆匆應京兆試。壬(按:爲庚之誤)子夏,余禮闈不第,旋秦,先生尚留滯未行。每造謁,必請觀法器,奇情異采,目不給賞,如窮子之入寶船,驚喜讚歎,莫可名狀。聞先生有《長安獲古編》之著,未及讀,時歉於懷。辛丑秋,先生觀察延榆,車騎復莅陝,相見即索是編,甫開卷即以余所獻小詩褎然弁其首。先生交遍海内,獨於鯫生辱忘年之交若是,且久且渥……

文正、文清、文恭分别是劉喜海曾祖劉統勛,伯祖劉墉,父親劉鐶之的謚號。鮑康伯父鮑桂星出劉墉之門,劉鐶之是鮑珊的老師,劉喜海又與鮑桂星長子鮑庚是同榜舉人,因此兩家是世交。劉喜海又是當世有名的"賞鑒家",鮑康素聞其收藏的泉幣甲於同人,一直心嚮往之。後又於友人處讀到劉喜海的《論泉絶句》,敬慕益深,只是無由相見。兩人相識在己亥夏,即道光十九年,是年劉喜海因母卒回鄉守喪,道經長安,盤桓至第二年庚子的夏秋間才離開。鮑康入京應己亥秋試,中舉,留京準備次年春天的會試,未中,於六月回陝。因此,這次兩人在長安的來往時間並不多,但一見如故。己亥夏,並非如鮑康所

① 《虞夏贖金釋文·序》。

② 《鮑臆園手札》。

云“甫過名刺,旋匆匆應京兆試”,兩人應該有數日往還,鮑康在《劉氏〈古泉苑目録〉書後》一文説到此次相見的情形較詳細:

因獲過從,晨夕每造謁,輒出所藏相示。錦緘檀篋,觸目琳瑯,幾於奇不給賞。望洋之歎,中心藏之久矣。觀察著有《金石苑》《古泉苑》諸書,復擇藏泉之精美罕覯者拓爲《泉苑菁華》,知余向有同癖,特舉以示余。余把玩不忍釋手。適余將應京兆試,倚裝賦數絶句志之卷尾,即匆匆而北。①

等到鮑康次年夏回到長安後,兩人又往來一月有餘,鮑康云:“得遍觀(劉喜海)所蓄,望洋驚歎,如窮子之入寶船。”鮑康也有機會讀到很多劉喜海收藏的金石著作,如前輩金石學家翁樹培的《古泉彙考》,劉喜海藏有一稿本,“八巨帙,厚幾盈尺”,借給鮑康閲讀,且囑鮑康爲作校勘,云:“此本出鈔胥之手,未及校讎,亥豕烏焉,開卷即是。子爲我讀而正之。”鮑康閲讀之時,值“酷暑逼人,余又爲俗事所羈,讀未卒而觀察北行有期,不得已於叢冗中揮汗撮鈔,殆不復成字,且十未詳一。……計留案頭三十有五日,並爲勘正數百字而歸之。”②

一年後,即道光二十一年秋,劉喜海官兵備延榆綏道,兩人來往日密。鮑康雖然對劉師陸十分敬重,但對其收藏及研究時有批評之語。鮑康對劉喜海的崇敬卻可以説毫無保留,在評當世泉家高下時多次稱劉喜海爲“集大成者”。劉喜海無論在收藏、學術見識、著作上都有很大成就。鮑康所受影響主要表現在兩個方面:

第一,學術眼界開闊。鮑康足跡所到的地方很少,中年以前,除了關中、京師之間,其他地方似乎没有去過,他自己也説雖然是南人,卻從未到過南方。而劉喜海北上南下,各處爲官,見識既廣,收藏亦富。初次相見,遍觀劉喜海的收藏,鮑康自云“如窮子之入寶船”,有望洋之歎。不僅僅是錢幣,還包括其他金石器物。鮑康爲之折服,眼界頓寬。此後,劉喜海有新的收藏便寄送,鮑康多次提到,“戊申(道光二十八年),劉燕庭方伯自浙見寄孝建四銖一品,爲補

① 鮑康:《觀古閣叢稿·劉氏〈古泉苑目録〉書後》。
② 鮑康:《觀古閣叢稿·翁氏〈古泉彙考〉書後》。

鄙藏所未備"[①],"先生惠余佳泉不可枚數"[②]。鮑康在長安有所獲,亦會寄送劉喜海,兩人郵筒往來,十分頻繁。

同時,劉喜海在關中搜訪金石,鮑康一直陪侍。鮑康曾自慚深居寶山而無所獲,而劉喜海則到處有驚喜的發現。"劉丈燕庭藏器,凡在秦所得者,康處皆有拓本。"[③]這些都豐富了鮑康的收藏。

第二,學術能力提升。鮑康自云秦地書肆可讀之書甚少,道光十七年赴京鄉試,得路慎莊惠贈,才讀到《錢録》《泉史》等前代泉學著作。其他泉學著作則大多是認識劉喜海後,在劉喜海處得以讀到,如朱楓《古金待問録》,"於嘉蔭簃批閱一過";馬伯昂《貨布文字考》,"燕庭曾贈余一册";翁樹培《古泉彙考》,"曾向燕庭借讀"。這些著作中,當然也包括劉喜海自己的《長安獲古編》《海東金石苑》《古泉苑目》《嘉蔭簃論泉絶句》等。凡此,對於鮑康的學術積累、提升都大有幫助。

鮑康《書〈古泉考略〉後》云:"夫余之癖泉也堅矣,秦中諸相識無一同志者,孤陋寡聞,懷疑莫決。"在認識劉師陸、劉喜海,特别是認識劉喜海之後,見聞既廣,通過交流探討學問也日漸精進。鮑康在錢幣學上的聲名、成就離不開劉喜海的提携。這也是鮑康一直都很感激敬重劉喜海的原因。鮑康著作中,爲劉喜海寫的序跋、贈詩是數量最多的。

咸豐二年,鮑康移居京師後,"卜居法華寺,與先生(劉喜海)相去咫尺,晨夕侍坐,作竟日談"[④]。兩人又有一段時間的來往,直到次年劉喜海去世。在劉喜海卒後,鮑康又將劉喜海著作中未刻、已佚之書進行刊刻或重刻。

(二) 中年以後的同輩至交

鮑康中年以後結識並成爲至交好友的同輩友人主要有李佐賢和陳介祺。

李佐賢,字仲敏,號竹朋,山東利津人。道光十五年進士,在國史館任職近十年後,外放汀州知府,咸豐二年辭官,六年居京師,十年回鄉[⑤]。李佐賢長鮑

① 鮑康:《觀古閣叢稿·記孝建四銖泉》。
② 《雨窗懷人詩六首》。
③ 《鮑臆園手札》。
④ 《古泉苑序》。
⑤ 李佐賢生平參見李亞男:《清代山東古錢學家李佐賢》,《管子學刊》2001年第4期。

康三歲,兩人的相識,李佐賢《觀古閣泉譜序》云:"咸豐丙辰,重入都門,故交寥落,而子年適官薇省,相見恨晚,訂新知若故交焉。"丙辰即咸豐六年,此時兩人始訂交,一見如故,來往日密。因兩人年齡相仿,均以研究泉幣爲樂,收藏之富亦不相上下,因此在所有友人當中,鮑康與李佐賢的關係最爲密切。鮑康云兩人日談泉以爲樂,"羅列泉幣,斷其時代之先後,證其筆畫之異同,辨析其輪郭面背之各從其制,往往剖及毫釐,至忘晷刻"①。李佐賢亦嘗敘兩人研究之異同云:

考君之遊蹤多在秦中,故得秦以後之圜泉居多;余往來齊、魯、燕、趙之間,故得三代刀幣爲多:此遭際彼此之異也。余拓泉共爲一編,借拓者、附複者汰之;君於友人泉各爲一編,多多益善:此體例繁簡之異也。余之嗜泉在通籍後,年已三十矣;君則童而習之:此資格深淺之異也。君於贋品辨析毫芒,致之不遺餘力;余雖喜真惡僞,然千百中或不免一二之存:則鑒別寬嚴之異也。然吾謂兩人之用心有小異而大同者。何也?今世好古者少,況古泉屬金石之一,專門名家者尤少。吾輩同癖者,世或以玩物非之,否則以見小笑之。其實鐘鼎文字起於商周,泉則自虞夏以還,確有可據,是古莫古於此也。歷代帝王之製作,厚生利用,因革損益,於是乎存其稱名也。小其取類也,大所謂物薄而用可重也。如吾兩人之研究,遠補洪文安《泉志》之遺,近接初渭園《所見録》、翁宜泉《匯考》之緒,期於信今傳後,俾好古者得所折衷焉,斯又不僅爲識小之一助也,固兩人之不同而同者也。②

在著述上,兩人互相補益,鮑康著《觀古閣泉説》,李佐賢便有《續泉説》,都是雜記泉事之作。兩人又合作著書。兩人曾商量共著《古泉匯》,以"生古泉極盛之時,又遍識海内藏泉家,凡奇異之品,得一一拓而存之"③,"又各有創獲,合之可四五千品,折衷諸説,彙爲巨觀"。於是李佐賢主筆,著作的過程,鮑康云李佐賢"每脱一稿,先以相示,余有所正,即時改定,參互考證,不憚至再至三,薈萃眾説,折衷一是,不詭異,不苟同,稍有可疑者,輒置弗録",同治

① 《古泉匯》卷首鮑康咸豐九年序。
② 李佐賢:《觀古閣泉譜》序。
③ 《古泉匯》卷首鮑康咸豐八年序。

三年完成《古泉匯》六十四卷，其中鮑康藏品收入數百種，共收入泉幣五千餘種，洋洋大觀。鮑康評此書曰"空前一語，足以當之"①，認爲超過了以往任何一部同類著作。後來，兩人陸續又有新藏，於是再次同輯《續泉匯》，同前書一樣，由李佐賢主筆，完成十二卷後，由鮑康校正，光緒元年完成，共成十四卷，補遺二卷。此二書雖然也收録了一些僞泉，考證上也有疏漏之處②，但瑕不掩瑜，爲泉學研究的重要著作，如王獻唐所稱爲"歷代泉學之冠"③。

陳介祺，字壽卿，號簠齋，山東濰縣人。道光二十五年進士，任翰林編修，咸豐四年辭官歸鄉。鮑康年長陳介祺三歲，他在《爲石查跋簠齋印集》一文中説："咸豐壬子夏，余應禮部試，報罷，留都門，訪壽卿於經板庫舊居。"④兩人初識於咸豐二年鮑康居於京師後。之後，陳介祺咸豐四年回鄉，閉門不出，與友人多失去聯繫，兩人於同治十一年十月再次通信⑤。兩人常將藏品互寄互補，陳介祺收藏新莽六泉有缺，鮑康爲之補足；陳氏集秦時文字，鮑康亦以秦量借之；陳氏亦寄給鮑康秦詔版、秦瓦各搨四十餘紙等。鮑康手札、《泉説》《觀古閣叢稿》中多次提到兩人關於泉幣的討論。

鮑康與李佐賢合作著書時，陳介祺也以各種方式參與其中。《古泉匯》輯成之後，同治九年，李佐賢訪簠齋，見其所藏泉幣、泉範"標新領異百品有餘，當中《泉匯》已收者少，而未收者多"，而簠齋又"慨然將全拓本見贈"，於是李佐賢遂有續泉匯之志；當《續泉匯》纂輯之時，陳氏又提供已藏泉範一百七十餘件。《泉説》《續泉説》兩書撰寫之時，陳介祺皆有批注，鮑康刻書時遂附刻於書後。時人目鮑、陳、李爲三高士，陳氏題李佐賢書《金剛經》手卷，有詩云："歸田卅載豈師陶，不學今衰日月慆。把卷自思增俯仰，慚聞知我擬三高。"⑥

（三）晚輩友人

鮑康結識較晚的晚輩金石學家則有潘祖蔭、王懿榮、吴大澂，三人均一時

---

① 《古泉匯》卷首鮑康咸豐九年序。

② 兩書的疏漏之處，參見關漢亨：《李佐賢和他的〈古泉匯〉〈續泉匯〉——〈中華珍泉追蹤録續篇〉（三）》，《中國錢幣》2012 年第 3 期。

③ 王獻唐：《五鐙精舍印話》。

④ 《觀古閣叢稿三編》。

⑤ 陳介祺：《秦前文字之語》卷三《致鮑康書》。

⑥ 陳介祺：《秦前文字之語》卷三《致鮑康書》。

名流，鮑年長他們均二十歲以上。

潘祖蔭（1830—1890年），字東鏞，號伯寅。系出簪纓世家，咸豐二年，二十三歲時即中進士，授編修，至咸豐末年，歷充會試同考官、南書房行走、侍講、陝甘鄉試正考官等。同治時漸爲朝廷重臣，歷各部侍郎、尚書、軍機大臣等。據《清史稿》載："祖蔭嗜學，通經史，好收藏，儲金石甚富。先後數掌文衡，典會試二、鄉試三，所得多真士。"①著有《海東金石録》《兩漢碑表》《攀古樓彝器款識》《漢沙南侯獲刻石》《古塼考釋》等金石著作。在晚清金石學界可算領袖人物。

鮑康稱讚潘祖蔭云"伯寅之才，不可一世"，潘祖蔭對鮑康亦十分敬重。他爲鮑康《觀古閣泉説》寫序云，"先生自束髮以來，蓄泉最富，耽玩四十餘年，故於源流正變真僞美惡辨别精嚴，當世無其比也"，對鮑康評價非常高。鮑康描述他與潘祖蔭的交誼説："余與伯寅論古獨遲，而誼乃倍摯。"鮑康所藏從不秘不示人，潘祖蔭亦屢受其惠，同時潘氏有所得也常惠贈鮑康，鮑康記兩人交流情形云："伯寅有所得必先拓贈余，使者往往踵相接。"鮑康亦有多首詩紀此，如《伯寅惠余吉金拓本不可數計，所見刀幣雖不收，亦必拓一紙相貽，使者常絡繹。率占報謝》詩題所云②。

對於潘祖蔭的學識，鮑康評價説："伯寅學識過人，喜爲朋舊搜刻遺集，人海中宏獎風流者也。"③鮑康懶於著述，他的《觀古閣泉説》就是在潘祖蔭的慫恿之下才完成的。潘祖蔭《觀古閣泉説序》云："蔭嘗勸其（鮑康）著一書以傳世，力請再三，先生乃先舉所見所聞以及耆舊風流、交遊韻事録成《泉説》二卷，而以題詠附焉。其中遺事逸聞，實足資後人之考訂，非泛然論古之作也。當與戴文節《古泉叢話》、劉方伯《論泉絶句》鼎足而三矣。若蔡氏《癖談》、盛氏《泉史》、張氏《錢志新編》，詎能望其項背哉！"此書最後刊刻也得潘祖蔭資助。鮑康《觀古閣叢稿序》云："潘伯寅少農見余所作《泉説》，堅欲付梓，並屬門下士徐君榦寫以精楷。雖不爲魏公藏拙，而厚誼良可感也。"

吴大澂（1835—1902年），字清卿，號恒軒、白雲山樵、愙齋等，江蘇吴縣

---

① 趙爾巽：《清史稿》，中華書局1977年版，第12415頁。

② 《叢稿三編》。

③ 《觀古閣叢稿》卷下《潘伯寅少農持示消夏諸詠有品泉一律憶及鄙人率和其韻》詩注。

(今蘇州)人。同治三年中舉,七年,中進士,選入翰林院爲庶吉士。同治十年,爲翰林院編修。同治十二年八月,爲陜甘學政。十二年,授廣東巡撫。後歷河東河道總督、湖南巡撫。二十一年,率湘軍出關與日軍作戰,戰敗革職,回鄉隱居。鮑康與吴大澂相識較晚,但一見如故,鮑康云:"清卿太史與余訂交獨遲,顧一見如平生歡。學識淵雅,賞鑒尤精,兼工繪畫。……清卿視學秦中,行有期矣……"①鮑康與吴大澂相識應在其同治六年中進士之後、同治十二年任陜甘學政之前。吴大澂於金石並不專研泉幣,鮑康云:"吴清卿尤兼衆長,初不甚收泉,邇亦近墨者黑,不無傳染矣。視學三秦,當有創獲。"②受鮑康等人影響,後於錢幣上也有所留意,但仍然是兼有衆長。

同時,吴大澂擅摹圖,是其他學者不具備的技能。潘祖蔭藏器搨圖,多請其爲之,潘祖蔭《攀古樓彝器款識》有吴氏大半功勞。吴大澂視學陜甘時,鮑康將好幾本書的摹刻寄希望於他。如上節所述,鮑康曾將劉喜海《長安獲古編》一書的摹圖工作交代給吴大澂,説:"屬清卿携至秦中重刻,以其工繪圖,定能生色也。"③又如陳介祺所藏周秦漢瓦三百餘種,將搨本三巨册贈送給鮑康,鮑康想要把其中秦瓦部分專門刻出來的,但是自己又不工鉤勒,"適吴清卿視學關隴,鋭意托之,携全拓去,手摹付梓。他日刊成,洵巨觀矣"④。吴大澂到了陜西之後,收古泉不少,如安臧空首布二十五種,鮑康從未見過的古幣範三種,因此有了補《泉匯》的計劃。而鮑康與李佐賢所編《古泉匯》《續泉匯》兩書,陳介祺謂其缺憾是摹刻不精美。因此鮑康説:"清卿最工鉤勒,他日編成,定屬後來居上矣。"⑤

王懿榮(1845—1900年),字正儒,號廉生,山東福山(今煙臺)人。清光緒六年(1880年)進士,歷任編修、南書房行走、國子監祭酒等職,以博學多識聞。王氏考中進士相對較晚,光緒六年始中第,但其久居京師,較早得到名流認同,交遊亦廣。在京師金石圈裡,年齡最小,他與鮑康、陳介祺、潘祖蔭等人

① 《續叢稿·爲吴清卿跋彝器拓册》。
② 《鮑臆園手札》。
③ 《鮑臆園手札》。
④ 《叢稿三編·爲幼雲跋瓦當文存》。
⑤ 《叢稿三編》。

皆有密切來往，屬於後輩，他曾經要仿桂馥"十二篆師精舍"之意，繪一圖命名曰"泉師"，把同樣愛好泉幣的學者都繪圖其中，以鮑康爲祭酒，自居末席。他在錢幣研究上常有新見，鮑康讚其年少多才，好古而不好奇，所見尤富，收藏亦甚富，因此是"素所心折"①。鮑康書中多次稱引其論泉之説，如安邑諸布上所刻"鈋"字，舊讀金化，王懿榮認爲當讀"釿"，寫有《説釿》一篇，鮑康讚爲"劇佳"②。又如鮑康記其論蜀漢直百五銖，"廉生云，'直百'字實兼隸體，疑初議改鑄時即取五銖舊泉爲模，增入'直百'二字。當時盛行隸書，遂承用之。其説殊新"③。

（四）其他友人

鮑康交遊很廣，"於近代藏泉家無不識"④，這些友人在他的著作中也都各記有二三事。有的爲金石學界著名的學者，鮑康記其逸聞軼事，可佐掌故；有的素不爲人知，也可借鮑康的記載了解一二。擇其二三述之。

葉志詵（1779—1863年），字東卿，號遂翁、淡翁。嘉慶九年以貢生入翰林，爲國子監典簿，比劉喜海還年長十餘歲。他的金石著作有《平安館藏器目》《平安館金石文字七種》。

鮑康提到"葉丈東卿"時往往是評其不辨僞作，如云："葉東卿丈晚年寄泉拓百餘紙，乃無一不僞且劣。……作僞者誠不憚煩，收藏者不審何意，亦並列於後佐鼓掌焉。"⑤鮑康還不止一次提到葉志詵買到遂啓諆鼎的事情。是鼎道光末年出土於關中，鮑康曾目擊出土時情況，且與劉燕庭均有原搨本，鼎身僅刻兩行銘文。此鼎爲秦地文物商人蘇氏所得後，囑一善作僞號"鳳眼張"者，雜取虢盤諸銘文於此鼎銘文前後添刻了一百二十多字，然後以三百金賣給了葉志詵。後來鮑康告知葉志詵蘇張輩作僞之事，葉志詵很不快，就把此鼎送給了金山寺。葉志詵收藏豐富，其平安館所藏器物在同治末年被燒毁，鮑康云："廠肆有售者，率黯淡無色，泉幣亦然。近日僞鑄之泉，不能驟致青緑，則藉口

① 鮑康評語散見《鮑臆園手札》《觀古閣叢稿》。

② 《鮑臆園手札》。

③ 《續叢稿》。

④ 《叢稿三編》。

⑤ 《續叢稿·雜題僞泉册後》。

葉氏燼餘之物。"①

吕佺孫,字堯仙,道光十六年進士,官至福建巡撫,著有《秦漢百磚考》《運甓軒錢譜》。鮑康記吕佺孫曾送給他珍貴的孝建四銖泉幣:"庚戌仲冬,吕堯仙廉訪之蜀過陝,訪我寓齋,云近時南中出土甚夥(按指孝建四銖泉),遂留贈孝建三枚,孝建四銖大小七枚,别種三枚,一面有横置、倒置之殊,尤驚喜,爲得未曾有。"②

胡義讚(1831—1897年),字叔襄,號石查,河南光山人。與鮑康相識較晚,鮑康記其:"最工拓墨,其轡拓一種,尤稱絶技。"③

在陝西爲官並被鮑康評爲"後來之可畏"者尚有:李斅直,字古農,鹽山人,道光十六年進士,官至陝西孝義同知④,鮑康記其據"所藏安陽即墨刀最多"⑤;鄭脩常,字小塘,安徽鳳臺人,官陝西鳳陽知縣⑥,鮑康有詩《贈鄭小塘明府》云:"君方盛年易著録,定追皇古靡缺遺。我有芻蕘幸採納,文士往往姑自欺。願存真面芟贋本,毋侈繁富毋好奇。他年書成遠郵寄,望氣我已張降旗。"⑦

三、收藏與成就

(一) 收藏

鮑康童年即好泉幣收藏,上文已引述,他十一二歲居大荔時,下學後必去司會計處,於緡錢中搜索。終其一生收藏極爲豐富,雖然中間有兩次藏品散失的慘痛經歷,後來卻又重新搜訪,晚年所得仍富於他人。他說,"余藏泉五十餘年,凡同時藏泉家其精品大率皆丏歸,拓數紙存之,積成廿餘册,蓋非經手拓不能詳審其製作也"⑧,"目擊古泉不下數萬,彙輯諸家拓本亦六七

① 《叢稿三編》。
② 《觀古閣叢稿·記孝建四銖泉》。
③ 《觀古閣叢稿》卷上。
④ 《(光緒)重修天津府志》卷一八。
⑤ 《觀古閣泉説》。
⑥ 《(光緒)鳳陽府志》卷七。
⑦ 《觀古閣叢稿》卷下。
⑧ 《觀古閣泉説》卷上。

十册之多”①。李佐賢纂《古泉匯》時,兩人藏品去掉重複,合計就有四五千品。

除了泉幣之外,其他金石品類鮑康也都有收藏,他詳細記録了他的收藏情況,如古印:“惜余藏印初不乏,乃存秦中一戚家,兵燹後悉數失去,今續收者殊寥寥。”②古鏡:“秦中出土古鏡極多,余間一收之。”③“憶昔寓秦時,不甚收鏡,收得旋復持贈人。”④如漢畫像:“余喜收漢時畫像,其古樸不可及,對之令人意遠。年來所收不少。”⑤如瓦當:“瓦當一具,文稍别緻,如可留則請留之,康寓秦時,所收亦不少,存一戚家,兵燹後悉失去。”⑥如唐造像,“(大唐善業泥造像)薦福寺老僧桂真爲余作緣,亦於禮王村之真性寺乞得一具。”⑦“余寓秦時收六朝迄武周造像百數十種,胥失於兵燹。壬申旋都後,同人續有遺者,又六七十種。”⑧如唐人墓誌:“秦中自道光中葉以來,唐人墓誌出土甚多……余所得搨本不下百十種,乃胥失於秦。”⑨大多爲在陝出土者。此類金石收藏雖不少,但是鮑康並不大留心,也没有什麽研究。他的興趣只在泉幣一類。

(二) 泉幣理論

鮑康著作中以序跋、筆記爲主,對錢幣没有系統全面的理論總結,但也有若干論斷,於“源流正變、真僞美惡,辨别精研,當時無比”。

1. 時代判斷

劉師陸《虞夏贖金釋文》一書,先圖後説,收録虞布、安邑布、當鋝布等五種十二品。書名來由是因爲劉師陸認爲這些古布爲虞夏時的“贖罪之金”。鮑康雖然總評其書爲“獨具隻眼”⑩,但對其觀點並不認同,認爲“虞夏贖金”之説是錯誤的:“列國諸布,方足、尖足近數百種,字皆瘦細,背有郭。獨

---

① 《叢稿三編》。

② 《續叢稿 · 爲石查題有六居士漢印譜》。

③ 《續叢稿 · 題鏡拓册》。

④ 《續叢稿 · 爲子静題鏡拓册》。

⑤ 《續叢稿 · 又爲題武梁祠畫像册》。

⑥ 《鮑臆園手札》。

⑦ 《續叢稿 · 題唐泥造像拓册》。

⑧ 《續叢稿 · 自題造像拓册》。

⑨ 《續叢稿 · 記唐人墓誌》。

⑩ 《觀古閣叢稿》卷上《劉氏〈古泉苑〉序》。

安邑暨當爰諸布筆畫寬肥，類鐘鼎文，背亦平易，斷非一朝之制。故劉青園丈定爲虞夏。但又頗易識，豈唐虞文字已平易近人如是乎？好古者每得一器，必冀愈古愈可珍。獨余於泉幣愈尋思愈覺去古未遠，彼謂盡蝌蚪文暨太昊金、葛天幣諸説者，皆夢囈也。"①他認爲："古泉當以製作、字體斷其時代，不得以泉文爲據。"②因爲一代有一代的錢幣製造方法，有特定的字體，可以作爲判斷依據。同時，對錢幣上文字内容卻不宜作過度解析，和鐘鼎銘文要傳示後代的目的不同，錢幣是普通人的日用品，方便行用是主要目的，上刻文字爲紀地、紀數等，爲了普通無識之民眾均可一目了然，不會有艱深文意。

比如，布泉有懸鍼、玉筯二種，舊説以懸鍼屬新莽，玉筯屬北周。嘉靖間學者盛大士在《泉史》中駁斥舊説，認爲這兩種屬於同一時代，不得妄爲區分。鮑康則從兩種布泉的形製、字體上分析，認爲：

> 舊説是也。莽泉萃於秦，余寓秦最久，見懸鍼布泉，時與莽貨泉、大泉同出土，且"布"字視貨布同，"泉"字視六泉貨泉同，"泉"字中豎畫斷而不連，莽後無此式，一也。貨泉每作重好郭，此莽之創製，是泉亦然。玉筯泉從無一作重好郭者，二也。貨泉傍好多作半星或决文，是泉則穿上兩决文，穿下兩决文，穿上半星者綦多。六朝泉未聞有是，三也。二泉不特篆法懸殊，輪郭亦迥異，玉筯一種，"布"字與五行大布酷肖，顯非一朝之制。且宋董逌《譜》云，自梁武以來已有之。其古可知，四也。舊譜或列不知年代品，洪《志》亦因男泉之説，雖云敦素疑爲莽鑄，而仍列厭勝品。余按是泉班《志》雖無明文，而製作既精，流傳亦夥，其爲正用品奚疑。③

鮑康認爲，懸鍼與自己經眼的莽泉，無論從文字的寫法，重郭、決紋等形製都相同，而玉筯則迥異，反而同北周的五行大布相似，因此顯非一朝之物。鮑康又從其製作精良、流傳很多，斷其爲日用品。然而仍有人認同盛氏的説法，如許元愷《選青小箋》，將懸鍼、玉筯二種並列北周，云舊説必宜更正。於是鮑康後來又再次重申自己的觀點，認爲："《選青箋》所見殊少，偶得一二泉，何能遽下斷語？余在秦收懸鍼一種，並目擊者，不下七八十枚，處處皆與莽泉合，無

---

① 《續叢稿·雜題泉册後》。
② 《觀古閣泉説》。
③ 《觀古閣泉説》。

一與六朝泉合者,校定至詳,始仍遵舊説。"①

又如對安邑諸布的時代判斷,如上文所引,鮑康認爲其和戰國時各布形製、字體既不同,不屬同一時代。但是像劉師陸那樣定爲虞夏時代之物也是有問題的,其文字簡單易識,當非上古之文字,因此鮑康認爲泉幣出現較晚,所謂的太昊金、葛天幣之類都是胡説。

2. 關於泉範

鮑康認爲戰國到秦的錢幣都没有範,他作《範説》云:

> 有範之泉如半兩五銖、大泉五十、貨泉之屬,其筆畫皆不甚懸殊,以一範可鑄千萬泉也。而列國布暨秦半兩獨無範。因列國之布,其文多至百餘種,筆畫參差肥瘦,幾無一相肖。若有範,則有千百範,然藏泉家無一列國布範。秦半兩亦然。推測其原因,爲當時制度尚簡,初無一定之範,工人於鑄泉時就沙土上,以意刻之,旋刻旋鑄,亦旋棄。沙土不能經久,後世無傳。②

鮑康立論的根據就是秦以前的錢幣文字千差萬别,毫無一致,顯然無固定之範;而漢以後之幣有固定之範,則文字筆畫没有區别。再者從收藏情況來看,戰國及半兩錢範一個未見。但是後來陳介祺收獲秦半兩範兩種,寄給鮑康。鮑康云:

> 秦半兩土範二,皆只陰文,一泉殊精好。但秦中所出五銖土範率皆陽文,若陰文土範尤易作僞。胡石查即曾戲爲之(見所作秦半兩土範甚緻)。四銖半兩雖有銅範,而字體亦百出不窮,孫春山最留意於是,拓示所藏,析及一點一劃,多至數十種。或當時銅範初行,仍不免畫沙摶泥,所鑄至五銖專用銅範,遂截然成一律矣。③

鮑康以漢代錢範皆陽文,認爲陳介祺所得半兩範當爲僞造。事物的發展是有一個過程,從無範到有範也是有一個漸進的過程,漢初四銖半兩有範,但因初行,仍不免於沙土上刻字,鑄完即棄,因此字體差别仍然存在,到

---

① 《覲古閣泉説》。

② 《覲古閣泉説》。

③ 《續叢稿·題範拓册》。

五銖錢則整齊劃一。此說雖屬推測，但很有道理，已是今天錢幣學界的普遍認識。

其他如鮑康認爲藕心非泉，而舊譜强名爲泉，等等，都爲有識之見。

3. 辨僞

鮑康對錢幣的真僞辨别水準也是“當時無比”，這一是因爲他居秦四十載，出土漢及以前之泉幣大多親眼見過，因此真僞一望而知。比如初渭園有五鳳泉，鮑康斷爲僞品，“似好事者所爲”；三金一品，則“顯出改刻”；三銖金旁從“金”，“其有作金者皆五銖所改者”①。又葉志詵所藏，鮑康認爲大多爲僞。“梁之大吉五銖、大通五銖、大富五銖，藏泉家率未之見。葉東卿曾寄示各二品，字體各異，望而知爲僞作。先生晚年郵寄新拓百餘紙，無奇不有，並垣字大泉亦種種背文，令人掩口盧胡而笑，不審老眼遽花耶，抑明知其贋而故作此遊戲耶？”②

二則因爲他對於秦中泉幣市場、商人及其作僞情况非常熟悉，他作《泉辨》，對秦中作僞最著名的薛氏父子作僞的方法及僞作有詳細的介紹：

> 秦中僞作之泉，則率以舊泉磨而改刻，有薛氏父子皆工鎸字，每選取厚泉磨令稍夷，釘之几上，以利刃依方就圜刻之，無斧鑿痕，而時作青紅色。余寓秦也久，目擊百餘枚，如三銖、四銖、半半兩兩四字、半兩回文、半兩、幺泉、幼泉、大泉、五銖貨泉、傳形布泉、對文、涼造新泉、豐貨之屬，都漸有佳致。其每得一泉，必倣作一僞者售之，而私其真者。嘗得至和重寶、重和通寶大泉，色澤甚古，訪之乃崇寧重寶所改作，筆畫殊肖。又嘗見所作顯慶通寶，竭數十日之力而後成，驟視之，與舊泉無二。③

他又詳細羅列各種僞造的品類，以告誡同好，不至盡爲所惑，同時也介紹了辨僞的方法，説僞作：“神味或不足也，字體亦太工也，章法、筆法、篆法不必果相稱相合也。雖紅緑爛然，其色終不免稍滯。且舊泉縱欹斜簡率，必饒有神致，僞作者悉力求工，能爲明析，不能爲模糊，能爲精整，不能爲姿態。執是數

---

① 《觀古閣泉説》。
② 《觀古閣泉説》。
③ 《觀古閣泉説·附泉辨》。

者,稍足以别之。"①

4. 辨前賢之成就與局限

南宋洪遵《泉志》是流傳後世最早的一部錢幣學著作,對後世錢幣學影響較大,被許多錢幣學家奉爲經典。因爲秦中書肆素乏古籍,鮑康也是多年思一讀此書而不得,直到道光二十四年冬天,友人程如棣在四川購得一鈔本,並屬人鈔寫一本惠鮑康,鮑康始得讀此書。次年又於路慎莊處得一刻本,得以校補鈔本數字。對此書,鮑康評曰:

是書考證不無踳駮,且妄分天品、神品諸目,尤滋口實。圖出徐氏,參補多以意爲之,或概作無文圜泉,其失自不待辨。惟宋以前泉譜世皆無傳,傳者以此本爲最古,苦心搜抉,卓有可存,俾後之考古者得所依據。惡可以間有疏略,因所短而攻所長,遽輕棄之邪?②

他認爲此書考證多有錯誤,又妄加分類,爲後世所批評。而且流傳過程中,原書繪圖散佚,明萬曆間徐相梅爲補繪,多無憑據,錯誤極多。雖然如此,因宋以前之泉譜僅存此書一種,收録較多,可爲後世考證之依據,不可輕棄。他在另一篇文章中又重申此意云:"古金率有圖譜,獨泉幣之譜宋以前皆不傳,傳者洪《志》爲最古之本,雖後人詆諆不少,然捨此别無依據也。"③

元明錢幣研究沉寂,没有高質量的著作。到清代,錢幣學有很大的發展,著作豐富,多達數十部。這些著作總的來説,鮑康認爲:"古泉之學,至嘉道間始有確據,前人譜録率不足徵信。"④具體到各部著作,又各有各的特點或問題,鮑康認爲:

余所見朱多爔之《古今錢譜》,陋劣可嗤。謝佩禾之《古錢圖》,空疏寡識,等之自鄶。馬伯昂之《貨布文字考》,詮釋不無穿鑿。陳詵園之《錘官圖經》、朱近漪之《古金待問録》,附會《路史》,亦涉無稽。馮晏海之《金索》,意在炫博,往往摹繪舊圖。盛子履之《泉史》、張崑喬之《錢録》、張麗瀛之《錢志新編》,或間有沿訛,或見聞未富,尚能旁稽詳考,自具苦

① 《觀古閣泉説·附泉辨》。

② 《觀古閣叢稿》卷上《洪氏〈泉志〉鈔本書後》。

③ 《觀古閣叢稿》卷上《劉氏〈古泉苑〉序》。

④ 《續叢稿·爲繼幼雲跋張氏〈泉實録〉》。

> 心。惟瞿木夫之《泉志補正》、金倩穀之《古泉述記》,余見之於嘉蔭簃,未遑卒讀。劉青園丈之《虞夏贖金釋文》,獨具隻眼。戴醇士之《古泉叢話》,别饒意趣。蔡鐄耕之《癖談》,好爲創解,雖卷帙無多,皆汲古有得者也。至初渭園之《吉金所見録》,視諸家最爲完美。翁宜泉之《古泉彙考》,又駕而上之,竭數十年心力,蔚爲大觀,惜未及梓行,僅存稿本。逮我世丈燕庭先生《古泉苑》一出,其爲翁氏所未見者,復千百種,嗜古者於是歎觀止焉。①

乾隆以後、道光以前主要的錢幣學著作鮑康這裡基本上都涉及了,其評價亦比較客觀。有些著作中的具體觀點,鮑康也有更加詳細的分析,如張麗瀛《錢志新編》認爲新莽六泉只有大、小泉,餘皆僞作,這一看法是錯誤的,鮑康認爲是因爲其人"殆西行不到秦,未見真物"之故。又比如馮雲鵬《金索》,鮑康認爲馮氏"泉幣非其專門,亦復按譜繪圖,沿訛襲誤,不可枚舉。吾輩著譜,凡新異之品,必親見其泉,確有可信者載之,以廣軼聞。否則即同人所贈墨本,稍涉可疑亦當割愛,何必重摹舊譜,以矜多炫博乎?至鏤文古銅片及無名小銅器,秦中時時出土,殆不勝收,乃定爲馬幣、龜幣,殊堪失笑"②,其錯誤皆因泉幣經眼不多導致。又如初尚齡《吉金所見録》,鮑康認爲其"能一掃舊譜沿訛之陋,最爲善本,可議者三五品耳"③。

劉師陸的《虞夏贖金釋文》,雖然鮑康説"獨具隻眼",似是讚揚,然如上文所述,他並不認同其將安邑諸布定爲虞夏贖金,同時,對其書中具體考釋亦有懷疑,如:"竟以安邑諸布定爲質、劑二物,則尚待存參。"④

翁樹培爲乾嘉著名學者翁方綱之子,其《古泉彙考》,如前所述,鮑康初識劉喜海時即得劉氏所藏此書稿本,並爲作校勘。鮑康對此書評價較高,認爲:"是編博引旁徵,幾於無書不采,凡泉之重輕厚薄、輪郭大小、一點一劃,罔不析及毫釐,匪特辨其形也,兼辨其聲;匪特辨其質也,兼辨其色,折衷詳審,爲近

---

① 《觀古閣叢稿》卷上《劉氏〈古泉苑〉序》。
② 《觀古閣泉説》。
③ 《觀古閣泉説》。
④ 《鮑臆園手札》。

代譜家第一該博之書。"①鮑康評價最高的是劉喜海的《古泉苑》一百零一卷，未刻，僅有稿本存世。據鮑康所云，是書收録數量空前，收泉四千六百餘種，同時"審定之精，考核之細，更出翁譜之上"②。

當然，古人研究錢幣僅停留在錢幣本身，關注其形製、文字、制度，而不關心其價值、購買力等與人們生活息息相關的本質的經濟學上的問題。鮑康等人的研究成就也僅止於此。

第四節　光緒年間的"關中金石圈"

同治元年，陝西境内的反清與鎮壓戰爭一直持續不斷，到同治八年才告結束。隨著戰爭推進到甘肅、新疆境内，直到光緒三年，陝西又處於戰爭物資供應的最前綫。再加上光緒初年的嚴重旱災，陝西社會經濟遭到嚴重破壞，到處荒涼殘破，數年間都難以恢復。

在這種社會背景之下，有關金石的搜訪和研究活動和之前相比也發生了變化。一者金石頻經戰火，損毀嚴重。鮑康入京後暫存於西安城内湘子廟街戚家的藏品，在同治年間全部被焚毁。"炊煙斷絶數百里，但見瓦礫叢棘茨"，滿目瘡痍，金石也自然難以倖免。二者，學者們的眼光這時候更多地投注到了民生國計的層面，不再僅僅沉埋於故紙堆中。有官位者如李嘉績、樊增祥，從其詩文中處處可見對民生的關注；不出仕者，像毛鳳枝、趙元中，也多積極熱心地參與各種社會活動。金石搜訪活動還在繼續，研究仍然在進行，且研究理路和方法並没有變化，但是總體上和之前相比進入更爲沉寂的狀態。

約光緒五年，關中學者成立青門萍社，以譚麐爲首，和之者有萬方煦、毛鳳枝、毛鳳清、劉開第、王權、趙元中、李嘉績等，後又有樊增祥、方玉潤等加入，先後十餘人，互稱社友，詩酒文讌，講學論政。因此，光緒年間的金石學者也以社中學人爲主。

---

① 《觀古閣叢稿·翁氏〈古泉彙考〉書後》。

② 《觀古閣叢稿》卷上《劉氏〈古泉苑〉序》。

一、譚麐、樊增祥與《富平金石志》

譚麐,《(民國)續修陝西通志稿》有其傳云:

譚麐,字西屏,安徽旌德縣人。少從其鄉人文光漢、戴鈞衡學,文、戴皆桐城方東樹入室弟子,著書各數十萬言。麐得其傳,爲文有逸氣,人亦豪邁不羈。入陝,值寇亂,嘗領軍於鄜坊之交。著有《重修鄜州關帝廟》及《鐘樓記》,辭皆戛戛獨造。旋釋兵柄,旅陝垣,與諸名士顧壽楨、萬方煦輩爲文字交,詩歌唱答,聲聞益廣。壽楨入巡撫劉蓉幕中,病篤,薦麐自代。麐集中有《送劉撫還湘鄉序》曰"公之去秦,秦人惜之,麐實爲公幸,以侍公久,故序公生平以送公之行"可徵,麐居戎幕蓋有年矣。光緒初元,李慎、善聯先後任督糧道,俸入較優,招延才俊,爲提倡風雅之舉。麐時居關中,遂倡立青門萍社,以麐爲之首,和之者萬伯舒方煦、毛子林鳳枝、子静鳳清、謝寶林威鳳、秦子衡毓麒、劉夢惺開第、王心如權、彭占愈洵、席星府裕馹、趙乾生元中、李雲生嘉績,及其後樊樊山增祥、方友石玉潤、劉春谷暉輩亦俱入焉。當是時,詩酒文讌,稱極盛,而講學論政亦於是乎出。大抵關隴近數十載吏治文風,其流派殆不出是社,麐之提倡,蓋倜乎遠矣。嘗佐樊樊山幕於渭南,又從之富平。今《富平縣志》即麐手輯,而樊山爲之潤色者。庚子□月,以疾卒,樊山及雲生皆有詩哭之,蓋惜風雅之道熄而老成之云亡也。著有《勵志軒文鈔》二卷,《詩鈔》二卷。子一,曰鐔,亦工書,而頹放不振。《勵志軒文鈔》,參《代耕堂詩文集》及採訪册。①

譚麐卒後,李嘉績作有《哭譚西屏刺史六首》一詩,云:"去年君七十,同輩聚稱觴。"②此詩作於光緒二十六年(1900年),則譚麐生於道光十年(1830年),卒於光緒二十六年,年七十一。譚麐"豪邁不羈",曾領軍作戰,這是與其他文士完全不同的一種氣質。其"入陝,值寇亂"云云,則約在咸豐末、同治初年到陝。又經顧壽楨所薦入陝西巡撫劉蓉幕,據《(民國)續修陝西通志稿》,顧壽楨卒於同治三年十月,年二十九;而劉蓉於同治五年八月離任,則譚麐同治三年十月至五年八月之間在劉蓉幕。之後仍客居陝西,至"光緒初元,李

① 《(民國)續修陝西通志稿》卷八五《人物》。

② 李詩見其《代耕堂中稿》卷一六,收入《清代詩文集彙編》第753册。

慎、善聯先後任督糧道”，又據《（民國）續修陝西通志稿》，李慎於光緒八年昇任青海大臣，善聯約於光緒十年奉諱去官，則譚麐光緒十年之前先後在兩人幕下。譚麐創立青門萍社即在光緒初年，社内成員均爲在陝之文士，諸人詩歌唱和、講學論政，影響了關隴數十載吏治、文風。具體到金石學，譚麐的成就主要體現在其助樊增祥所修之《富平縣志》。

樊增祥（1846—1931 年），字雲山、嘉父，號雲門、樊山等，湖北恩施人。光緒三年進士，在陝西爲官二十餘年。光緒十年任陝西宜川知縣，十一年七月調任醴泉，八月，爲西安鄉試同考官，十月調知咸寧①。《樊樊山詩集》卷一〇有《題李雲生嘉績大令江上草堂圖》詩，列於光緒十一年七月既望和中秋詩作之間，則樊增祥當於此時結識青門萍社諸文士，就中與譚麐友情最篤。譚麐長樊增祥十六歲，相識之後，先後從樊增祥入其渭南、富平幕。

樊增祥十二年七月調知富平，即動手重修縣志，十三年初即邀請譚麐入幕協助。尚未完成，五月，樊增祥調知長安，譚麐先期返回長安，樊作有《五月三日送西屏歸青門》詩送之。樊增祥到長安時，亦將此《志》手稿帶回，並時有補充。旋又丁母憂回鄉，不久又返回長安養病。十七年，富平知縣劉錕再次邀請譚麐入富平修志，時在陝西巡撫鹿傳霖幕的樊增祥作詩《酬西屏見贈三首即送之富平修志》送之，此次縣志最終完成，並於是年刊刻，名爲《富平縣志稿》②。

乾隆四十三年，畢沅倡修陝西方志時，曾刊修過一次《富平縣志》，然没有專爲金石立目，相關資料散記於古蹟、藝文等類目下。樊增祥、譚麐此次重修，增加了金石作爲一級門類，其《例言》云："金石爲地志最要，無如劫灰頻經，蒐求不易，且係官書，迫於時日，謹就碑碣可鉤考者列入，於所不知概從闕然。"③卷三《金石志》共著録歷代碑碣八十四種。

正如《例言》所云"劫灰頻經"，同光年間此地碑碣遭到嚴重破壞，再加上譚麐光緒十三年入樊增祥幕僅五個月左右，十七年雖再至富平，然而時間較短，並没有太多時間仔細訪碑，因此此志所載大多從舊志和其他金石書中抄録而來；同時，編排體例上也不夠精細，順序混亂，未做整理；有的碑石介紹較詳

① 樊增祥生平參見程翔章、程祖灝：《樊增祥年譜》，華中師範大學出版社 2017 年版。

② 修志情況參見《富平縣志稿》卷首譚麐、劉錕兩序及《樊樊山詩集》相關記載。

③ 《富平縣志稿·例言》。

細，且有考證，多數則僅列題名、作者等基本信息。

所録部分碑石可能爲譚麐親見，如《六佛石柱銘叙》，首見於此志著録："開元十三年八月十日建，紀自勗書幢文有'京兆府富平縣義亭里正樂鄉'，末書'睿宗大聖真容'，今在富平縣署。"此石今已被毁。又如《金李郡太夫人墓誌》，著云："大金正大二年秋日記，在檀山寺内。光禄大夫、前楨州刺史、護國、廣平郡開國公、食邑二千户、食實封二百户、省差都提控軍馬事紇石烈男六十二權葬母郡太夫人墓誌。碑内有'夫人生四子一女'，曰'六十二'，曰'阿海'，曰'重喜'，曰'速撤吉'，門人張天鑒楷書，字未損。"諸如此類，未見於他書，應該都是譚麐見過原石的，因此著録比較詳細。但是，此類著録數量不足總數的十分之一。

其他大部分的碑石資料都是從傳世文獻中抄録而來。如《定公韓良碑》《美原神泉詩》等十數種抄自畢沅《關中金石記》，基本上照抄原文，個别轉述畢《記》，並注"今無"之類字樣；《都督樊奴子造像記》《僧欐造像題名》等幾種抄自毛鳳枝《關中金石文字存逸考》，《邑子魏氏造像》等抄自陸耀遹《金石續編》，《美原夫子廟碑》録自歐陽修《集古録》。其餘則從舊志抄出，包括萬曆及乾隆《富平縣志》《（雍正）陝西通志》《（乾隆）西安府志》等。舊志有金石門類者，如《（乾隆）西安府志》，譚麐移録其所在、撰書者等基本信息。而舊志錯誤之處也沿襲下來，如《魏公誓先廟碑銘》，已見於多種著作著録，其銘文有"立家廟於長安昌樂里"云云，實在西安，譚麐誤收入《富平縣志》，此銘《西安府志》誤著作者爲"崔絢"，譚麐亦沿之，然其作者實爲崔璵。舊志無金石門類者，如萬曆及乾隆《富平縣志》《（雍正）陝西通志》，其金石資料散見於古蹟、藝文等志，譚麐遂從中摘出，僅在碑題下簡要列出撰者、書者以及建立年月等信息。有的節録得太過簡略，反而遺漏了一些舊志中原有的重要信息，如《重修頻山廟碑記》，見於《（乾隆）富平縣志》，北宋政和二年建，志云此碑明萬曆中經縣令劉兑重修。而譚麐移録時僅云此碑"政和二年建"；又如《周文帝成陵碑記》，按此爲北周宇文泰碑，《（萬曆）富平縣志》已著録，《（乾隆）富平縣志》則云此碑乾隆年間已毁，畢沅重新立碑、書石，縣令吴六鰲勒石。而譚麐移録時僅云"宋趙孚撰文"。凡此，均容易讓人誤解原碑尚存，不如舊志所載更爲明晰。

雖然如此，這是歷代《富平縣志》中首次單列金石門類，所載碑石信息雖然很多模糊不明之處，但也都淵源有自，即譚麐所説“可鉤考者”，對於研究富平碑石而言，還是有很大學術參考價值。

二、毛氏兄弟的收藏與考據

青門萍社中，毛鳳枝、毛鳳清爲兄弟。兩人受其父毛瀚的影響，都有金石之好。毛瀚，字翰揚，號季海，江蘇舉人，道光間歷任國子監助教，出刺巴州，道光三十年爲乾州知州，咸同間爲西安府清軍同知，卒葬於長安①。毛鳳枝嘗述其父的金石收藏云：

> 先大夫宦京師，官國子監助教，有石鼓之拓；出刺巴州，有南龕諸碑之拓。及改官來秦，於乾得《心經》《述聖記》，於隴得《楊淡經幢》《吴嶽祠堂記》，於鄜得《寶室寺鐘銘》，於華得扶風《夫子廟堂碑》《李元諒懋功昭德頌》。力所能致者，命工拓之；力所不能致者，或乞之友人，或購於帖肆。銖積寸累，溢案盈箱。②

從中可見毛瀚深嗜金石，搜訪較勤，收藏較爲可觀。同時，從其他學者的記載中，也可以看出他對金石論著的關注。毛瀚的岳父是鮑康岳父之父③，因此鮑康在陝西時和這位“姻丈”來往較多，鮑康云曾在毛瀚處見到其在京師所購的鈔本《泉目》④；又，潘祖蔭咸豐八年任陝甘鄉試正考官時，毛瀚曾贈其孫三錫《昭陵碑考》一部⑤。另據《金石學録補》，毛瀚著有《荆花書屋金石録》⑥。此書今存佚不知，他的研究成就尚無法評價。

毛氏兄弟在父親的影響之下，均自少即喜收藏金石文字。毛鳳枝自云十五歲即留意於金石之學：“鳳枝趨庭之暇，得聞緒論，年甫十五，即喜蒐羅墨刻，無論精粗美惡，每見必購，每購必藏。時人皆笑爲迂，而樂之不厭也。……

① 毛瀚生平散見《（民國）乾縣新志》卷一一、《（民國）長安咸寧兩縣續志》卷一〇等。

② 《關中金石文字存逸考·後序》。

③ 《（民國）續修陝西通志稿·毛鳳清傳》：“（母何恭人）山西靈石何道生女也，故詩格雅近雙藤書屋。”又鮑康每云“内兄何鏡海”，何鏡海爲何福宇，何道生之孫。

④ 《觀古閣叢稿·跋鈔本〈泉目〉》。

⑤ 潘祖蔭《秦輶日記》九月二十三日。

⑥ 參見陸心源：《金石學録補》卷四，浙江人民美術出版社 2017 年版，第 181 頁。

蓋區區篤好，至今四十年矣。”①因此無論在收藏還是在考訂研究上，毛鳳枝都有很深的功力，這一點也爲青門萍社中人所肯定，如萬方煦評：“鳳枝學爲考訂，君（萬方煦）嘗笑之曰：‘子才可爲博士，使吾得志，將以書局任君。’然心折鳳枝不置，云：‘吾不善毛君之所爲，實吾之所不能也。’”②而毛鳳枝最終成爲了清末關中金石學界中最重要的學者，下一節將詳細介紹。

毛鳳枝昆季八人，知名者惟鳳枝與其五弟鳳清。鳳清字子静，號壽蘇。少學制舉業，兼治經史詞章。兩試京兆鄉試而未中，援例以光禄寺署正注選，歷充郡縣書記。同治末年至光緒七年，在鳳翔知府長白定祥（字静山）幕八年，賓主相得甚歡。光緒十四年不幸盛年即世，卒時李嘉績作詩哭之云：“六十年前先輩誼，二千里外古人交。……夜雨一鐙留榻處（歲己卯，君在鳳郡太守幕中，予亦安研縣署，時相往還），春風雙鼎殉棺時（君有商周二方鼎最珍惜，予亟致社友，俾納入壙）。”③李嘉績屬社友以其所藏二鼎殉葬，可見其平生所好所珍。

其篤好金石之狀，鮑康曾多有描述。鮑康居陝時，兩人多有來往。據鮑康云，毛瀚一次因鑄錢收廢銅，而得一元銅鈔錢版一角，遂交付鳳清收藏④。鮑康入京後，兩人仍保持聯繫，毛鳳清得隋《鳳泉寺舍利塔銘》搨本，曾寄一紙給鮑康，鮑康稱“可爲《萃編》補未備”。鮑康又曾爲毛鳳清所得古器虢季子白盤搨本以及在鳳翔所得古鏡搨本一册題寫跋語，並稱讚毛鳳清“嗜金石，方盛年，心力彌果，他日收藏殆不可限量。鏡特一事，余雖老，猶將拭目以觀著録之成也”⑤。《（民國）續修陝西通志稿》毛氏兄弟傳記由其姪毛昌傑所撰，毛昌傑云鳳清與“吴縣潘鄭盦、吴恒軒、福山王廉生諸公考訂文字，書札往還無虚月”。可惜今潘祖蔭、吴大澂、王懿榮諸人所留文字中尚未見有關毛鳳清的記載。據毛昌傑所云，其金石著作存有稿本《金石劄記》，今亦未見。又其於金石書法亦有造詣，毛昌傑云其“善小篆，以泰山琅琊刻石爲師，古籀

---

① 《關中金石文字存逸考·後序》。

② 《兩浙輶軒録》卷四五萬方煦小傳。

③ 《代耕堂中稿·哭毛子静之赴》《再哭子静》。

④ 《叢稿三編》。

⑤ 鮑康《叢稿三編》之《爲毛子静跋虢盤拓》《爲子静題鏡拓册》。

書岐陽獵鼓外，一取之彝器打本，以《博古》《考古》《甯壽》《西清》諸書不盡可據也"①。

三、李嘉績與《汧陽述古編》

李嘉績，字雲生，一字凝叔，華陽（今成都）人。生於道光二十四年（1844年），同治間監生，以議叙典史，投效軍營，保知縣，發往陝西。之後除幾次短暫遊歷他省，基本居於陝西。光緒初年，先後入陝西督糧道李慎、善聯幕。再入西安釐局。十三年四月至十六年二月，署汧陽知縣。後歷署保安、盩厔、洋縣、韓城、扶風、華州、邠州、臨潼、富平，光緒三十二年十二月（1907年）卒於富平任上。②

李嘉績喜作詩著文，他將自己入仕之前所作詩文編爲《江上草堂前稿》四卷，光緒二十六年刊於華州任上；又將入仕後之作彙爲《代耕堂中稿》二十五卷，光緒二十七年刊於華州。他的藏書也很豐富，編有《五萬卷樓書目記》，光緒三十年刊於臨潼。

他素好金石之學，爲官所到之處都會去搜訪金石。在汧陽知縣任上，曾遊龍泉山普濟寺，訪得隋代開皇年間一造像，石已斷闕，以及宋大中祥符一碑，文字尚完好③；又遊玉清宫，剔蘚剜苔，訪得元姚燧所撰一碑，字畫無缺，還搨一本寄送給毛鳳枝④。他的外地友人知道他有金石之好，也常寄送碑石搨本給他，"殷勤持訪資研覈"⑤。

青門萍社諸學士中，他和毛鳳枝相交最深。李嘉績的伯父和毛鳳枝的父親同舉順天鄉試，其父輩在蜀任官時即有交誼。李嘉績到長安後，於光緒五

① 《（民國）續修陝西通志稿》卷八五《人物十二》。

② 李嘉績生平參見《（民國）續修陝西通志稿》卷七〇《名宦七》、李嘉績《代耕堂中稿》（收入《清代詩文集彙編》第753册）中相關詩文。

③ 《代耕堂中稿·遊龍泉山普濟寺二首》："開皇一造像，尺石已斷闕。大中祥符碑，文字垂不滅。洋山無人來，古蹟孰鑒别。"

④ 《代耕堂中稿·元姚牧庵先生玉清宫碑拓本寄毛二子林》："碑高一丈土半埋，剔蘚剜苔幸猶及。字無缺畫數可計，二十八行行五十。……古人毛子有深嗜，歲月應煩□考釋。它日歸尋寓意齋，擬伴拈豪續金石（子林續擬《關中金石志》，尚未成書）。"

⑤ 《代耕堂中稿·倪叔雅大令見貽龍門石拓賦謝》："君家近寄洛水側，手拓百紙超良公。知我從來好金石，殷勤持訪資研覈。"

年，和鳳枝相識①，往來日密。李嘉績《江上草堂前稿》《五萬卷樓書目記》《汧陽述古編》，毛鳳枝均爲其作序；李嘉績光緒十一年校刊其外王父顧德馨《味蔗軒詩鈔》及其父《雙桐書屋剩稿》，毛鳳枝亦分别作了序。李嘉績在陝西各地任上，曾寫有多首詩歌給在長安的毛氏兄弟。

《汧陽述古編》是李嘉績任汧陽知縣時，有感於舊志錯訛之多，意糾其謬而作。是書分上、下卷，分山水、輿地、文獻、金石四篇。光緒十五年（1889 年）刊於西安。1928 年，顧燮光以其書流傳不廣，單取金石篇石印。此書收漢至明金石凡十一種，每種録文，説明尺寸、所在、書撰者等，書成之後，李嘉績以毛鳳枝精於輿地、金石之學，屬其加以考訂。其中《漢隃麋鼎款識》是從阮元《積古齋鐘鼎款識》中録出，李嘉績云此鼎"雖移徙他處，而汧陽著述之最古者，莫先於此，故首録之"。《唐段行琛碑》已見於《金石萃編》，毛鳳枝按語云"《萃編》未載"，乃誤記；《宋普濟禪院碑銘》亦見《萃編》。《元丁真人碑》，文爲楊奐所撰，已收入楊奐《還山遺稿》，且户縣重陽宫亦有碑刻。其餘《强伏僧造像記》《元玉清萬壽宫聖旨碑》《元通微真人傳》《元玉清萬壽宫碑銘》《元吴嶽鯀亭祠記》《鯀亭祠石幢題名》《明三賢祠記》七種皆爲首次著録。

毛鳳枝所考多有精到之處，如考鯀亭祠之所本。李嘉績以鯀跡未至汧陽，不知爲何汧陽有鯀亭祠。毛鳳枝考云，一者，黄帝殛鯀於羽山，而古文吴與虞通，虞與羽音近；二則禹有導汧入岐之功，後人因其子而祀其父。所説可通。其餘多以碑史互證，對碑文所涉人、事均有論述，亦皆可取。又如《强伏僧造像記》文中"至"下三字模糊不可識，毛鳳枝以同時其他地方所刻造像記銘文證之，補足三字，且云"近得一法，以碑證碑，往往十得八九"。

李嘉績與著名金石學者王懿榮、葉昌熾等亦有往來，其與葉昌熾相識於邠州。光緒二十七年至二十八年，李嘉績知邠州，而葉昌熾於二十八年赴甘肅，途經邠州，兩人相識，之後多有書信往還，葉昌熾《藏書紀事詩》著成後曾寄送

① 顧壽楨《孟晉齋集》李嘉績序云："歲己卯，在秦得交善因萬伯瑹、甘泉毛子林。"光緒二十一年，毛鳳枝卒，李嘉績作《哭毛子林之赴五首》："入關識毛子，十七年於兹。矧爲先輩誼，樂處忘調飢。"

李嘉績請教[①]。李嘉績曾作詩憶及兩人友情云："七月豳風君憶我，一川涇水我懷君。登登碑本敲元石，漠漠鑪香鏁白雲。"[②]

日本學者早崎天真光緒年間曾入遊中國，據其友人日本學者大村西崖所説，早崎天真"久留長安及燕京，遍遊河南、山西等地，將龍門、大同之窟龕及各處殘存的遺品拍照帶回，並將這些照片贈送給東京美術學校。因爲他鑒賞精湛，以華塔寺的名作爲代表，從中國帶回的東西甚多，與碑銘的拓本一起，皆可資於研究"[③]。早崎天真當與很多中國官員學者都有來往。目前僅見李嘉績曾作有一首詩送早崎天真，詩作於光緒二十九年，是時李嘉績在臨潼知縣任上，其詩《送早崎天真之龍門拓碑》云："君從海東來，聊作關西住。平生好古意，議論得真趣。今朝辭我行，言往龍門去。龍門有造像，字體龍蛇踞。……傳之三島士，或入君王庫。……我曾兩洛遊，竟昧適彼處。媿君走千里，匹馬不辭路。清秋待還歸，起我煙霞痼。"[④]彼時日人已有照相設備及技術，但是在李嘉績等學者那裡似乎並未引起注意，從他們的詩文作品中看不到有這方面的記録。

四、趙元中的金石收藏

趙元中，字乾生，號月槎，渭南人。由廪生議敘詹事府主簿，軍功保加員外郎銜，一生未仕，爲人孝友謙和、見義勇爲。陝西迭經戰爭破壞及饑荒，元中常捐金助修城邑、祠堂、賑荒，施醫、施棺，施行各種善舉，長於經史、金石，工書畫，精音律，名重一時。著有《筠几七箋叢編》一百卷、《彭藻山房吟餘》一卷。[⑤]《(民國)續修陝西通志稿》引其《筠几七箋叢編・自序》云：

> 余賦性孤訥，懵於世故，嘗自稱四似氏自嘲，謂疎懶似静，迂拙似端，鈍滯似詳審，癡懦似廉退也。方少時，習舉子業，而不以得失縈懷。洎乎見惡之年，世味彌厭，居恒握卷，且以永日。凡足拓眼界，充腹笥，饒風趣，

① 《代耕堂中稿》卷二一《得葉鞠常學使書並寄所著藏書紀事詩奉謝卻寄》。
② 《代耕堂中稿》卷二一《葉鞠常學使按試涇州惜余去邠不獲近接奉懷卻寄》。
③ ［日］大村西崖著，范達明譯：《中國雕塑史・自序》，中國畫報出版社 2020 年版，第 14 頁。
④ 《代耕堂中稿》卷二二。
⑤ 參見《(民國)續修陝西通志稿》卷八七《人物十四》、《(光緒)新修渭南縣志》。

耐咀味者，輒箋而録之。積久得數十帙，釐類爲七，戲竊道卷近似之音，署曰錡几七箋。蓋農以知民事，俗以悉世情，徵名小補於博物，玩謔排遣夫岑寂。至若見聞之異，瑣屑之談，或摭群言，或抒管見，乘一時之興會，據片紙之剿説，工拙非所計，笑罵非所恤，道其所道而已。①

於此可見其性情、志趣。趙元中金石收藏比較豐富，毛鳳枝《關中金石文字存逸考》中所著録的三十五種墓誌、塔銘，均注明爲趙元中家藏。而葉昌熾《語石》《緣督廬日記》中也提到趙氏家藏多種。如《語石》卷五載："渭南趙乾生家藏有《朱近墓券》，作於僞齊阜昌間，至紹興元年遷葬。"②"敕勒之文……余所藏有四本，一爲順天皇后考酆王墓中物，一出金仙公主墓……其石出關中，今爲渭南趙乾生所藏。"③諸如此類。而其所藏，在趙氏卒後，據葉昌熾所説，光緒二十七年，盡售於京師午橋④。

今未見有趙元中的金石著作傳世，但是他應該至少刊刻過一部金石目録類著作。據吴大澂光緒元年二月廿四日寫給陳介祺的一封書信中說："承寄示《陜西碑目》，與渭南趙氏所刻畢《記》後續目，大略相同。"⑤可知，吴大澂在陝西時曾讀過趙元中爲續畢沅《關中金石記》而作的陝西碑目。既與陳介祺所作大略相同，則可借陳《目》窺探一二⑥。

另外，《（民國）續修陝西通志稿》卷一六五《金石補遺上》録有趙元中題跋一則，可資了解其學術：

寶鼎，佚。銘四字云"虞作寶鼎"。按，"虞"當是作器者名，其文上作"輿"形，下以左右手拱之，"虞""輿"通用也。器出鳳翔田間，捷三比部以重貲得之，屬爲題跋，因以數語贅其端。趙元中識。

① 《（民國）續修陝西通志稿》卷一八五《藝文三》。

② 葉昌熾著，姚文昌點校：《語石》，浙江大學出版社 2018 年版，第 183 頁。

③ 葉昌熾著，姚文昌點校：《語石》卷五，浙江大學出版社 2018 年版，第 190—191 頁。

④ 《緣督廬日記鈔》辛丑七月十六日："得子嘉書，云趙乾生藏石盡售於午橋。"

⑤ 《吴愙齋大澂尺牘》，第 19 頁。

⑥ 陳介祺《陝西碑目》鈔本今存上海圖書館，因潘景鄭曾撰提要云其爲"吴愙齋先生撫陝時録成"，因此多以此書爲吴大澂之作。然從吴大澂和陳介祺光緒元年的往來書信可知，吴大澂到陝西後，希望陳介祺能撰寫一部陝西碑目，以便自己訪碑時能按圖索驥。於是陳介祺作此書寄送，吴大澂亦回信感謝。參見陳介祺《簠齋尺牘》、吴大澂《吴愙齋大澂尺牘》。

五、孫三錫的金石著述

孫三錫,字桂珊,號懷叔,當湖人。道光二十年(1840年),作尉關中①,之後一直客居於此。至咸豐間官盩厔典史,以不善趨承而爲上官所不喜,遂辭職。家於咸寧六海坊以終老②。

孫三錫自云"素有金石癖,思遊秦雍,實有志而未逮也",來到關中後,"每遊碑林,常徘徊於《開成石經》及顔、柳諸碑之下,流連忘返",數年間,搜訪而得"鐘鼎尊彝之款識,篆分隸行草之字書,詞人墨客歌詩賦頌碑誌敘述之文章,賢臣烈士之事跡,以及浮屠老子之説,豐碑巨碣,斷簡殘篇",數量很多,品類也比較豐富,從其所著"青芙蓉室藏目"一系列目録著作來看,他收藏有唐及以前碑誌一千六百餘種(宋以下不詳)、吉金近二百種、瓦當二十一、古磚一百餘種、錢幣若干種。又"每讀歐、趙諸書,慨然思繼古人之學,廣羅以補古人之遺"③,因此著成一系列金石著作。

現存孫三錫著作均爲金石著作,題跋類有《金石衡鑑録》正、補、續等共一百二十一卷;目録類有《清芙蓉室藏碑目》十三卷、《吉金文字目》一卷、《秦漢瓦當文目》一卷、《漢晉磚文目》一卷;録文考證類則有《昭陵碑考》十二卷;專論錢幣的有《泉幣志略》十卷。另有兩種《縮臨唐碑石刻題跋》《古銅爵書屋金石文補遺》,今已失傳。著述雖多,但其成就和影響都很有限。

《金石衡鑑録》成於道光二十八年(1848年),其自序説是對他自己所收藏的唐及唐前金石,"仿歐、趙諸家之例,溯其年號,以定時代;考其書人姓名,以定真僞;證諸史書,以訂其譌;參之諸家,以求其實"④,是一部題跋類著作。其中收録吉金百餘種,碑石千餘種。從實際情況來看,似乎並非全部是他自己的收藏,如所收吉金《鐎斗銘》,注明是據張廷濟搨本録入。所收基本都見於前人著録,考釋和前人相比也没有多少新見。如隋代石刻《李淵爲子祈疾疏》,此石從明末以來見於多種著述,自趙崡《石墨鐫華》已注意到石刻所載唐高祖李淵在隋末爲鄭州刺史事不見於史傳記載,可補史之缺漏;自清初葉奕苞

① 孫三錫:《金石衡鑑録・自序》,國家圖書館藏稿本。

② 參見《(民國)咸寧長安兩縣續志》卷一九《文藝傳》等。

③ 以上所引孫三錫自述見其《金石衡鑑録・自序》,國家圖書館藏稿本。

④ 孫三錫:《金石衡鑑録・自序》。

《金石録補》,已考銘文中“仏”爲“佛”之俗體。孫氏考論仍是此兩點内容。又如《衺彝銘》,器爲阮元積古齋所藏,阮元所釋“衺”字,孫三錫認爲不對,疑爲“猇”字,然找不出證據,因仍從阮釋。有的立論標新立異,如《商婦彝銘》,一般認爲“商”乃“商周”“商族”之“商”,孫三錫卻認爲當讀如“賞”,乃賞賜之意。雖觀點新穎,然恐是臆斷。

《昭陵碑考》成於咸豐八年(1858 年),從清初林侗以來,已有多種著述考證昭陵碑石。然碑石迭遭損毀,據此書自序有云“宋時土人患官吏誅求,斧椎頻加,昭陵諸碑,始遭大厄”;又云“道州何子貞太史自蜀入秦,遍訪古蹟,嘗偕沈仲復太史冒雪策驢謁昭陵,干九嵕山,摩挲孔祭酒、虞恭公諸碑之下,輒流連竟日。土人疑有清地之令,輒將虞薛諸碑椎毁數十百字。亟出曉瑜止之,已不及矣。此昭陵二次之遭厄也”云云。孫三錫有感於昭陵碑石日漸剥蝕磨泐,“其存焉亦危矣”,因此:

> 予於庚子年(道光二十年)拓有昭陵全碑,凡二十九種,較今本尚多百餘字洎數十字不等,因録全文,補其闕泐,以臬鐫碑之姓名,額之題銜、陰之題名,兩側之題識,胥詳載而不敢遺。碑制之長短廣狹,取宋三司布帛尺,度其尺寸,並志其行字。全數泐者無考,則闕疑之。使觀者一展卷而如對古物焉。且證諸經史、小學與夫山經、地志、叢書、别集,參稽薈萃,覆其異同,審其詳略,援據故籍,益以鄙意,各爲按語。①

此書實收昭陵碑石二十八種,《石鼓經文》《德陽公碑》因在其地而附録。所録碑石除去《晉州刺史順義公碑》殘毁過甚,無從考録,僅存其目,其餘均録全文。孫三錫所録文字多有與他書所録不同者,前人著録以《金石萃編》較全,而孫氏所録碑文較《萃編》字數多數十百餘字不等,因此有一定的校勘參考價值。所綴題跋,對碑文所涉史事逐一考證,人名、地名、職官、時間等,極其細緻,但總體上來説引述他人觀點多,而創見較少。

是書末卷爲《昭陵陪葬考》。孫星衍曾撰《昭陵陪葬名位考》,引史書所載建陵陪葬詔書,以游師雄《昭陵陪葬圖》、苟好善《醴泉縣志》與兩《唐書》《唐會要》《文獻通考》《長安志》諸史志互證,以考陪葬人數、姓名、爵位等。孫三

① 孫三錫:《昭陵碑考・自序》,咸豐八年刻本。

錫所考與孫星衍思路相同，只是更加精細一些，然無多發明，且遇諸書所載陪葬人數、姓名互有不同之處，也“不能定其孰是孰非也”。

此書目録後有“同訂諸君”姓氏，包括儀征毛瀚等二十一人。書成之後，是年九月，潘祖蔭因公務過陝，毛瀚即持此書相贈。然潘祖蔭對此書評價並不高，云：“《裴藝碑》，《録》中凡再見，餘亦多襲青浦《萃編》。且未見《姜遐碑》，率以《萃編》文入《録》，余所得本較《萃編》多九百餘字，張松坪本亦多四五百字。若松坪者方不愧篤志好古耳。”①雖然今本有《姜遐碑》，且《裴藝碑》並沒有再見，潘氏所見恐是未定本。但是無論當時還是後世，學者對孫氏此書的評價普遍不高。比如，羅振玉評其所録碑文多有謬誤，云：“《萃編》所録其存字校明以來諸家所記字數爲多，然碑字可辨而失録及繕録譌誤者所在皆是。孫氏撰《昭陵碑考》依然欲補正王氏缺誤，今觀其書，存字固視王氏爲增，而譌誤且益多，蓋王氏之失在疏略，孫氏之失在臆斷，故孫之失又甚於王氏。”②對其考論，林鈞評云：“細校孫君此考，紕繆殊多，其間輒憑臆虚造，且行款及缺字數目等均任意奪落，訛誤疊見。”③

總體上來講，雖然學術水平有限，孫三錫仍以細緻勝，也有其獨特的學術價值。

六、王懿榮、吴大澂的陝西訪碑

光緒年間，還有一些金石學者，他們不像以上青門萍社諸人長期居住陝西，有充足的搜訪條件和時間。他們或者是在陝爲官時間很短，或者是途經陝西，和以上諸位學者也都有金石交流，如王懿榮、吴大澂、葉昌熾等。葉氏第六節詳論，王、吴二人生平大概上節已述，此處略論其在陝的金石活動。

王懿榮酷愛金石文物，精於文字考訂，是中國第一位發現並研究甲骨文的學者。《王懿榮年譜》載其：

> 性嗜古，凡書籍字畫，三代以來之銅器、印章、泉貨、殘石、片瓦，無不珍藏而秘玩之。鉤稽年代，補證經史，搜先達所未聞，通前賢所未解，爬羅

① 潘祖蔭：《秦輶日記》“咸豐戊午九月二十三日”。
② 羅振玉：《昭陵碑録》自序。
③ 林鈞：《石廬金石書志》卷一。

剔抉，每多創見。至於購求古物，固未嘗一日有鉅資，處極困之時，則典衣以求之，或質他種以備新收。至是以居喪奇窘，抵押市肆至百餘種，然不願脱手鬻去也。①

光緒年間，因其父在四川爲官，王懿榮曾數次從京城前往四川省親。光緒四年（1878年）三月，其父時爲四川龍安府知府，王懿榮乞假赴蜀。次年二月，返回京師；七年，其父已調成都知府，他又一次乞假赴蜀省親，是年八月回京②。兩次省親，入蜀、出蜀往返均途經陝西，雖然每次都匆匆而過，他還是會充分利用機會搜購金石。他在《天壤閣雜記》中感慨説：

天下之地，青州一帶，河陝至漢中一路，皆古董坑也，余過輒流連不忍去。東坡説"岐山風物慚"，此語乃皮相耳，東坡未解好古也。然安得腰纏十萬哉？若有之，決不上揚州。

每一次他也都會與陝西學者薈聚交流，如毛鳳清、李嘉績等人，暢談陝西金石收藏事。更可貴的是，他詳細記載了他與陝西金石商人的往來：

至陝西，見蘇估，得開皇銅碑，巨直賒得之。見小蘇估、馬估（呈端）、孫估（文山），所得零星不計，十布將全。

過華陰，見漢石、北周碑。在長安得鐵大錢五十，極大；範一，造像二，墓字瓦一。過褒城……得一觶，爲謝公子物。告田二，陽文。

到陝西，初見楊估實齋，爲陝巨指矣。……到長安，得楊估彝一，中有犧形，尤佳。方鼎一，小鼎一，觚一。小蘇估劍一，當爲天下第一，鳥形陽文篆，如花如字，字下又有花，鋒如新。馬氏殿當瓦一，古泉、古印不具數。楊估爲清卿寄古泉百餘方，佳者累累。興定寶鈔銅板乃絶品，馬估得於河南府李姓者。

此次過陝，從孫估手得序布，直甚廉。十布全，至此蓄志二十年。

得泥封"載國大行"印文一，可補《漢志》及各家收藏之缺。得"執法互共印"五字一，皆舊譜所無，餘不數。③

---

① 王崇煥：《清王文敏公懿榮年譜》，（臺灣）商務印書館1986年版，第43頁。

② 參見劉心明整理、王崇煥編：《王文敏公年譜》，山東大學出版社2002年版；王懿榮：《天壤閣雜記》，《叢書集成初編》本，中華書局1985年版。

③ 王懿榮：《天壤閣雜記》，《叢書集成初編》本，中華書局1985年版。

他從陝西金石商人購得金石若干種,所獲各類器物都有,數量很多。其中提到的金石商販,蘇估、小蘇估,或即蘇憶年、蘇兆年兄弟,或其子姪輩。楊實齋則在陝西非常有名,"爲陝巨指",和當時金石學家大多都有來往。馬呈端、孫文山等,則不見於他人記載。金石交流、金石學的發展離不開在幕後活動的金石商人,但是這些商人見於記載的很少,王懿榮的這些記載可以爲考察陝西金石市場的具體情況提供重要的參考。

和王懿榮只是途經陝西、做短暫停留不同,吴大澂兩次因公務入陝,除了和金石商人打交道之外,還親自搜訪,所得更多。

吴大澂是晚清非常重要的金石學家,所著有《愙齋集古録》《恒軒所見所藏吉金録》《古玉圖考》等。他兩次入陝。同治九年二月,李鴻章奉命督辦陝甘,部署諸軍,吴大澂入幕隨行。五月入陝境,七月離陝。在這兩個月間,"碑林及古董鋪無日不去,得舊翻《華嶽碑》,氣味俱佳,不知何本。《曹全》得一精拓,卻不甚舊。此外得漢碑十餘種,均無額。在華廟見殘碑陰數行,手拓數本,未考何碑陰。"①到同治十二年八月,吴大澂被外放爲陝甘學政,十月到陝,光緒二年(1876年)十月卸任。此次在陝三年多,除了本職工作去各地巡考之外,就是各處訪古搨碑。"好古而即得遊古地"②,收穫很豐富。如古器,在西安得新出土虎敦蓋二,在蘇憶年處得頌敦蓋搨本,其中以從一碑估所買一鼎最爲寶貴,其銘文吴大澂釋爲"愙"字,遂名此鼎爲"愙鼎",他也將自己的書齋、號命名爲"愙齋"。碑石所得更多,他按試漢中時,訪石門漢魏刻石,撰《石門訪碑記》一卷;又訪得唐代墓誌不見於著録、罕見的數十種,封泥數十種,銅玉印二十餘,漢魏以來古鏡七十餘種,三代幣範、秦磚漢瓦、摩崖造像等均有多種。

關於吴大澂的陝西之行,由於其留存的日記、書信資料目前多已被學者整理公佈,有關他的金石成就得到了比較充分的研究,這裡不再贅述,僅對有關陝西金石的兩個問題作一説明。

一是關於《關隴金石記》的編纂。吴大澂到陝西以後,初以畢沅《關中金

① 《與潘秋谷書》。

② 陳介祺:《與鮑康書》。

石記》按圖索驥,發現畢沅所記關中金石已經十不存五。又乞陳介祺編《陝西碑目》一册,同時參考趙乾生所刻續目,以資搜訪;又擬編《關隴金石記》一書,以補前人未及。吴大澂給陳介祺、左宗棠等人的信中多次提及。同治十三年十一月廿七日,他在給陳介祺的信中説:"鄙意關隴金石畢《記》未載全文,新出土者亦不少,頗擬廣爲蒐考,編一專書,即金文之出自秦中者皆可摹入,當以尊藏毛公鼎爲冠首。尚祈編示一目。其當時出土之地,蘇憶年略知一二,有可據者,並當詳志其原委。此書若成,亦足備三秦掌故,然非一兩年所能脱稿,隨見隨録,銖累寸積,或亦有志竟成,淺陋之譏,所不免耳。"①然此書的編纂頗歷艱難,直至光緒十三年他任廣東巡撫時,仍未編成,是年二月與葉昌熾相識,於是又將此事委託葉昌熾,吴大澂提供搨本,兩人多次反復討論編纂體例,至七月確定下來凡例三十則。這項工作進行了一年,至十四年二月,葉昌熾離開廣東,此書仍未完成,最終成一未竟之稿。

二是吴大澂善繪畫,前文已經提到,他在陝西時曾爲幾部陝西金石著作繪圖、刻印,如錢坫的《十六長樂堂古器款識考》與劉喜海的《長安獲古編》。前者見陳介祺《致鮑康書》所云:"錢獻之《十六長樂堂款識》傳本甚少,去歲曾假得許印林藏本,録其文而未繪圖,清卿可重刻之否?"②而《長安獲古編》原稿亦爲吴大澂帶至陝西,繪圖、鉤勒。光緒元年二月廿四日,他在寫給陳介祺的信中説:"刻工留在三原,令其專心覆刻。《長安獲古編》及尊藏瓦拓,近已鉤成二十餘葉寄去,屬即上板。俟刻出十餘葉,陸續刷様寄覽。"③此事一直持續到光緒九年五月才完成。

第五節　毛鳳枝及其三部陝西金石著作

一、毛鳳枝其人

毛鳳枝(1836—1895年),字子林,號蟫叟,揚州甘泉(今江蘇揚州)人。

① 《吴窸齋大澂尺牘》,第11頁。
② 陳介祺:《秦前文字之語》卷三《致鮑康書》。
③ 《吴窸齋大澂尺牘》,第19頁。

少時隨父毛瀚宦遊京師、荆梁、河洛等地，後其父任陝西候補知府、西安清軍同知，遂同來陝。能文好學，在當時西安官宦子弟中，被譽爲無紈絝習氣、博學能文的"四公子"之一。太平天國運動開始後，奉父命爲清軍文職幕僚，往來今安徽、江蘇、浙江等地。咸豐十年(1860年)，以父病辭任，歸西安侍養。明年父歿，守制居喪。以軍功獲候補知州資格，雖有衆友人資助，卻以家貧，最終放棄。之後長期客居西安，以受聘於官宦人家爲塾師、充任陝西地方高官幕僚爲生，尤以任西安知府幕賓時間最長。對地方財賦軍政、利弊興革頗有參畫，爲當道倚重。其兄弟多早逝，身後孀孤多依鳳枝，"食指既衆，家常壁立，處之晏如"。晚年著書爲樂，光緒乙未(1895年)卒於西安，享年六十歲。生平事跡主要見於其姪毛昌傑所撰《續陝西通志稿·毛鳳枝傳》①。

毛鳳枝卒後，李嘉績作《哭毛子林之赴五首》云："君昔蜀山遊，還從皖水軍。得官不出仕，日事典與墳。關中賢豪邦，貸宅居欣欣。""壯攻史漢文，不放一字過。老熟温公書，討論有定課。金石補前賢，碑版削四座。集成五十卷，考據絶叢勝。辛苦了此生，至死勤不惰。""君家好兄弟，與我先後交。豈知數載間，諸子皆重泉。妻兒悉賴君，少長同一椽。館穀竭不供，日夕多憂煎。"②頗能見毛氏一生爲人行事、學術興趣所在。

毛鳳枝自云"平生無他好，顧獨嗜書""未嘗一日廢書不觀"③，好讀書、藏書，著述也比較多。李嘉績説其"集成五十卷"，或指其全部著作。然而從今天藏於公共圖書機構能夠見到的著作來看，僅有二十餘卷。其中，地理類著作有《陝西南山谷口考》一卷，生前已刊；《兩漢書地理志今釋》《通鑒地理今釋》兩書未竟；又李嘉績所撰《汧陽述古編》，其考訂部分爲毛鳳枝所作④。其詩文及其他雜著有：《寓意於物齋詩文集》三卷，已刊；《寓意於物齋隨筆》三卷，《詩文續編》二卷，《四部提綱》《季漢忠烈贊》《滕王閣詩叙注解》各一卷，《汲古閣

---

① 見毛昌傑《君子館類稿》民國十九年(1930年)十月十七日記："於《通志》局見敬之，將伯父子林公、叔父子静公《小傳》送與。"敬之即吴廷錫，與修《續修陝西通志稿》。

② 李嘉績：《代耕堂中稿》卷一—《哭毛子林之赴五首》，收入《請代詩文集彙編》第753册。

③ 李嘉績：《五萬卷樓書目記》卷首毛鳳枝叙。

④ 見《汧陽述古編》毛鳳枝叙及李嘉績自叙。

兩漢書校勘記》二卷，均未刊刻，多已散佚[①]。金石學著作主要有：《關中金石文字存逸考》十二卷，有刻本流傳，《古誌石華續編》《金石萃編補遺》各二卷，毛鳳枝卒後，由顧燮光合編爲一種，名之《關中石刻文字新編》；《關中金石文字古逸考》二卷、《關中金石文字古存考》一卷，存佚不詳；另據葉昌熾日記中所載，毛鳳枝還有《關中金石目》五册[②]，今亦不詳所在。

上一節已經説過，毛鳳枝受父親毛瀚影響，對於金石有特别的興趣，自少即留心於收藏與研究。他的幾部金石著作，在晚清的陝西學界，乃至整個金石學界都有深遠影響。對於金石諸書的撰作緣起，毛鳳枝認爲金石易散，唯有著述可傳之久遠，因此從保留金石負載的文化意義看，這一工作是十分必要的。他説：

> 金石文字無聚而不散之理，如歐、趙諸公，以及都氏玄敬穆、趙氏子函㟲、顧氏亭林炎武、郭氏胤伯宗昌、錢氏竹汀大昕、孫氏淵如星衍、朱氏近漪楓、畢氏秋帆沅、黄氏虎癡本驥，收藏極爲富有，今其篋中拓本不知歸於何所，獨所著金石諸書，至今炳炳在人耳目。然則藏弆雖多，固不若著書之可久也。鳳枝竊託斯旨，集爲是編，以爲秦中掌故，且以識家學淵源其來有自云。[③]

毛鳳枝以前人金石著作，特别是專記關中金石的朱楓、畢沅諸書，爲研究起點，對他一生收藏的關中歷代金石進行編録，考其存佚，並對以前的著作未收、舛誤、文字有異之處，特别是對其中有關作者、時代和相關重要知識點的碑誌文字，詳加考辨。這也是毛鳳枝金石學著作中最富學術性，對後世學者最有價值之處。其中，《關中金石文字存逸考》所用資料來源有二，一是毛氏所見前人相關著述中所有有關關中的金石文字遺存，二是毛氏所見而未爲他書所載的關中金石文字。後一部分資料則全文收入《金石萃編補遺》和《古誌石華

---

① 據毛昌傑所撰《續修陝西通志稿・毛鳳枝傳》，此數種著作均已散佚。但據顧燮光《新編・跋》説，陝西學政柯逢時曾繕録毛金石全稿，後歸顧家。又其《夢碧簃石言》卷五《毛子林太夫子考訂金石著作》（顧燮光著，王其禕校點，遼寧教育出版社 2001 年版）説《關中金石文字古逸考》稿本尚存顧家。則毛氏未刊著作或尚存天壤之間。

② 見《緣督廬日記鈔》光緒十三年四月初四日。

③ 《關中金石文字存逸考・後序》。

續編》,屬資料彙編性質。《關中金石文字存逸考·例言》中說:“是編以存逸爲重,故考據未能悉詳,而全文不能盡録,所有全文已經前人著録者,注明見某書中,未經前人著録者,拙作有《金石萃編補遺》及《古誌石華續編》二書,成書後再行呈教。”可見這三部書將清末學者所能見到的關中金石文獻幾已搜括無遺。三書相輔而行,無《金石萃編補遺》《古誌石華續編》,《關中金石文字存逸考》勢必有遺珠之憾,有之,則神龍首尾俱見,神氣俱足,體大思精,足以代表清代末年陝西金石研究的最高水平。

二、《關中金石文字存逸考》的成就與局限性

此書著録瓦當、碑碣、墓誌、塔銘、經幢、造像等,作者雖云斷自秦始,實則亦收傳爲周代的瓦當,下至於唐,共一千三百餘種。四易其稿,“創始於光緒乙亥(1875 年)夏,告成於光緒己丑(1889 年)秋”①,可謂十年辛苦不尋常。

《金石萃編》依時代彙編了大量古代石刻文字和銅器銘文,具體體例是,題目下注明碑刻、器物的尺寸和存處,碑文之後附有見於各金石書或文集中的有關題跋,最後爲編者的考釋或按語。《古誌石華》僅集誌石,體例亦是誌文後附按語。《關中金石文字存逸考》(以下簡稱《存逸考》)體例大略若此,不同之處在於分府縣立目,各府縣下按照時代先後著録所收金石,每種著録其書體、書者、年代、存佚、藏地或收藏者,碑誌全文見於他書者略而不引,未見他書者全文備録,已爲已之《誌補》《萃補》兩書所收者則略引,遇有文章出色者亦備録全文。之後,對碑誌文字所涉各方面知識進行考證。需要説明的是,毛鳳枝所云“關中”雖與清代行政區劃中陝西省内的關中概念一致,但還是酌收了少量今甘肅、青海和新疆境内較著名的碑刻,可視爲對關中金石的補充或附録。

作者慮石刻顯晦無常、久而無徵,因此重點在於著録存佚,“俾存者可知其方隅,逸者仍留其姓氏。……兹編所載墓誌,能實指其處,即云現在某所,否則以葬地爲憑”②。著録金石存佚在此書之前已有先例,如清道、咸間吴式芬

---

① 《關中金石文字存逸考·序》。

② 《關中金石文字存逸考·序》。

的一系列金石著作，著録了清中期以前金石文獻的存佚、所在等。對於關中金石存佚，朱楓《雍州金石記》、畢沅《關中金石記》，也都有簡略記録。毛鳳枝在這方面提供了更爲豐富的信息，特别是關於瓦當的存佚，之前未有著録，毛鳳枝首發其例。因此對於學者調查尋訪有關關中金石的下落和流傳過程，有很重要的參考價值。誠如顧燮光所評"要之椎輪大輅，不廢先河"①。

此書既名爲"存逸考"，則實受其他金石著作影響，碑刻所涉音韻、文字、史事等，作者都有詳細考證，多有精闢之處，有些出色的條目考證無異於今人之學術論文。

如卷五所收《路詮墓誌》，誌主之姓適在缺處，全文載毛氏《誌補》，誌主題銜爲"大唐故銀青光禄大夫、使持節泰州諸軍事、泰州刺史、上柱國、宣城以下缺"，誌文中又有"宣城縣開國公"字樣；又誌主"祖彩，魏奉朝請、禮部侍郎，周使持節缺恒、懷、夏四州刺史，陽平郡開國公。神機朗察，遐邇挹其清潤，缺父兖，隋大興縣令、内史舍人、兵部侍郎、左武候將軍、長秋令、太府卿、金紫光禄大夫、閿鄉縣開國良公"。毛氏因誌文中有"昔漢啓玄圖，伏波功參於"數字，以漢伏波將軍路博德事證之，補誌主姓爲路。又考《新唐書・宰相世系表》，路氏有"文昇，字文昇，平、愛、秦三州刺史，宣城縣公"，其"祖彩，後周夏州刺史；父兖，隋兵部侍郎，閿鄉公"。與此誌誌主及其父祖名字、官銜適相一致，因此斷爲一人無疑。由此亦可補《新唐書》之缺。《全唐文補遺》第七輯亦收此誌，補誌主姓爲馬，未説明理由。② 當同樣以"伏波功參"句，因漢另有一伏波將軍馬援，因此定爲馬姓，然未有其他證據支持，仍當以毛氏所考爲是。

然《路詮墓誌》云詮陽平清水人，毛鳳枝以之爲路氏郡望來糾正他書之記載。如韓愈有《路應神道碑》，云路應平陽人，毛鳳枝引《舊唐書・路隨傳》云隨"陽平郡人"，《路巖傳》云巖"陽平冠氏人"，認爲韓愈"平陽"之説乃"陽平"之誤，應從誌以"陽平"爲正。實際上，唐人"某地人"的説法很模糊，或指郡望，或指鄉貫，或指本籍。毛氏既考誌主爲路氏，《新唐書・宰相世系表》云路

① 顧燮光：《夢碧簃石言》卷五《毛子林太夫子考訂金石著作》。

② 參見吴鋼主編：《全唐文補遺》，三秦出版社2000年版。

氏自漢博德始居"平陽",則平陽當爲路氏郡望,路氏後人或移居陽平,陽平爲其鄉貫或本籍亦未可知,韓愈所説未可遽斷爲錯。

毛鳳枝在考證碑刻同時往往又説開去,附録多有其他考證,如卷二附録《尚書八座考》,對"尚書八座"到底指哪些官職、從秦到唐的演變都作了詳細討論,認爲唐時"八座"指左右僕射與六曹尚書,非如有的觀點所認爲的指各部侍郎。又如卷三《金滿縣考》《沙州考》《和林考》,詳考這些地名具體所在,名稱演變過程,給後人提示了一條清晰的線索。卷四《〈周禮〉"廞"字考》,列述《周禮》中出現的"廞"字,鄭眾、鄭玄等的解釋,結合《説文解字》,梳理出來"廞"字具有三種不同含義:陳設、欣喜、淤塞。考證功力深厚,貢獻頗多。另此書末附《石刻書法源流考》一文,對於指示古今書法南北派别,眼光獨到,評騭允切,至爲詳盡,且有對各種金石文字的真僞考證,可視爲一部中國唐前書法碑刻簡史。

但此書也存在很多疏漏之處,顧燮光説:"當時山河修阻,交通阻滯,而徵引諸書未廣,且斷自唐代,亦嫌稍隘",並且計劃"暇時擬廣輯群書,爲之補正",因種種原因未能完成。[①] 又顧燮光友人黨晴梵亦云:"暇日亦嘗披覽,疏漏實多。"[②]岑仲勉《金石證史》中針對此書有數十條辯誤[③]。

這些疏漏涉及音韻、文字、史事考證等多個方面,如上述關於路氏郡望的判斷,是因對唐人籍貫表達情況不了解所致。其他還有斷句錯誤,如卷六所收《常醜奴墓誌》,誌文敘其歷官云"遷天官府治中士。司會治本,文昌樞密"。毛鳳枝在誌文後考證云:"遷天官府治中士司會。案……《北周書·宇文護傳》有膳部下大夫,天官府治中士司會,亦其屬也。"按誌文中"司會"不與"中士"相連,而應斷屬下句。《唐六典》卷六"比部郎中一人,從五品上"條注云:"魏氏置,歷晉、宋、齊、後魏、北齊,皆有郎中。後周天官府有計部中大夫,蓋其任也。"司會本爲《周禮》天官之屬官名,職掌財務經濟,後亦用爲動詞,指掌管財務。據《唐六典》,比部(計部)所掌爲財務諸事,故"司會治本",即對所掌事務之説明。且"司會治本,文昌樞密"這種對舉的寫法,也是時人

① 參見顧燮光:《夢碧簃石言》卷五《毛子林太夫子考訂金石著作》。

② 參見李克明、鄧劍主編:《黨晴梵詩文集》第一卷,陝西人民教育出版社 2007 年版。

③ 參見岑仲勉:《金石論叢》,中華書局 2004 年版。

行文的風氣。

引文不嚴謹，如卷五《皇甫景元等造千佛像碑並碑側》，毛氏引《咸寧縣志》一段文字，考碑之所在與來歷，云出馬氏《陝西通志》。實則所引文字俱節自清嘉慶《咸寧縣志》卷十二《祠祀志》“圓通寺”條，並非出自馬理等修（嘉靖）《陝西通志》。

引書雖廣，然難免疏漏，有些甚至令人扼腕嘆息。如卷七收《李楷洛碑》。李楷洛是平定安史之亂、有唐室中興再造之稱的功臣李光弼之父，新、舊《唐書》附傳於李光弼，事跡記載甚爲簡略。此神道碑爲楊炎所撰。楊炎爲人所熟知的是他在財政經濟制度創建方面的貢獻。在德宗朝任宰相時，創行兩税法，是中國税制史上具有重大意義的改革。楊炎在當時文名隆盛，在代宗大曆時官吏部郎中、知制誥，掌詔敕的撰寫，文筆頗受朝野人士贊許，與同享盛名的常衮合稱“常楊”。所撰《李楷洛碑》堪稱是他的代表作，“詞甚工，文士莫不稱頌之”。[1] 甚至唐德宗“嘗得炎所爲《李楷洛碑》，寘於壁，日諷玩之”。[2] 毛鳳枝將此碑文全文備録，但毛氏所見碑銘磨泐過甚，所録缺字過多，很多地方難以讀通，銘文部分尤甚，所録什二而已。而銘文恰是古人逞其文彩斐然之處，故所闕尤令人嘆息。

然查閱宋徐鉉所編《唐文粹》，此碑文恰收其中，且相當完整。與毛氏所録字數基本相同，文字差異甚小，不同處多屬碑字辨識不同所致，可以確定爲二者同源。用《唐文粹》之文，恰可補足毛氏録文所缺。又，毛氏斷言碑文是《文苑英華》版刻文字的删節，因爲他注意到《文苑英華》亦收此文，曰碑文計九百餘字，而版文一千五百餘字，字數較碑文多出六百，且文字差異較大，因此認爲是“上石時重加删節”。實際情況則並非如此。以銘文而言，一百六十字，毛氏僅録出四分之一。《唐文粹》所録和《文苑英華》相較，二者用韻不同，字句不同者亦超太半，故此當視碑文爲勒石時，或因原文過長而作者另行撰作，毛氏删節之説並不可信。一位墓主之神道碑而兩作，且各有千秋，楊炎之文筆縱横，可謂名不虛傳。清嘉慶年間編《全唐文》，楊炎兩篇《神道碑》均被

---

① 參見《舊唐書·楊炎傳》，中華書局 2002 年版。

② 參見《新唐書·楊炎傳》，中華書局 2003 年版。

收入,亦可見編者將其視爲兩篇不同作品。

由此可見,毛鳳枝並未閲過《唐文粹》,亦未翻檢《全唐文》。

三、《關中金石文字存逸考》的版本

《關中金石文字存逸考》的刊刻,費盡周折。毛鳳枝生前曾受門生顧家相資助,準備刊刻而未果。此書後顧家相跋文詳細描述了這一過程:

> 既官萍鄉之三年,得先生札,稱手著《金石存逸考》成書,家相亟郵致百金,慫恿付梓。尋又得先生書,謂遭家難,前寄資已耗去,未及開雕。家相復言江右刻工值廉,乞以定本見畀,當獨任其事。顧先生不欲重累家相,又其時别有允佽寫刻之費者,遂未許家相所請。

顧家相光緒丁亥(1887 年)調任江西萍鄉,毛鳳枝是書成於光緒己丑(1889 年),正是顧家相在萍鄉之第三年。雖有顧家相的資助,但是還未刻成,毛鳳枝不幸於光緒乙未(1895 年)去世。兩年後,顧家相遣人專程前往西安,終於拿到此書稿本,並予以刊刻。

> 今歲之夏,遣伻赴秦,間關三千里,往返數閲月,一昨言歸,出豐山答書,乃齎是編稿本偕來。數年之願,幸而獲償,不禁狂喜,而又涕泣隨之,悲吾先生之已不及見也。……家相於金石之學,曾未究心,不能爲一辭之贊,爰命兒輩就稿本寫定尺寸行列,悉依《南山谷口考》之式,付諸手民,並述其緣起如此。……光緒廿有三年倉龍丁酉長至前十日,門下士會稽顧家相拜手謹跋。

目前所見《關中金石文字存逸考》的版本主要有兩種。一藏臺灣,標爲“清光緒間作者手定底稿本,宋體工書”,原本無緣見到,然已影印收入《續修四庫全書》,據之可以判定實爲寫樣待刻本①。可以看出刊刻工作毛鳳枝生前已經作了一些準備,當即光緒己丑年書成之後,寫樣準備上木。前有總目,標爲十二卷,毛鳳枝序、例言、引用金石書目,正文僅八卷,有毛鳳枝批注。書未刻成,原因有多種,内容尚需完善也應是其中之一。就這八卷而言,和後來的刻本前八卷相比,仍缺少部分内容,如卷一西安府無“補遺”部分,並脱北周

---

① 現藏臺灣“中研院”,陝西師範大學賈二强教授告此爲寫樣待刻本,在此謹致謝意。

《平東將軍右銀青光禄造像題字》條大半文字；卷八脱《莒公唐儉碑》《尊勝陀羅尼經咒石鼓》《雍州同官縣武定村造阿彌陀四面像銘》等。從作者在此本上的大量手批字句可見，他對此本是不滿意的，雖已寫成樣例，然並不準備以此付諸棗梨。

毛鳳枝在寫樣本中的批注主要有四種情況：一是文字措辭的修改、格式的調整，如"現在"改"見在"，"《春秋左氏傳》隱公元年傳"，改爲"《春秋隱元年》左氏傳"等。又如卷一《嶧山刻石》條對"陀"字的訓釋，原文作：

> 碑云："追念亂世，分土建邦，以開争理。功戰日作，流血於野，自泰古始。世無萬數，陀及五帝，莫能禁止。"陳香泉氏亦禧《金石逸文録》云："'陀及五帝'之'陀'即'他'字。"今案，石刻本"陀"字本作"阜"旁，不能改作"他"字，且"他及五帝"，其文不詞。案古字從"它"從"也"之字可以互通，此"陀"字當作"阤"解。……又案《説文》"阤"字從"也"，秦碑從"它"。

批注修改爲："碑云'陀及五帝'，案'陀'或作'阤'，'[illegible]'、'[illegible]'二篆相似，故古書從'它'、從'也'之字每每互易。本作'迆'，有連延義。"凡此種修改，關乎到準確理解訓識文義，因此不能説完全没有意義。

二是調整順序。如卷一《王智明造白玉石像記》條，批注曰"補"，當是移入"補遺"。

三是内容修正。如卷一《周驃騎將軍雲陽縣開國男鞏賓墓誌銘》，原文作"全文見《隋唐石刻拾遺》"，改爲"全文見《古誌石華》"。

四是補入新的内容。如卷一《嶧山刻石》條，文末補入"今世以傳有《永樂大典》本、鄒縣本、江寧本、日本重摹本，皆字畫小"數字；卷二《東陵聖母帖》文末補入："翁覃谿曰：石屬□'大和四年裴柳同登'楷題四行，即唐雁塔題名殘刻之尚僅存者，宋時借用其前半空石刻懷素草書耳"數字；卷四《太常寺奉禮郎李繼墓版文》上，批注添加"《李術墓誌》，李翺撰，元和九年正月十九日。查原文補入"。

毛鳳枝自言此書歷十餘年方纔完成，前後修訂數次。寫樣本的批注修改正可以反映出作者不斷蒐羅金石、不斷完善文字的真實過程，亦可識其著書爲學之歷程。

另一種版本爲光緒二十七年顧氏江西刻本，封面書名篆書，題簽者爲“豫寧葛成春”，豫寧乃江西武寧舊稱，葛成春即此書顧家相《跋》所云“同校字者……武寧葛明經成春”。扉頁牌記云“光緒辛丑夏會稽顧氏刻於江西萍鄉縣署”，辛丑爲光緒二十七年（1901 年）。正文半葉十行，行十八字。前有毛鳳枝序、例言，十二卷，後二卷爲目録，後有毛氏後序，附録《石刻書法源流考》，末有顧家相跋文。

另，據顧燮光自云此書：“己亥家君爲刻於長沙，余與校讎之役”①，“光緒末葉，燮光奉先君子命監刊於長沙”②，其友人黨晴梵亦說：“此書鼎梅（顧燮光字）之先君爲刻於長沙，板存西安顧氏寓中。鼎梅久居上海，板爲家人竊售於竹笆市瀛記書局。鼎梅今夏舊地重來，始贖還之，璧還珠歸，亦一幸事也。”③光緒己亥爲光緒二十五年（1899 年），於辛丑僅先二年，揆諸情理，如此短期不應有重刻之舉，顧氏所云長沙本與萍鄉本當是一刻。另從這些記載看來，此書刻成後確未再刻。刻書時間、地點之歧異或爲肇始於長沙而畢功於萍鄉所致，抑或别有原由。

顧家相最終拿到、據以刊刻的稿本和寫樣本並不盡一致。毛氏在寫樣本上的批注，僅有很少一部分見於刻本，如上所述批注的第二、三種情況。另外兩種情況，文字的改動，不知是否因作者認爲字句之争，無礙大義，後來再作修訂時並未採用；補入的内容，特别是要補入的墓誌，在作者晚年，這些技術性的工作可能主要依賴於子姪輩，這大概也是這些文字未能補入的原因。

除此之外，刻本和寫樣本在文字上亦稍有差别，如卷二《東陵聖母帖》條，寫樣本作“此帖字跡頗難識認……出此帖釋文以示余”，批注改“識認”作“辨識”，刻本作“此帖字跡難識……嘗爲此帖釋文，出以示余”。因此顧氏所據既非寫樣本，亦非寫樣本毛氏所改，當是寫樣本之後，毛鳳枝還有一種最終的修訂稿本。

---

① 顧燮光：《夢碧簃石言》卷五《毛子林太夫子考訂金石著作》。

② 《關中石刻文字新編·跋》。

③ 李克明、鄧劍主编：《黨晴梵詩文集》第一卷，陝西人民教育出版社 2007 年版。

《關中金石文字存逸考》，光緒二十七年顧氏江西刻本

目前所見除了這兩種本子之外，另有一種撮録不分卷的民國十年（1921年）鈔本藏於上海圖書館，作者不明，僅撮録碑誌名稱及書體、年代等基本信息。

四、《金石萃編補遺》《古誌石華續編》

《金石萃編補遺》僅録碑碣，共八十種、八十七篇；《古誌石華續編》僅録墓誌，七十七篇。兩書共録碑刻一百六十四篇。每種著録其尺寸、年代、行數、字數、書體等，且標注見於《關中金石文字存逸考》某卷，少數略考碑文。

《金石萃編》成書後，爲其作補編、續編者有多種，其中以陸耀遹的《金石續編》爲最著。《金石萃編補遺》顯然也是針對《金石萃編》所作，碑銘有的已見於《金石萃編》，毛鳳枝認爲其文字多舛誤，予以重新校録。不見於《金石萃編》的部分，大多亦見於他書。有的今天有搨本存世，收入今人所編，如《北京圖書館藏歷代石刻拓本滙編》《昭陵碑石》《西安碑林書法藝術》等書；有的或爲其他金石書所收，如魏錫曾《非見齋碑録》、端方《陶齋藏石記》、陸增祥《八瓊室金石補正》、葉昌熾《邠州石室録》等；或爲其他文集所收，如《全唐文》、陸心源《唐文拾遺》《唐文續拾》等。但是僅見此書者仍有近三分之一，且由於碑碣樹於地上，風雨侵蝕、殘損磨泐情況較爲嚴重，即使見於他書者，文字相異處也很可觀，因此此書校勘價值比較高。如唐代名碑《清河長公主碑》，此書和《唐文拾遺》所録相比較，異文有四十八處之多。

《古誌石華續編》是續補黄本驥《古誌石華》，"自元魏至南宋，凡得若干種，又皆黄君所未見"，"因放厥體例，輯爲《續編》"①，所收仍大部見於上述他書所載。墓誌長期埋於地下，一般來説，殘損情況遠好於碑碣，但各書所收仍有很多文字相異之處，故亦可資校訂文字。且仍有如上文提到的《路詮墓誌》《韋元倩墓誌》等十數種墓誌僅見於此書，可供研究利用。

這兩書都没有刊刻，目前所見爲《石刻史料新編》據以影印的臺灣地區所藏之寫樣待刻本②，内有包括作者在内多人批注。《金石萃編補遺》卷二目録云"自《金石萃編補遺》録出，編爲二卷"，《古誌石華續編》卷二目録亦云"自《古誌石華續編》録出，編爲二卷"，可知這兩個寫樣本所收並非毛氏原稿全部内容。前文所引《關中金石文字存逸考・序》毛鳳枝自云其父收藏金石搨本甚多，積案盈箱，毛鳳枝自己也是自十五歲起即多方搜求金石搨本，有得必藏。且據兩書已有内容看，還有些文章注明是抄録自某某所藏之書或搨本。故作者計劃的這兩部書所收數量當遠遠超過我們現在所見者。《古誌石華續編》目録前有兩紙，列舉墓誌十六種，並注云"請補入"，即是作者手頭另還有文章的明證。因此，寫樣本所收僅是其藏品的一部分。可能是因爲作者年事已高，精力衰憊，故未能完成其餘。而未收諸作當已散佚。舊時搨片，尤其是名碑舊搨善搨，其值不菲，故流通的几率極高，有如今之名貴文物。

寫樣本中，毛鳳枝的批注主要是糾正個别字詞，補入部分墓誌條目。如《古誌石華續編》目録前所列，又《金石萃編補遺》卷一《暉福寺碑》，文末補入題名數行。他人批注如《金石萃編補遺》卷一所收《太倉粟窖磚文》，旁有批注曰"此磚已收入《陶齋藏石記》卷十七"，並詳列文字異同，尚不詳何人所作。

之後，顧燮光對這兩本書稍作編校，合編爲四卷，名之《關中金石文字新編》，有民國二十四年(1935年)杭州金佳石好樓石印本。此本封面書名篆書，

---

① 毛鳳枝：《古誌石華續編序》，見《寓意於物齋文編》，清刻本。

② 藏臺灣"中央圖書館"。

題簽者爲"關中黨晴梵"。黨晴梵名沄,晴梵爲其字,精於金石書畫鑑賞,擅長書法,與顧燮光友好。此書正文半葉十四行,行三十二字。卷一、二碑碣類,實乃《金石萃編補遺》;卷三、四墓誌類,乃《古誌石華續編》。

從内容上來看,除了《古誌石華續編》目録前列"請補入"的十六種墓誌之外,毛氏所修改批注之處基本上在刻本中都有體現。據《關中石刻文字新編》書後顧氏跋文説:"武昌柯遜庵中丞昔年視學關輔,與毛公有文字之雅,曾繕録其金石全稿,未付梓也。嗣中丞開府江西,諗知《關中金石文字存逸考》業已印行,乃舉繕稿以授先君,而《金石萃編》《古誌石華》兩《補遺》各二卷在焉。"柯遜庵名逢時,遜庵爲其號,1891 年曾爲陝西學政。柯遜庵當是對二書寫樣本作了謄清過録,後顧氏據以刊刻。

受毛鳳枝影響,其姪毛昌傑——民國時期陝西著名學者,於金石學亦頗有造詣,其《君子稿文鈔》中有數篇碑石題跋可證。然而,傳統的金石考訂之學此時已然衰落。

第六節　葉昌熾的幾部陝西金石著作

葉昌熾(1849—1917 年),字鞠裳、鞠常,號頌魯,晚號緣督廬主人,江蘇長洲(今蘇州)人。光緒十五年(1889 年)進士,改庶吉士,十九年(1893 年)充國史館協修,次年補史館總纂官,二十二年(1896 年)任會典館纂修,二十八年(1902 年)督甘肅學政,三十二年以裁缺歸鄉,再未出仕,著書終老。

葉昌熾著述甚富,著《藏書紀事詩》六卷,記載歷代藏書家傳略,被譽爲"藏家之詩史,書林之掌故";長於校勘,瞿鏞《鐵琴銅劍樓書目》、潘祖蔭《功順堂叢書》均由其審定;又"經籍碑版之學,冠絶一時",所著金石類著作有:《語石》十卷,雜述有關碑刻制度、書法演變、文字内容、摹搨技術等和石刻有關的遺聞瑣事,是第一部通論古代石刻文字的專著;《邠州石室録》二卷,對陝西邠州大佛寺石刻文獻進行摹録考釋;《五百經幢館碑誌題跋》一卷,對所藏五十餘種隋唐五代碑石進行考釋;《奇觚廎百衲帖》十集、《續集》十集,收録一些碑搨的重摹搨本、法帖以及清人金石學著録中很少著録的明代以後的搨本;另有

《幢目》一作，整理研究不甚爲學者重視的經幢八百餘種，未刊，收録於《國立北平圖書館館刊》第三卷第三、四號。志書類有《寒山寺志》一卷，詩文集有《奇觚廎文集》三卷、《奇觚廎詩集》五卷、《辛臼簃詩讔》二卷。其生平資料主要見於《清代硃卷集成·葉昌熾卷》、《清史稿》、曹元弼《葉侍講墓誌銘》及葉昌熾《緣督廬日記》等書記載。

葉氏自弱冠進入馮桂芬開辦的修志局，參與纂修《蘇州府志》，有了大量實地勘察、親身採訪碑石的經驗，自後便留意於碑搨收藏。對於陝西金石，葉昌熾早年在家鄉蘇州時就留心收藏，他的《緣督廬日記》載，同治十三年十二月購漢碑數種；讀錢國祥《適秦日記》，評其"於關中金石尚留心采録"；常有碑帖商人上門兜售，如光緒元年九月就有一販碑帖者陝西黨君兩次到門，葉昌熾向其購買了碑帖數種，其中當有不少陝西金石；光緒四年三月，有碑估持石門漢魏隸楷求售。後來在廣東幕府和吴大澂的合作，使葉昌熾對陝西金石有了比較全面深入的了解。

一、《關隴金石志》

光緒十二年，葉昌熾受廣東學政汪鳴鸞之招入粤。十三年二月二十六日，見到時任廣東巡撫的吴大澂，遍觀其所藏金石碑版，並獲贈碑搨數種。吴大澂任陝西學政期間，搜訪大量碑碣，有續畢沅《關中金石記》之志。此時得遇葉昌熾，一見如故，屬葉昌熾任編纂之役。

此後一年内，據《緣督廬日記》所載，幾乎每一天，吴大澂都會給葉昌熾送去碑搨，葉昌熾進行校録，主要和《金石萃編》所録文字相校，校録完畢又還給吴大澂。書名，據葉昌熾所記，或曰《關中貞石志》，或曰《關隴金石志》。七月十二日，葉昌熾作《關隴金石志凡例》三十則，後收入其《奇觚廎文集》，可知最終定名爲《關隴金石志》。然據凡例所云："關中爲周秦故都，山川鼎彝往往間出，今所收者必藏其地，如蒲城楊氏、三原劉氏諸器是也。若已出關者悉不著録。"所收僅關中金石，書名中的"隴"即甘肅金石並不收録。

此書體例，兩人經過反復商討，主要討論的是收録全文還是僅載其目，吴大澂開始"欲不録全文無可考者，但書在某縣某地，何年何月何人所書，如此則成書較易，亦一法也"，幾日後又商討著録體例，"其意仍欲著録全文"，最終還是決定收録全文。據葉昌熾所撰凡例,主要包括:(1)收録朝代,止於元代,但是明人於古碑上所刻題跋亦收。(2)收録品類,包括鼎彝等古器、碑石、瓦當,不收刀幣、法帖、《開成石經》。(3)收録標準,無論是否經眼,僅録存確定於關中者,不收市賈翻本、贗本。(4)收録順序,先金後石,按照年月順序,如無年月,附於可考定的朝代之末。華嶽廟、邠州大佛寺等組碑則爲一獨立單元。(5)著録體例,題下注明寬廣尺寸、撰書人、年月、書體等相關信息。録文,有搨本的據搨本録文,無搨本的據前人著録或撰者别集等傳世文獻,對於前人著録過而有新搨可糾其文字錯訛的亦標注出來,無從録文的僅附存目。考證,就其可糾史文之闕訛、地志之踳駁者考之,同時著録前人之考證。(6)著録原則,盡量還原金石原貌。如殘字、書體、異體字、其他民族文字、行格、碑陰(側)題名,盡量照原樣刻出。

根據凡例,此書收録範圍很廣,不僅僅包括吴大澂收藏的金石,還包括前人著録過的。録文、考釋,校録前人錯誤之處。如果完成,將是比《關中金石記》影響更大的著作。然而工作量大,難度也很大。一年中,葉昌熾接收吴大澂送來的搨本應該超過了兩百種,而葉昌熾常常一天僅能校録完一種。因此到次年二月,這個工作還未完成,葉昌熾離開廣州回鄉。此書的撰寫也就擱置下來,最終也未完成。

此書雖然未完成,葉昌熾對於陝西碑石已經十分熟悉,同時受吴大澂影響,也得到很多學術方面的訓練。这爲他日後撰作《邠州石室録》等金石著作打下了很好的基礎。

二、《邠州石室録》

光緒二十八年(1902年)正月,葉昌熾爲甘肅學政,赴任途經陝西。四月初八日遊覽了西安碑林,由於此前對陝西名碑已經十分熟悉,所以在碑林的感受是,都是"司空見慣"的碑石,於是只搨了幾種唐碑陰的宋金題跋就匆匆離去。十四日,途經邠州。邠州爲連接秦隴的要道,城西二十里有大佛寺,是往來秦隴官員的憩息之所。該寺始建於北周,唐代大規模擴建,名應福寺,北宋改名慶壽寺,明代稱爲大佛寺。寺内依山開窟,雕石成像,大小石窟一百多個,佛教造像千餘尊,歷代題名一百餘處,被譽爲關中第一奇觀。

葉昌熾在廣州時,吴大澂曾以自己所録大佛寺石刻題字授葉昌熾,屬其考釋校録,然因訛奪滿紙無從考釋而作罷。此次葉氏遊覽是寺,一是未帶搨工及氈椎之具,二爲俗僧求檀施而敗興,又因前行尚遠,僕夫催發,因此周覽未畢,"如入寶山空手回",留下遺憾。但是葉昌熾囑咐寺僧代爲椎搨,四年後,葉昌熾視學涇州,寺僧果以搨本送去,葉氏十分驚喜,日記中記載:"其中雖雜以明刻,唐宋十居七八,窓齋所欲拓而未果者,亦一快事。"因公務繁忙,直至光緒三十三年(1907年),退居蘇州時,始整理這些搨本,手自校釋,共得一百十二通。這項工作斷斷續續,最終完成並刊刻,則已到了1912年。①

此書三卷,收唐刻二十二通,宋刻六十四通,金刻一通,元刻十五通,唐以造像爲主,宋均爲題名,金元則以造像題字爲主。每種題下説明行字、尺寸、書體等,摹寫出文字,缺泐之處亦照樣摹出,最大可能還原石刻原貌。之後考證石刻所涉人物的生平與在陝西經歷相關者,同時考釋其中所涉及的地名、職官等。年月、文字缺者,則據史傳或其他相關石刻訂補,考釋十分細緻。題名多寥寥數字,人物多數史書有載,或在其他地方有題名石刻留存,葉氏詳考其年月,何事經此,當時時事如何,並據此推測題名者其時的心情,品評其人生及政治選擇等,有很多精彩之筆。

考釋石刻年月,如《房亶造像》,無年月,葉氏以其題銜中有"豳州司馬",以"豳"尚未改爲"邠",定其爲開元以前石刻(按:唐開元十三年以豳字類幽,而改爲邠)。

考釋人物,如《太原王稷等題名》,王稷以下五人史書無考,葉昌熾據其他石刻題名有同姓名者,如《彌陀像讚》、太原晉祠碑側題名、《粵西金石略》所載臨桂龍隱諸巖題名,以及鄠縣草堂寺詩刻題名等,勾勒數人行跡。多數能於題名之"若有若無間",還原歷史情境。如《王素題名》,僅寥寥幾字:"天章閣待制王素過此。慶曆乙酉五月六日題。"葉氏根據史傳對王素其人其事略做考釋後,云:"據《續通鑒》,王素慶曆四年六月知渭州,七年秋九月降知渭州張亢知磁州。素何時去,亢何時來,史不詳歲月。慶曆五年歲在乙酉,觀此刻題乙酉五月,則素五年夏已離渭州,自渭之華,邠爲中頓。據《續通鑒》,是年囊霄

① 刊刻事參見馬洪菊:《葉昌熾與清末民初金石學》,民族出版社2014年版,第五章第三節。

（按：西夏李元昊）已受册封，其夏遣使來賀乾元節，五月歸石元孫。兵禍既弭，邊境少寧，故素雖降官以去，山川於役，猶得從容而揮翰也。渭已謝事，華未到官，故新舊銜皆略不書。”今按，《續通鑒》載：慶曆五年三月己丑，“徙知渭州、刑部郎中、天章閣待制王素知華州”。葉氏失察。詔旨三月已下，王素五月才啓程赴任，經過大佛寺題名。葉氏對王素題銜中不書職銜以及此時心態的推測，都比較合乎史實。

諸如此類的考證都十分精彩，葉氏最爲得意的幾則，如“其中如王堯臣、蔡延慶、李丕旦諸刻，皆於無文字處勾稽而出，不可謂非愚者之一得”①。《仲遠題名》，題名於姓名僅書“仲遠”二字，年月僅存“□平□年”。葉氏則考此爲《宋史·蔡齊傳》蔡齊之從子蔡延慶，仲遠其字，治平四年在陝西提刑任。華嶽廟亦有其題名二通，有題銜云“治平丁未（四年）領本路提點刑獄”，兩刻互證，歷官年月，若合符節，信而有徵，“不啻編年之可紀焉”。

如宋《李丕旦題名》，題名殘缺，僅留數字：“德順通理李丕旦洎進士王因同到此。慶曆下缺月二十。”葉氏先考丕旦其人，據范仲淹文集有《同州觀察使李公神道碑》，李士衡有男六人，“丕顯、丕績皆早世；丕諒，太常博士、集賢校理、邠寧環慶路兵馬鈐轄，後公十一年而亡；丕緒，尚書水部郎中……丕旦，國子博士”。據此知丕旦爲李士衡第六子。又據《階州續志·名宦傳》知丕旦字晦之，寶元間以大理寺丞監階州酒税。次考丕旦官職：

> 士衡天聖十年卒，即明道元年；丕諒之亡後十一年，則爲慶曆三年，中閲寶元二年、康定一年。丕旦寶元間以大理丞監階州税，而范公書其官曰國子博士，結銜不合。是范公作此文時丕旦已改官，但未知何時赴德順軍也。考《東都事略》，韓魏公以籠竿城據沖要，乞建爲德順軍以敵蕭關鳴沙之道。《續通鑒》慶曆三年春正月辛卯，詔陝西沿邊招討使韓琦、范仲淹建渭州籠竿城爲德順軍。用王堯臣議也。《宋史·地理志》德順軍，慶曆三年即渭州籠干城建爲軍，所屬有隴干一縣，水洛一城，靖邊、得勝等五寨，中安、威戎兩堡。丕旦題於慶曆間，正當韓、范諸公論列之後，巍然百堵，版築方新，且爲涇原重鎮。王禹玉文稱階州判羌渝盟，丕旦單騎至其

① 《邠州石室録自序》。

區落，責以背約，衆泣謝，無敢犯。階人德之，爲立生祠，必有邊才聞於朝著。巖疆初建，擇能而畀之，宜矣。《續通鑒考異》云，籠竿，史志作隴干。《九域志》作隴竿。皆聲訛，實一地也。余奉使度六盤山，登絶頂，有硐寨額題"隴干鎖鑰"字，其下即古之瓦亭寨，彈箏峽亦經此。《范文正集》後附尺牘，有《與通理虞部書》，又有翰長學士、安撫太保諸函。以此例推，則通理亦官名也。涇州回山王母宫與邠接壤，有皇祐元年權守郡事王正倫、通理郡事馮維師題名。通理與權守對文，在郡守之下，可知通理猶通守，貳郡之通稱也。

考丕旦題銜之德順所在、通理的職責，而及於德順軍之建、籠竿之名，以史書、文集以及自己實地所見相結合，嚴絲合縫，順理成章，同時對於丕旦其人、爲官都有揭示。

葉氏以石刻之有資於考史，因此多據石刻糾正史書或他書記載、考證之訛誤。如《新知渭州王沿題名》，以其職銜糾《宋史・王沿傳》"兼知滑州"爲"渭州"之誤；《滕宗諒題名》，考《宋史・劉越傳》所載李元昊反，宋"軍敗定州"，滕宗諒"籍定州戰没者於佛寺祭之"等"定州"乃"定川寨"之訛奪；王昶《金石萃編》考《興慶池禊宴詩》石刻中"秘書丞通判、乾州軍州事王冲"爲王旦之子，葉昌熾則據《王沖題名》考《宋史》王冲、王沖爲兩人，王旦子名沖，非《興慶池禊宴詩》之冲，王氏誤。

有些考釋可作校勘之範例，如唐《鄭希□造像》，考其缺字云：

> 武后聖曆二年爲己亥，越明年庚子，五月癸丑改元久視，去"天册金輪大聖"之號。此刻"聖曆"下所缺當是"三"字，是年五月爲己酉朔，八日癸丑已改久視，猶書聖曆三年者，新元之詔尚未至邠州也。"朝"下當爲"議"字，文散官正第六品下階爲朝議郎。"縣"下是"令"字，上縣令秩從六品上，散位正超一階也。

林鈞《石廬金石書志》對此書有比較精當的評價："證以毛氏《關中金石文字存逸考》，尚遺《豳州司馬柱國漢川郡開國公造像殘碑》《朝□郎新平縣□□□□造象殘字》、殘造像記（彭古香訪得）、《應福寺西閣功德記》等四種。是録倣劉氏《蒼玉洞題名録》，摹寫文字，繫以考釋，且以邠州《姜嫄公列（劉）廟碑》後有崇禎六年川西范文光謁廟題字，與王鴻業結銜爲陝西軍政都指揮前游□將軍，不類宋元戎秩，皆屬明刻，均闕不收，矜慎可見。”①

三、《五百經幢館碑誌題跋》

葉昌熾收藏經幢很多，經數十年累積，至暮年已超過了五百種，故命其藏居處爲“五百經幢館”“陀羅尼室”，自署幢主。

《五百經幢館碑誌題跋》一卷，稿本，現藏上海圖書館。所收隋唐五代碑石五十三種，其中隋一種，唐五十一種，五代一種。本書無序言，編排無序，所收每種均有考證。

這五十三種碑石，其中有五十一種爲陝西出土，另外兩種，一爲《裴復墓誌》，葉氏考其葬東都芒山，雖藏渭南趙乾生家，但“非出關中矣”；一爲《智通禪師塔銘》，在永濟棲巖寺，葉氏考撰文者沙門復珪所主龍興寺在長安頒政坊，又神龍年間，大智禪師遊於終南山化感寺，智通尚在童年，曾請益於禪師。兩種雖非關中石刻，但均與長安有關。

此書當爲著録關中碑石而作，上述兩種或屬葉氏誤記而闌入。或即葉氏在廣東幕府代吴大澂編《關隴金石志》的半成品，又或許葉氏對此事一直掛念在心，後將所收唐碑中可資考證者録成此書。因資料缺乏，已無可考證。

葉昌熾此書多次引用毛鳳枝的考證，有的見於毛氏所著《關中金石文字存逸考》，如此書《韋瓊墓誌》條云：“毛鳳枝曰，此石今藏渭南趙乾生家。字蹟秀挺，峰穎如新，佳刻也。”後考韋瓊之曾祖名見《新唐書・宰相世系表》，而曾祖以下《表》闕，又撰者范朝名見《唐詩國秀集》。《關中金石文字存逸考》所考大致相同。有的引用不見於毛氏現存著述，且對同一碑石的考證與毛氏現存著述在内容上有較大差異，如葉氏在《湯君夫人傷氏墓誌》條云：“毛鳳枝曰：此石今爲陽湖吕氏所得。”而《關中金石文字存逸考》此條云：“此石今藏渭南趙乾生詹事元中家。”又如《裴可久墓誌》：“毛鳳枝曰：此石近時出土，爲陽湖吕氏所得。”《關中金石文字存逸考》此條則云：“未詳所在。”又《湯君夫人傷氏墓誌》條，葉氏考傷姓所出，首引毛氏所説或出於《春秋》之“傷省”，再對這一説法進行辯駁，所引即不見於毛氏現存著述。

---

① 《石廬金石書志》卷一，載《石刻史料新編》第一輯第二十九册，第 22041 頁。

而葉氏似亦未見毛氏現存三書。如《劉感墓誌》中地名“大桃戍”，史書未載，葉昌熾疑即《元和郡縣志》所載之“大城戍”。而《關中金石文字存逸考》對此則有詳細考證：“《陝西通志》云，大桃戍，一作大姚戍，見《寰宇記》，在略陽縣東四十五里。《元和郡縣志》云，大城戍在順政縣東南四十九里。案順政縣即今略陽縣，唐時爲興州治所，然則大桃、大姚、大城實一戍也。”

毛鳳枝生前對《關中金石文字存逸考》做過多次修改，現存此書版本有一寫樣待刻本，和最終所刊之刻本之間内容上差别很大，已如上節所述。葉昌熾所引當是毛鳳枝比較早期的著作。毛氏書完成於光緒十五年，光緒二十三年始刊刻流行，葉氏書當作於此前。光緒十三年，葉氏在廣東與吴大澂商討編寫《關隴金石記》時，吴大澂曾贈其“毛鳳枝輯《關中金石目》五册”①。葉氏所引或即此《關中金石目》。而葉氏書或許即光緒十三年至十四年一年中所完成的《關隴金石志》的一部分。

葉氏此書所收大多爲畢沅《關中金石記》等書未收者，少數他書已載，但是由於所據搨本不同，葉昌熾據所藏以校補文字。所撰題跋同當時同類作品一樣，每一種下或考其撰者，或考釋文字，或品評書法，或與史書互證，以史書記載解釋碑文，或以碑文補正史書，多有前人所未發者。

比如傷姓由來。《湯君夫人傷氏墓誌》條引毛鳳枝説：“傷姓不多見，《春秋》昭公二年，宋華貙、華登、皇奄、傷省、臧士平奔楚，夫人倘即傷省之後歟？”之後，對這一説法進行辯駁：“按顧棟高《春秋大事表》以‘皇奄傷’爲一人，字書雖有以‘傷省’爲一人者，不可據。竊謂夫人當亦姓湯氏，以男女同姓，故諱爲傷，猶吴孟子例耳。觀誌云‘得姓於湯武’，銘云‘如何玄鳥’皆可證也。”此誌又見《八瓊室金石補正》《關中金石文字存逸考》，前書未考傷姓由來，後書云：“《元和姓纂》及王伯厚應麟《姓氏急就篇》均未見傷姓，誌云受氏於傷琳，未知其審。”而葉氏所引毛鳳枝所説《春秋》一段文字，目前的研究一般以“皇奄傷”爲一人，毛鳳枝斷句有誤。而葉昌熾的説法則比較可信，墓誌全文載毛鳳枝《古誌石華續編》，雖有“受氏於傷琳”，傷琳之名未見史書記載，而“得姓於湯氏”，則明確説明爲湯姓，銘詞又有“如何玄鳥，喪此名龍”，“玄鳥”出《詩

① 《緣督廬日記鈔》，光緒十三年四月初四日。

經・玄鳥》"天命玄鳥,降而生商,宅殷土芒芒",代指商湯,當爲湯姓無疑。爲何改爲傷姓,葉氏認爲是因與夫同姓湯,爲避"同姓不婚"而諱改。這種改姓的情況,前代亦有先例,吴孟子爲魯昭公夫人,吴國人姬姓,原稱吴姬,因吴魯同姓姬,因避同姓不婚之諱而改成吴孟子。所考甚爲可信。

又如《高福墓誌》,他書著録較多,高福爲高力士父,諸書多結合兩《唐書》考高力士事。葉氏則考文中"砎如石焉"句之"砎"字。此句出《周易・繫辭下》,葉氏云:"'砎',今《易》作'介',陸氏《釋文》云:古文作'砎',鄭:古八反,云謂磨砎也。《晉書・桓温傳》:砎如石焉,所以成務。《孔坦傳》:石聰遣使請降,坦與聰書曰:承問欣豫,慶若在己,何知幾之先覺,砎石之易悟哉。並用'砎'字,此誌亦從古文,可見唐時《易》注雖用王弼,鄭學未盡亡也。"

有的碑石他書著録已多,由於原石已佚或磨泐,葉氏所據搨本不同,遂可以校訂異文。如《杜夫人墓誌》,《金石萃編》已著録,葉氏所得搨本有《金石萃編》已闕,而此本尚可辨者,"如王氏云:七代祖征西將軍泐其名,以文義求之,當即晉征南將軍預。今按此本'七代祖'下'預晉'二字猶可辨。王氏又稱文中不叙其夫名號、官位,竟不知爲何人。按,誌云'杜氏春秋,楊家輪轂',既以杜、楊並舉,下文即云'承筐景貺。征南之緒胤克隆,斷緯沈機;關西之主饋斯在'。關西爲楊之族望,是夫人歸於楊氏之不可疑者。王氏所見本無'關西''主饋'四字,遂不復可考耳。"以下辨《金石萃編》誤釋之字。又如《姜行本碑》,《金石萃編》《授堂金石跋》《潛研堂金石文跋尾》等書均已收録,葉氏據所得搨本將諸書誤釋之文一一羅列,所録亦可資校訂文字。

附:《關隴金石志》凡例①

一、編次先金後石,斷自元朝爲止。

一、彝器但摹其文,不繪全形。

一、關中爲周秦故都,山川鼎彝往往間出,今所收者必藏其地,如蒲城楊氏、三原劉氏諸器是也。若已出關者悉不著録。

---

① 《關隴金石志》一書未成,然從凡例可見當日編纂情況,因録出以供參考。録自葉昌熾:《奇觚廎文集》卷中,載《續修四庫全書》第1575册,第297—298頁。

一、《山左金石志》兼收莒刀、齊刀、即墨刀，因乎地也。今刀幣之屬，悉不著録。

一、石刻高廣用營造尺，金文用慮傂尺，吴氏筠清館例也。

一、有年月者，以年月爲次；無年月者，審定何朝之物，即附其朝之末。

一、石刻篆隸正書，皆依原文。六朝以下，世俗通行之字與今不同，亦宜悉照原碑，不容豪[毫]髮有異。惟行草則參差不一，摹刻良難，不得不從楷寫。

一、碑額篆隸皆照原文，蓋有正書者亦同。

一、著録之例，碑文前一行先以小字雙行低一格書"碑高若干尺，廣若干尺，幾行，幾字，何體書"，有額者先録其額，前一行記高廣、行字、書體，與碑文同。此魏稼孫《績語堂碑録》之例，較諸家爲善。

一、碑陰、碑側題名，亦記若干行、若干字，並若干列，所記姓名依列横録，每録一列，低二格書"右第幾列"。造像姓名同。

一、書撰人原刻在前者，録於碑文之前，原刻在後者，即録於後，皆低格。建碑年月同。

一、鐫刻姓名録於末行，以末一字距行末二字爲率。

一、碑文銘詞每句中間隔一二字不等，今悉照原文。

一、造像題名間有左行者，勢難照録，惟於前一行注明左行字樣。

一、殘碑如安陽五種之類，即以原石一行爲一行，雖筆畫殘缺，僅存半字者，亦必摹録以存其真。

一、題名如華陰嶽廟、邠州大佛寺，多或百餘，少亦數十，若依年月雜廁各碑之中，未免失之瑣碎，今依《金石萃編》例，以地相從，彙録爲一。

一、石刻佛經，但書年月、款識，不録經文。

一、女真、西夏皆有國書碑，茲依原文摹録，有釋文者附書於後。

一、《開成石經》，國朝通儒具有考訂專書，茲不著録。

一、前人金石之書不收法帖，畢中丞《記》如《蘭亭序》《藏真帖》之類，亦皆著録，未免體例不純，今皆從略。

一、瓦當文字，如蘭池宫當、上林農官之類，稿在關中者，亦皆著録。

一、古碑已佚，經後人重刻者，亦皆著録，仍以原碑年月爲次，至市賈翻本、妄人贋造,概所不取。

一、所録石刻有搨本者,皆據搨本;無搨本者,即據前人著録之本;若並此而無之,亦附其目於後,以俟好事者訪搨焉。

一、石刻漫漶,審釋不易,前人著録,間有誤奪,今有搨本可勘者,列其異同於後。

一、新搨精本,所存之字,儘有增於前者,亦爲舉出。

一、前人著録尚有全文,而今殘泐已甚者,先録今搨本,舊文低一格附書於後。若稍剥蝕,則依《金石萃編》例,將舊有今無之字小字旁寫。

一、今碑已泐,而撰人猶有文集流傳,其文尚在者,亦低一格附録於後。

一、金石古刻可證經典,即漢魏以下諸碑亦可糾史文之闕訛,刊地志之踳駮,今擬有可考者考之,無者蓋闕,但記石在何地,或爲何人所得。

一、考證低二格録前人之説,下注出某書以别之。

一、明以後雖不著録,如有看款題跋,即刻古碑之上者,亦附其碑之後。

結　　論

最後，略述清代陝西金石學的發展脈絡與發展理路。

清以前金石學的發展和政治並無多少關係，清以後卻和政治密切相關。其復興，其極盛，其衰落，無不受到政治環境的影響。明末清初，顧炎武等明朝遺老本著反清復明的目的，倡導經世致用的務實之學，他們本不是爲做學問而做學問，而是爲政治而做學問，政治已無能爲力，不得已才做學者。金石學這一門學問，宋代興起的時候，本就有著務實的考經正史的意義，然而在元明兩代學者那裡，考證既不嚴謹，記載又常失實，研究方向又漸偏向鑒賞書法、文章方面。顧炎武等人自然要予以撥正，於是强調考訂經史的宗旨，以親身訪碑的實踐保證金石文獻的可靠性。其主張和陝西關中這片土地上自明末以來就講求實學的學術風氣正相適應，因此顧炎武多次來陝，且最終定居於陝，在此地完成了其一系列金石考據學的著作。因此，可以説清代金石學的興起，是以陝西爲中心，向外輻射波及全國的一個過程。

到了乾隆年間，遺老們相繼謝世，清王朝已在中原站穩腳跟，社會漸趨安寧，然而文字獄卻愈發嚴酷。政治高壓之下，學者動輒得咎，思想界極度的不自由，學者們的聰明才力只好全部用於整理古典文獻。金石文獻爲當時人紀當時事，自然比後人記録前代事的傳統史書更真實、可靠些，於是金石可資正經訂史的意義得到高度重視，金石考據在乾嘉時期發展至頂峰。清初鑒賞一派多少還有點發展，此時卻完全被摒棄在研究範圍之外，偶有從事者即被批爲“非我族類”。這一時期，陝西的金石研究又一次走在了學術前沿。畢沅是乾嘉學派的領軍人物之一，其在陝多年，位高權重，且究心於金石之學，將政治權力廣施於學術資源的開發與研究方面，故群賢畢至，少長咸集，一時蔚爲大觀，既成就了陝西金石學之高峰,也爲整個乾嘉時期金石學科的確立起到了推動作用。

學術發展總是後出轉精,前人的金石研究多少都有疏漏與缺陷,留待後人慢慢訂補。清代金石學最核心的内容就是考據,以出土文獻資料訂補傳世文獻之闕謬,來探索古代歷史文化的真實狀況。這一學術研究的方法是清代金石學留給我們最可寶貴的東西。然而這種方法卻正是對20世紀的史學研究產生了難以估量影響的著名的二重證據法,這種方法是王國維在1925年提出的,業已形成一種公認的學術榜様。通過本書的梳理,可以看出,這一學術方法並非王國維首創,至少宋代歐陽修等人已經開始運用,清初顧炎武重提其意義與價值,至乾隆中期,畢沅等學者已將這種方法運用得十分純熟,並且不僅僅應用於史學研究實踐,也將這種方法擴展到文字學、音韻學等各個領域,取得了多方面的卓越成就。但是,王國維在20世紀提出二重證據法,就同顧炎武在清初强調金石考訂方法、畢沅等在乾嘉時期的大量金石考據實踐具有同樣的意義,使得這種傳統學術研究方法,上升到了科學的方法論高度,推動了中國傳統學術的進一步發展。

之後卻又屢遭世變,道、咸、同三朝,中国遇三千年未有之大變局,战乱頻仍,學者轉徙流離,文獻散佚難存,學問自然顧不上。光緒初年雖然暫告安寧,權力的高壓卻也鬆動,思想界也得到解放,各種社會思潮潮湧而出,國粹派、中體西用派,至晚清還有力主全盤西化者,紛紛尋求解決中國貧弱的辦法。經世致用之學重又復活,屑屑於注釋古典的考據學自然趨於衰落。金石學雖然表面上也還熱鬧著,卻只能算作是虚假繁榮。研究領域越趨狹窄偏隘,以致被人譏爲有古董氣了。陝西金石學亦後繼乏力。然遺風所至,仍篳路藍縷,孜孜以求。其學術風貌可謂雖仍其舊,然拾遺補闕,求全求真,精化深化,亦成一時之特色。

然而,隨著西方先進的攝影、影印技術傳入,利用這種新技術來縮影碑石原搨原文,如楊守敬之《寰宇貞石圖》,諸多關中名碑如《曹全碑》《雁塔聖教序並記》等首次以與原碑毫髮不差的影印圖像面世,則使陝西金石學的研究生面别開,進入了一個全新的學術研究時代。

附録:清代陝西金石學著述表

一、陝人或客陝學者及其陝西金石著述①

姓名	鄉貫	著述	在陝時間
郭宗昌	陝西華州	金石史	明末至順治年間
王弘撰	陝西華陰	砥齋題跋	明末至康熙四十一年
東蔭商	陝西華陰	關中金石略	明末清初
王弘度	陝西咸寧	片石語	明末至順治間
顧炎武	江蘇昆山	金石文字記、求古録、石經考、九經字樣	康熙二年、康熙十六年至二十年八月
林侗	福建侯官	來齋金石刻考略、唐昭陵石蹟考略、漢隸考、蘭話堂金石考	順治十七年至康熙三年七月、三年冬至四年秋、十二年八月、三十年冬
林佶	福建侯官	漢甘泉宫瓦記	順至十七年至康熙三年,生於三原
張弨	安徽歙縣	昭陵六駿圖贊辨	康熙十年冬遊關中
褚峻	陝西郃陽	金石經眼録、金石圖、古專録	康熙中至乾隆中
姚遠翿	浙江仁和	華嶽古碑考	乾隆十年至十八年,米脂、華陰縣令
朱楓	浙江杭州	雍州金石記、秦漢瓦圖記、古金待問録、叢話印徵	乾隆十六年至二十五年
畢沅	江蘇鎮洋	關中金石記、秦漢瓦當圖	乾隆三十八年至五十年
王昶	江蘇青浦	金石萃編、金石萃編未刻稿	乾隆四十八年至五十一年
孫星衍	江蘇陽湖	醴泉金石志、澄城金石志(與洪亮吉合撰)、秦漢瓦當文字	乾隆四十三年至四十九年
洪亮吉	江蘇陽湖	澄城金石志(與孫星衍合撰)淳化金石略、延安金石志	乾隆四十六年至五十年

① 注:表中學者,本書正文已有考述者,不再出注;未及者,則注明文獻出處。

續表

姓名	鄉貫	著述	在陝時間
嚴長明	江蘇南京	西安金石志、知白齋金石類簽、漢金石例、金石文字跋尾、五嶽貞珉考、五陵金石志、平原石蹟表、吴興石蹟表	乾隆四十年至五十年
張塤	江蘇吴縣	吉金貞石録	乾隆四十二年至四十四年
吴泰來	江蘇常州	同州金石志	乾隆四十二年至五十年
李天秀	陝西華陰	華陰金石志	約乾隆四年至三十年
吴文溥	浙江嘉興	南野草堂漢唐石刻目録	乾隆四十二年至四十七年遊畢沅幕①
錢坫	江蘇嘉定	十六長樂堂古器款識考、浣花拜石軒鏡銘集録	乾隆四十年至嘉慶五年
趙魏	浙江仁和	竹崦盦金石目、竹崦盦藏器目、竹崦盦藏碑目、華山石刻表、御史臺精舍題名、郎官石柱題名	乾隆四十一至五十年
申兆定	山西陽曲	涵真閣秦漢瓦當圖説、涵真閣漢碑文字	乾隆四十八年前後
程敦	安徽歙縣	秦漢瓦當文字	乾隆四十九年至五十九年
俞肇修	安徽全椒	收藏瓦當多種	約乾隆四十四年至五十八年
王朝渠	江西萬年	唐石經考正	乾隆五十一至五十二年陝西布政使秦承恩幕②
趙希璜	惠州長寧	淇泉摹古録	乾隆五十一年至五十三年
宋保醇	山西安邑	(收藏瓦當多種)	約乾隆四十四年至五十八年
陸耀遹	江蘇陽湖	金石續編、咸寧金石志、右扶風丞李君石刻考	嘉慶十年至道光元年
董祐誠	江蘇陽湖	長安金石志(與王森文合撰)	嘉慶十六年至二十三年

① 見《金石學録》卷四:“澹川客關中時,購得漢唐石刻拓本二百餘通,鈔而存其目,年月、州縣、撰書人姓氏,及文字之全缺,無不於目下注之,殊爲清晰。”(浙江人民美術出版社 2017 年版,第 80 頁)《清代詩文集彙編》第 399 册收吴文溥《霍林山人詩集》,卷三爲“關中草”,自序云“乾隆四十有二年秋,余應畢中丞之招,歷淮南、汝、潁數州入陝”,“四十有七年冬,余歸自秦”。《漢唐石刻目録》收入《南野堂全集 · 續筆記》,復旦大學圖書館有藏。

② 《唐石經考正》,有《叢書集成初編》本。此書自序云:“(乾隆)歲丙午,渠館芝軒秦師西安藩署,暇日遊府學,摩娑碑洞經石,見碑雖備存,字多剥泐,好事者至勒遊觀姓名於其上,爲感喟良久。丁未春去陝北上,購《石經》全搨以行。落第歸里,迭張於座右,遍讀而詳校之。”

續表

姓名	鄉貫	著述	在陝時間
陳均	浙江海寧	關中金石志	嘉慶間①
王森文	山東諸城	石門碑醳、郙閣銘摩崖碑考	嘉慶中至道光三年
段嘉謨	河南偃師	金石一隅録	約嘉慶中至道光中
黄本驥	湖南寧鄉	隋唐石刻拾遺、古誌石華	道光二年五月至十月
車持謙	浙江上元	金石叢話	道光初
吴榮光	廣東南海	筠清館金石文字	嘉慶二十三年十一月至道光元年正月
王志沂	陝西華陰	關中漢唐存碑跋	道光四年以後
李榕	陝西潼關	華嶽金石志	道光元年
姚景衡	安徽桐城	重輯渭南金石志	道光九年
鮑康	安徽歙縣	觀古閣叢稿、續叢稿、叢稿三編、泉説、大錢圖録	嘉慶十七年至咸豐二年
劉喜海	山東諸城	長安獲古編、古泉苑、嘉蔭簃論泉絶句、泉苑菁華、金石苑	道光十九年夏至二十年夏秋間；二十一年秋至二十五年四月
胡元煐	江西新建	輞川金石志	道光十四年至十九年爲藍田知縣，二十年爲涇陽知縣②
蔣湘南	河南固始	涇陽金石略、同州金石志	道光二十年，應涇陽知縣胡元煐聘修《涇陽縣志》。道光三十年，應同州知府邀修《同州府志》③
孫三錫	浙江當湖	金石衡鑑録、昭陵碑考、青芙蓉室藏碑目、青芙蓉室藏吉金文字、青芙蓉室藏秦漢瓦當文、青芙蓉室藏漢晉古磚文、泉幣志略、縮臨唐碑石刻題跋、古銅爵書屋金石文補遺	道光二十年至咸豐間
韓亞熊	陝西澄城	澄城金石志	道光三十年至咸豐元年修志④
譚麐	安徽旌德	富平金石志（與樊增祥合撰）	咸豐末至光緒二十六年
樊增祥	湖北恩施	富平金石志（與譚麐合撰）	光緒十年至三十二年

① 陸心源《金石學録補》卷四引《海昌備志》："陳均，字受笙，號敬安，海寧人。嘉慶庚午舉人，精於鑒古及金石之學，書畫俱入能品。客遊粵東最久，卒年五十。手拓漢唐古鏡銘識及全形辨識之，爲《鏡史》二卷、《關中金石志》二卷，又有《客秦隨筆》六卷、《古今奇姓名録》四卷、《松籟閣詩鈔》十八卷。"（浙江人民美術出版社 2017 年版，第 166 頁）

② 見《（道光）重修涇陽縣志》《（光緒）藍田縣志》《（民國）續修陝西通志稿》。

③ 《（民國）續修陝西通志稿》卷一八七。

④ 《（民國）續修陝西通志稿》卷七九、《（咸豐）澄城縣志》。

續表

姓名	鄉貫	著述	在陝時間
袁廷俊	陝西藍田	藍田金石志	光緒元年居喪在家,應藍田知縣吕懋勳邀纂《藍田縣志》①
周銘旂	山東即墨	乾州金石志稿	同治九年至在陝爲官,光緒十年修志②
馬先登	陝西大荔	同州金石續志	光緒七年修志③
劉域	陝西華縣	華州金石志	光緒五年至八年修志④
焦聯甲	陝西渭南	新續渭南金石志	光緒十八年修志⑤
蔡汝霖	陝西渭南	關中金石記附記	道光二十七年
李嘉績	四川華陽	汧陽述古編	同治間至光緒二十四年
毛瀚	揚州甘泉	荆花書屋金石録	道光三十年至同治間
毛鳳枝	揚州甘泉	關中金石文字存逸考、古誌石華續編、金石萃編補遺、關中金石文字古逸考、關中金石文字古存考、關中金石目、石刻書法源流考	道光三十年至光緒二十一年
毛鳳清	揚州甘泉	金石劄記	道光三丨年至光緒十四年
趙元中	陝西渭南	(藏有多種金石,刻過一部續畢沅《關中金石記》的目録之作)	道光至光緒間
韓泰華	浙江仁和	無事無爲福齋金石筆記、玉雨堂碑目	咸豐十一年至同治元年爲陝西鹽法道⑥
吴大澂	江蘇吴縣	關隴金石志(屬葉昌熾撰)、愙齋縮寫石鼓文	同治九年二月至七月;同治十二年八月至光緒二年十月
羅秀書	陝西頻陽	褒谷古蹟輯略	咸豐間爲南部知縣,同治十二年與徐廷鈺、萬方田等同遊褒中⑦
王懿榮	山東福山	天壤閣雜記	光緒四年、七年
張鵬翼	四川	洋縣金石志	光緒二十三年修志⑧
葉昌熾	江蘇長洲	邠州石室録、五百經幢館碑誌題跋	光緒二十八年
王學禮	陝西蒲城	蒲城金石志	光緒三十年修志⑨

① 《(光緒)藍田縣志》卷九。

② 《(光緒)乾州志稿·叙》。

③ 《(光緒)同州府續志》。

④ 《(民國)續修陝西通志稿》卷一八七。

⑤ 《(光緒)新續渭南縣志·序》

⑥ 《(光緒)順天府志》卷一四、卷一三〇,《(民國)續修陝西通志稿》卷一二。

⑦ 《(光緒)富平縣志稿》卷六、《褒谷古蹟輯略》同治十三年刻本序。

⑧ 《(光緒)洋縣志·序》。

⑨ 《(光緒)蒲城縣新志》卷首。

二、其他陝西金石著述

姓名	鄉貫	書名	版本
劉凝	江西南豐	周宣王石鼓文定本	康熙四年刻本
許榮	江蘇如臯	石鼓文鈔	康熙二十八年刻本
張燕昌	浙江海鹽	石鼓文釋存	乾隆五十三年刻本
任兆麟	江蘇震澤	石鼓文集釋	乾隆中任氏忠敏家塾刻本
吴東發	浙江海鹽	石鼓讀	乾隆五十九年刻本
莊述祖	江蘇武進	石鼓然疑	嘉道間莊氏脊令舫刻本
楊世春	廣西龍城	石鼓文鈔	嘉慶十三年惠迪堂刻本
馮承輝	江蘇婁縣	石鼓文音訓考證	光緒十九年蒼溪刻本
趙烈文	江蘇陽湖	石鼓文纂釋	光緒十一年刻本
沈梧	江蘇無錫	石鼓文定本	光緒間刻本
尹彭壽	山東諸城	石鼓文匯	光緒十四年刻本
周庠	安徽績溪	校補石鼓文音訓	光緒二十三年刻本
吴廣霈	安徽涇縣	石鼓文考證	光緒三十二年刻本
錢大昕	江蘇嘉定	唐石經考異	嘉慶六年刻本
嚴可均	浙江烏程	唐石經校文	嘉慶六年元尚居校刻本
魏錫曾	浙江仁和	唐開成石經圖考	光緒間刻本
阮元	江蘇儀征	漢延禧西嶽華山碑考	嘉慶十八年文選樓叢書本
吴雲	浙江歸安	西嶽華山廟碑考	道光間兩罍軒刊本
馮縉	福建侯官	唐昭陵陪葬名氏考	嘉慶二十四年刻本
胡珵	浙江仁和	昭陵復古録目	清末抄本
趙鉞 勞格	浙江仁和	唐尚書省郎官石柱題名考、唐御史臺精舍題名考	光緒十年月河精舍叢鈔本
楊榮鋕	廣東番禺	景教碑文紀事考正	光緒二十一年刻本
蔣光煦	浙江海寧	石門碑醳補	道光二十七年刻本
胡珵	浙江仁和	昭陵復古録目	咸豐二年刻本

三、其他涉陜金石著述

類别	著述	作者	版本
題跋類	鐵函齋書跋	楊賓	康熙四十七年刻本
	觀妙齋藏金石文考略	李光暎	雍正七年本刻本
	金石録續跋	葉奕苞	民國二十六年陶風樓景鈔本
	曝書亭金石文字跋尾	朱彝尊	光緒九年刻本
	隱緑軒題識	陳奕禧	小石山房刊本
	義門題跋	何焯	小石山房刊本
	庚子銷夏記	孫承澤	乾隆二十六年刻本
	虚舟題跋、竹雲題跋	王澍	乾隆間刻本
	半氈齋題跋	江藩	順功堂刊本
	芳堅館題跋	郭尚先	翠琅玕觀刊本
	蘇齋題跋、蘇齋唐碑選	翁方綱	嘉慶十二年刻本
	淳化秘閣法帖考證	王澍	四庫全書本
	金石續録	劉青藜	學古齋校本
	退庵題跋	梁章鉅	小琳琅館刊本
	退庵金石書畫跋	梁章鉅	道光二十五年自刻本
	東洲草堂金石跋	何紹基	民國五年西泠印社聚珍版本
	平津讀碑記	洪頤煊	嘉慶二十一年刻本
	古墨齋金石跋	趙紹祖	嘉慶十五年涇川從書本
	枕經堂金石書畫題跋	方朔	同治三年刻本
	愛吾廬題跋	吕世宜	光緒五年刻本
	鐵橋金石跋	嚴可均	光緒三十一年王氏補刻本
	清儀閣金石題識	張廷濟	光緒二十年觀自得齋叢書本
	石泉書屋金石題跋	李佐賢	房山山房叢書本
	寶鴨齋題跋	徐樹鈞	宣統二年宏文社石印本
	績語堂碑録、績語堂題跋、唐石經圖考	魏錫曾	績語堂刊本
	儀顧堂題跋、續跋	陸心源	潛園刊本、存齋刊本

續表

類别	著述	作者	版本
題跋類	求是齋碑跋	丁紹基	民國適園叢書本
	壬癸金石跋、己庚金石跋、丁戊金石跋、鄰蘇老人題跋	楊守敬	光緒三十三年自刻本、觀海堂景刊本
目録類	范氏天一閣碑目	錢大昕	乾隆五十二年刻本
	潛研堂金石文字目録	錢大昕	乾隆五十八年刻本
	寰宇訪碑録	孫星衍	嘉慶七年刻本
	金石彙目分編	吴式芬	光緒間吴重憙刻本
	藝風堂金石文字目	繆荃孫	光緒三十二年刻本
	藝風堂金石文字續目	繆禄保	北京大學藏抄本
	金石萃編補目	黄本驥	道光十六年刻本
	元碑存目	黄本驥	聚學軒叢書本
	補寰宇訪碑録	趙之謙	同治三年刻本
録文題跋類	金石萃編	王昶	嘉慶十年刻本
	金石萃編未刻稿	王昶	民國十年羅振玉石印本
	古誌石華	黄本驥	三長物齋叢書本
	金石續編	陸耀遹	同治十三年刻本
	金石萃編補略	王言	光緒八年刻本
	金石萃編補正	方履籛	光緒二十年刻本
	八瓊室金石補正	陸增祥	民國十四年刻本
	二十蘭亭齋金石文字七種	吴雲	同光間鉤刻本
	平安館金石文字七種	葉志詵	道光間鉤刻本
	望堂金石初集、二集	楊守敬	同治至宣統間鉤刻本
	金石存	吴玉搢	乾隆四十五年刻本
	金石文鈔、續鈔	趙紹祖	嘉慶七年刻本
	慕汲軒志石文録、續編	吴鼎昌	鉛字本
	淳化閣帖釋文	徐朝弼	叢書集成初編本
	筠清館金石文字	吴榮光	道光二十二年刻本
	金石録補	葉奕苞	涉聞梓舊本

續表

類別	著述	作者	版本
圖譜類	金石契	張燕昌	乾隆三十六年刻本
	金石索	馮雲鵬	道光元年刻本
	金石苑	劉喜海	道光二十八年刻本
	寰宇貞石圖	楊守敬	光緒八年刻本
通論類	語石	葉昌熾	宣統元年刻本
	夢碧簃石言	顧燮光	民國七年初版石印本
石經類	唐宋石經考	萬斯同	康熙詒清堂刻本
	兩漢金石記	翁方綱	乾隆五十四年刻本
	石經考文提要	彭元瑞	嘉慶四年刻本
	歷代石經略	桂馥	光緒九年刻本
	石經補考	馮登府	光緒十四年刻本
	石經考異	杭世駿	光緒十四年刻本
義例類	金石要例	黄宗羲	雅雨堂叢書本
	金石綜例	馮登府	道光七年刻本
	碑版文廣例	王芑孫	道光二十一年刻本
	金石稱例	梁廷枏	光緒十三年刻本
	漢魏六朝墓銘纂例	李富孫	别下齋叢書本
	漢魏六朝誌墓金石例、唐人誌墓諸例	吴鎬	玲瓏山館叢刻本
	金石例補	郭麐	光緒三年刻本
學人録	金石學録	李遇孫	道光四年刻本
	金石學録補	陸心源	光緒十二年刻本
	金石學録續補	褚德彝	民國八年刻本
字書類	金石文字辨異	邢澍	嘉慶十五年自刻本
	隸韻考證	翁方綱	嘉慶十五年刻本

後　　記

我在碩博階段做的是唐代文史研究，轉入金石研究領域，實屬機緣巧合。博士畢業做“青椒”的那兩年，工作上要求申請各類項目、繼續進修帶給我很大的壓力。2013 年，西北大學賈三强教授主持的陝西省古籍整理重大項目“陝西古代文獻集成”立項，我申請到一個子項目——《雍州金石記》整理。那時對於金石學所知不多，之所以選擇這部書僅僅因爲其中著録的金石大多是唐代的，考證所涉也是唐代文史，是我比較熟悉的内容。在校勘過程中，漸漸對金石學產生了興趣，一發而不可收拾。2014 年初，我跟從賈老師做博士後研究，遂以清代陝西金石學爲研究方向。到 2016 年出站時，除了《雍州金石記》，又完成了《關中金石記》以及毛鳳枝三部金石著作的整理，寫出近十萬字的出站報告，對清代陝西金石學的發展演變進行了粗略的勾勒。之後又花費幾年時間，翻檢了清代幾乎所有的涉陝金石著作以及其他重要的金石書目，陸續整理出多部陝西金石學專書，對於清代陝西金石學，以及整個清代金石學發展脈絡有了更明晰的認識，最終形成這部書稿。

從寫出第一篇《朱楓與〈雍州金石記〉》，倏忽已過十載。其間探索清代金石學家的人生努力與學術追求，深刻體會到人生之艱，著書不易。每一個學者的成長都離不開師友襄助，每一本書的梓行都歷經坎坷。像我在書中討論過的，褚峻要付出犧牲著作權的代價，毛鳳枝要靠門生兩代人歷幾十年之功，才能將著作刊刻。又有更多的書僅以稿本留存於世，而今人無緣得見者又不知凡幾。我這本小書雖遠不能和古人比肩，但是能最終完成並得以順利出版，同樣離不開衆多師友不同方式的幫助。

感謝賈老師多年來的關照、提携，本書從選題到撰寫完成的每一個步驟，都離不開賈老師指點，最終能夠交付出版，也是賈老師不斷敦促的結果。

感謝尚君師撥冗賜序，給我以理解與肯定，尤其是替我揭示出了我没有説清楚的研究意義與學術價值。雖然近年來研究重心暫時轉移，但是陳老師的治學氣象與研究方法，一直影響著我；陳老師關於唐代詩人的一系列著作中對中小詩人以及詩人活生生的人生的關注，也給我的寫作以直接的啓發。

本書撰寫之初，幸得賈二强、趙望秦、王其禕、吴敏霞、郝潤華諸位前輩學者提出很多寶貴意見；書中一些章節，曾與杜學林、孫海橋、魯夢宇、楊瑞、鄒陽諸友在讀書群討論過，得到大家的批評匡正；師弟賈星、李寬曾協助复制了部分古籍資料；數年來在省内外各圖書館訪書，復旦大學吴格教授、上海師範大學石曉玲博士、陝西師範大學石萍、周勇諸位師友多次給予幫助；我所供職的西安文理學院在出版經費上慷慨資助，郝延軍院長、李小成教授熱心支持；人民出版社王淼編輯審讀全書，糾謬改錯：在此一併致謝。

雖然本人努力想要對清代陝西金石學發展作出系統總結，然而所涉既廣，性復駑鈍，疏漏謬誤，在所難免，留待讀者指正。

李向菲

2023 年 7 月 31 日

責任編輯：王　淼
封面設計：王歡歡
版式設計：王　婷

圖書在版編目(CIP)數據

清代陝西金石學研究/李向菲 著. —北京:人民出版社,2023.10
ISBN 978-7-01-025667-2

Ⅰ.①清… Ⅱ.①李… Ⅲ.①金石學-研究-陝西-清代 Ⅳ.①K877.24

中國國家版本館 CIP 數據核字(2023)第 079240 號

清代陝西金石學研究
QINGDAI SHANXI JINSHIXUE YANJIU

李向菲　著

人民出版社 出版發行
(100706　北京市東城區隆福寺街 99 號)

北京九州迅馳傳媒文化有限公司印刷　新華書店經銷

2023 年 10 月第 1 版　2023 年 10 月北京第 1 次印刷
開本:710 毫米×1000 毫米 1/16　印張:17.75
字數:278 千字

ISBN 978-7-01-025667-2　定價:70.00 元

郵購地址 100706　北京市東城區隆福寺街 99 號
人民東方圖書銷售中心　電話 (010)65250042　65289539